U0136239

林國平

臺灣史研究名家論集

（初編）

蘭臺出版社

作者簡介（依姓氏筆劃排序）

王志宇　1965 年出生於臺灣彰化縣田中鎮，1988 年移居臺中。現為逢甲大學歷史與文物研究所專任教授長，曾任逢甲大學歷史與文物研究所所長、臺灣古文書學會理事長、臺灣口述歷史學會理事等職。專攻臺灣史、臺灣宗教及民俗、方志學，並對近代中國史頗有涉略，著有《臺灣的恩主公信仰》、《苑裡慈和宮志》、《儒家思想的實踐者－廖英鳴先生口述歷史》、《寺廟與村落－臺灣漢人社會的歷史文化觀察》等書，編有《片雲天共遠》、《傳承與創新－逢甲大學近十年的發展，1998-2007》、《閩臺神靈與社會》、《大里市史》等書，並著有相關論文三十餘篇，也參與《集集鎮志》、《竹山鎮志》、《苑裡鎮志》、《外埔鄉志》、《臺中市志》、《南投縣志》、《新修彰化縣志》、《大村鄉志》、《續修南投縣志》等方志的寫作，論述豐碩。

汪毅夫　男，1950 年 3 月生，臺灣省臺南市人。曾任福建社會科學院研究員，現任中華全國臺灣同胞聯誼會會長，福建師範大學社會歷史學院兼職教授、博士生導師，享受國務院特殊津貼專家。撰有學術著作《中國文化與閩臺社會》、《閩臺區域社會研究》、《閩臺緣與閩南風》、《閩臺地方史研究》、《閩臺地方史論稿》、《閩臺婦女史研究》等 15 種，200 餘萬字。曾獲福建省社會科學優秀成果獎 7 項。

卓克華　文化大學史學碩士，廈門大學歷史博士。曾先後兼任過中山、空中、新竹師範、中原、中國醫藥、中國技術、文化等等大學教職，現在佛光大學歷史系所為專職教授。先後擔任過臺灣眾多縣市的古蹟審查委員，現為文化部古蹟勞務主持人之一。早年專攻臺灣經濟史，近二十年轉向古蹟史、宗教史、社會史，撰寫古蹟調查研究報告書超過八十本，已出版學術著作有《清代臺灣行郊研究》、《從寺廟發現歷史》、《寺廟與臺灣開發史》、《古蹟·歷史·金門人》、《竹塹媽祖與寺廟》、《民間文書與媽祖廟之研究》、《臺灣古道與交通研究─從古蹟發現歷史卷之二》，著作等身，為臺灣知名學者。

周宗賢　臺灣臺南市人，生於 1943 年。文化大學史學碩士。曾任淡江大學歷史系教授、系主任、主任、所長，內政部暨文建會古蹟評

鑑委員。現任淡江大學歷史系榮譽教授，臺北市、新北市文化資產審議委員。學術專長為臺灣史、臺灣民間組織、臺灣文化資產研究、淡水學等，著有《逆子孤軍——鄭成功》、《清代臺灣海防經營的研究》、《黃朝琴傳》、《臺南縣噍吧哖事件的調查研究》、《淡水輝煌的歲月》等。是臺灣知名的臺灣史、臺灣文化資產研究的學者。

林仁川　1941 年 10 月出生於龍岩市。1964 年復旦大學歷史系本科畢業，1967 年研究生畢業。教育部文科百所重點研究基地——廈門大學臺灣研究中心首任主任、教授、博士生導師，享受國務院特殊津貼專家。曾兼任福建省人大常委會常委、廈門市政協副主席。現任兩岸關係和平發展協同創新中心教授，廈門市炎黃文化研究會會長。主要著作有《大陸與臺灣歷史淵源》、《閩台文化交融史》、《臺灣社會經濟史研究》、《明末清初私人海上貿易》、《閩台緣》等多部專著。編寫十三集大型電視專題片《海峽兩岸歷史淵源》劇本和國家級博物館《中國閩台緣博物館》、《客家族譜博物館》展覽文本。在國內外各種刊物上發表學術論文近百篇。多次承擔國家文化出版重點工程、國家哲學社會科學重大項目、教育部文科重點項目，均任課題組長。主持編寫《現代臺灣研究叢書》、《圖文臺灣》、《中國地域文化通覽——臺灣卷》、《臺灣大百科全書——文化分冊》。曾多次榮獲全國及省部級哲學社會科學優秀成果獎。

林國平　歷史學博士，兩岸協創新中心福建師範大學文化研究中心首席專家，福建師範大學社會歷史學院教授、博士生導師，福建省高等院校教學名師，享受國務院特殊津貼的專家。主要從事閩臺民間宗教信仰研究，代表作有《林兆恩與三一教》、《福建民間信仰》、《閩臺民間信仰源流》、《籤占與中國社會文化》等。

韋煙灶　學歷：國立臺灣師範大學文學博士【地理學】（2003）
現職：國立臺灣師範大學地理學系教授
學術專長：鄉土地理、水文學（地下水學）、土壤地理學、地理教育
主要著作（專書）:《鄉土教學與教學資源調查》（2002）、《臺灣全志：卷二土地志（土壤篇）》【與郭鴻裕合著】（2010）、《與海相遇之地：新竹沿海的人地變遷》（2013）
研究領域：早期的研究偏向於自然地理學，奠定後來地理研究之厚實知能。2004 年以後的研究重心逐漸轉向鄉土地理、歷史

地理（閩客族群關係）與地名學研究，已發表相關學術期刊論文約 40 篇。

徐亞湘　臺北藝術大學戲劇系教授、中國文化大學戲劇系兼任教授、《戲劇學刊》主編、中華戲劇學會理事、華岡藝校董事。學術專長為臺灣戲劇史、中國話劇史、中國戲劇 及劇場史。著有戲劇專書《日治時期中國戲班在臺灣》、《日治時期臺灣戲曲史論——現代化作用下的劇種與劇場》、《Sounds From the Other Side》、《臺灣劇史沉思》等十餘冊。

陳支平　1952 年出生，歷史學博士。現任廈門大學人文與藝術學部主任委員、國學研究院院長，兩岸關係和平發展協同創新中心首席專家，兼任中國西南民族學會會長、中國明史學會常務副會長、中國朱子學會副會長、中國民族學與人類學研究會副會長等學術，職務。主要著作有《清代賦役制度演變新探》、《近 500 年來福建的家族社會與文化》、《明史新編》、《福建族譜》、《客家源流新論》、《民間文書與明清賦役史研究》、《歷史學的困惑》、《透視中國東南》、《民間文書與明清族商研究》、《臺灣文獻與史實鉤沉》、《史學水龍頭集》、《虛室止止集》等，編纂大型叢書《臺灣文獻彙刊》100 冊等。2006 年胡錦濤總書記訪問美國時，曾把《臺灣文獻彙刊》作為禮品之一贈送給耶魯大學。是書 2009 年入選「建國 60 周年教育成就展」。

陳哲三　1943 生，南投縣竹山鎮人，東海大學歷史系歷史研究所畢業，逢甲大學歷史與文物研究所教授，退休。先治中國現代史，著有：《中華民國大學院之研究》（臺北，商務印書館，1976）、《鄒魯研究初集》（臺北，華世出版社，1980）、《中國革命史論及史料》（臺北，商務印書館，1982）、《問學與師友》（臺中，大學圖書供應社，1985）等書。後治臺灣史，著有《竹山鹿谷發達史》（臺中，啟華出版社，1972）、《臺灣史論初集》（臺中，大學圖書供應社，1983）、《古文書與臺灣史研究》（臺北，文史哲出版社，2009）。教學研究之餘，又主修《逢甲大學校史》（未刊稿，1983）、《集集鎮志》（南投，集集鎮公所，1998）、《竹山鎮志》（南投，竹山鎮公所，2001）、《南投縣志》（南投縣政府，2010）、《南投農田水利會志》（南投，南投農田水利會，2008）等書。

陳進傳　1948 年生，台灣宜蘭人。淡江大學歷史系、歐洲研究所畢業，

曾任宜蘭大學副教授、教授，嶺東科技大學教授，現為佛光大學文化資產與創意學系教授。早年先治明史，著有論文多篇，其後研究轉向宜蘭史，並曾擔任宜蘭縣文化、文獻、古蹟、藝術各種委員會委員及宜蘭縣政府顧問，撰述《清代噶瑪蘭古碑之研究》、《宜蘭傳統漢人家族之研究》、《宜蘭擺厘陳家發展史》（合著）、《宜蘭本地歌仔—陳旺欉生命紀實》（合著）、《宜蘭布馬陣—林榮春生命紀實》（合著）、《宜蘭的傳統碗盤》（合著）等及論文約 80 篇。

鄭喜夫　台南市籍澎湖人，民國三十一年生。財校財務科畢業、興大歷史所碩士。高考會審人員考試及格。曾任臺灣省及北、高二市文獻會委員，內政部民政司專門 委員。編著有臺灣史管窺初輯、民國連雅堂先生橫年譜、民國邱倉海先生逢甲年譜、清鄭六亭先生兼才年譜、重修臺灣省通志財稅、文職表、武職表、武職表三篇、南投縣志商業篇、臺灣當代人瑞綜錄初稿等書十餘種。

鄧孔昭　1953 年生，福建省三明市人。1978 年廈門大學歷史系畢業。後留系任教。1982 年轉入臺灣研究所。先後任助理研究員、副研究員、研究員、教授。1996 年起，兼任臺灣研究所副所長，2004 年改為副院長。2012 年退休。現為兩岸關係和平發展協調創新中心成員。

　　已經出版的著作有：《臺灣通史辨誤》、《鄭成功與明鄭在臺灣》等。

戴文鋒　1961 年生，臺南人，國立臺灣大學歷史學學士、國立成功大學歷史語言研究所碩士、國立中正大學歷史研究所博士，日本國立一橋大學言語社會研究科客員研究員，國立臺南大學臺灣文化研究所教授兼所長。學術領域為臺灣史、臺灣民俗、臺灣民間信仰、臺灣文化資產，重要專著有《府城媽祖行腳》、《萬年傳香火、世代沐法華——萬華寺廟》（以上 2002）、《萬華觀光案內》（2004）、《走過・歷史・記憶——鏡頭下的永康》（2008）、《萬年縣治所考辨》（2009）、《東山鄉志》、《在地的瑰寶——永康民俗祭儀與文化資產》、《永康的歷史遺跡與民間信仰文化》（以上 2010）、《九如王爺奶回娘家傳統民俗活動之研究》（2013）、《重修屏東縣志・民間信仰》（2014）、《山谷長歌——噍吧哖事件在地繪影與歷史圖像》（2015）等十餘冊。

目 錄

臺灣史研究名家論集——總序

《臺灣史研究名家論集》（初編）即將印行，忝爲這套叢刊的主編，依出書慣例不得不說幾句應景話兒。

這十幾年我個人習慣於每學期末，打完成績上網登錄後，抱著輕鬆心情前往探訪學長杜潔祥兄，一則敘敘舊，問問半年近況，二則聊聊兩岸出版情況，三則學界動態及學思心得。聊著聊著，不覺日沉西下，興盡而歸，期待半年後再見。大約三年前的見面閒聊，偶然談出了一個新企劃。潔祥兄自從離開佛光大學教職後，「我從江湖來，重回江湖去」（潔祥自況），創辦花木蘭出版社，專門將臺灣近六十年的博碩論文，有計畫的分類出版，洋洋灑灑已有數十套，近年出書量及速度，幾乎平均一日一本，全年高達三百本以上，煞是驚人。而其選書之嚴謹，校對之仔細，書刊之精美，更是博得學界、業界的稱讚，而海峽對岸也稱許他爲「出版家」，而不是「出版商」。這一大套叢刊中有一套《臺灣歷史文化叢刊》，是我當初建議提出的構想，不料獲得彼首肯，出版以來，反映不惡。但是出書者均是時下的年輕一輩博、碩士生，而他們的老師，老一輩的名師呢？是否也該蒐集整理編輯出版？

看似偶然的想法，卻也是必然要去做的一件出版大事。臺灣史研究的發展過程，套句許雪姬教授的名言「由鮮學經顯學到險學」，她擔心的理由有三：一、大陸學界有關臺灣史的任務性研究，都有步步進逼本地臺灣史研究的趨勢，加上廈大培養一大批三年即可拿到博士學位的臺灣學生，人數眾多，會導致臺灣本土訓練的學生找工作更加雪上加霜；二、學門上歷史系有被社會科學、文學瓜分，入侵之虞；三、在研究上被跨界研究擠壓下，史家最重要的技藝——史料的考訂，最後受到影響，變成以理代証，被跨學科的專史研究壓迫的難以喘氣。中研院臺史所林玉茹也有同樣憂慮，提出五大問題：一、是臺灣史研究受到統獨思想的影響；二、學術成熟度仍不夠，一批缺乏專業性的人可以跨行教授臺灣史，或是隨時轉戰研究臺灣史；三、是研究人力不足，尤其地方文史工作者，大多學術訓練不足，基礎條件有限，甚至有僞造史料或創造歷史

的情形，他們研究成果未受到學術檢驗，卻廣爲流通；四、史料收集整理問題，文獻資料躍居成「市場商品」，竟成天價；五、方法問題，研究者對於田野訪查或口述歷史必需心存警覺和批判性。

　　十數年過去了，這些現象與憂慮仍然存在，臺灣史學界仍然充滿「焦慮與自信」，這些焦慮不是上文引用的表面問題，骨子裡頭真正怕的是生存危機、價值危機、信仰危機，除此外，還有一種「高平庸化」的危機。平心而論，臺灣史的研究，不論就主題、架構、觀點、書寫、理論、方法等等。整體而言，已達國際級高水準，整個研究已是爛熟，不免凝固形成一僵硬範式，很難創新突破而造成「高平庸化」的危機現象。而「高平庸化」的結果又導致格局小，瑣碎化、重複化的現象，君不見近十年博碩士論文題目多半類似，其中固然也有因不同學門有所創見者，也不乏有精闢的論述成果，但遺憾的是多數內容雷同，資料重複，學生作品如此；學者的著述也高明不到哪裡，調研案雖多，題材同，資料同，析論也大同小異。於是乎只有盡量挖掘更多史料，出版更多古文書，作爲研究創新之新材料，不過似新實舊，對臺灣史學研究的深入化反而轉成格局小，理論重複，結論重疊，只是堆砌層累的套語陳腔，好友臺師大潘朝陽教授，曾諷喻地說：「早晚會出現一本研究羅斯福路水溝蓋的博士論文」，誠哉斯言，其言雖苛，卻是一句對這現象極佳註腳。至於受統獨意識形態影響下的著作，更不值得一提。這種種現狀，實在令人沮喪、悲觀，此即焦慮之由來。

　　職是之故，面對臺灣史這一「高平庸化」的瓶頸，要如何掙脫困境呢？個人的想法有二：一是嚴守學術規範予以審查評價，不必考慮史學之外的政治立場、意識形態、身份認同等，二是返回原點，重尋典範。於是個人動了念頭，很想將老一輩的著作重新整理，出版成套書，此一構想，獲得潔祥兄的支持，兩人初步商談，訂下幾條原則，一、收入此套叢書者以五十歲（含）以上爲主；二、是史家、行家、專家，不必限制爲學者，或在大專院校，研究機構者；三、論文集由個人自選代表作，求舊作不排除新作；四、此套書爲長期計畫，篩選四、五十位名家代表

作，分成數輯分年出版，每輯以二十位為原則；五、每本書字數以二十
萬字為原則，書刊排列起來，也整齊美觀。商談一有結論，我迅即初步
擬定名單，一一聯絡邀稿，卻不料潔祥兄卻因某些原因而放棄出版，變
成我極尷尬之局面，已向人約稿了，卻不出版了。之後拿著企劃書向兩
家出版社商談，均被婉拒，在已絕望之下，幸得蘭臺出版社盧瑞琴女史
遞出橄欖枝，願意出版，才解決困局。但又因財力、人力、市場的考慮，
只能每輯以十人為主，這下又出現新困擾，已約的二十幾位名家如何交
待如何篩選？兩人多次商討之下，盧女史不計盈虧，終於同意擴大為十
五位，並不篩選，以來稿先後及編排作業為原則，後來者編入續輯。

　　我個人深信史學畢竟是一門成果和經驗累積的學科，只有不斷累積
掌握前賢的著作，溫故知新，才可以引發更新的問題意識，拓展更新的
方法、理論，才能使歷史有更寬宏更深入的研究。面對已成書的樣稿，
我內心實有感發，充滿欣喜、熟悉、親切、遺憾、失落種種複雜感想。
本叢刊初編自有遺珠之憾，也並非臺灣史名家只有這十四位，此乃初編，
將有續編，我個人只是斗膽出面邀請同道之師長友朋，共襄盛舉，任憑
諸位自行選擇其可傳世、可存者，編輯成書，公諸同好。總之，這套叢
書是十四位名家半生著述精華所在，精采可期，將是臺灣史研究的一座
豐功碑及里程碑，可以藏諸名山，垂範後世，開啟門徑，臺灣史的未來
新方向即孕育在這套叢書中。展視書稿，披卷流連，略綴數語以說明叢
刊的成書經過，及對臺灣史的一些想法，期待與焦慮。

卓克華

2016.2.22 元宵　於三書樓

臺灣史研究名家論集——推薦序

　　臺灣史研究的興盛，主要是從二十世紀八十年代開始的。臺灣史研究的興起與興盛，一開始便與政治有著密切的聯繫。從大陸方面講，「文化大革命」的結束與「改革開放」政策的實行，使得大陸各界，當然包括政界和學界，把較多的注意力放置在臺灣問題之上。而從臺灣方面講，隨著「本土意識」的增強，以及之後的「臺獨」運動的推進，學界也把較多的精力轉移到對於臺灣歷史文化及其現狀的研究之上。經過二三十年的摸索與磨練，臺灣歷史文化的學術研究，逐漸蔚為大觀，成果喜人。以大陸的習慣性語言來定位，臺灣史研究，可以稱之為「臺灣史研究學科」了。

　　由於二十世紀八十年代以來臺灣史研究的興起與興盛，大體上是由此而來，這就造成現今的中國臺灣史研究的隊伍，存在著兩個明顯的特徵。其一，大部分的所謂臺灣史研究學者，特別是大陸的學者，都是「半路出家」，跨行或轉行而來，並沒有受過比較系統而嚴格的臺灣史學科的基礎訓練，各自的學術參差不齊，惡補應景和現買現賣的現象頗為不少。其二，無論是大陸的學者，還是臺灣的學者，對於臺灣史的研究，似乎都很難擺脫政治性的干擾。儘管眾多的研究者們，依然希望秉承嚴正客觀的歷史學之原則，但是由於各自政治立場的不同，大家對於臺灣歷史文化的關注點和解讀意趣，還是存在著諸多的差異，有些差異甚至是南轅北轍的。

　　儘管如此，從學術發展的立場出發，臺灣史研究的這兩個特徵，也未嘗不是一件好事。不同的政治立場、學術立場；不同的學術行當、學術素養，必然形成多視野、多層次、多思維的學術成果。即使是學術立場、觀點迥異的學術成果，也可以引起人們的不同思考與討論。借用大陸的一句套話，就是「百花齊放」，或者「毒草齊放」了。百花也好，毒草也罷，正是有了這般林林總總的百花和毒草，薈兮蔚兮，百草豐茂，在兩岸學者的共同努力之下，形成了臺灣史研究的熱潮。

　　蘭臺出版社有鑑於此，聯絡大陸和臺灣的數十位臺灣史研究學者，

出版了這套《臺灣史研究名家論集》。在這部洋洋大觀的名家論集中，既有較早拓荒性從事臺灣史研究的鄭喜夫、周宗賢、林仁川等老先生的論著，也有諸如如王志宇、戴文鋒等年富力強的中生代的力作。在這眾多的研究者中，各自的政治社會立場姑且不論，僅以學術出生及其素養而言，既有歷史學、語言文學的，也有宗教學、戲劇學、地理學等等。研究者們從各自不同的學術行當和研究意趣出發，專研各自不同的研究專題，多有發見，多有創新。因此可以毫不誇張地說，這套《臺灣史研究名家論集》，在一定程度上體現了當今海峽兩岸臺灣史學術研究的基本現狀與學術水平。這套論集的出版，相信對於推動今後臺灣史研究的進一步開拓與深入，無疑將產生良好積極的作用。

陳支平

2016 年 3 月于廈門大學國學研究院

推薦序

在中國大陸從事海峽兩岸宗教學及民間信仰研究的學界中,林國平教授當之無愧是最為突出的一位學者。

自 1949 年兩岸分治以來,大陸學界對於臺灣宗教學及民間信仰的學術研究,很少有人涉足。大陸改革開放之後,海峽兩岸的歷史文化開始引起人們的關注,學術研究也逐漸起步。林國平教授正是在這個時候,就開始了對於在閩臺地區以及東南亞地區有著重要文化影響的「林兆恩三一教」進行了探索研究,並且取得引人矚目的成果。到上一世紀九十年代,隨著海峽兩岸政治社會關係的解凍,閩台兩地的學術交流活動得以恢復與進展。其後,在福建有高明的領導發見了福建與臺灣有所謂的「五緣文化」關係,福建學界便圍繞著海峽兩岸的所謂「五緣文化」開展學術研究與交流活動。

大陸福建一帶的學者們雖然圍繞著「五緣文化」進行著如火如荼的研究工作,但是畢竟「五緣文化」關係中的許多緣分在當前的政治社會環境裡,多有滯礙,交流不甚通暢。唯有「神緣」一途,橫跨陰陽兩界、貫通各色人等,備受閩台兩地民眾與學者的敬仰與重視。於是,從政府的高度看,不時地推動舉辦一些海峽兩岸宗教及民間信仰的活動,很有政績感;從學界的層面看,開展諸如此類的研究,可以皆大歡喜,得到政府以及社會各界的支援。這樣一來,大陸學界近二十年來關於閩台歷史文化的研究,出現了一個奇怪的現象,即有關宗教及民間信仰的論著,幾乎佔據了相關論著的三分之一之數。換言之,閩台兩地關於宗教及民間信仰的研究,成為這一時期學術研究的一個十分熱門的領域。

然而,學術研究往往不是以人多勢眾論英雄的。以政府的高度以及寺廟的力量舉辦的學術活動,固然可以吸引眾多的人們來參與,從表面上看,學術論文頗為豐收。但是換一個角度看,這其中湊熱鬧、趕風景的人大有其數。許多人為了情願或不情願參加此類的活動,不得不匆匆忙忙地拼湊文章、交差了事。如此為了交差拼湊出來的所謂論著,雖然數量相當驚人,但是從學術品質上看,由於學術研究往往與社會政治活

動糾纏在一起，許多學者臨時起意、急中生智，整體水準並不高。

　　林國平教授對於閩台宗教及民間信仰的研究，從其初始階段就是高起點的。他的一系列研究，在許多領域都是具有開創性的。繼上一世紀八十年代《林兆恩與三一教》的開創性研究之後，1993 年他出版了《福建民間信仰》一書，這是第一部分比較系統而全面地論述福建區域民間信仰的著作，為後來學界開展這方面研究提供了足以參考借鑒的學術基礎。其後，他有陸續出版了《閩台區域文化研究》、《閩台民間信仰源流》等著作，進一步對閩台兩地民間信仰的傳承歷程進行了開創性的研究。在此期間，他更以教授的身份，在職攻讀申請博士學位，潛心從事閩臺地區民間信仰中的「籤詩」問題研究。幾經充實提升之後，洋洋灑灑75 萬多字的《籤占與中國社會文化》一書終於於 2014 年由人民出版社出版發行。此書的出版，不但堪稱是中國學界關於這一問題研究的第一部論著，而且書中所搜集的籤詩數量之多，資料之豐富，論述之精細，都大大超過臺灣及海外的同類著作。

　　臺灣蘭臺出版社即將為林國平教授印行《臺灣歷史研究名家論文集》，可謂得其人、得其書也。林國平教授希望我為本書寫一序言，我自然是欣然從命。茲把我對於這些年來大陸福建學界對於臺灣宗教及民間信仰研究的基本看法，以及我對林國平教授治學歷程的點滴瞭解，簡要敘述如上。不妥之處，還望林國平教授及福建的各位同仁多多包涵、批評更正。

陳支平

2015 年春節于廈門大學國學研究院

宗教學：神聖之域的探知之學

大自然千奇百怪，奧秘無窮，當人類的求知欲望觸及大自然的無窮奧秘且找不到科學解釋而產生種種困惑、恐懼時，當人類面對大自然的巨大力量而感到渺小無助時，一種超自然力量象徵——神就被創造出來了，對之加以信仰並崇拜的宗教就應運而生。隨著文明社會步伐的前行，人類探知大自然、社會、人生以及未來世界的欲望愈加強烈，雖然許多困惑消除了，但新的更多的困惑產生了，一部分人繼續沿著科學探求之路前進，而另一部分人則躲進宗教信仰的港灣，逃避世俗的種種煩惱，尋求精神上的暫時休憩。宗教是人類特有的文化現象，而宗教學就是認識宗教現象的本質，揭示宗教產生和發展規律的學問，也是神聖之域的探知之學。

一、撲朔迷離的宗教

當我們一提起宗教（Religion），許多人就會聯想到上帝、佛祖、神仙、鬼怪，就會聯想到莊嚴肅穆的教堂、或者金碧輝煌的寺觀宮廟，聯想到每日虔誠禮拜的芸芸眾生，也許還會聯想到虛無縹緲的天堂、地獄、仙境等等，宗教對於許多人來說就是他們生活的一部分，似乎並不陌生。然而，當我們真的要說明宗教是什麼，或者需要給宗教定義時，絕大多數人都會一頭霧水，面有難色，感到宗教這個東西既神聖又神秘，看不清，參不透。

其實，有這種感覺也十分正常，因為宗教實在太紛繁複雜了，既是意識形態，也是上層建築，既是歷史現象，也是現實生活；宗教的歷史與人類文化史一樣久遠，從原始宗教算起，宗教至少有數萬年的歷史了，即使後來出現的世界性宗教，也有二千多年歷史了。宗教具有頑強是生命力，經歷了原始社會、奴隸社會、封建社會、資本主義社會和社會主義社會等不同社會形態，對人類社會產生巨大而深遠的影響。宗教的分佈極為廣泛，世界上幾乎所有的國家、所有的民族、所有的種族、

所有階級和階層，都有各自的宗教信仰，甚至可以說只要有人類就有宗教。特別值得指出的是，宗教的文化內涵十分豐富，具有極強的包容性，幾乎囊括了文化的所有形式，成爲文化的一個縮影。馬克思曾經說過：「宗教是這個世界的總的理論，是它的包羅萬象的綱領。」因此，要給這樣一個包羅萬象的事物下一個完整的定義，說清楚宗教是什麼，確實不是件容易的事，有「宗教學之父」美稱的麥克斯・繆勒說過：「每個宗教的定義，從其出發不久，就會激起另一個斷然否定它的定義。看來，世界上有多少宗教，就會有多少宗教的定義，而堅持不同宗教定義的人們之間的敵意，幾乎不亞於信仰不同宗教的人們。」[1]他甚至認爲：「一個適當的定義或詳盡無遺的描述對所有稱之爲宗教的來說是不可能的。」[2]

　　面對著紛繁複雜的宗教，連「宗教學之父」的麥克斯・繆勒都感到無奈，似乎是山窮水盡，毫無希望。但是，人類具有無比執著的精神和接近無限的潛能，總是能把許多看似不可能的事，變成可能，進而將可能轉化爲現實。「宗教」定義的界定，儘管難度極大，看似「不可能」取得共識，但前輩學人不但不輕言放棄，反而激起「上下共求索」的勇氣，在宗教學研究的道路上不斷地跋涉。迄今爲止，西方學者已經提出了數百種的「宗教」定義，從不同的視角、不同的層面、不同的價值取向來界定「宗教」，如康德：宗教就是道德；費希勒：宗教是一種知識；施賴爾馬赫：宗教是人對神的絕對依賴感；門辛：人與神聖真實體驗深刻的相遇、受神聖存在性影響之人的相應行爲；繆勒：人對於無限存在物的渴求、信仰和愛慕；泰勒：對靈性存在的信仰；弗雷澤：人對能夠指導和控制自然與人生進程的超人力量的迎合、討好和信奉；施密特：人對超世而具有人格之力的知或覺；海勒爾：人與神聖的交往、相通和結合，是對神聖的生動經歷；范・德・列烏：人與神秘力量的獨特關係；奧托：對超自然之神聖的體驗，表現爲人對神聖既敬畏而嚮往的感情交織；貝格爾：宗教是人建立神聖世界的活動；蒂利希：宗教是人的終極

---

[1]　麥克斯・繆勒《宗教的起源和發展》，上海人民出版社，1989 年，第 13 頁。

[2]　麥克斯・繆勒《宗教的起源和發展》，上海人民出版社，1989 年，第 14 頁。

關切。雖然至今還沒有找到一個公認的「宗教」定義，甚至還在不斷累加不同的「宗教」定義，但總的努力方向是正確的，也許有一天會殊途同歸。

中國學者對「宗教」的認識可以追溯到先秦，當時，「宗」和「教」是分開使用的兩個名詞。「宗」的本意是對人類祖先及神靈的尊敬和敬拜，《說文解字》：「宗者，尊祖廟也，以宀從示」。「示者，天垂象見吉凶所以示人也，從二。三垂，日月星也，觀乎天文以察時變示神事也」。「教」的本義主要指教育、育化，上施下效，側重在對神道的信仰，即《易經》所謂「聖人以神道設教」。至於「宗教」二字連綴成一個詞語使用，最早見於隋朝，指崇奉佛陀及其弟子的教誨，以獲人生宗旨，達社會教化。後來逐漸成為一個名詞，在不同的文化背景中，存在不同的含義，或用於稱呼佛教，或用於稱呼道教，也有用於稱呼儒家，甚至基督教的。直到近代，隨西方宗教學崛起及其對中國學術界之影響，作為現代意義的「宗教」譯名是「假道日本而入中國」，許多人在學術上將「宗教」與英語「Religion」一詞畫上了等號，成為廣義性宗教概念。近代以來，中國不少學者也加入對宗教的界定，如舊版《辭源》對「宗教」的界定是：「以神道設教，而設立戒約，使人崇拜信仰者也。」1979年修訂後《辭源》的「宗教」條：「佛教以佛所說為教，佛弟子所說為宗，宗為教的分派，合稱宗教，指佛教的教理。……現泛稱對神道的信仰為宗教。」近年，呂大吉提出「宗教」的定義，在學界影響較大，他說：「宗教是關於超人間、超自然力的一種社會意識，以及因此而對之表示信仰和崇拜的行為，是綜合這種意識和行為並使之規範化、體制化的社會文化體系。」

宗教是什麼？這個看似簡單而令無數人頭疼的問題，人類追問了幾千年，而且還將無止境地追問下去。也許每個人心中都有自己的答案，我的答案是：宗教應包含信仰和崇拜兩大部分，即在思想上信仰某種超自然的力量（神靈），並在行動上對某種超自然的力量（神靈）加以崇拜。

二、充滿活力的宗教學

　　宗教是人類發展在一定階段的產物，其歷史久遠，甚至可以追溯到原始社會的舊石器時代。至於對宗教的研究，也十分古老，至少有上千年歷史了。然而，作爲現代意義上的宗教學的歷史則十分短暫，我們通常以 1870 年麥克斯・繆勒發表《宗教學導論》首先使用「宗教學」（scienceofreligion）術語爲開端，迄今爲止滿打滿算也只有短短的 140 年的歷史，與其他哲學、人文社會科學相比，宗教學無疑是一門年輕的學科。

　　宗教學是認識宗教現象的本質，揭示宗教產生和發展規律的學問，也是神聖之域的探知之學。宗教學的發展大致可以分爲兩個階段：第一個階段從宗教學的興起到第一次世界大戰之前，是宗教學從基督教神學分離出來，成爲獨立學科的時期。代表人物是麥克斯・繆勒和荷蘭學者蒂勒。其學術特點是從原來的基督教研究擴大到其他宗教研究，開始用比較研究的方法和批判的眼光觀察宗教，特別關注宗教的起源和發展。第二階段第一次世界大戰以來是宗教學迅速發展時期，代表人物是英國的泰勒、法國的杜爾凱姆、德國的瑪特、荷蘭學者范・德爾・萊鳥等。其學術特點是從人類學、歷史學、社會學、心理學等方法分析宗教，專注於特殊宗教、具體宗教現象和宗教問題的實證性研究，傳統的宗教哲學、宗教史學、宗教神學仍然受到學者關注外，還形成了宗教人類學、宗教社會學、宗教心理學、宗教地理學、宗教生態學、宗教文化學等眾多分支學科，顯現出勃勃生機。

　　由於宗教學誕生於歐洲，不可避免打上西方文化的烙印，諸如認爲宗教所信仰的神都是精神性的存在，在宗教起源上提出「萬物有靈論」、神學家參與宗教學研究，以證明宗教觀念的永恆和至高無上等等。值得注意是馬克思、恩格斯對宗教產生的根源、宗教的本質、宗教的社會職能、宗教的消亡等問題論述。如關於宗教的本質，馬克思認爲：「宗教是那些還沒有獲得自己或是再度喪失了自己的人的自我意識和自我感覺。」宗教是「顛倒了的世界觀」。恩格斯說：「一切宗教都不過是支

配著人們日常生活的外部力量在人們頭腦中的幻想的反映，在這種反映中，人間的力量採取了超人間的力量的形式。」關於宗教的作用，馬克思說：「宗教裡的苦難既是現實的苦難的表現，又是對這種現實苦難的抗議。宗教是被壓迫生靈的歎息，是無情世界的感情，⋯⋯宗教是人民的鴉片。是這個「苦難世界」的「靈光圈」。馬克思、恩格斯的相關論述很多，其宗教觀的理論基礎是科學無神論，根本點有兩個，一是唯物史觀，二是社會存在決定宗教意識。馬克思主義的宗教觀對宗教學的發展產生重大影響。

中國宗教學更加年輕，20 世紀初才初見端倪。半個世紀來，一些中國學者受西方啓蒙思潮和宗教學的影響，開始運用新的理論和方法，用理性和客觀的態度研究中國宗教的諸問題，就「中國有無宗教」、「宗教是什麼」、「儒學是不是宗教」、「宗教的意義及其與中國社會思想文化」的關係等一系列問題展開激烈的討論，由此延伸到宗教學理論、宗教學體系、宗教史學等方面的研討，取得令人矚目的研究成果。其中，以康有爲、梁啓超、譚嗣同、嚴復爲代表的「改良派」，以孫中山、陳天華、鄒容爲代表的「革命派」，以蔡元培、胡適爲代表的新文化運動的知識精英，以陳獨秀、李大釗爲代表的馬克思主義者，在救亡圖存的旗幟下，站在同一立場上，用理性精神對傳統宗教觀念和鬼神迷信進行猛烈地抨擊和冷靜地批判，共同對中國宗教學的創立立下汗馬功勞。胡適、梁啓超還開創了現代意義上的宗教史學，陳寅恪、許地山、傅勤家、王治心等在宗教史研究上獨樹一幟，有著筚路藍縷之功。

1949 年至 1976 年，是中國宗教學曲折發展時期。由於政治原因，馬克思主義宗教觀既成爲理論界詮釋和介紹的物件，也是宗教學研究的唯一理論指導思想，宗教學研究的學術性大大降低，政治意味濃厚。學術界主要圍繞著宗教政策、宗教信仰自由、宗教與迷信的關係等展開激烈討論，還注意到宗教與群眾、宗教與社會、宗教與歷史文化的關聯等問題的探討，在排除政治和意識形態嚴重干擾的極端困難的條件下，也取得一些成果。但就總體而言，這個時期的中國宗教學的發展道路十分曲折，極端困難。

　　改革開放以來，是中國宗教學研究的恢復和迅速發展時期。中國學界對宗教的本質、定義、起源、作用、歷史發展、社會功能等展開全面而深入的研究，取得豐碩的成果。這個時期的中國宗教學研究以 2000年爲界大致可以分爲前後兩個階段：前一階段主要是培養人才、成立學會、創辦學刊，恢復正常的宗教學研究，圍繞著宗教與鴉片、宗教的定義、儒家是否爲宗教、宗教道德、宗教文化、宗教與社會主義相適應等問題展開討論，出現了百花齊放、百家爭鳴的局面。在宗教史方面，佛教史、道教史、基督宗教史、伊斯蘭教史的成果豐碩。在應用研究方面，宗教與民族、宗教與政策、宗教與國際政治的研究也引人注目。與西方宗教學研究相比，中國宗教學有自己的特色。一是馬克思主義爲中國宗教學研究的指導思想；二是宗教學研究範圍更加寬泛，認爲一切宗教和宗教一切都是宗教學研究的物件；三是在宗教史學、宗教語言學、宗教與文化等方面的研究成果卓著，多有建樹。

　　21 世紀以來，中國宗教學在總結 20 世紀宗教學研究的經驗教訓的基礎上，承前啓後，乘勝前進。幾年來，中國宗教學把研究的觸角擴大到民間信仰、新興宗教的領域，開始加大對宗教文化生態的研究，開始建構與國際學術界接軌又具有中國學術特色的中國宗教學體系。宗教學在中國還沒有形成成熟的學科，正因爲它還很年輕，其成長的空間還很大，所以生機勃勃，充滿活力。

三、宗教學研究的主要分支

1、宗教人類學

　　宗教人類學又稱宗教民族學或宗教人種學，是宗教學與人類學、民族學相結合的產物。宗教人類學形成於 19 世紀和 20 世紀初，代表人物是英國的泰勒、弗雷澤等。這些學者大多受到達爾文進化論的影響，致力於研究那些生活在偏遠地帶的、未開化民族的原始宗教，史稱進化學派與社會學派，代表作有泰勒《人類古代史研究》（1865）、《原始文

化》（1871）、《人類學》（1881）、弗雷澤的《金枝》（1890）、杜爾凱姆的《宗教生活的基本形式》（1915）等。二戰以後，人類學的研究物件已不僅局限於現有未開化民族的信仰與習俗，而轉向研究近現代社會本身或下層社會中流傳的民俗學方面的資料。代表人物和代表作有馬林諾夫斯基的《巫術、科學、宗教與其他論集》（1948）、布朗的《未開化社會中的結構和功能》（1952）、列維・施特勞斯《結構人類學》（1958 年）等，他們創立了田野調查和參與觀察的方法，特別重視宗教的功能和結構研究，用功能的、結構的方法分析土著居民的宗教信仰，故被稱之爲功能學派與結構學派。

　　中國學術界在 20 世紀初涉足宗教人類學，主要是通過譯介泰勒、弗雷澤、馬林諾夫斯基等西方宗教人類學家的著作，引進新的研究方法和學術理念，以推動本國的學術研究。在 20 世紀 20－40 年代，中國也出現一些令人矚目的研究成果，如林惠祥《世界人種志》（1932）、《文化人類學》（1934）、《中國民族史》（1936），岑家梧《史前藝術史》（1937）、《圖騰藝術史》（1938）等。20 世紀 80 年代以來，數十種西方宗教人類學名著被譯介到中國，有力推動了中國宗教人類學的發展，在人類學理論、原始宗教、神話研究、少數民族宗教研究方面，取得空前的成果，如朱狄《原始文化研究》（1988）、趙國華《生殖崇拜文化論》（1990）、張紫晨《中國巫術》（1990）、任聘《中國民間禁忌》（1990）、何新亮《中國圖騰文化》（1992）、呂大吉、何耀華《中國各民族原始宗教資料集成》（1993－1996）等等均爲代表性著作。雖然這些研究成果尚未形成體系，但前景看好，中國學者在國際宗教人類學研究領域爭得話語權，指日可待。

2、宗教社會學

　　宗教社會學是一門把社會學的理論與方法運用於宗教現象研究的分支學科，是宗教學與社會學相結合的產物，基本特徵是側重研究宗教與整個社會的相互關係、宗教的社會功能等，主要研究方法是跨文化研

究法、歷史分析法、調查、問卷分析、參與觀察等。宗教社會學的鼻祖
當推法國社會學家艾米爾‧杜爾凱姆和德國社會學家馬克斯‧韋伯。迪
爾凱姆代表作有《宗教生活的基本形式》（1912）等，他首先命名了宗
教社會學，特別強調「宗教是社會和心理統一的源泉」，並初步建構起
以神聖和世俗的兩分法爲基礎的宗教社會學理論。韋伯代表作有《新教
倫理與資本主義精神》（1904－1905）等，他認爲各種宗教都與社會、
經濟發展有關，提出新教倫理創造了資本主義的論點。受韋伯的影響，
宗教社會學出現了兩個相互聯繫的研究方向：一是研究宗教教派的特
點、教義和社會意義；二是研究社會階級、地位群體與宗教教派的關係。
杜爾凱姆和韋伯各自獨特的方法和思想，共同奠定了宗教社會學的理論
基礎。1920 年，韋伯去世後，宗教社會學在此後的三十年間，止步不
前，處於休眠狀態。1950 年以後，當代宗教社會學取代了古典宗教社
會學，開始在美國復甦，其特點是研究範圍擴大，思想多元，觀點層出
不窮，名家輩出。1960 年之後，宗教社會學的主題轉向對世俗化和多
元化的關注，較有影響的是尼布林的基督教社會學說、帕森斯結構功能
學說和貝格爾的宗教世俗化理論。

　　中國的宗教社會學起步較遲，雖然在 1920－1940 年代也有少數西
方宗教社會學的著作被翻譯出版，但影響很小。直到 1982 年鄭也夫的
碩士論文《評杜爾凱姆和韋伯的宗教社會學》的發表，西方宗教社會學
才開始真正被學術界重視，韋伯的《新教倫理與資本主義精神》、《儒教
和道教》、《韋伯社會學文選》，彼得‧貝格爾的《神聖的帷幕——宗教
社會學理論之要素》和《天使的傳言——現代社會與超自然的再發現》，
以及湯瑪斯‧奧戴的《宗教社會學》，約翰斯通的《社會中的宗教》，以
及前蘇聯亞布洛柯夫的《宗教社會學》等名著被相繼翻譯出版。與此同
時，介紹宗教社會學的基本理論、流派和評述各宗教社會學家的論著紛
紛發表。1990 年以後，在吸收消化西方宗教人類學理論的基礎上，中
國學界開始建構中國的宗教社會學理論體系，如陳麟書、袁亞愚主編《宗
教社會學通論》（1992）、戴康生、彭耀主編《宗教社會學》（2000）、孫
尚揚的《宗教社會學》（2001）、姚南強的《宗教社會學》（2004）、李向

平的《中國當代宗教的社會學詮釋》（2006）等等。除了理論上的探討之外，一些學者走出了書齋，深入基層進行社會調查，寫出了具有第一手資料價值的報告和論文。諸如羅竹風、阮仁澤、肖志恬主編的《中國社會主義時期的宗教問題》，戴康生與彭耀合著的《社會主義與中國宗教》、肖志恬所著的《當代中國宗教問題的思考》等等。宗教社會學雖然起步遲，但起點高，許多專家學者加入宗教社會學研究行列，相信在不久的將來，會有所突破，為世界宗教社會學研究作出應有的貢獻。

3、宗教心理學

宗教心理學一門運用心理學的理論和方法來描述、探究及理解宗教的性質、功能以及人類生活中的靈性的分支學科。宗教心理學的內容包括宗教思想、宗教意識的內容和結構，宗教情感的特點以及宗教在個人和社會精神生活中的心理功能，特定社會條件下的各種不同教派的信徒參與宗教活動和宗教生活所感受的宗教經驗和宗教感情，以及信徒的融匯宗教體驗、宗教感情和宗教意志的宗教信仰心理狀態等方面。宗教心理的研究可以追溯到西方的古希臘時期，而現代意義上的宗教心理學則產生於 19 世紀末，德國著名心理學家馮特被譽為西方宗教心理學的奠基者，他的《民族心理學：對語言、神話和習俗發展規律的探討》成為宗教社會心理學創建的標誌。其美國學生霍爾從個體宗教意識的發生，系統研究了青年的宗教意識，從多學科的角度對宗教和教育等問題作了廣泛的研究。隨後，霍爾的學生斯塔巴克探討了宗教與道德問題，並著重對教徒的皈依經驗，特別是青年皈依宗教信仰作了系統的研究。霍爾和斯塔巴克不僅最早使用「宗教心理學」一詞，還創立了最早的宗教心理學雜誌。1900 年斯塔巴克的《宗教心理學》一書出版，標誌美國宗教心理學的形成。此後至二戰為宗教心理學向深層潛意識發展時期。這一時期宗教心理學研究深受精神分析和分析心理學的影響，開始向無意識領域發展，佛洛伊德的《圖騰與禁忌》、《一種幻想的未來》、

《摩西與一神教》等著作，集中反映了精神分析對宗教、上帝、宗教戒律、宗教儀式和神話等的分析解釋。榮格的《宗教心理學》和弗羅姆的《基督教義的心理分析》，則分別代表了分析心理學和新精神分析對傳統精神分析宗教理論的修正，以及潛意識研究方面的成果。第二次世界大戰結束以後，宗教心理學的研究取得較大的進展，一方面個體宗教意識研究得到進一步深化，奧爾波特的《個體及其宗教》是這方面研究的重要成果。另一方面，宗教神學家參與到宗教心理學的研究中，德籍美國基督教新神學家蒂利希和德國宗教哲學家布伯等人，都關心社會和心理學的關係。

中國宗教心理學研究較少。20 世紀初，個別大學和神學院曾有外籍教師作過有關宗教心理學的講座。20 世紀 30－50 年代，西方的一些宗教心理學著作被譯介到中國，中國學者的個別論著也涉及宗教心理學，但影響不大。此後，在相當一段時間內幾乎無人涉足宗教心理學領域。20 世紀 80 年代以來，宗教心理學的研究才開始受到重視，一方面，在大量翻譯出版西方宗教心理學名著的同時，編寫論著介紹西方的研究成果，如世董《宗教心理學》（1989）、夔德義《宗教心理學》（1990）、余理《崇拜心理學》（1997）、祥貴《崇拜心理學》（2001）等；另一方面，嘗試用西方宗教心理學理論研究中國宗教，如梁麗萍《中國人的宗教心理：宗教認同的理論分析和實證研究》（2004）等，儘管數量不多，而且顯得有些稚嫩，但已經開了一個好頭，宗教心理學在中國的發展將會引人注目。

4、宗教文化學

宗教文化學是一門以研究宗教與文化的關係為出發點的分支學科。宗教文化學的內容極其廣泛，不但涉及一般性或總體性的探討，還包括宗教與政治、社會、民族、道德、藝術、科學等等問題的研究，交叉性和綜合性極強。宗教文化的研究由來已久，但現代意義的宗教文化學則始於 19 世紀末，二十世紀形成分支學科。馬林若夫斯基、韋伯、

道森、湯因比、卡希爾分別從宗教與原始文化、宗教與現代文化、宗教與文化史觀、宗教與文明形態、宗教與文化符號等方面展開展開宗教與文化的研究，用不同的觀點解釋宗教與文化的關係，進而開闢出以宗教與文化的關係為研究出發點的新領域，從而引領學者對宗教與文化的關係進行全方位的研究，諸如宗教與文化的差異、宗教與文化形態、宗教與文化心理、宗教與文化衝突、宗教與文化傳播、宗教與文化衝突、跨文化的宗教對話等等，從深層次挖掘宗教現象的多種文化意蘊。

　　1980 年代，西方的宗教文化學通過大量譯介相關名著傳入中國，得到中國學界的強烈回應。1985 年，趙複三發表系列論文，從「文化」、「文明」的角度看待宗教，提出宗教是個民族文化的重要組成部分的重要觀點，引起其他學者的關注，並就宗教與人類文化的關係、宗教文化的內涵、外延、特點、範圍、意義等問題展開激烈的討論，逐漸形成「宗教文化」思潮。從 1980 年代中期至今，出版相關專著數十部，論文數百篇。既有宗教文化學理論方面的探討，如朱來常的《宗教與文明》（1986）、馬德鄰的《宗教：一種文化現象》（1987）、卓新平的《宗教與文化》（1988）、張志剛的《宗教文化學導論》（1993）、趙林的《西方宗教文化》（1997）等；也有各宗教文化的研究，如湯一介的《中國傳統文化中的儒道釋》（1988）、方立天的《中國佛教與中國文化》（1987）、卿希泰的《道教文化新探》、葛兆光的《道教與中國文化》、張治江的《伊斯蘭教文化》等等；還有一些中西宗教文化比較研究，如何光滬的《對話：儒道釋與基督教》（1998）、阮煒的《中國與西方：宗教、文化與文明比較》（2002）、傅有德的《跨宗教對話：中國與西方》（2004）等等。特別值得關注的是，一些學者應用西方宗教學理論、方法解釋中國宗教與文化的關係，牟鐘鑒的《中國宗教與文化》（1989）、劉國梁的《宗教與中國傳統文化》（1990）、呂大吉的《中國宗教與中國文化》（2006）等等。宗教文化研究在中國方興未艾，研究成果層出不窮，建構具有中國特色的宗教文化學體系，已見端倪。

5、宗教地理學

　　宗教地理學是一門以宗教與地域空間相互關係爲研究物件的分支學科。宗教地理學介於宗教學與人文地理學之間，以探討宗教與地域的關係爲主要內容，包括宗教的衰落與瓦解，宗教源地、宗教團體、宗教信仰的演變、傳佈及其環境的影響，以及以教堂、佛寺、廟院爲中心和朝聖、廟會等活動爲主要職能的宗教城市的地理特徵和形成條件分析。近代意義上的宗教地理學思潮發源於德國，其先驅是康德、洪堡、李特爾等啓蒙主義思想家，20世紀20年代馬科斯‧韋伯奠定了現代宗教地理學的基礎，他考察了宗教在社會、文化、經濟、地理等方面的影響，把宗教看成是一種影響因素，現象背後的動因，這一思想對二戰以後的宗教地理學者有很大的影響，也使研究的焦點放在宗教對人文環境及景觀變化的作用上。早期的宗教地理學以探討地理環境對宗教信仰的影響爲研究開端，一方面要利用普通地理學的方法描繪世界各種宗教的分佈圖，另一方面揭示不同歷史時期宗教的地域分佈和變化、地貌特色在宗教中的反映和折射，總結不同宗教在傳播中的地域走向、發展趨勢和規律。20世紀50年代後，在西方一些國家，側重宗教地理學的文化精神因素分析，並將傳統的宗教地理學、無神論地理學和通俗地理學納入意識形態地理學作專題研究。國際地理聯合會1980年在紐約設立了由聯邦德國地理學家布塔納（M.Bttner）任組長的國際宗教地理組，著重於宗教傳播的地理背景、宗教信仰的轉變和宗教活動的壞境效應等課題的研究。當前的研究可以分三個方向：第一個仍是目前研究的主流，也就是傳統文化地理學的研究思路，即宗教對地理景觀的影響與作用；第二種結合目前新文化地理學的內容，並把宗教放在社會、經濟等大環境中，研究其相互之間的關係；第三種是在當今的可持續發展背景下，以宗教視點來探討生態、環境與保護的問題。

　　西方的宗教地理學在1980年代之後才真正傳入中國，雖然也有若干論著涉及，但多停留在對現象的描述上，深入分析不多，方法論亦未得到確立，宗教地理學仍處於初級階段，可開發的處女地和拓展的空間還很多。

6、宗教生態學

宗教生態學是一門以宗教與自然環境的關係為研究物件分支學科，包括宗教的自然觀、宗教的生態觀、宗教中人與自然的關係、宗教文化的生態平衡、自然環境與宗教等等，從生態學的研究宗教的起源和變遷，有助於人們更全面地瞭解自然環境對社會歷史的影響。宗教生態學萌生於 20 世紀 60 年代，是在地球環境品質不斷下降乃至影響到人類社會的延續這一大的背景下產生的，並進一步引發對各種宗教對待自然環境的認識和態度的研究。

西方的宗教生態學傳入中國不久，影響不大。近年來，有人開始嘗試用其理論與方法研究中國的宗教生態，如牟鐘鑒提出「宗教文化生態的中國模式」，姜生業探討過「宗教生態」，俞黎媛發表過閩台宗教文化生態的論文，但都不系統。不過，陳曉毅的《中國式的宗教生態：青岩宗教多樣新個案研究》（2008）是個特例，該書以貴州青州貴陽的青岩鎮宗教與自然關係為個案，通過田野調查，運用生態學理論分析中國鄉村的宗教生態文化，提出宗教相遇的生態學模型，試圖構建中國特色的宗教生態理論。姑且不論是否達到目的，但該書的問世，對中國宗教生態學的研究，必會產生重要的推動作用。

7、宗教現象學

宗教現象學是一門以宗教史學的研究成果為基礎，以宗教現象（如神靈觀念、祈禱、祭司等）有關的意義和內部構造為研究物件，以把握各種宗教的本質為目標的分支學科。宗教現象學只關心宗教現象，卻不作判斷，只對宗教現象進行本質描述，卻不去評論宗教的價值意義。宗教現象學形成較晚，荷蘭宗教學家范·得·列歐在 1924 年和 1933 年先後出版《宗教現象學導論》和《宗教現象學》，標誌著宗教現象學產生。目前，學界對宗教現象學的分歧較大，荷蘭宗教學者伯利克將宗教現象學概括為三個基本研究方向：一是描述性的宗教現象學，這一取向局限於對宗教現象進行描寫和系統的整理。二是分門別類式的宗教現象學，

這個方向致力於研究不同類型的宗教。第三種路徑取「現象學」一詞的特殊含義，以探求宗教現象的本質，意義和結構爲目的。其研究的方法可劃分爲採取科學與常識相通的自然態度、本質直觀和形象直觀等三種。

改革開放以後，西方的宗教現象學通過譯著被介紹到中國。卓新平在 1988 年第 3 期《世界宗教研究》發表《宗教現象學的歷史發展》文章，使國內學界首次接觸宗教現象學。此後，雖然也有一些宗教現象學的名著如列馬利亞蘇塞·達瓦馬尼《宗教現象學》（高秉江譯，2006 年）被翻譯出版，但總體說來，還很少人運用此理論和方法來研究中國宗教，成果寥寥。

四、當代宗教發展的新趨勢

宗教固然有較強的傳承性，但宗教並非凝固不變的，相反，宗教必須主動適應社會的變化，宗教理論必須賦予時代精神，才能求得生存和發展。無數的歷史事實，都證明了這一點。21 世紀的人類社會，出現前所未有的新的走向，這種走向不同於以前任何時代的文明形態，宗教也必然要主動適應，其發展趨勢是：

1、宗教多元化

宗教的多元化是伴隨著文化的多元化、思想的多元化而產生的，而文化的多元化、思想的多元化則是專制主義制度崩潰、民主政治興起的產物。宗教的多元化從近代就開始，經歷了漫長的歷史進程。進入二十世紀，隨著階級、階層、行業、專業的分化，隨著信仰需求個性化的需要，宗教的多元化成爲世界性的現象。一方面傳統的宗教產生分化，形成新的教派，另一方面，大量的新興宗教應運而生。以美國爲例，1995年，《美國宗教組織辭典》上列舉的宗教組織至少有 2500 個，平均每10 萬人就有一個宗教組織。

在中國，自古以來就是一個多宗教國家，特別是明代中期之後，出現數百個不被官府承認的自發在民間流傳的民間宗教。然而，除了道教、佛教、基督教、天主教、伊斯蘭教等五大宗教外，其他的宗教多數被政府取締，1949 年以後，形成了五大宗教並存的基本格局。改革開放以來，除了傳統的民間信仰、少數民間宗教復活外，國外的新興宗教也相繼傳入中國，宗教的多元化成爲不可阻擋之勢。

宗教的多元化不可避免地要產生一些新的社會問題，對宗教本身來說，至少有三個必須面對的問題：首先，不同的文化和宗教之間如何相互溝通和理解，如何在競爭中求得共存；第二、在多元宗教的環境中，各宗教如何保持自己的獨特性；第三、傳統宗教如何應對新興宗教的挑戰、適應時代的變化。

2、宗教世俗化

宗教的世俗化是宗教發展到一定階段的必然結果，從近代社會開始，宗教世俗化進程加快，但遠未完成。宗教世俗化主要表現在以下幾個方面：一是宗教的人道化；二是宗教的淡神話。三是宗教的道德化；四是宗教的寬容化；五是宗教的入世化；六是宗教的商品化；七是宗教的自由化。21 世紀，隨著世界市場經濟體系的建構、自然科學日新月異的發展、大眾文化的普及，在人性得到大解放的同時，也將是人性的又一次大放逐。可以想見，滾滾而來的商品化、技術化、享樂化的世俗大潮，必將帶來宗教的進一步世俗化，進而對宗教的生存和發展構成強烈的衝擊。

在中國，宗教的世俗化由來已久，佛教的中國化就是佛教的世俗化。至於民間信仰、民間宗教的世俗化程度遠遠超過佛教等正統宗教。改革開放以來，中國宗教的世俗化進程也得到加快，一方面，各宗教積極介入世俗生活，參與社會事務，主動適應社會；另一方面，面對道德的淪喪，一些宗教勇敢地承擔起道德重構的責任。

宗教的世俗化對當代宗教必然會產生猛烈的衝擊，至少也有三個問

題必須面對：第一、宗教的世俗化將對宗教神聖化產生衝擊，進而可能引起宗教信仰的動搖。第二、宗教世俗化必然要波及宗教組織內部，進而影響教職人員信仰的純正性。第三、宗教的世俗化是大勢所趨，不可避免，但如何把握世俗化的「度」將決定宗教本身的生存與發展。

3、宗教生態化

人類社會的歷史，也是人類開發自然的歷史。20 世紀 50 年代以來，隨著科學技術的發展、全球性的現代化浪潮和工業化進程的加快，人類賴以生存的自然生態系統遭到嚴重的破壞，大自然一次次對人類的無情保護，詔示人類如果一意孤行，最終將無家可歸，因此「拯救地球」實際上就是拯救人類，生態文明是人類存活下來的重要保障。在這樣的背景下，宗教的生態化或生態神學成為人類「拯救地球」意識在宗教文化中的一種彰顯，成為宗教文化發展的主要趨勢。

實際上，自然界的靈性意識幾乎是所有宗教的共識，只不過不同宗教的表達方式不同或理解上有所差異而已，儘管這種「靈性」的宗教思想可能導致將自然界神秘性或神聖化，但在客觀上能對自然生態起保護作用，符合現代生態學理論。在當今，重構人與自然的和諧關係，靠技術學、法律或政治手段似乎還不能勝任，還必須從宗教中借鑒古老的智慧，結合宗教中的生態理論，才可以構建新的生態學框架。因此，伴隨著人類社會生態文明建設的發展，宗教將找到其無可替代作用的場所，重新喚起並強化人類的自然萬物的「靈性」意識，重構人與自然和諧相處的美好社會。

五、宗教學研究的新視野

1、全球化的視野

20 世紀 80 年代以來，隨著科學技術特別是網路技術、交通、通訊技術的發展，隨著生產要素在全球的自由流動和合理配置、隨著世界各

國的政治、經濟、文化的聯繫日趨密切，人類生存的地球似乎越來越小了，甚至有人用「地球村」來形容全球化給人類帶來的空間上的壓縮。全球化的結果，一方面使世界各種文明的傳播與交流、借鑒與吸收提供便利的條件。另一方面，空間的壓縮，導致各種文明擠壓在狹小的「地球村」中，極易發生碰撞，產生各種矛盾甚至爭端。

宗教也不例外，在全球化的浪潮中，各種宗教的生存狀態也改變了。全球化的傳教活動將更加容易、更加深入。不同宗教之間的交流更加頻繁，接觸更加密切了，宗教之間的全方位的對話、甚至世界宗教聯盟的建立都成為可能。當然，全球化也導致各種宗教之間的競爭更加激烈了，甚至出現宗教衝突、宗教戰爭。

因此，從全球化的視野觀察當今中國宗教，研究中國宗教發展的趨勢，也許會有一些前瞻性的認識。一是中國原有的宗教文化生態平衡必定會被打破，如何儘快形成新的生態宗教文化平衡，值得理論工作者關注；二是對話將成為宗教關係的主流，如何建構宗教對話的良好機制，將是宗教學研究的重大問題；第三、宗教紛爭將成為影響社會安定、民族團結和國家統一的重要因素。如何減少甚至消除宗教紛爭，已經不僅僅是理論問題了。

2、國家文化安全戰略的視野

國家安全戰略包括政治安全、經濟安全、軍事安全、資源安全、環境安全、文化安全、意識形態安全、資訊安全等等，其中國家文化安全戰略的重心是繁榮哲學、人文社會科學，加強意識形態、民族文化和公共文化的建設，提升文化軟實力，推動建立國際文化新秩序。全球化的結果在客觀上必然會導致國家意識淡化和主權意識弱化，宗教的超民族性、超階級性、超國界的特點進一步凸現，宗教的普世價值也進一步得到強化。同時，我們還必須看到問題的另一方面，宗教從來就不是孤立存在的，它與政治、經濟、文化、民族等問題交織在一起，對社會的發展和穩定產生重大影響。

從國際上看，宗教成爲國家文化安全的重要組成部分。基督教仍然是美國爲首的西方對內凝聚人心，對外主導國際關係、施加影響力的價值觀基礎，是西方社會在全球推行其價值觀的重要工具；而伊斯蘭教則是穆斯林國家對內凝聚人心，謀求民族復興，對外應對基督教強勢文化的神聖旗幟。當代宗教的極端主義抬頭，宗教矛盾和衝突所引發的戰爭已經成爲當代世界不得安寧的重要因素。

國際上的宗教問題也影響到中國，一方面是世界宗教文化在中國迅速傳播，有的宗教畸形發展，直接衝擊中國宗教生態文化，對社會安定的構成潛在的危險。另一方面，在外部反華勢力的支持下，一些人利用打著民族宗教的旗號，從事分裂祖國的活動，甚至不惜使用暴力手段，給國家安全帶來負面影響。

因此，從國家文化安全戰略的視野觀察全球化背景下的宗教問題，深入剖析宗教與國際政治、國家安全的複雜關係，是當代宗教學研究的重要課題。

3、大文化的視野

宗教既是一種特殊的意識形態，但它具有極強的包容性，如：宗教包含著哲學，宗教力圖以神的觀念解釋世界、解釋自然與人、人與人的關係，其本身就是關於世界和人的觀念和學說；宗教包含著政治制度，在早期人類社會中，政教合一是許多王國樂於採取的政治制度。隨著政教分離，宗教繼續影響著各種政治制度的制定，至今猶然；宗教包含著法律，從最原始的宗教禁忌到後來的宗教審判、宗教酷刑、宗教法典，都屬於法律的重要組成部分；宗教包含著道德，幾乎所有的宗教都有自己的一套道德觀，其共同點是吸收人類優秀的倫理道德觀，並加以神化，甚至成爲神諭、訓戒，昇華爲信徒追求的一種道德境界和理想人格；宗教包含禮儀，許多宗教對信徒的日常起居禮儀都有詳盡而嚴格的規定，至於宗教祭祀禮儀更是繁縟，成爲不同宗教信仰的重要標誌之一。宗教包含著教育、醫療、慈善等事業，自古以來，宗教團體以慈悲爲懷，

興辦大量的教會學校、神學院、教會醫院、育嬰堂，積極參與修橋鋪路、扶危濟困的慈善事業中，成爲宗教造福社會的重要途徑；宗教包含著文學藝術，一切文學藝術的表現形式，都離不開宗教；宗教包含著民俗。宗教雖然嚮往著天國，但宗教無不絷根於民間，所有的宗教都離不開人民大眾，民間化或民俗化是宗教得以生存和發展的不二法寶；宗教包含著科學，諸如占星術與天文學、煉丹術與醫學、化學，在歷史上曾經是如此地關係密切，以至於許多宗教家也是科學家。從宗教的豐富內涵看，有學者提出「宗教是文化」。

　　「宗教是文化」的觀點，爲我們提供更加廣闊的視野來觀察宗教。一方面，大大淡化了宗教的意識形態屬性的無謂爭論，使宗教作爲民族文化的有機組成部分而得到繼承和弘揚；另一方面，大大擴大了宗教的內涵和外延，使學術界不再只是關注制度化的「五大宗教」，而把研究的視角擴大到非制度化的民間信仰，和長期被冷落的民間宗教、新興宗教等，宗教與政治、經濟、文化、民族的關係就成爲當代宗教研究的重要內容。

主要參考文獻：

呂大吉著：《宗教學通論新編》，中國社會科學出版社，1998 年；

卓新平主編：《20 世紀中國社會科學·宗教學卷》，廣東教育出版社，2009
　　　年；

任繼愈主編，卓新平執行主編：《20 世紀中國學術大典》，福建教育出
　　　版社，2002 年；

卓新平編著：《西方宗教學研究導論》，中國社會科學出版社，1990 年；

卓新平主編：《中國宗教 30 年》，中國社會科學出版社，2008 年；

高長江著：《宗教的闡釋》，中國社會科學出版社，2002 年；

張志剛主編：《宗教研究指要》，北京大學出版社，2005 年；

高師寧著：《新興宗教初探》，中國社會科學出版社，2006 年；

李申著：《宗教論》（第一卷），中國社會科學出版社，2006 年；

何光滬主編：《宗教與當代中國社會》，中國人民大學出版社，2006 年。

　　（本文發表於陳必滔主編《社會科學概論》，社會科學文獻出版社
2011 年 9 月，第 251－263 頁）

關於中國民間信仰幾個問題的思考

民間信仰自古以來不為政府所承認，經常處於受被官方壓制、打擊、甚至被禁止的境地。在古代，民間信仰被視為「淫祀」，《禮記・曲禮》云：「非其所祭而祭之，名曰淫祀。」[1]那麼何謂「非其所祭而祭之」？《漢書・郊祀志上》認為：天子以至庶人的祭祀，都有相應的典禮制度，不合典禮的各類祭祀，即為應當禁止的淫祀，所謂「各有典禮，而淫祀有禁。」[2]直至今日，民間信仰的處境雖有所改善，但仍然未列入宗教法的保護中。還有一些官員把民間信仰視為洪水猛獸，甚至把「民間信仰」與「封建迷信」劃上等號，恨不得一夜之間把民間信仰清除出歷史舞臺。更多的官員包括宗教工作管理人員，雖然也有加強民間信仰的管理的願望，但在具體的工作中，由於對民間信仰知識缺乏必要的瞭解，不知從何下手。因此，有必要對中國民間信仰的一些理論和現實問題進行探討。

一、民間信仰的定義和主要特徵

民間信仰這一概念，源於 19 世紀末的歐洲，荷蘭籍漢學家德格如特在《中國宗教體系》（1892）最早提出，1897 年日本學者姊崎正治介紹到亞洲，並於 20 世紀初傳入中國。然而，在相當長時期內的中國，民間信仰一直是比較敏感話題，一些權威的辭典採取回避的態度，如《宗教百科全書》、《中國大百科全書》、《宗教大辭典》、《宗教詞典》、《宗教工作手冊》、《中國神秘文化辭典》、《中國各民族宗教與神話大詞典》等大型工具書中都無民間信仰詞條。我們僅在《辭海》（1989、1999 彩圖珍藏本）、《中國民間信仰風俗辭典》和《中國原始宗教百科全書》等不多的辭典中找到有相關的詞條。不過，近年來，學術界則

---

[1] 孫希旦：《禮記集解》、卷六《曲禮》下。
[2] 《漢書・郊祀志上》。

對民間信仰展開熱烈的討論，[3]有關「民間信仰」的定義也眾說紛紜，不下二十種，歸納起來，大致有三種觀點：

第一種觀點認為民間信仰不是宗教，而是一種信仰形態。此說以1989、1999彩圖珍藏本《辭海》為代表，《辭海·民間信仰》：

> 民間流行的對某種精神觀念、某種有形物體信奉敬仰的心理和行為。包括民間普遍的俗信以至一般的迷信。它不像宗教信仰有明確的傳人、嚴格的教義、嚴密的組織等，也不像宗教信仰更多地強調自我修行，它的思想基礎主要是萬物有靈論，故信奉的對象較為龐雜，所體現的主要是唯心主義，但也含有唯物主義和科學的成分，特別是民間流行的天地日月等自然信仰。[4]

《中國民間信仰風俗辭典·民間信仰》的作者、宋兆麟、烏丙安、賈二強、趙匡為、王健、姜義鎮、櫻井德太郎、掘一郎等也持類似的觀點。[5]此說強調民間信仰的自發性和民俗性，否定其宗教的本質屬性。

3　王健：《近年來民間信仰問題研究的回顧與思考：社會史角度的考察》《史學月刊》，2005年第1期。

4　《辭海》：上海辭書出版社，1989年，第5120頁；1999年彩圖珍藏本，第4543頁。

5　《中國民間信仰風俗辭典·民間信仰》：「民間存在的對某種精神體、某種宗教等信奉和尊重。它包括原始宗教在民間的傳承、人為宗教在民間的滲透、民間普遍的俗信以及一般的迷信。」（中國文聯出版公司，1997年5月，第11頁。）宋兆麟：「民俗信仰又稱民間信仰，是在長期的歷史發展過程中，在民眾中自發產生的一套神靈崇拜觀念、行為和相應的儀式制度。」（鐘敬文主編《民俗學概論》，1999年7月第二版，第187頁。）烏丙安：中國的民間信仰是「多民族的『萬靈崇拜』與『多神崇拜』」。（《中國民間信仰》，上海人民出版社，1996年，第4頁。）賈二強：「所謂民間信仰，是相對於正式的宗教或得到官方認定的某些信仰，在一定時期廣泛流傳於民間或者說為多數社會下層民眾崇信的某些觀念。」他認為：「中國民間傳統的神鬼觀是民間信仰的基本內容。」（《唐宋民間信仰》福建人民出版社，2003年5月，第1-5頁。）趙匡為：「何謂民間信仰？其含意十分寬泛，它是相對傳統宗教和佔有社會主導地位的宗教而言的一種群眾性的信仰現象。主要是指多民族、多宗教的國家中，那些存在於民間又不同于傳統宗教信仰的一切其他信仰現象，有的有相對較固定的組織，表現為為人們的一種較鮮明色彩的習俗，而被某一民族、某一群體或某一地區的相當多數群眾所信仰和遵從。」（《新世紀中國的民間信仰問題探析》，《福建宗教》2004年第3期。）王健：「所謂民間信仰就是指與制度化宗教相比，沒有系統的儀式、經典、組織與領導，以草根性為其基本特徵，同時又有著內在體系性與自身運作邏輯的一種信仰形態」。（《近年來民間信仰問題研究的回顧與思考：社會史角度的考察》《史學月刊》，2005年第1期。）臺灣學者姜義鎮：「中國的民間信仰，從古代的自然崇拜、庶物崇拜、靈魂崇拜等原始宗教到後代的道教和通俗佛教等多神教都包括在內，也收到儒家思想的影響。這些宗教和思想累積混合以後，就構成了巨大民間信仰體

　　第二種觀點認爲民間信仰是本質上宗教，此說以臺灣學者李亦園爲代表，他把民間信仰稱之爲「普化宗教」（diffused religion）：

> 所謂普化宗教又稱為擴散的宗教，亦即其信仰、儀式及宗教活動都與日常生活密切混合，而擴散為日常生活的一部分，所以其教義也常與日常生活相結合，也就缺少有系統化的經典，更沒有具體組織的教會系統。[6]

　　金澤、王銘銘、渡邊欣雄等也持這一觀點。[7]此說強調民間信仰的本質屬性，同時充分注意到與其他宗教、民間宗教的區別和聯繫。

　　第三種觀點認爲對民間信仰的界定不必要太精確，相反模糊一點還更有利於研究的進行。此說以葉濤爲代表，他在 2005 年 5 月，由山東大學歷史文化學院主辦的「民間信仰與中國社會研究」學術研討會上說：

> 我想如何界定民間信仰，如何認識它與儒釋道的互動關係，有一個偷懶的做法，就是正統宗教以外的都是可以拿進來，包括民間宗教、秘密教門、老百姓的習俗等。模糊一點比精確一點好，因

系。」（《臺灣的民間信仰》，武陵出版社，2001 年）日本學者櫻井德太郎：「不屬於宗教領域，而產生和成長於一般民眾之間的日常性的庶民信仰」。（宮家准《宗教民俗學》，東京大學出版會，1995 年 1 月第六版，第 5 頁）掘一郎：民間信仰是由古代的、非宗教性的自然宗教的遺留和繼承現象，和正式宗教的調和而成的複合性的信仰形態。（宮家准《宗教民俗學》，東京大學出版會，1995 年 1 月第六版，第 5 頁，）

[6]　《文化的圖像》下卷，臺北允晨文化實業股份有限公司 1992 年版，第 180 頁。

[7]　金澤：中國民間信仰是深植於中國老百姓當中的宗教信仰及其宗教的行為表現。（《中國民間信仰》，浙江教育出版社 1995 年 3 月，第 1 頁。）王銘銘稱民間信仰為「民間宗教」，認為民間宗教「指的是流行在中國一般民眾尤其是農民中間的（1）神、祖先、鬼的信仰；（2）廟祭、年度祭祀和生命週期儀式；（3）血緣性的家族和地域性廟宇的儀式組織；（3）世界觀（worldviews）和宇宙觀（cosmology）的象徵體系」。（《社會人類學與中國研究》，北京：三聯書店 1997 年）日本學者渡邊欣雄稱民間信仰為「民俗宗教」，認為：「乃是沿著人們的生活脈絡來編成，並被利用於生活之中的宗教，它服務於生活總體的目的。……所謂民俗宗教構成了人們的慣例行為和生活信條，而不是基於教祖的教導，也沒有教理、教典和教義的規定。其組織不是具有單一的宗教目的的團體，而是以家庭、宗族、親族和地域社會等既存的生活組織為母本而形成的；其信條根據生活禁忌、傳說、神話等上述共同體所共有的規範、觀念而形成並得到維持。民俗宗教乃是通過上述組織而得以傳承和創造的極具地方性和鄉土性的宗教」。（《漢族的民俗宗教：社會人類學的研究》，天津人民出版社 1998 年，第 3 頁，第 18 頁）。

為無法精確，水至清則無魚。[8]

上述學者或從歷史學，或從宗教學，或從人類學，或從社會學，或從民俗學的角度對民間信仰進行定義，有不少精闢見解。筆者認為，民間信仰確實具有一般宗教的內在特徵，即信仰某種或某些超自然的力量，但又不同於一般宗教，它不是以彼岸世界的幸福而是以現實利益為基本要求；民間信仰也有祭祀儀式、活動場所、禁忌等宗教元素，但又沒有完備的教義、教規、戒律、教階制度、教團組織等一般宗教的外在特徵。因此，無論是主張民間信仰是信仰形態還是主張民間信仰是宗教形態，均有不夠周密的地方，我認為，民間信仰界於一般宗教和一般信仰形態之間，權且稱民間信仰為「准宗教」也許比較準確些。民間信仰是指信仰並崇拜某種或某些超自然力量（以萬物有靈為基礎，以鬼神信仰為主體），以祈福禳災等現實利益為基本要求，自發在民間流傳的、非制度化、非組織化的准宗教。

關於民間信仰的特點，學界也做了不少的研究。如烏丙安認為其主要特點是多樣性、多功利性和多神秘性。[9]賈二強又在烏丙安的基礎上增加了自發性、多變性。[10]鄭立勇認為，中國民間信仰具有群眾性、低層次性、功利性、民俗性、海外性諸特點」。[11]金澤認為民間信仰具有五個特點：1、屬於「潛文化」或「隱文化」的範疇，它的基本信眾是生活在社會下層的老百姓；2、它的神祇十分龐雜；3、它與原始的氏族宗教有著千絲萬縷的聯繫；4、不是「正統」的宗教，也不同於活躍於明清時代的民間宗教；5、禁忌（「講究」或「避諱」）特別多，與此

8　《中國民間信仰與社會研究的幾個視角》載《山東社會科學》。陳進國認同此說，認為：「不能用靜止的眼光來看中國的民間信仰問題，而是應用動態的、辯證的眼光來看。特別是考慮到中國歷史上的民間信仰與其他制度化的宗教形態有著非常密切的互動關係，目前很難給民間信仰一個精確的界定，最好還是採取模糊一點、寬泛點的辦法。……這種相對模糊的界定辦法也許更能開闊我們的研究視野。（路遙等《民間信仰與中國社會研究的若干學術視角》，《山東社會科學》2006 年第 5 期）。

9　烏丙安《中國民間信仰》，上海人民出版社，1996 年。

10　賈二強《唐宋民間信仰》 福建人民出版社，2003 年 5 月，第 1-5 頁。

11　鄭立勇《關於民間信仰特性的幾點思考》，《福建省社會主義學院學報》1999 年第 4 期，第 32 頁。

相關的禳解之法也是任何一種「正統」宗教所無法比擬的。[12]

對於民間信仰特點的認識，有利於從整體上把握民間信仰的實質，筆者認為民間信仰具有十大特徵：

一是自發性。民間信仰可以追溯到原始社會的自然崇拜、鬼魂崇拜等，自古以來，民間信仰沒有得到官方承認，被歷代封建統治者視為「淫祀」，一直處在自生自滅的狀態中；

二是功利性。百姓信仰某種超自然力量主要不是出於精神或靈魂的解脫，也不是為瞭解決人生的終極關懷，而是出於實用功利性的現實利益要求，希冀通過祈求神靈的保佑，來達到祈福禳災的目的，「有靈必求」和「有應必酬」是民間信仰的普遍心態；

三是任意性。民間信仰在神靈的塑造上，帶有很大的任意性，需要什麼就創造什麼，並沒有一定的規則。一句話，只要需要，可以把任何人物、事物塑造為崇拜偶像的。民間信仰的祭祀祈禳方式也是五花八門，帶有很大的任意性；

四是龐雜性。在一般信徒看來，多一個神靈就多一層保護，神靈越多就可以得到越多的保佑，民間信仰有自然崇拜、圖騰崇拜、祖先崇拜、鬼魂崇拜、行業祖師崇拜、功臣聖賢崇拜、醫藥神崇拜、道教佛教俗神崇拜、天神地祇崇拜等等，充斥著天上、人間、地府，構成了十分龐雜的神鬼體系；

五是融合性。民間信仰與一般的宗教不同，不具有排他性。在大多數信眾的觀念中，神靈不分彼此親疏，只要有「靈驗」，儘管燒香磕頭便是。不同宗教教派的神靈被供奉在一處民間信仰的活動場所中，共享百姓香火的現象相當普遍；

六是民俗性。民間信仰經常與民俗活動結合在一起，特別是經常與歲時節慶的民俗活動融為一體，全村男女老少幾乎都參與遊神或祭祀神靈活動，分不清哪些是民俗活動，哪些是民間信仰活動，所以在新編的《民俗志》中，經常可以見到民間信仰的內容；

---

[12]　金澤：《中國民間信仰》，浙江教育出版社 1995 年 3 月版　第 1-6 頁

　　七是區域性。由於受到自然環境、經濟生活、社會歷史等影響，中國民間信仰具有強烈的區域性特徵，沿海、平原、山區、草原的民間信仰各不相同，形態各異。這種區域性特徵，大到一個地區，小到一個縣、一個鄉鎮，甚至一個自然村，民間信仰都存在明顯的差異性；

　　八是民族性。中國是多民族的國家，不同的民族都擁有各自民族文化特色的民間信仰，少數民族的民間信仰的種類之多，恐怕不亞於漢族；[13]

　　九是草根性。民間信仰的信眾主要是下層百姓，農村的信仰者占多數，其中老人婦女更是民間信仰的主力軍；

　　十是頑強性。民間信仰起源於原始社會，經歷了不同社會形態的洗禮，也經歷了各種各樣的政治磨難，至今仍然在民間頑強地生存下來，並得到廣大民眾的崇信，用「野火燒不盡，春風吹又生」來形容民間信仰的頑強生命力，恐不爲過。

二、應該如何看待民間信仰

　　民間信仰具有悠久的歷史，是歷史的產物，但它絕不是過去式，而是一種活態的、具有頑強生命力和廣泛影響的文化，有人說：「中國的民間信仰是一片汪洋大海。千百年間，極其龐大而又不斷擴充的神靈隊伍駐守在遍佈村鎮城鄉的各色神廟，深入到各行各業、千家萬戶，普通百姓時時與『有形』的神靈同在，也與『無形』的神秘力量同在，對它們的崇信滲透到風俗、習慣、禮儀、禁忌當中，影響到社會生活的方方面面。」[14]我們以福建省爲例，看看民間信仰的影響到底有多大。據 2003 年調查，福建省民間信仰活動場所數以十萬計，面積 10 平方米以上的民間信仰活動場所共 26130 座，其中 10－100 平方米的有 8962 座，500 平方米以上的 1032 座；10 平方米以下的民間信仰活動場所估計超過 10

13　詳見《中國風俗辭典・信仰、祭祀類》，上海辭書出版社，1990 年；唐祈、彭爲金主編《中華民族風俗辭典・信仰風俗》，江西教育出版社，1988 年。

14　辛之聲《中國民間信仰事象隨想》，《中國民族報》2006 年 5 月 23 日。

萬座。在福建農村，每個村子都有宮廟，不少的村子有幾座甚至幾十座宮廟。近年，城市的宮廟數量增長較快。福建省民族宗教廳的某領導說：「不僅解放初已有的宮廟大部分恢復，還有不少近年新建的，其活動場所數量遠遠超過現有的五大宗教。」

　　對於影響如此廣泛的民間信仰，我們應該如何看待它？

　　首先，從「大宗教觀」看，應該把民間信仰納入宗教信仰自由的法律保護。我們認為民間信仰是「准宗教」，它雖然與一般的宗教有些差別，[15]但本質上是宗教，所以民間信仰也應該受到宗教信仰自由的法律保護。因此，我們必須更新觀念，糾正長期以來形成的兩個錯誤認識：一是用西方的宗教概念來界定中國的宗教信仰，結果把具有濃厚中國文化特色的民間信仰排除在宗教的範疇之外；二是混淆宗教信仰與封建迷信的關係，特別是經常把民間信仰與封建迷信等同起來，而加以取締。我們應該汲取慘痛的歷史教訓，充分尊重中國宗教信仰的特色，從法律的層面給民間信仰提供生存和發展的空間，全面落實宗教信仰自由的政策，這既是廣大信眾的迫切要求，也符合中國法制化的歷史進程。

　　其次，從多元信仰的角度看，民間信仰是宗教文化生態系統中不可或缺的重要環節。中國是一個多宗教的國家，不同宗教信仰的相互依存構成特有的生態文化系統，影響著不同的信眾。在這種宗教信仰文化生態系統中，民間信仰以其簡易、通俗的特色，吸引著眾多的信眾，對民間社會產生不可低估的影響，發揮其他宗教信仰無法取代的社會歷史作用，因此，民間信仰是宗教信仰生態文化系統的重要組成部分。如果禁止民間信仰，人為地破壞這種固有的宗教信仰生態文化系統，就有可能導致像「法輪功」這樣的邪教乘虛而入，從而產生更嚴重的社會問題。

　　第三，從傳統文化的構成看，民間信仰屬於俗文化，是傳統文化的

---

[15] 烏丙安曾對民間信仰與宗教進行全面的比較，認為民間信仰十大「沒有」，即民間信仰沒有像宗教那樣固定的組織機構、沒有特定的至高無上的崇拜物件、沒有創教祖師等最高權威、沒有形成任何宗派、沒有形成完整的倫理的哲學的體系、沒有專司神職教職的執事人員隊伍、沒有規約或戒律、沒有特定的法衣法器儀仗儀禮、沒有進行活動的固定場所、沒有宗教信徒那樣的自覺的宗教意識。（《中國民俗學》，遼寧大學出版社，1985 年，第 242-245 頁。

重要方面。張新鷹教授曾對民間宗教信仰與傳統文化的關係作過精闢的分析，認為：「真正形象地、徹底地表明了儒、道、釋三家殊途同歸的歷史走向，造成了三家在理論和實踐上的全面合流的，是下層民眾出於現實的宗教撫慰需求而逐漸確立起來的民間宗教信仰。……站在這個角度上，民間宗教不是被『正統』宗教所指斥的『邪門歪道』，也不是被上流社會所蔑視的低俗迷信，而是在不斷吸收、改造其他觀念形態過程中愈加宏富的中國傳統文化體系『普化』於下層民間的縮影。儒家的道德信條、道教的修煉方技、佛教的果報思想，在民間宗教那裡有機地結合在一起。中國傳統文化不但通過別處，也通過民間宗教，展示了它『海納百川』、『有容乃大』的品格。」[16]張先生在這裡論述的主要是民間宗教的文化價值，筆者以為民間信仰又何嘗不是如此，甚至有過之而無不及。傳統文化的傳承主要依賴三種方式，一是文字的記載，二是口頭傳承，三是習俗包括民間宗教信仰的傳承。民間信仰重要特點之一就是具有濃厚的民俗性，因此也就具有相對的穩定性。中國傳統文化的許多內容在文獻中沒有記載或語焉不詳，但在民間信仰中卻得到比較完整的保存。如果我們因為民間信仰中有一些「封建迷信」的糟粕，而不加區別地加以禁止，其結果就有可能連民間信仰中精華也一併拋棄，造成不可挽回的損失。

三、民間信仰在和諧社會構建中的價值

在現階段，民間信仰有著相當深厚的社會基礎和廣泛的群眾基礎。一方面，科學技術還不能窮盡大自然和社會的一切奧秘。另一方面，百姓的思想覺悟和科學文化水準總體上還遠未達到消除宗教信仰的程度。第三，民間信仰與各民族的特別是少數民族的民俗活動融為一體。因此，民間信仰將在社會中長期存在。歷史經驗告訴我們，民間信仰作為一種特殊的意識形態，不能通過政治的、強制的手段來取締，而只能

---

[16] 張新鷹：《臺灣「新興民間宗教」存在意義片論》，《世界宗教文化》，1996 年秋季號，第 4-9 頁。

通過長期的引導，使之與社會相適應。由於民間信仰中包含著傳統文化的精華和封建迷信的糟粕，它對社會既有正面的、積極的作用，也有負面的、消極的因素。因此，對於民間信仰在當今社會中的作用，必須要有一個正確的判斷。我們只有對民間信仰加以引導，繼承和發揚其積極、向上、健康的內容和形式，淡化和摒棄其消極、不健康的內容和形式，注入時代的氣息，才能更好地爲建構和諧社會服務。

那麼，民間信仰在構建和諧社會的價值何在？

首先，民間信仰與其他宗教一樣具有社會教化的職能，發揮著宣傳中國傳統倫理道德的作用。民間信仰雖然沒有系統的宗教理論和嚴密的組織，但卻有著融合儒道釋三教的內容豐富的宗教道德，以儒家的忠孝爲主，兼收並蓄佛教的因果輪迴、道教的承負報應等等宗教倫理，並且加以渲染，對百姓的教化的作用不可低估。一方面，民間信仰宣傳忠孝節義、積善積德、安分守己、和睦相處、和氣生財，不要以勢欺人等等，無疑有利於社會穩定。這些道德說教非常通俗易懂，經常以百姓身邊發生的故事甚至以傳說故事的形式出現，很容易得到百姓的共鳴，深入民心。另一方面，民間信仰中所供奉的神靈大多是歷史上的忠良義士、民族英雄、愛國將領、功臣聖賢、仁人志士，還有一些扶危濟困、熱心公益事業的歷史人物或神話傳說人物，這些神靈的高尚道德情操，往往被編成生動的神話傳說，教育著一代又一代信仰者，對百姓的教化起著潛移默化的作用，可以在構建和諧社會發揮積極作用。

其次，民間信仰具有整合鄉族力量，融洽鄉里，維繫社區秩序的作用。前面談過，民間信仰具有強烈的區域性特徵，在福建廣大農村，民間宮廟有的爲某一村社或數個村社所有，有的爲某一家族所有，在廟宇所轄的地域範圍內，有共同的祭祀組織和活動，有的還有共有的廟產。廟宇所轄的地域範圍內的所有成員都有義務對宮廟的修建、宮廟的正常運轉做出貢獻，同時也有權利參與宮廟的各種活動，接受宮廟神靈的保佑。共同的神靈崇拜和祭祀活動，有效地把分散的鄉族力量整合起來，形成了祭祀共同體。一旦形成祭祀共同體，村社成員的命運往往就被一條無形的紐帶聯繫在一起，宮廟就是這條紐帶的中心。宮廟也通過各種

宗教活動來密切村社成員之間的人際關係，增進村社成員之間的團結，化解各種矛盾，維繫村社安定秩序。許多宮廟設有董事會或管委會等機構，對宮廟進行管理。由於董事會或管委會基本上是由在地方上有威信的社會賢達組成，因此往往能得到所轄地域民眾的信賴。宮廟雖然不是行政組織，但經常成爲處理爭端、維繫村社秩序的場所，發揮著政府基層組織所不能取代的作用。在構建和諧社會中，我們應該充分發揮宮廟的這種作用。當然，廟際之間有時也會發生矛盾，甚至村社之間的械鬥，但畢竟不常見，是支流。

第三，民間信仰參與社會公益和慈善事業，有利於社會風氣的改善和社會矛盾的緩解。我們在福建調研時發現，隨著宮廟修建工程的完成，一些經濟實力比較雄厚的宮廟，開始熱心參與社會公益和慈善事業，或資助貧困學生，或扶貧濟困，或贈藥義診，或修橋鋪路，做了不少善事。如泉州花橋宮 120 多年來贈藥義診從不間斷，精神可嘉，受到百姓的高度讚揚。近年來漳州龍海市民間信仰宮廟捐獻社會慈善公益事業的資金就超過千萬元，晉江的鎮海宮、寶泉庵、同安池王廟、龍海扶瑤關帝廟、薌城西街王爺廟、詔安縣四都鎮馬城村開山聖侯廟等都捐助幾十或上百萬元從事社會福利和慈善事業。有的宮廟雖然經濟不寬裕，但也有心於社會公益和慈善事業。只要政府有關部門加以引導，有關媒體適度宣傳，這方面的潛力很大，對於緩解社會矛盾，建構和諧社會也是有積極作用的。

第四，民間信仰起著聯繫臺胞、僑胞的橋樑和紐帶作用。由於臺灣的民間信仰多由福建、廣東傳入，因此改革開放以後，真正在海峽兩岸起「破冰」作用的是民間信仰，其中媽祖信仰發揮著不可磨滅的歷史作用，所謂「官不通民通，民不通以媽祖先行」是當時兩岸民間往來的真實寫照。據統計，1987 年至 2002 年，臺灣直航湄洲進香的船隻有 1400 多隻，信徒 50000 多人次；1984 年至 2000 年，到湄洲進香的臺灣媽祖廟共有 1275 座次；1986－2004 年臺灣同胞到湄洲進香人數達 1278000 人次。在媽祖信仰的推動下，閩台宗教文化的交流非常頻繁，最活躍的還是民間信仰，諸如觀音信仰的祖廟晉江龍山寺、保生大帝的祖廟白礁

慈濟宮、青礁慈濟宮，關帝的祖廟泉州關帝廟、東山關帝廟，清水祖師的祖廟安溪清水岩，開漳聖王的祖廟漳州的北廟、漳浦的西廟和雲霄的威惠廟，臨水夫人的祖廟古田臨水宮、福州臨水宮，王爺信仰的祖廟泉州富美宮、廣澤尊王的祖廟南安鳳山寺，田公元帥的祖廟南安坑口宮、莆田城廂瑞雲廟，法主公祖廟德化石牛山、永春石壺寺等，玄天上帝的祖廟泉州的法石廟等，城隍信仰的祖廟石獅永寧城隍安溪城隍廟、福州城隍祖廟等，均成爲臺灣信眾進香謁祖的聖地。[17] 臺灣學者張珣認爲：「這項由臺灣媽祖信徒自發的宗教交流活動，表現出臺灣與大陸，原本一家的至親關係，成爲兩岸宗教交流最密切和固定的活動模式。」[18] 「『湄洲進香』因此不只是表面的往湄洲一地，向『媽祖』瞻禮，而更可說臺灣漢人對祖先所來自的鄉土及文化的回歸與瞻仰。」[19] 閩台民間信仰作爲中國傳統文化的重要組成部分，它超越時空，爲兩岸同胞所認同。共同民間信仰的進一步昇華，就會發展爲文化的認同，而文化的認同則是中國走向最終統一的重要基礎。

（本文發表於《民俗研究》2007 年第 1 期　第 5–15 頁）

---

[17]　詳見拙作《閩台宮廟間的分靈、進香及其文化意義》，《世界宗教研究》，2002 年第 3 期 ；《閩台民間信仰與兩岸關係的互動》，《江西師大學報》 2003 年第 6 期。

[18]　張珣《湄洲媽祖權威的理論反省》，見《兩岸交流簡訊》，1997 年 7 月 1 日。

[19]　張珣《分香與進香》，見《思與言》33 卷第 4 期。

閩台民間信仰的由來與社會基礎

　　自古以來，閩台民間信仰特別發達，林立的宮廟、成百上千的神靈、頻繁的宗教活動、眾多的信徒構成閩台民間信仰的基本內容。閩台民間信仰滋生的土壤是什麼？她是怎樣形成的？如何對外傳播的？其社會基礎又是什麼？本文就這些問題作初步的探討。

一、「好巫尚鬼」的傳統與民間信仰的滋生

　　秦漢之前，中國大陸東南為百越族的聚居地，居住在福建境內的原住民稱「閩越」。同一時期居住在臺灣的土著民族的族屬問題十分複雜，他們是不同時期，從不同地方遷徙入台的，其中最主要的一支是從福建遷徙入台的閩越族，泰雅人至今仍流傳著其祖先來自大陸的神話，略云上古時期有兄妹倆為了朝拜太陽，由大陸漂到臺灣，後來倆人成婚，繁衍了泰雅人的子孫。

　　閩越族在文化上的重要特徵之一是「信鬼神，重淫祀。」[1]巫術在閩越族中十分流行，閩越人的斷髮紋身的習俗實際上就是原始巫術的「模仿術」，即剪去頭髮，在身上紋上蛇的圖案，以嚇走水怪。漢代劉向《說苑・奉使》載：「（越人）劗髮紋身，燦爛成章，以像龍子者，將避水神也。」在相當長的歷史時期內，閩越族的後裔一直保留著斷髮紋身的習俗，《隋書》記載臺灣土著婦女手臂上有「蟲蛇」花紋，直到清代臺灣高山族仍有斷髮紋身之俗。

　　原始巫術的另一重要形式是以歌舞來媚神和娛神。福建華安縣汰內村附近的九龍江支流汰溪邊有一名叫仙字潭摩崖石刻，在高約 6 米，寬約 30 米的峭壁上，刻著多組風格相近，似字又似畫的紋樣，「人莫能識」，遂有「仙字」、「仙篆」、「天書」、「雷劈顯字」等等帶有神話色彩的說法。近年來，學術界開展了對仙字潭摩崖石刻的研究，多數人認為摩崖石刻是漢以前閩越族的作品，但在摩崖石刻的性質和內容等問題上

---

[1] 《漢書》卷 28《地理志》。

則眾說紛紜。[2]我們認為，華安摩崖石刻是閩越族留下的岩畫，記錄著閩越族載歌載舞祭祀神靈的場面。實際上，福建境內還有數十處無法辯認的所謂「仙篆」，從有關文獻的「如龍蛇糾纏不可識」之類的記載來看，其中有些可能也是記錄閩人宗教祭禮歌舞的岩畫。[3]另外，至今還在福建流行的鳥步求雨舞和拍胸舞，實際上也是閩越族宗教祭祀歌舞的遺存。臺灣高山族至清代仍保留著許多原始宗教歌舞活動，無論是收成、獵歸還是出戰、酬神都要載歌載舞以媚神，俗稱「番舞」。舞者十餘人至數十人，手拉著手，圍繞著熊熊燃燒的篝火，有節奏地踩腳、跳躍、搖身、擺手，他們相信通過舞蹈可以博得神靈的歡心，賜福禳災。

　　漢武帝元封元年（西元前 110 年），漢王朝派大軍入閩，滅亡了閩越國，並將閩越族的官吏、貴族、軍隊及部分百姓強制遷徙到江淮一帶，以絕後患。但閩越族並沒有滅亡，一部分閩越人躲入深山老林，逃避了漢軍的追捕，後來有的與漢族融合，有的則成為疍民，有的成為後來臺灣高山族的祖先。越人的「好巫尚鬼」的傳統也沒有退出歷史舞臺，而是與陸續從中原傳來的漢族的巫術相結合，相沿成習。宋代福州「每一鄉率巫嫗十數家。」[4]泉州也是「華剎淫祠，山僧野覡，無處無之。」[5]直至明清時期，好巫尚鬼之風在福建等地區猶盛，有關文獻記載頗多。明代長樂謝肇淛指出：「今之巫覡，江南為盛，而江南又閩廣為盛，閩中富貴之家，婦人女子，其敬信崇奉，無異天神。少有疾病，即禱賽祈求無虛日，亦無遺鬼。楮陌牲醪相望於道，鐘鼓鐃鐸不絕於庭。」[6]《龍岩縣誌》說：「南人好鬼，振古如茲。石或稱公，樹或能靈。泥塑皂隸，更呼爺爺。疾病掉臂醫門，乞靈木偶。道醮僧經，乩方神藥。子以此為孝，弟以此為弟。舍田入寺以佞佛，而祠產族田，注意及焉者少；擇地

2　關於華安仙字潭石刻的性質，有「文字說」和「岩畫說」之爭。石刻所反映的內容則有「圖騰說」、「事件說」、「征戰說」、「宴飲說」、「紀功說」、「地界說」、「生殖崇拜說」、「祭祀說」、「舞蹈說」、「媚神、娛神說」等不同看法，詳見《福建華安仙字潭摩崖石刻研究》，中央民族學院出版社，1990 年 2 月。

3　朱維幹：《福建少數民族的摩崖文字》，《文物》1960 年第 6 期。

4　梁克家：《三山志》卷 9《公廨類三‧諸縣祠廟》。

5　乾隆《德化縣誌》卷 8《祠宇志》。

6　謝肇淛《五雜俎》卷 6《人部二》。

葬親以求福，而椎埋盜骨因利忘義之事多。運道貴於通利，乃灘石開築，以爲有傷地脈，是自梏也；屋宇宜於高燥，乃以外高中凹爲聚氣，是以沮洳也爲樂土也。岩地山嵐瘴癘，異氣鐘爲金蠶，飲食中毒，萬蟲入腹。事固非盡荒謬，乃婦人疑鬼疑神，謂蓄蠱之人，彈指即可殺人，側目亦能施毒。子女風寒偶中，瀉藥妄投，往往誤死。」[7]

明中期以後，大批福建人陸續遷居臺灣。當時臺灣尚未開發，到處是密林雜草，加上地處亞熱帶海島，高溫潮濕，病菌易以繁殖，瘟疫蔓延，嚴重地威脅移民的生命，《臺灣外紀》載：「臺地初闢，水土不服，病者即死，故各島搬眷，俱遷延不前。」《海上見聞錄》卷二亦載：「初至，水土不服，疫癘大作，病者十之八九，死者甚多。」府志稱：「水土多瘴，人民易染疫病。」[8]直到清代後期至近代，臺灣地區的瘟疫仍時常發生，而當時的醫藥又無法有效地控制瘟疫的蔓延，因此，福建本土尚鬼和信巫不信醫的陋習很快地在臺灣紮下根來，志稱：「俗信巫鬼，病者乞藥於神，……亦皆漳、泉舊俗」。[9]「南人尚鬼，臺灣尤甚，病不信醫而信巫。有非僧非道專事祈禳者曰客師，攜一撮米往占曰米卦；書符行法而禱於神，鼓角喧天，竟夜而罷。病即不愈，信之彌篤。」[10]

「好巫尚鬼」的傳統，爲各地的造神運動提供了取之不盡的素材，許多地方神的人物原型就是由巫覡轉變而來，或打上巫術的烙印。明代福州人謝肇淛指出：「大凡吾郡人尚鬼而好巫章，醮無虛日，至於婦女，祈嗣保胎，及子長成，祈賽以百數，其所禱諸神亦皆里嫗村媒之屬，而強附以姓名。」[11]

首先，由於閩臺地區女巫特別多，導致女神特別多，且影響大。女巫生前裝神弄鬼，百姓信以爲真，死後，一些女巫被奉爲神靈。如在閩台沿海影響最大的媽祖，早在南宋時，廖鵬飛就認爲她是女巫，生前「以

---

[7]　民國《龍岩縣誌》卷 21《禮俗志》。

[8]　康熙《臺灣府志》卷 7《風土志》。

[9]　嘉慶《續修臺灣縣誌》卷 1《地志‧風俗》。

[10]　丁紹儀《東瀛識略》卷 3《習尚》。

[11]　謝肇淛《五雜俎》卷 15《事部三》。

巫祝為事，能預知人禍福。既歿，眾為立廟於本嶼。」[12]在閩台影響較大的臨水夫人也是女巫出身，志稱：「其神姓陳，諱靖姑，……由巫為神，鄉人祀之，禱雨暘驅旱魃，與凡祈年求嗣，無不立應。」[13]

其次，不少男巫也被塑造成地方神。張標，是唐末福建有名的巫覡，他的拿手好戲是「禱冥府」，與死去的人對話，「因言其家事，委曲皆中，人以為神。」[14]廣泛分佈在福建上杭、武平、永定等地黃仙師廟，主神黃七，是當地有名的巫覡，相傳上杭未置縣時，妖怪虎狼經常出沒，傷害百姓，「巫者黃七以符法治之，因隱身入于其石不出。石壁隱映，有人影望之儼若仙師像。按舊志，未縣前有妖怪虎狼為民害，黃七翁父子三人往治之，因隱身入石，群妖遂息。每風雨時，石中隱隱有金鼓聲。」[15]崇安縣有巫翁吉師者，「事神著驗，村民趨向籍籍。紹興辛巳九月旦，正為人祈禱，忽作神言曰：「吾當遠出，無得輒與人問事治病。」百姓建廟奉祀。[16]仙游縣林義，「生為巫醫，歿而有靈。」百姓在縣西建興福廟祭祀。[17]古田縣東北有顯應廟，主神黃師蓋，「善巫術，歿于宋景德間，葬竹州，遂祠焉。」[18]後來還被封為靈佑侯。莆田林康世，「生而神異，歿後百餘年，大著靈響。」[19]百姓建靈惠廟祭祀。南平倪師，「生而穎異，歿而神靈，凡水旱，禱之輒應。宋端平中，鄉人立廟祀之。」[20]

第三，許多神靈雖然不是從巫覡直接演變來地，但在形成的過程中，充滿巫術的色彩。不少僧尼道士也因精通巫術治病而被百姓奉為醫藥神，如宋代福安陳藥山、甯洋曹四公、漳州陳泥丸、建甯道士葉法廣、閩北扣冰古佛、僧惠吉、長溪和尚幼安、德化祖膊和尚、仙游九座禪師、

[12] 廖鵬飛：《聖墩祖廟重建順濟廟記》，轉引莆田《白塘李氏族譜》。
[13] 嘉靖《羅川志》卷3《觀寺志》。
[14] 民國《福建通志》總卷47《福建道士傳》。
[15] 黃仲昭：《八閩通志》卷59《祠廟》。
[16] 洪邁撰、何卓點校：《夷堅志》第二冊 《夷堅丁志》卷第六，中華書局出版1981年10月，第585頁。
[17] 弘治《仙溪志》卷9《祠廟》。
[18] 黃仲昭：《八閩通志》卷58《祠廟》。
[19] 黃仲昭：《八閩通志》卷60《祠廟》。
[20] 黃仲昭：《八閩通志》卷60《祠廟》。

安溪顯應禪師、圓光禪師、漳州窈然和尚、三平祖師、安溪清水祖師、汀州的定光古佛、伏虎禪師等等福建土神，都有一套巫術，使百姓拜倒在他們腳下。[21]

二、 自然災害、社會矛盾與民間信仰的形成

闽臺地處亞熱帶海洋性季風氣候區，是自然災害多發的地區，一年四季均有發生。春季有雷暴、冰雹、暴雨、寒害和沿海大風，夏季有颱風、暴雨、高溫和乾旱，秋季有寒露風和秋旱，冬季有寒潮和沿海大風，出現的頻率高、強度大、危害嚴重。特別是洪澇、乾旱和颱風三種災害最爲常見，危害也最大。[22]

有文獻記載的福建最早的水災是東晉建武二年（318 年），到民國37 年（1948 年）止的 1630 年間，福建歷史上有文獻記載的水災爲 703次，其中東晉至唐代共 7 次，宋代 78 次，元代 22 次，明代 210 次，清代 330 次，民國 56 次。[23]洪澇災害往往帶有突發性，對百姓的生命和財產造成的損失非常之大。[24]福建省旱災頻繁，從唐代建中三年、（782 年）至民國三十七年（1948 年），有史可查的旱災共 358 次，其中唐代 3 次，宋代 39 次，元代 10 次，明代 102 次，清代 177 次，民國 27 次，實際旱災的次數要遠遠超過此數字。由於旱災的時間往往比較長，受災的地區也比較廣，受害的百姓人數也較多，嚴重旱災的危害性比水澇更大。[25]颱風經常發生在每年七至九月間，從唐代貞觀二十一年（647 年）至民國三十七年（1948 年），有案可查的颱風在福建共登陸 319 次，其中唐代 1 次，宋代 24 次，元代 3 次，明代 101 次，清代 167 次，民國 23

[21] 詳見林國平、彭文宇：《福建民間信仰》，福建人民出版社，1993 年 12 月；徐曉望：《福建民間信仰源流》，福建教育出版社 1993 年 12 月。

[22] 諸仁海主編：《福建省志氣象志》附錄二《500 年來福建主要氣象災害》，方志出版社，1996年 12 月，第 205-263 頁。

[23] 彭景舜、陳堅主編：《福建省志、民政志》，方志出版社，1997 年 7 月，第 85-87 頁。

[24] 詳見戴啟天編：《福建歷史上災害饑荒瘟疫輯錄》（內部資料），福建省民政廳、福建省民政學會編印，1988 年 5 月，第 317-322 頁。

[25] 彭景舜、陳堅主編：《福建省志、民政志》，方志出版社，1997 年 7 月，第 85-87 頁。

次，實際颱風的次數葉要遠遠超過此數字。颱風往往伴隨著海潮，對沿海地區百姓的生命和財產的危害特別大。[26]上述三大自然災害往往接連而至，加重災情，特別是「大災之後必有大疫」幾乎成為普遍規律，對於災民而言無疑是雪上加霜。

在古代，人們抵抗自然災害的能力相當有限，加上官府的賑災措施不力，百姓面對各種自然災害，只好求助於各種超自然力量，賦予神靈消除旱災、水災和瘟疫的職能。如在《八閩通志‧祠廟》收錄的 100 多位民間俗神中，主要職能是祈雨、祈陽、祈風濤、驅疫癘的神靈有 69 個。

臺灣地理環境與福建大同小異，特別是明末清初剛開發時，到處亂草叢生，野獸出沒，生存條件十分惡劣，《裨海紀游》的作者記載這樣一段可怕的經歷：「自台郡至此（指淡水），計觸暑行二十日，兼馳凡四晝夜，涉大小溪九十有六，若深溝巨壑，竣阪陡崖，馳下如覆，仰上如削者，蓋不可勝數。平原一望，罔非茂草，勁者覆頂，弱者蔽肩，車馳其中，如在地底，草梢割面破項，蚊蚋蒼蠅，吮砸肌體，如饑鷹餓虎，撲逐不去。炎日曝之，項背欲裂，已極人世勞瘁。既至，草廬中，四壁陶瓦，悉茅為之。四面風入如射，臥恆見天。青草上棍，旋拔旋生。雨至，室中如洪流，一雨過，屐而升榻者凡十日。蟬琴蚓笛，時沸榻下，階前潮汐時至。出戶，草沒肩，古木樛結，不可名狀。惡竹叢生其間，咫尺不能見物。腹蛇癭項者，夜閣閣鳴枕畔，有時鼾聲如牛，力能吞鹿，小蛇逐人，疾如飛矢，戶闥之外，暮不敢出。海風怒號，萬籟響答，林穀震撼，屋榻欲傾。夜半猿啼，如鬼哭聲，一燈熒熒，與鬼病垂危者聯榻共處。」[27]除此之外，「水土多瘴，人民易染疾病」[28]不少移民死於各種傳染病。在這樣惡劣的條件下，百姓只好求助於神靈保佑。

除了自然災害的因素外，民間信仰形成的另一重要因素是各種社會

---

[26] 戴啟天編：《福建歷史上災害饑荒瘟疫輯錄》（內部資料），福建省民政廳、福建省民政學會編印，1988 年 5 月，第 317-322 頁。

[27] 郁永河：《裨海紀遊》卷中。

[28] 康熙《臺灣府志》卷 7《風土志》。

矛盾。古代福建相對於中原地區，大規模戰亂較少，但小規模的戰亂、各種盜賊的騷擾，還是相當頻繁發生的，對百姓的生命和財產的危害也不小，百姓把那些為保護鄉民而獻出生命的英雄奉為地方保護神。這類地方神很多，以福州府為例，僅《八閩通志》卷 58《祠廟》記載的因禦寇盜有功而立廟祭祀的就有劉行全、徐知證、徐知諤、王忠竭、鄭仲賢、鄭謹淨、鄭守道、鄭誠、王子元、王子清、林偃、林元、徐忠、虞雄、王康、陳霸先等十六人。另一方面賦予一些神靈禦寇彌盜的職能，僅《八閩通志‧祠廟》記載的 119 位元神靈中，就有 40 位具有或兼有靈禦寇彌盜的職能。[29]又如，百姓非常害怕貪官汙吏和地痞流氓的欺壓，就把歷史上的一些清官良吏和鄉賢奉為神靈，作為自己的精神寄託。

臺灣地區開發時，大批福建移民湧入，引發一系列社會矛盾。首先是漢人與土著族之間為了爭奪生存空間而引發的矛盾，經常發展為流血衝突。特別是一些土著部落有「出草」獵取漢人首級祭祀神靈的陋習，一些漢人因此喪命。面對死亡的威脅，漢族移民除了聯合起來共同抵禦土著族襲擊外，還賦予神靈防禦土著襲擊的職能。如從漳州平和傳入臺灣的慚愧祖師，就有預兆土著「出草」的職能。《雲林採訪冊》記載：「居民入山作業，必帶（慚愧祖師）香火。凡有凶番出草殺人，神示先兆。或一、二日，或三、四日，謂之禁山，即不敢出入。動作有違者，恒為凶番所殺。故居民崇重之，為建祀廟。」嘉義一帶頗有影響神靈的吳鳳，也是因阻止土著「出草獵首」被殺後被奉為當地保護神的。

其次，來自不同地區的漢人之間為政治、經濟利益，經常爆發大規模的「分類械鬥」，所謂「漳人黨漳，泉人黨泉，粵人黨粵，潮雖粵而亦黨漳。」[30]有福建人與廣東客家人的械鬥，有泉州人與漳州人的械鬥，泉州和漳州內部有時又分縣籍進行械鬥，十分複雜，給臺灣社會帶來動盪不安。「分類械鬥」還給人民的生命財產帶來巨大的損失，如咸豐年間閩粵械鬥，彰化、淡水等地的不少村莊成為焦土，哀鴻遍野。[31]為了

---

[29] 林國平、彭文宇：《福建民間信仰》，福建人民出版社，1993 年 12 月，第 17-25 頁。

[30] 姚瑩：《東溟文集》卷 4。

[31] 詳見孔立：《清代臺灣移民社會研究》，廈門出版社，1990 年。

團結民眾，祈求在械鬥中獲勝，各種保護神被抬出來，成為百姓的精神支柱。在械鬥中被打死，經常被死者一方的百姓視為英雄，成為「義民爺」，加以崇拜。

再次，在清代，臺灣經常發生各種起義、暴動，有所謂「三年一小反，五年一大反」之說。統治階級少不了派兵鎮壓，使臺灣社會更加動盪不安。民眾朝不保夕，只好求助於神靈，因此臺灣的宗教信仰特別發達。

第四，在歷史上，臺灣多次淪為外國殖民地，臺灣人民在反抗外來侵略中，出現許多民族英雄，這些民族英雄也有被奉為神靈。如甲午戰爭之後，「臺灣地區新興的神明，大多跟抗日有關。而抗日的背景和手段不同，大體可分為兩種，一是正式率軍與日軍對陣者，二是憑己之力，行俠仗義者；前者知名的有楊大人、羅福星、林崑岡以及余清芳等人，後者當然就是被人們敬為『義賊』的廖添丁。」[32]

三、移民浪潮與民間信仰的傳播

三國以後，隨著中央政府對福建的重視和北方漢族大批遷徙入閩，福建受中原文化的影響日益深刻。從西晉至唐五代，中原漢民族不斷南遷，出現了多次移民入閩的高潮，人數少則數千，多則數萬。漢民族的大批遷徙入閩，不但帶來了先進的生產工具和生產技術，也帶來了漢民族的文化傳統，包括宗教信仰。

首先，道教、佛教等官方宗教傳入福建，並對福建的民間信仰產生了不小的影響。以道教為例：道教的神仙思想至遲在東漢初傳入福建，一方面深刻地影響了閩越人的祖先崇拜，如閩越族的始祖太姥、武夷君均披上一層神仙的外衣，說太姥曾受某道士的九轉丹砂之法，七月七日乘五色龍馬而去。武夷君受上帝之命，在武夷山「統錄群仙」。另一方面，增加了福建民間信仰的對象。不少土神被改造為神仙，如傳說中的

---

[32] 詳見劉還月：《人能造神，也能毀神——臺灣民間信仰中的造神運動》，《臺灣風物》四十九卷三期，第182-186頁。

魏子騫、張湛、孫綽、趙子奇、彭令昭、劉景、顧思遠、白石生、馬鳴生、胡氏、李氏、魚道超、魚道遠等被奉爲十三仙人,立廟祭祀。[33] 一些曾隱居於福建著名的道士如左慈、葛玄、葛洪、鄭隱、鄧伯元、褚伯玉等成爲百姓崇拜的道教俗神。同時也增加了民間信仰的內容,如仙遊九鯉湖自古以來一直成爲百姓祈夢的場所,所謂「九鯉禱夢,海內咸知。」[34]

　　其次,道教與越巫初步結合爲一體,一些巫覡去世後演變爲神仙,爲百姓所崇奉。福建歷史上最早從巫覡演變爲神仙的是徐登,據文獻記載,徐登原來是一名女子,後來變爲男子,擅長巫術,曾與山東東陽巫覡趙炳修煉于福建永泰高蓋山,福州等地百姓奉他們爲神明,頂禮膜拜。永泰高蓋山上有徐眞君廟,俗稱花林廟,「歲旱,禱雨於此多應」。[35]唐末五代以後, 隨著道教與巫術的進一步緊密結合,從巫覡演化爲道教俗神的人數劇增,成爲福建人格神的主要來源。

　　第三,中原地區固有的各種宗教信仰隨移民傳入福建,成爲福建民間信仰的重要組成部分。如漢族對山川水火、日月星辰、風雨雷電以及天地的崇拜在東漢後傳入福建,建立各種壇廟以祭祀。同時,漢族的某些動物崇拜也帶入福建,近年來在福建發掘的許多魏晉南北朝墓葬中,發現了不少有青龍、白虎、朱雀、玄武等圖案的墓磚,還發現頭頂長著一隻角的「豬形怪獸」的隨葬品,反映了當時人對這些動物的崇拜。晉太康年間,侯官建造了全省第一座的城隍廟,永嘉年間邵武城西南建造了社廟——惠安廟,說明城隍和土地公信仰也在兩晉南北朝時期傳入福建。

　　第四,一些早先入閩且有功德於民的漢人死後被奉爲神靈。如長汀的助威盤瑞二王廟中奉祀的石猛、盤瑞二大王,相傳是漢末人,曾在縣南紮寨禦寇,不幸戰死於城下,被當地人奉爲神靈。松溪境內有三國時建造的濟美廟,奉祀「有惠利於民」的會稽南部都尉陸宏。惠安的鳳山

[33] 董天工:《武夷山志》卷18。
[34] 周亮工:《閩小記》卷2《仙門洞》。
[35] 黃仲昭:《八閩通志》卷5《地理》。

通靈廟也建於三國時期，祭祀東吳王將軍及其妻子。連江的大小亭廟建於晉代，祭祀因海難死亡的黃助兄弟。福甯有馬郎廟，祭祀晉代江夏太守司馬浮，等等。

第五，閩越國的王公貴族被奉爲神靈。閩越國滅亡後，還有一部分閩越人仍生活在八閩大地上。他們不會因亡國而忘祖的，相反會對祖先更加崇拜。漢族入閩後，爲了緩解與閩越人的衝突，不但容許閩越人固有的宗教信仰存在，而且還對閩越族的祖先加以祭祀，如閩越國的開國君主無諸、無諸之子郢，郢之子白馬三郎，末代君主余善在福建的許多地方都建有專廟祭祀，有的地方還把他們奉爲保護神。

南宋時期，由於北方漢人的大量湧入，加上數百年相對安定的社會環境促進人口的繁衍，福建人口猛增，出現人稠地狹的現象。因此，福建人開始向外移民，移民的路線主要有：一是由政府組織移民淮南；二是沿海岸線移民廣東的潮州、廣西沿海、海南島、臺灣的澎湖列島；三是向閩浙、閩粵和閩贛交界的山區遷移，如浙江的溫州、廣東的梅州諸縣。大規模的對外移民，客觀上推動了福建文化的對外傳播，有的遷入地的福建人口占絕對多數，實際上是福建社會的縮影。如南宋潮州十有九人是閩人，所以「雖境土有閩廣之異，而風俗無潮漳之分。」、「土俗熙熙，無福建廣南之異。」[36]因此，當時福建民間信仰也隨著移民傳播到這些遷入地。如媽祖信仰就是在這個時期向周邊地區輻射的。時人劉克莊說：「余北游邊，南使粵，見承楚、番禺之人祀妃尤謹，而都人亦然。」[37]潮州的天妃廟很多，其歷史大多可以追溯到宋元時期，與移民浪潮有直接關係。[38]又如臨水夫人信仰的影響也相當大，《閩都別記》寫道：古田臨水宮的香火很盛，「各處之人家或患邪或得病，皆去臨水宮請香火。即無事之家，亦去請香灰裝入小袋內供奉，以保平安。路上來往不絕，龍源廟內日夜喧騰，擁擠不開。」[39]唐宋時，開發浙南山區的

---

[36] 祝穆《方輿紀勝》卷36《潮州·事要》。
[37] 《後村先生大全集》卷91《風亭新建妃廟》。
[38] 詳見葛劍雄主編：《中國移民史》第1卷，福建人民出版社，1997年7月，第125頁
[39] 里人何求：《閩都別記》第128回，福建人民出版社，1987年，第656-657頁。

主要勞動力是來自於福建東北部的移民，因而接受福建移民較多的縣，其陳夫人廟宇也相應要多。在浙江的東南部和閩北的許多山岩都建有清水祖師廟，故民諺有「有岩就有祖師廟」。廣澤尊王的影響更大，除閩南地區外，福建的福州、福安、寧德、建寧、汀州、尤溪、龍岩、漳平等地、臺灣的台南、臺北、彰化，廣東的潮州以及東南亞華人聚居地都有廣澤尊王廟。[40]

　　明末清代，福建向臺灣移民的人數大量增多，並在乾隆以後占絕對多數。據統計，1926 年臺灣總人口 3751600 人，其中福建籍有 3116400人，占 83.07％。因此，漢文化在臺灣的傳播歷史也是福建文化移植到臺灣並在臺灣進一步發展的歷史，這在民間信仰方面也得到充分的體現。

　　閩人渡台，首先面臨的是要跨越充滿危險的臺灣海峽，史書記載：臺灣海峽的海道複雜，稍微偏離航向或遇到風暴，萬幸者漂流異國他鄉，一去不復返，不幸者船隻沉沒，葬身魚腹。[41]為了祈求一帆風順，大多數都隨身攜帶原本崇奉的小神像或香灰之類的聖物。《重纂福建通志》記載的永定李嶂唐等人東渡臺灣遇到的險情以及與民間信仰的關係具有代表性：「永定湖坑李嶂唐偕邑人某往臺灣，船壞，同舟惟余李某二人。匍匐登小島，上有鳥如番鴨，黑色，見人至，競附人身，因有攜帶小斧，殺鳥而吮其血，得不死。島上有瓷碗片，類曾有人至者，環島約五六里，產松竹不甚高，每有大龜於草際伏卵，取而食，而精神頓健。于沙際掘得淡水，惟苦無火，烈日爍石，破龜卵暴干，並脯鳥以果腹。二人素能為竹器，遂編竹作蓬，以避風雨，見有木棉，因取花撚線織為毯。不知時日，惟見月圓已二十七回矣。忽一日，有小舟漂至，無人，惟載黃蠟甚多。計居此終無了期，去則或冀一生。乃修補小舟，伐木為槳櫓，以蠟作缸載淡水，取平日所儲鳥脯卵脯為糧，登舟任風所之。已而漂至安南地界，安南巡海人執以見王，語不能達，取紙筆命寫來歷。王問：『爾同舟皆皆死，二人何獨得生？』李獻上天后小神像一顆曰：『此

[40] 光緒《郭山廟志》卷 8《尊王分廟紀聞》。
[41] 參見高拱乾：《臺灣府志》卷 1《封域志》，周元：《臺灣府志》卷 1《封域志》。

出海時所奉香火也』。王留神像及所織棉毯，資之路費，命附船從廣東回抵家。家中人向聞壞舟之信，已招魂祀之矣。及是見之，群駭爲鬼也。其人居島生食日久，回家亦喜食生物。南溪江君孚蔚爲予言，江與李某至戚也，親見其人，故詳悉如此。」[42]

到達目的地後，開墾荒地，便將小神像或香火掛在田寮或供於居屋、公厝等處，朝夕膜拜，祈求神祇。由於初來乍到，大多數人尚處於變化不定、糊口維艱的境地，根本無暇也無力建造寺廟宮觀，所以明末以前臺灣的寺廟極少。等到開墾成功，形成村社，百姓便集資建造粗陋廟宇，以答謝神恩，神靈信仰逐漸由私家奉祀發展爲村社守護神。隨著村社的拓展和人口的增加以及經濟實力的增強，村社寺廟的規模也逐漸巨集敝，新祀的神靈也逐漸增加。據《重修臺灣府志》記載，乾隆初年臺灣各地較普遍奉祀的神靈除了土地公外，排在前五位的分別是：保生大帝廟 23 座，關帝廟 18 座，媽祖廟 15 座，玄天上帝廟 14 座，這五位神靈都是從福建奉祀入台的。

乾隆之後，臺灣從移民社會逐漸向定居社會轉化，大概在嘉慶年間才最後完成了這一轉化過程，民間信仰也相應發生了一些變化。

首先，信仰偶像增加。諸如隨著社會分工的形成，各行業的祖師神傳入臺灣；隨著讀書人的增多，文昌祠陸續被興建起來；隨著城鎮的興起，文廟、城隍廟、社稷壇、昭忠祠等不斷湧現。

其次，神靈來源的多元化。隨著閩西、福州和潮州等地百姓遷徙臺灣，這些地區的民間神祇也傳入臺灣，如福州的臨水夫人信仰、閩西的定光佛信仰、廣東客家的三山國王信仰在臺灣都有較大的影響，從而改變了過去閩南民間信仰在臺灣獨尊的局面。

第三，家廟、宗祠大量興建，爲了在新的環境中求得生存和發展，東渡臺灣往往是同鄉同族結伴而行，或是先後渡台的同鄉同族互相援引，因此一開始就形成同鄉同族相對集中的趨勢。清中葉以後，在一些開發較早的地區，不同族姓及祖籍的移民經常發生「分類」械鬥，迫使

---

[42] 道光《重纂福建通志》卷 276《叢談・汀州府》。

勢力較弱的一方遷徙到同鄉同姓人數較多的地區居住，從而進一步促成了同族聚居規模的擴大，家廟、族祠也開始受到重視，大批地建造出來。據統計，民國八年臺灣共有祠廟 120 座，其中建於乾隆之前屈指可數，絕大多數都是清中葉以後建造的。[43]

第四，宮廟的規模宏大。一宮一廟所供奉的神像往往有幾個或十幾個，甚至數十個，儒道佛三教的神像往往同處於一廟中和諧相處，共同接受信徒的頂禮膜拜。不少廟宇還設立神明會作為宮廟的經濟依託。

第五，廟會的規模盛大。志稱：「台南郡城好尚鬼神。遇有神誕期，斂費浪用」。[44]特別是康熙二十二年之後的所謂王爺出巡，其規模超過閩南，志稱「建醮請王，饗祀極其豐盛。或一莊一會，或數十莊一會。有一年舉行一次者，有三、五年舉行一次者，有十二年舉行一次者，擇吉日而行之，為費不少」。[45]

清代以後，民間信仰在臺灣的發展速度十分之快，神祇成百上千，大小廟宇猶如繁星點點遍佈城鄉僻壤。1918 年、1930 年、1960 年、1966 年、1975 年和 1981 年，臺灣當局曾先後五次對臺灣地區各種寺廟的主祀神進行統計，歷次調查統計名列前 20 名的主神，列表如下：

臺灣地區寺廟主要主祀神歷年資料統計表[46]

1918 年		1930 年		1960 年		1966 年		1975 年		1981 年	
主神	寺廟數	主神	寺廟數	主神	寺廟數	主神	寺廟數	主神	寺廟數	主神	寺廟數
福德正神	669	福德正神	674	王爺	677	王爺	556	王爺	747	王爺	753
王爺	447	王爺	534	觀音菩薩	443	福德正神	449	觀音菩薩	565	觀音菩薩	578
天上	320	天上	335	天上	383	觀音	428	天上	494	天上	510

[43] 詳見陸炳文《臺灣各姓祠堂巡禮》，臺灣政府新聞處發行，1987 年。

[44] 《台南見聞錄》卷下《風俗》。

[45] 《安平縣雜記・官民四季祭祀典禮》。

[46] 據余光弘《臺灣地區民間宗教的發展——寺廟調查資料之分析》表 4 製作，文載臺灣《中央研究院民族學研究所集刊》第 53 期，1982 年春季。

聖母		聖母		聖母		菩薩		聖母		聖母	
觀音菩薩	304	觀音菩薩	329	福德正神	327	天上聖母	381	釋迦牟尼	480	釋迦牟尼	499
玄天上帝	172	玄天上帝	197	釋迦牟尼	306	釋迦牟尼	308	福德正神	385	玄天上帝	397
有應公	143	關聖帝君	157	玄天上帝	267	玄天上帝	270	玄天上帝	375	福德正神	392
關聖帝君	132	三山國王	121	關聖帝君	192	關聖帝君	192	關聖帝君	334	關聖帝君	356
三山國王	119	保生大帝	117	保生大帝	141	保生大帝	139	保生大帝	160	保生大帝	162
保生大帝	109	釋迦牟尼	103	三山國王	124	三山國王	129	三山國王	133	三山國王	135
三官大帝	72	有應公	86	中壇元帥	94	中壇元帥	94	中壇元帥	114	中壇元帥	115
中壇元帥	66	清水祖師	83	神農大帝	80	神農大帝	81	神農大帝	114	神農大帝	112
神農大帝	60	三官大帝	82	清水祖師	63	清水祖師	68	清水祖師	83	清水祖師	99
釋迦牟尼	56	中壇元帥	73	三官大帝	60	三官大帝	67	三官大帝	76	玉皇大帝	81
開漳聖王	53	神農大帝	66	開台聖王	57	有應公	62	玉皇大帝	74	三官大帝	77
玉皇大帝	51	開台聖王	57	開漳聖王	53	開台聖王	56	開台聖王	69	開台聖王	70
開台聖王	48	開漳聖王	50	元帥爺	47	開漳聖王	55	孚佑帝君	56	開漳聖王	56
文昌帝君	39	大眾爺	47	三寶佛	46	城隍	44	開漳聖王	54	城隍	55
清水祖師	36	文昌帝君	30	有應公	46	元帥爺	44	城隍	54	孚佑帝君	52
元帥爺	36	護民爺	30	城隍	44	玉皇大帝	41	元帥爺	49	王母娘娘	51
城隍	29	元帥爺	29	玉皇大帝	38	三寶佛	41	廣澤尊王	46	廣澤尊王	50

合計	2961	合計	3200	合計	3490	合計	3505	合計	4462	合計	4600
臺灣寺廟總數	3476	臺灣寺廟總數	3661	臺灣寺廟總數	3840	臺灣寺廟總數	4786	臺灣寺廟總數	5338	臺灣寺廟總數	5539

　　上表中的 20 種在臺灣影響最大的主神，除了三山國王從廣東傳入，開台聖王、義民爺爲臺灣土生土長的神靈外，其餘的均是隨移民從福建傳入臺灣。吳瀛濤在《臺灣民俗》一書中也指出：據民國 19 年調查，臺灣有主神 175 種 3580 尊，其中：福德正神 674 尊，王爺 534 尊，媽祖 335 尊，觀音 329 尊，此四神約占寺廟主神的半數。「而此等祭神大部分都是由福建以分身、分香、漂流三種方式傳來者，也有傳入後再傳播本省各地者。如北港的媽祖分出最多，其次則爲彰化之南瑤宮、鹿港之舊媽祖宮等，均表示其靈聖興盛。」[47]其中，天上聖母、保生大帝、清水祖師、開漳聖王、廣澤尊王等爲閩籍移民奉祀的祖籍神明，被稱爲「桑梓神」，受到臺灣同胞的特別敬奉。

四、實用功利性與民間信仰的強化

　　中國是一個高度重視倫理教化的國度，歷代統治階級力圖把宗教信仰納入社會教化的軌道，主張「禮法施於人民則祀之，以死勤事則祀之，以勞定國而祀之，有御大災、捍大患則祀之」[48]但是一般老百姓崇拜鬼神的最主要目的爲了祈福禳災。在善男信女的觀念中，崇拜鬼神有百益無一害，只要點上幾根香，獻上若干祭品（這些祭品、祭神後仍帶回食用，並未真的被鬼神吃掉），再磕上幾個無傷大雅的頭，就可以得到萬能神靈的保佑，諸多願望（如逢凶化吉、財運亨通、全家平安、人丁興旺、風調雨順、五穀豐登等等）都可以實現，何樂而不爲呢？千百年來，百姓在生活中無法或難以實現的美好願望，只好通過對鬼神的祭拜祈禱，在虛幻的宗教世界裡得到某種精神上的補償，這是一般民眾宗教信

---

[47] 吳瀛濤《臺灣民俗》，眾文圖書股份有限公司，1979 年版，第 47-48 頁。
[48] 黃仲昭《八閩通志》卷 58《祠廟》。

仰的基本心態。

關於閩台民間信仰的實用功利性心態，清初福建連江知縣王章就一針見血地指出：時人熱衷崇拜西天諸佛、南海觀音及關帝，不惜花鉅資建造華麗的寺廟，是因為在他們看來，西天諸佛和南海觀音「好福利人」，而關帝則職掌「禍福之樞」，所以虔誠地崇拜這些神靈，就可以得到他們的保佑，達到祈福禳災的目的。[49]《閩清縣誌》作者也說：人們之所以篤信鬼神，是「於禳災祈福之故」。[50]董苑芳先生在《臺灣民間宗教信仰》一書中指出：「臺灣民間敬神的目的均本於現世的個人實用主義，人一到寺廟捧起三柱香，目的不外乎求福祿財源長壽子嗣等，因此凡能迎合民眾所欲求者，則認為靈顯（或叫『靈驗』，俗稱『有聖』），其香火一定興旺。此一以靈顯為敬神目的之風氣，遂演變成一種無庸問及神祇的本質如何，凡天神、人鬼、石頭、老樹、豬牛貓狗，只要有聖（靈顯），參拜的人一定就多，連荒地都會變成鬧市，此為臺灣民間常有之現象。」[51]

由於實用功利性的宗教信仰態度所決定，在一般信徒看來，多一個神靈就多一層保護，神靈越多就可以得到越多的保佑，需要什麼就創造什麼，帶有很大的任意性，各種神靈被大量地創造出來，幾乎達到氾濫成災的地步，充斥著天上、人間、地府，構成了十分龐雜的神鬼體系，大大地強化了閩台民間信仰。《重纂福建通志》指出：「照得閩人好鬼，習俗相沿，而淫祀惑民，……從未有淫汙卑辱，誕妄凶邪，列諸象祀，公然祈報，如閩俗之甚者也。」[52]又曰：「自城邑至村廬，淫鬼之有名號者不一，而所以為廟宇者，亦何啻數百所。……一廟之迎，動以十數像。」[53]臺灣的宗教信仰幾乎是閩南宗教信仰的翻版，神靈眾多，宮廟林立。1940 年調查統計，臺灣有神靈 175 種，宮廟總數 3661 座；1970 年調查，

---

[49] 民國《連江縣誌》卷 21《祠祀》。
[50] 民國《閩清縣誌》卷五《禮俗志》。
[51] 董苑芳：《臺灣民間宗教信仰》，長青文化事業股份有限公司，1980 年 10 月三版，第 26 頁。
[52] 道光《重纂福建通志》卷 55《風俗志》。
[53] 道光《重纂福建通志》卷 56《風俗》。

奉祀於二縣市以上的神靈 85 種，僅祀於一縣市的神靈有 160 種（其中 85 姓王爺、14 姓元帥爺和 5 姓將軍均以 1 種神靈計算），宮廟總數 3840 座；1976 年調查，廟神種類 198 種，宮廟 4786 座；1985 年調查，廟神 257 種，宮廟總數 5338 座，應該說數量是十分驚人的。[54]

　　綜上所述，閩台民間信仰的產生和發展，在深受中華文化傳統的影響的同時，與閩臺地區的歷史傳統、自然條件、社會矛盾、移民以及宗教觀等密切相關。閩越族的「好巫尙鬼」的傳統，與陸續從中原傳來的漢族的巫術相結合，相沿成習，爲閩臺地區民間信仰的滋生提供了肥沃的土壤；旱災、水災、颱風等自然災害和瘟疫等傳染病，以及戰爭、盜匪、械鬥等等社會矛盾，促使閩台民間信仰的進一步形成和發展；閩台民間信仰隨著漢代之後中原漢人大批遷徙福建，和明末清初閩人大批移民臺灣，民間信仰得到迅速傳播；而實用功利性的宗教觀導致閩台人民按照自己的需要塑造神靈，使閩台擁有成百上千的神靈，從而大大強化了閩台民間信仰。

　　（本文發表於林國平、王志宇主編《閩台神靈與社會》，廈門大學出版社，2010 年，第 1－36 頁）

---

[54] 余光弘：《臺灣地區民間宗教的發展—寺廟調查資料之分析》，《中央研究院民族學研究所集刊》，第 53 期，1982 年春季，第 67-103 頁。

閩台民間信仰的主要特徵

一、功能性與實用功利性

功能性是對神靈的職能而言，實用功利性是對信徒的信仰目的而言，二者即有區別，又有聯繫。

首先，我們從神靈的職能來考察閩台民間信仰的功能性特徵。

神是人創造出來的，但是人創造出神之後，反過來又心甘情願地拜倒在神的腳下成為自己一手創造出來的神的奴僕，猶如人製造了沉重的枷鎖給自己扛又捨不得拋棄一樣，這是為什麼呢？其根本原因是人類在強大的自然力和各種制度的壓迫下，感到恐懼，認為自己太渺小，難以與自然力和社會壓迫的強大力量相抗衡，因此賦予神靈以超自然的力量，幻想借助於這種超自然的力量來消除恐懼，擺脫困境，實現依賴自身的力量無法達到的目的。易言之，人類之所以崇拜神靈，是因為神靈都具有超自然的虛幻靈光來滿足信仰者的現實需求，儘管這種現實的需求依靠神靈永遠也實現不了，但他們卻深信不疑。古今中外，任何神靈都具有某種或幾種能滿足信仰者需求的職能，否則就不存在對它的信仰和崇拜了。

不過，中國的神靈與西方的神靈相比，功能性的特徵更為突出。如基督教的上帝不僅僅是救世主，還是造物主，上帝即是宇宙萬物的主宰者，又是宇宙萬物的創造者，包括人類在內都是上帝一手創造出來的，上帝的絕對意志和至高無上的權威首先是通過創造萬物而確立起來的，然後再通過救苦救難等具體的職能進一步得到強化。而中國宗教中的幾乎所有神靈都不具備創造宇宙萬物的功能，它們僅僅是主宰宇宙萬物的超自然力量，其絕對意志和至高無上的權威是通過佑與不佑（是否保佑你）、諾與不諾（是否滿足你的要求）的功能關係確立起來的，所以中國的神靈帶有比較強烈的功能性色彩。

神靈的功能性的特徵反映在閩台宗教信仰上，集中地體現為各種神

靈都有一定的職能分工。閩台民間所奉祀的的神靈成百上千，所有的神靈都有滿足百姓日常生產和生活需要的具體職能，諸如祈福消災、禦盜弭寇、鎮妖降魔、驅邪治病、祈求風調雨順、祈求平安、祈求子嗣、祈求升官發財，等等。實際上，閩台民間所奉祀的神靈的職能極少是單一的，也不是固定不變的。一般說來，每個神靈都有一種主要職能，同時兼掌其它多種職能，神階愈高，職能愈多，且隨著時間的推移，職能也在發生變化。如媽祖最初的主要職能是祈雨和預測吉凶，宋代以後被奉爲航海保護神，同時增加了禦寇弭盜、驅邪治病、鎮妖降魔、祈求子嗣、祈求升官發財等等職能；又如臨水夫人最初的職能是保護婦女生育，後來增加了保護兒童健康成長的職能，成爲閩台婦幼保護神，同時也兼有祈雨、治病、驅邪、鎮妖、禦寇、護航等職能；再如保生大帝在北宋時被奉爲醫神，南宋時增加了祈雨、禦寇弭盜等職能，明清時期朝著地方守護神的方向演化，清代泉州的聚津、桂檀、甲第、妙因、北山、華仕、善濟等鋪境均奉其爲鋪主公，成爲守護神。類似的例子不勝枚舉，帶有普遍性，體現了閩台民間信仰具有較強烈的功能性的特徵。

其次，我們從百姓祭祀神靈的目的來考察閩台民間信仰的實用功利性的特徵。

中國是一個高度重視倫理教化的國度，歷代統治階級力圖把宗教信仰納入社會教化的軌道，主張「禮法施於人民則祀之，以死勤事則祀之，以勞定國而祀之，有御大災、捍大患則祀之」[1]但是一般老百姓崇拜鬼神的最主要目的爲了祈福禳災。在善男信女的觀念中，崇拜鬼神有百益無一害，只要點上幾根香，獻上若干祭品（這些祭品、祭神後仍帶回食用，並末真的被鬼神吃掉），再磕上幾個無傷大雅的頭，就可以得到萬能神靈的保佑，諸多願望（如逢凶化吉、財運亨通、全家平安、人丁興旺、風調雨順、五穀豐登等等）都可以實現，何樂而不爲呢？千百年來，百姓在生活中無法或難以實現的美好願望，只好通過對鬼神的祭拜祈禱，在虛幻的宗教世界裡得到某種精神上的補償，這是一般民眾宗教信

---

[1]　《八閩通志》卷58《祠廟》。

仰的基本心態。

　　關於閩台民間信仰的實用功利性心態，清初福建連江知縣王章就一針見血地指出：時人熱衷崇拜西天諸佛、南海關音及關帝，不惜花鉅資建造華麗的寺廟，是因為在他們看來，西天諸佛和南海觀音「好福利人」，而關帝則職掌「禍福之樞」，所以虔誠地崇拜這些神靈，就可以得到他們的保佑，達到祈福禳災的目的。[2]《閩清縣誌》作者也說：人們之所以篤信鬼神，是「於禳災祈福之故」。[3]

　　董苑芳先生在《臺灣民間宗教信仰》一書中指出：「臺灣民間敬神的目的均本於現世的個人實用主義，人一到寺廟捧起三柱香，目的不外乎求福祿財源長壽子嗣等，　因此凡能迎合民眾所欲求者，則認為靈顯（或叫『靈驗』，俗稱『有聖』），其香火一定興旺。此一以靈顯為敬神目的之風氣，遂演變成一種無庸問及神祇的本質如何，凡天神、人鬼、石頭、老樹、豬牛貓狗，只要有聖（靈顯），參拜的人一定就多，連荒地都會變成鬧市，此為臺灣民間常有之現象。」[4]

　　在閩台，民間信仰的實用功利性特徵最典型的例子莫過於花會降童。花會是一種賭博形式，共 37 個花會名由賭徒壓注，壓中者可博得本利三十倍，盛行於清末民國初。賭徒為了壓中花會名，往往求助於神靈，搞得烏煙瘴氣。所謂花會「閩台地方最為狂迷，當地熾盛鬼神信仰，以致民風好賭崇神，大夥供奉各種仙、佛、土地爺，以祈飛來財運，早晚香煙、紙錢果供祭於神案上，有的焚香鞋給花會之鬼，祝告道：『汝等此去，當至各村運動，乞在夢中啟示翌日花會之名。』有的祈灶神、作聽香，依神示方向，前行到人家宅外偷聽言兆；有的敲盆錘頭以求神示；有的以花會名單入深山萬塚中，魍魎出沒之所，求鬼魅指點；也有偷取墳中屍骨回家供奉，祈求鬼使神報；而最奇者，莫過降童之舉，亦即尋求一位精巧童子，依術法畫符于水碗，令童子飲之，不移時，童子神昏心迷，倏而跳躍呼喝不已，已而就桌案顫抖危坐，斷續說道，汝等

---

[2]　民國《連江縣誌》卷 21《祠祀》。
[3]　民國《閩清縣誌》卷五《禮俗志》。
[4]　董苑芳《臺灣民間宗教信仰》，長青文化事業股份有限公司，1980 年 10 月三版，第 26 頁。

求我何爲也？時則數人匍匐在地，囁嚅說道，弟子願求小財，乞大神查探掛筒花會爲何名，如中，謹備三牲幣帛酬謝之。曰，若是乎，但看你福，估從汝請，不中無怨我。童子呻吟移時，乃執筆書寫一字於求者手上，令求者自解。然實似字非字，求者以己意附會之，故有中亦有不中，酬謝畢，童子倒地退壇。在臺灣，據說花會正風行時，人人迎奉鬼神，偶爾一、二次得中，既以爲鬼神聖靈庇佑，於是弄得家家不事耕作，田園一片荒蕪，甚至在荒郊野墳睡覺，以求鬼示，可見此一淫習糜爛。」[5]

在福建仙遊，花會與迷信相呼應，演出的一出出鬧劇，令人歎爲觀止。據劉鞠民先生回憶，清末民初的時代，乃是花會最倡狂的時期。不僅永春一隅受到它的毒害，鄰境仙游、南安等地還更厲害。其危害性並不低於鴉片，男女老少，偏村僻里都曾遭過它的禍害。大的，弄到傾家蕩產，家破人亡；中的，造成男盜女娼，忘耕廢織；小的起碼也要克衣縮食，廢寢忘餐。爲了祈求鬼神保佑，賭徒們挖空心思，無奇不有。如1914 年間，所謂「保安會」的會首陳宗儀（德化東區人）率領一簇執有舊式武器的會衆，襲擊湖洋鹽館，陳將官鹽全部搶光和焚燒鹽館外，且將捕獲的三個鹽哨（即鹽兵）抓往山仔草埔砍頭，頭顱帶到風流嶺腳才把它丟下。由於這三個鹽哨，平時也是好賭花會的，因此，和他們生前有來往的一班迷信鬼神的賭徒，竟然在當夜到那尚未收埋的屍場，燒香點燭供上飯菜，向它許願，叩祈它派出花會准。其法：系將每一花會名，各寫一支用金銀紙做成的三角小旗，遍插在飯上；求准的人須暫時避開，等待香燭將滅的時候，才往觀察那些紙旗，如有倒下的，或是歪斜的，這才算數。不然還要再點次香燭，直到有旗倒下或是歪斜爲止。即以那把倒下的旗上所寫的花會名當作是「正准」，歪斜者都當作是「副准」，作爲第二天壓花會的標的；正准爲君壓買多些，副准爲臣也須酌量少買。倘若未被買中，只怨自己沒有誠心所致，倒不覺得這是一樁愚蠢的迷信行爲。

5　沈平山《中國神明概論》，新文豐出版股份有限公司，1979 年，第 336-337 頁。

某村有個少女，因賭輸了花會，連準備出嫁的裝奩，都偷些賣掉，被她的父母痛責之後（是否另有別因，外人不得而知），竟然乘她上山刈草的時機，採掘斷腸草，暗帶回家煎服，終因中毒過深，解救無效，以致暴卒，葬在風山墳地上。當夜，附近嗜賭花會的婦女，竟有人在深夜摸黑中，前往新墳上，一如上述「倒旗」的方式，向它叩求花會准。第二天恰巧被她們壓中，一時傳開說她是被花會鬼「抓交替」，所以很靈聖。從此，這個新墳在夜幕後，就不斷有人去燒香求准，香火盛極一時，還稱呼它爲姑仔墓。

花會越猖獗，各神廟的香火越昌盛。如湖城南門宮的蘇公尊王，是當時最受賭花會的愚民所深迷的對象，每夜向它扶乩求准的人，爭先恐後一場又一場地連續不斷，每到晨雞初啼時停止。當時，其中有個乩僮黃西文還是受過教育當過教師的，時常在扶乩中念出詩句，引人入迷；因此，在宮門外聽准猜詩的人，連老幼婦孺都有；一群又一群地你來我往，非到夜半更深，宮門口這段路上，真是擁擠難行。婦女中丟掉纏腳繡鞋者艱步回家的笑話，和丟失插髻的簪釵者，當場邊尋邊罵的聲音，時有所聞。

橋仔頭村有家信奉基督教的家庭裡，向來是不准供奉偶像的。可是有個寡婦，偷偷摸摸地從她的親戚家裡抱來一尊小觀音，暗中奉敬在她的臥房裡，不時在深夜裡和鄰居婦女焚香扶乩求准。

處於接壤德化邊境的一個偏僻山村黃欄，全村的人口還不過上百人，生活水準一向倒還不低。民國三年（1914 年）間，爲了狂賭花會，聽信乩僮的妄語讒言，致使村民十室九戶，普遍地輸了不少從艱辛中克勤克儉積下的血汗錢財，弄得家家戶戶都要賣田租，借穀青，來維持生活。連那個乩僮也免不了受到村民背地裡指斥他是個「瘋神」。[6]

歷史進入 21 世紀，但閩台民眾的宗教信仰的實用功利性並沒有發生根本的改變，據福建電視臺 2001 年 9 月 13 日報導，仙遊榜頭等地的一些百姓爲了博取六合彩大獎，有的求助於能一名自稱能猜中六合彩大

---

[6]　劉鞠民《永春縣花會》，文載福建省政協文史辦編《福建社會民情》，福建人民出版社，2001年。

獎號碼的乩童（據說有精神病）；有的求助於仙姑，晚上紛紛住在仙姑洞中，傳說第二天衣服上會顯現出六合彩大獎的號碼，或希望仙姑將六合彩大獎的號碼托夢於他們，不少人上當受騙，還認為是自己與仙姑的交情不夠深或不夠虔誠，才得不到仙姑的指點迷津，實在是可悲又可笑！

更有甚者，鬼神信仰有時成為洩恨害人的工具。閩台民間有一種稱為「放口術」的巫術，「大都互相為仇時，因不能以力制，即用巫術放口報復，以至仇敵被害為至。更有叫飛口者，當飛口不中對方時，必會反害自己，放時，受放之人會突然身罹無名惡疾，使用百藥亦無法治癒。然則有專業巫術之人，能破解飛口惡害，中口者如果治癒，則放口者必自斃，無法收之。」[7]

至於在福建民間流行甚廣的蠱毒，也是害人的巫術。蠱毒即金蠶蠱，其說由來已久，明代《五雜俎》提及此事時，謂：「閩廣之蠱，大約以端午日，取蛇、蜈蚣、蜥蜴、蜘蛛之屬，聚為一器，聽其自咬，其蟲盡死，獨留其一，則毒之尤矣。以時祭之，俾其行毒，毒之初行，必試一人，若無過客，則以家中人當之。中毒者絞痛吐逆，十指俱黑，嚼豆不腥，食礬不苦，是其怪也。……又有挑蟲蠱，食雞魚之類皆變為生者。又能易人手、足、心、肝、腎、腸之屬，又有金蠶蠱，取其糞置飲食中，毒人必死。能致人財物，故祀之者多致富。或不祀，則多以金錢雜物，放之道左，謂之嫁金蠶。」《閩部疏》載：「閩中多畜蠱，其神或作小蛇毒人，有不能殺者，獨泉之惠安最多。八十里間，北不能過楓亭，南不敢過洛陽橋。云蔡端明（即蔡襄）為泉州日，捕殺治蠱者幾盡，其妖至今畏之，以橋有端明祠，而楓亭仙遊縣屬，端明仙遊人也。」

總之，閩台人民是按照自己的需要塑造神靈，又用實用功利性的心態來奉祀神靈，一般是無事不登三寶殿，有所求才到神廟燒香磕頭，「平時不燒香，臨時抱佛腳」的實用功利心態在閩台民間信仰中表現得十分充分。他們把世俗的人與人的關係移植到神與人的關係中去，相信神人

---

[7]　沈平山《中國神明概論》，新文豐出版股份有限公司，1979 年，第 322 頁。

的關係猶如人際間的接受人家的錢財，就必須爲人家排憂解難一樣，神靈接受善男信女的虔誠膜拜和豐盛祭品，也必定會爲人賜福消災。因此，「有靈必求」和「有求必應」以及「有應必酬」成爲閩台民間信仰的普遍心態。

二、放任性與融合性

就世界宗教發展史而言，宗教信仰的一般發展規律是從多神教發展到一神教。早在原始社會，宗教就產生了，當時社會尚無一個最高的統治者，所以反映在宗教上也沒有一個至高無上的統一神。原始社會神靈眾多，萬物有靈即是其集中的表現。進入階級社會後，人世間出現了最高的統治者奴隸主國王，折射到天國也出現了至高無尙的統一神，宗教信仰逐漸從多神教向一神教轉化。中國在夏商時期就出現了諸如「帝」或「上帝」這樣至高無上的統一神，但由於中國的「帝」或「上帝」是一個具有功能性特徵的概念，所以在百姓看來，僅有一個上帝是難以處理人世間的事無鉅細的繁雜事物，需要許多神靈來協助處理，因此不但原始社會中自然崇拜、圖騰崇拜、祖先崇拜被承襲下來了，而且還根據現實需要創造出許許多多的神靈，使神鬼的隊伍越來越龐大，越來越繁雜。

中國宗教信仰的放任性在閩台民間信仰中表現得尤爲突出。由於受到實用功利性宗教信仰心態的支配，在一般信徒看來，多一個神靈就多一層保護，神靈越多就可以得到越多的保佑，因此各種神靈被大量地創造出來，幾乎達到氾濫成災的地步。閩台民間究竟有多少神靈，至今還沒有一個準確的統計數字，實際上也不可能準確地加以統計，因爲閩台民間所奉祀的神靈畢竟太繁雜了，既有閩越族和其他土著民族殘存下來的鬼神崇拜，又有從中原傳入的漢民族所奉祀的各種神靈，還有從印度、中東、歐洲、日本等地傳入的神靈崇拜，同時閩台土生土長的神靈的數量也十分驚人。總之，閩台境內的神鬼幾乎無處不有，充斥著天上、人間、地府，構成了十分龐雜的神鬼體系。

　　在福建，不但神話傳說中的人物（如盤古、女媧、西王母、彭祖等）、古典小說中的角色（如齊天大聖、豬八戒、通天教主、姜子牙、八仙、四海龍王等）被奉為神靈，而且岩石、老樹、花草、枯骨、家禽家畜、泥土、傢俱等等也會成為崇拜對象，所謂「淫祠南方為盛，猴、犬、豬、狐，均有小廟，曰王曰侯，曰聖母，曰仙姑，為類至夥。」[8]其放任性是中國其它地區所不能比擬的。一些偶像崇拜甚至是荒誕不經，如有同性戀之神、有能幫助淫蕩之徒勾引女人之神、有能使人害病甚至害死人的惡神，有賭博之神，有破壞他人家庭和睦之神，神聖的宗教信仰竟然成為一些無恥淫蕩和居心險惡之徒為所欲為的工具！《重纂福建通志》指出：「照得閩人好鬼，習俗相沿，而淫祀惑眾，……從未有淫汙卑辱，誕妄凶邪，列諸象祀，公然祈報，如閩俗之甚者也。」[9]又曰：「自城邑至村廬，淫鬼之有名號者不一，而所以為廟宇者，亦何啻數百所。……一廟之迎，動以十數像。」[10]清末泉州人吳增在《泉俗激刺篇·多淫祠》中對泉州民間信仰的放任風氣進行了猛烈的抨擊：「淫祠多無算，有宮又有館，捏造名號千百款，禽獸與水族，朽骨與枯木，塑像便求福。人為萬物靈，自顧毋乃太菲薄……。」《廈門志》載：「邪怪交作，石獅無言而爺，大樹無故而立祀，木偶飄拾，古柩嘶風，猜神疑仙，一唱而和，酒肉香紙，男女狂趨。」[11]

　　臺灣的宗教信仰幾乎是閩南宗教信仰的翻版，神靈眾多，宮廟林立。1940 年調查統計，臺灣有神靈 175 種，宮廟總數 3661 座；1970 年調查，奉祀於二縣市以上的神靈 85 種，僅祀於一縣市的神靈有 160 種（其中 85 姓王爺、14 姓元帥爺和 5 姓將軍均以 1 種神靈計算），宮廟總數 3840 座；1976 年調查，廟神種類 198 種，宮廟 4786 座；1985 年調查，廟神 257 種，宮廟總數 5338 座；據仇德哉《臺灣廟神傳》說，臺灣有廟神 300 餘種，扣除現在不受奉祀的和性質相同的，還有 268 種，

8　　林紓《畏廬瑣記·淫祠可笑》。
9　　道光《重纂福建通志》卷 55《風俗志》。
10　　道光《重纂福建通志》卷 56《風俗》。
11　　道光《廈門志》卷 15《風俗志》。

應該說數量是十分驚人的。[12]

　　與信仰的放任性相聯繫，閩台民間信仰又帶有融合性的特徵。由於受實用功利性的宗教信仰目的所支配，善男信女們所關心的是神靈是否「靈驗」和自己所祈求的是否如願以償，至於他們所祈求的是哪一路的神仙佛祖，以及這些神仙佛祖屬於哪一種宗教，這些神仙佛祖的來歷，主要職能是什麼，在他們看來都無關緊要，根本不必去過問，連大多數廟祝也不甚明瞭，往往一問三不知。同一個人，他既可以是佛教的信仰者，也可以是道教的信仰者，還可以信仰基督教或其他宗教，同時又是民間俗神的信仰者。遇到疑難問題需要求助神靈時，哪一位神靈特別「靈驗」，就頂禮膜拜。如果求佛祖不靈的話就求助於神仙，求神仙再不靈就求土神，求土神還不靈就求巫覡作法。本村的神靈祈求不應的話，就祈求於鄰村的神靈，鄰村的神靈還不靈，就祈求於外鄉、外縣的神靈……總之，在大多數人的觀念中，神靈不分彼此親疏，只要有「靈驗」，儘管燒香磕頭便是。

　　在閩台眾多的寺廟宮觀中，不同宗教教派的神靈被供奉於同一座宮廟，共用百姓的香火的現象相當普遍。如建甌縣的福慧寺建於明末清初，寺中供奉的神像有佛教的三寶如來、迦葉、阿難、文殊、毗盧佛、十八羅漢、金剛、韋馱等，又有道教的太陽公、月亮娘娘、祖師公、文昌帝君、魁星等，還有儒家的孔子、顏子、曾子、孟子、子思等。莆田黃石玉溪祠內供奉著三十多尊神像，有佛教的釋迦牟尼、觀音等，有道教的玉帝、玄天上帝、三官大帝等，有儒家的孔子，有三一教主林兆恩及其弟子，有俗神朱衣先生、破寇將軍、鹿兒老母等，簡直就是莆田縣宗教信仰的縮影。臺灣北港朝天宮主祀媽祖，另祀媽祖的分神二媽、三媽、副二媽、副三媽、糖郊媽、太平媽等，從祀千里眼、順風耳，配祀五文昌帝、三官大帝、神農大帝、觀音、十八羅漢、註生娘娘、土地公等。臺北萬華龍山寺的大殿祀觀音，後殿則祀媽祖、水仙王、關帝、呂祖、關帝、文昌、註生娘娘等。類似的例子枚不勝舉，當然也不一定是

寺廟創建伊始就供奉許多不同來路的神仙佛祖，大多數是隨著寺廟的擴大而逐漸增多，如福州五一廣場附近的接龍亭在元代時僅供奉龍王，後來神像不斷增多，如今供奉的神像有照天君、九王爺、東嶽溫康二王、黑白仙師、天上聖母、王母娘娘、關帝、浦東浦西仙師、裴仙師、齊天大聖、水面將軍、呂祖、趙天君、王天君、白天君、白馬王爺、白鶴仙師等二十多尊。由於各路神仙佛祖濟濟一堂，能在最大程度上滿足善男信女的實用功利性的宗教信仰需要，所以供奉不同教派神靈的寺觀宮廟，一般說來，香火就比較旺盛。

三、區域性與宗族性

任何一種文化形態，都是在特定的自然環境下形成，並且受經濟生活的深刻影響，閩台民間信仰的分佈與這一地區的自然環境、經濟生活密切相關。

閩臺地區自然條件複雜多樣，從大的方面看，可以分爲沿海、平原和山區三大類型。沿海地區海域廣闊，海岸線長，島嶼眾多，如福建省海岸線長度 3300 多公里，有島嶼 1400 多個，臺灣本島海岸線長 1139公里。自古以來海上貿易發達，泉州港在唐宋元時期是中國最大的對外貿易港口，廈門、基隆港在近代以來一直是中國對外交通的樞紐。

沿海地區的自然環境和由此產生的以漁業、航海爲主的經濟生活，決定了民間信仰帶上濃厚的海洋文化的色彩，主要表現在三方面：一是海神信仰盛行。由於漁民和航海者平日出入於喜怒無常的大海之中，隨時都有可能發生船覆人亡的悲劇，爲了祈求一帆風順和化險爲夷，他們特別崇拜海神，其中海神媽祖的宮廟遍及閩台沿海地區；二是吸收外來宗教信仰。古代泉州等地海外貿易繁榮，以比較開放的姿態對待外來文化，並對外來文化博采廣取，宋元時期流傳於泉州地區的宗教除了道教、佛教、民間宗教、民間信仰外，還有從外國傳入的伊斯蘭教、基督教聶斯脫裡派、天主教方濟各派、婆羅門教、印度教、摩尼教、生殖崇拜等等，這些外來的宗教信仰不但爲僑民所信奉，在漢族中也擁有不少

的信徒；臺灣曾經多次被外國殖民者佔據，天主教、基督教、日本神道教等在臺灣有一定的影響。三是具有較強的輻射性，隨著海外貿易的發達和移民海外的浪潮，閩台間信仰傳入東南亞一些國家和地區，還輻射到日本的琉球等地。

閩臺地區的平原面積不大，之有若干小平原，如福建有福州平原、興化平原、泉州平原、漳州平原，臺灣有台南平原、屏東平原、宜蘭平原和縱谷平原等。平原地區土地肥沃，自然條件優越，盛產水稻，民間信仰活動主要圍繞著稻作生產展開，信仰的對象多與水稻生產有關，如穀神、田公、田婆、水神、驅蟲神等等。平原地區人口密集，商業發達，宋元以後逐漸形成重利的風氣，一些被認為能保佑經商成功的神靈獲得了充分發展，如關帝普遍被奉為財神，觀音也兼有賜人錢財的功能。

閩臺山區面積大，福建有素有「東南山國」之稱，又有「八山一水一分田」之說，臺灣的山區面積均遠遠超出平原。山區的民間信仰與沿海、平原有所不同。首先，山區的經濟支柱是林業，如臺灣的森林覆蓋率超過全省土地 50%，居全國首位。福建的森林覆蓋率 43%，居全國第二位。出於對大山賜予的感激和對大山高深莫測的畏懼，百姓普遍信仰山神，許多山上都有山神廟，儘管一般比較簡陋，但山民的信仰十分虔誠，深信山神會降禍福於人；其次，普遍崇拜樹神。山民認為「千年的古樹會成精」，會降災賜福於人，對一些古老的大樹（主要是樟樹、榕樹，稱之樟樹公、榕樹王等）進行頂禮膜拜，甚至經常在老樹下蓋神廟；第三、山區群山連綿，交通比較閉塞，同一種民間信仰的很難得到廣泛傳播，內部差異性極大，這一山頭與對面山頭的民間信仰完全不同的情況並不希奇。

民間信仰的區域性特徵還受方言的影響。方言是指與漢語標準語音有區別的，只在一個地區使用的話，它與漢語標準語音的根本差異是發音的不同。由於人口的遷徙、民族的融合以及交通的阻隔等因素的影響，形成八大方言，即北方方言、吳語、贛方言、閩北方言、閩南方言、客方言、粵語、湘方言等。福建省的方言以紛紜複雜著稱於世，除湘方言外，其餘七種方言在不同地區使用，連城、清流、大田等山區縣竟然

沒有本縣通用的方言，甚至相鄰的鄉村不能進行語言交流。在民間信仰方面，像觀音、關帝、媽祖這樣能突破方言界限的神靈並不是太多，比較普遍情形是，不同的方言區之間的民間信仰或多或少存在著差異。如臨水夫人、五帝信仰主要在古田、福州為中心的閩東方言區內流行，王爺、廣澤尊王、清水祖師、保生大帝、三平祖師、開漳聖王信仰主要流行於閩南方言區、扣冰古佛信仰主要流行於閩北方言區，定光古佛、三山國王信仰主要流行於客方言區，等等。

閩台民間信仰的區域性特徵也受到民族和民系的影響。在閩台，少數民族主要是畬族和臺灣原住民等，回族等少數民族人數不多。由於不同民族往往有各自的聚居區和本民族的文化傳統，因此逐漸形成有民族特色的民間信仰。如盤瓠崇拜和與此相聯繫的民間信仰活動只是在畬族中進行，而臺灣原住民的民間信仰也只是在原住民中長期流傳。

漢族人口眾多，由於居住在不同地域、受不同的歷史、人文、經濟等諸多因素的影響，形成許多不同具有特殊社會經濟和文化民俗的民系，僅福建省就有六大民系。[13]在民間信仰上，不同的民系之間既存在著某種聯繫，又存在一定的差別。在東南沿海地區，最具特色的漢族民系恐怕要算是客家了。客家的民間信仰既有漢民族民間信仰的一般特點，如天公崇拜、土地公崇拜、自然物崇拜、祖先崇拜、先賢崇拜、厲鬼崇拜、媽祖信仰等，也有客家獨具特色的民間信仰，如定光古佛、伏虎禪師、三山國王、莘七娘、石固大王等信仰。[14]

閩臺地區相對於中原來說，宗族勢力較大。閩台自古以來就有聚族而居的傳統，一個村社往往是由單一的家族組成，所以村社寺廟的創建大多由家族集資興建，所建造的寺廟也為家族所有，所奉祀的神靈自然也就成為家族的保護神，民間信仰在其發展的過程中深深地打上了宗族的烙印。以福建為例：首先，許多家族建造數座甚至數十座的家族寺廟，祈求本家族的興旺發達。如長樂江田陳氏家族建有泗洲佛寺、靈峰寺等多座寺廟，螺州陳氏家族建有文廟、文昌宮、徐女仙廟、天妃宮靈顯廟

---

[13] 詳見陳支平《福建六大民系》，福建人民出版社，2000 年 6 月。
[14] 詳見汪毅夫《客家民間信仰》，福建人民出版社，1995 年 10 月。

者等十餘座家廟，尚幹林氏家族建有奎光閣、興林寺、文昌宮、觀音閣、泰山亭、天后宮等。義序黃氏家族先後興建族廟有將軍廟、水陸尊王廟、奎光閣、定光寺、文昌閣、玄帝廟、大王宮等等。周甯周氏家族建有文昌閣、關帝廟、水晶閣、孝義庵、林忠平王廟等，鄭氏家族建有文昌閣、關帝廟、萬福庵、萬壽庵、興隆庵等族廟，葉氏家族建有水雲庵，林氏家族建有永慶庵，蕭氏家族建有興福寺、法華庵、回龍庵等家族寺廟。閩侯南通陳厝村陳氏家族建有帝君閣、六景庵、雷部堂等。長樂城西龍門鄉高氏家族建有泰山宮、清礁塢、東社大王廟等。古槐中街石氏家族建有石碧山廟、靜宿庵、關帝廟等。福清高山厚安陳氏家族建有黑掌廟、泰山廟、大王廟、五顯廟、凌尾潭等。惠安北部十三都陳氏家族建有福德正神廟、東嶽廟、相公廟、姑媽庵、關帝廟、天妃宮、祖師廟、九峰宮、三教祠等，莆田戴氏家族的族廟有戴公廟、狀元廟、天妃廟、三教祠、廣濟庵、半月堂、城隍廟等 10 餘座，惠安山腰莊氏家族建有各類寺廟、齋堂不下 50 座。其次，迎神賽會等宗教活動往往家族組織。[15]由於福建的家族與村落往往重疊在一起，導致這一地區家族宮廟與村落宮廟合而爲一的情況比較常見，從而在一定程度上使民間信仰的分佈與宗族的分佈經常聯繫在一起。

四、本土化與正統性

　　閩台民間信仰的本土化表現在三個方面：一是一些從北方傳入的民間信仰與福建人文地理相結合，產生了變異。如關帝信仰傳入福建後，隨著宋元時期福建商業的繁榮和海外貿易的發達，從原來的忠義化身演變爲財神和海上保護神。又如玄天上帝信仰傳入福建後，變成了泉州人，以殺豬爲業，後來放下屠刀，立地成佛了；二是原有的一些神靈逐漸被當地神靈所取代，如邵武廣佑王原是隋朝洛陽人歐陽佑，宋乾道四年，當地百姓以「秉心剛正，處事明敏，爲鄰里推重」的建陽人陳煥取

---

[15] 詳見林國平主編《閩台區域文化研究》p.425-428，中國社會科學出版社，2000 年 7 月。

代他。《夷堅丁志》載:「邵武軍大乾山廣佑王廟,考圖記,乃唐末歐陽使君之神。距縣二十里,對路立屋數楹,以館祠客。有王道人者居其旁,躬灑掃事,頗謹樸慤直。乾道四年秋,夢車騎滿野,羽儀輿蓋如迎方伯連率而又過之,皆自廟中出。趨問何所往,一吏曰:『遠接新廣佑王。』曰:『敢問王何人?今居何地?』曰『在浦城縣,故臨江丞陳公也。』覺而記其語。明日,徑走其處詢訪之,果有陳丞,以進士登第,平生廉正,為鄉里所稱,死方五日。道人驗夢可信,喜而歸,稍以告人,今猶處祠側。」[16]三是在閩台民間崇拜的神靈中,有不少是土生土長的。福建在唐宋時期出現了一場規模浩大的造神運動,許多至今在閩台民間影響較大的神靈諸如媽祖、保生大帝、臨水夫人、開漳聖王、清水祖師、定光古佛等等都是在這個時期被創造出來的。臺灣在清代初以後也創造了不少土神,諸如開台聖王、吳鳳公、有應公、大眾爺、義民爺、甯靖王等。[17]

　　由於民間信仰的本土化,導致了不同區域之間民間信仰的差異。不同的府、縣也有自己的保護神,以閩南方言區為例:三平祖師、保生大帝、開漳聖王陳元光及其部將輔順將軍馬仁、輔勝將軍李伯瑤、輔義將軍倪聖芳、輔仁將軍沈毅的宮廟在漳州府屬各縣較多,而王爺、廣澤尊王、清水祖師信仰在泉州府屬各縣影響較大。這種分佈特點,也直接影響到臺灣民間信仰的分佈,臺灣同胞的祖籍多來自閩南的泉州府和漳州府,雖然祖籍方言相同,但民間信仰有所差異,所以,遷居地的民間信仰也打上鄉土的烙印,不盡相同。在同一縣內,每個鋪境村落都奉祀一

[16] 洪邁撰、何卓點校《夷堅志》第二冊夷堅丁志》卷第十五,中華書局出版,1981 年 10 月,第 665 頁。洪邁《夷堅志》又載:「陳煥宣教,建陽人,乾道三年,待南城丞闕。十二月十九日,夢謁邵武(大)乾山廣佑王廟,王迎見之,謂曰:『香火久寂,符印當交與公。』陳辭曰:『煥官期不遠,子幼累眾,不願就此職。』王曰:『冥數詎可辭?』既寤,竊憂之,自知不久於世,不敢為人說。明年正月二日,索酒獨酌三杯,始告家人以夢,談笑而逝。其日有二丐者自邵武北樂村來,至其門,聞哭聲,問曰:『此非陳宣教居乎?昨日在驛前方臥,見甲士數百輩,蹴我亟去,云:『吾迎新廣佑王陳宣教,汝那敢在此!』驚起,不能曉,今乃知之。』於是益驗其神。」見洪邁撰、何卓點校《夷堅志》第四冊《夷堅志》補卷第十五,中華書局出版,1981 年 10 月,第 1689 頁。

[17] 陳小沖《臺灣民間信仰》p.162-180,鷺江出版社,1993 年。

個或若干個特定的神靈作爲保護神，舊稱境主、福主、土主、社神等。以泉州爲例，舊時泉州城分爲三十六鋪九十四境，鋪有鋪主，境有境神，共有大小神廟 130 多座，奉祀著不同神靈，有 100 多尊。境主神的神廟爲居住在該境的百姓捐資合建，各種宗教活動也由該境的百姓參加，抬神出遊也不能越出本境地界。

　　閩台民間信仰又具有正統性的特徵，主要表現在二個方面：一是所奉祀的神靈以朝廷的封敕爲正統。宋代地方神明追封敕號蔚然成風。敕封的程式一般是地方官僚或鄉紳上表請封，列舉所謂「功及生民」的種種「靈異」，朝廷派人到實地核實後，就頒誥敕封。敕封神明有一定的規制，史稱：「諸神祠無爵號者賜廟額，已賜額者加封爵，初封侯，再封公，次封王，生有爵位者從其本封。婦人之神封夫人，再封妃。其封號者初二字，再加四字。如此，則錫命馭神，恩禮有序。欲更增神仙封號，初真人，次真君。」[18]查閱有關方志，閩台大多數神明都得到帝王的封敕，不過其中有相當一部分是信徒編造的，沒有歷史依據，其目的在於抬高神靈地位以擴大影響，但反映了民間信仰具有濃厚的正統意識；二是以祖廟爲榮耀，或特別強調與祖廟的密切關係。閩台民間信仰在發展的過程中，存在分靈、分香的傳播形式，因此就有祖廟和分靈廟之分，祖廟的地位崇高，分靈廟要定期到祖廟進香謁祖，香火一般比較旺盛，所以無論是歷史上還是現實中，祖廟之爭時有發生，如媽祖的祖廟是在湄洲天后宮還是泉州天后宮，保生大帝祖廟是白礁慈濟宮還是青礁慈濟宮等等的爭論，至今尚無最後定論。特別是臺灣民間信仰更加注重正統性，如爲了爭奪媽祖信仰在臺灣的正統地位，自二十世紀五十年代以來一直爭論不休，捲入爭論的有大甲鎮瀾宮、北港朝天宮、新港奉天宮、鹿港天后宮、台南天后宮、北斗奠安宮、馬公天后宮等。臺灣「民間其他種類的廟宇也常透過誇張本廟興建沿革可遠溯幾百年，以及僞造寺廟碑文、匾額等事，來證明自身的歷史正統性。」[19]

　　必須著重指出，閩台民間信仰的本土化和正統性關係從表面上看似

---

[18] 《宋史》卷 105《禮八》。

[19] 翁佳音《民間宗教意識中的正統觀》，文載《臺灣風物》第 37 卷第 4 期第 93-95 頁。

乎是相互矛盾的，實際上是相輔相成的。前面提到的唐宋時期福建民間
信仰發生的一場造神運動，創造了大批土生土長的神靈，但同時福建地
方神明追求朝廷封敕也蔚然成風，這絕不是偶然的巧合，而是歷史的必
然。另外，造神的原則也是嚴格遵循中國文化的傳統，即社稷神祇則以
祀，崇功報德則以祀，護國佑民則以祀，忠義節孝則義祀，明宦鄉賢則
以祀，不敢有任何的背離。因此，本土化進程並沒有脫離中國傳統文化
的軌道，而是在中國傳統文化的正統意識的大背景下進行的。

　　（本文為《閩台民間信仰源流》第十二章第一節，人民出版社，2013
年，第 319－335 頁）

去巫化與正統化：
民間信仰的生存和發展之路

　　民間信仰的產生和發展，與巫覡文化密不可分。一方面，在民間信仰的神明體系中，有相當一部分就是從巫覡演化而來的，或者帶有巫術的成分。另一方面，當這一類的神明的影響擴大到一定程度時，其原有的巫覡身世或巫術成分便成為制約其影響繼續擴大的障礙，信徒中的有識之士便開始重新編造神明的身世，改變其原有的巫覡身世，去除其巫術成分，即所謂「去巫化」。與此同時，面對歷代王朝對民間信仰的壓制和打擊，為了求得生存和更大的發展空間，民間信仰主動依附封建王朝，爭取合法地位，即所謂「正統化」。「去巫化」和「正統化」對於民間信仰生存和發展至關重要，本文以福建民間信仰為例，就此問題進行初步探討。

一、「好巫尚鬼」的傳統與福建民間信仰

　　秦漢之前，中國大陸東南為百越族的聚居地，《漢書・地理志》載：「自交趾至會稽七八千里，百越雜處，各有種姓。」[1]居住在福建境內的原住民稱「閩越」。百越族的巫術名揚天下，連漢武帝也十分推崇越巫。

　　漢武帝元封元年（西元前 110 年），漢王朝派大軍入閩，滅亡了閩越國，但閩越族並沒有滅亡，其「好巫尚鬼」的傳統與陸續從中原傳來的漢族的巫術相結合，相沿成習。《隋書》說：「江南之俗，……信鬼神，好淫祀。」[2]宋代福州「每一鄉率巫嫗十數家。」[3]泉州也是「華刹淫祠，山僧野覡，無處無之。」[4]直至明清時期，好巫尚鬼之風在福建等地區

---

[1]　《漢書》卷 28《地理志》。

[2]　《隋書》卷 31《地理志》。

[3]　梁克家：《三山志》卷 9《公廨類三・諸縣祠廟》。

[4]　乾隆《德化縣誌》卷 8《祠宇志》。

猶盛，有關文獻記載頗多。明代長樂謝肇淛指出：「今之巫覡，江南爲盛，而江南又閩廣爲盛，閩中富貴之家，婦人女子，其敬信崇奉，無異天神。少有疾病，即禱賽祈求無虛日，亦無遺鬼。楮陌牲醪相望於道，鐘鼓鐃鐸不絕於庭。」[5]

「好巫尙鬼」的傳統，爲福建民間信仰的滋生和發展提供了肥沃的土壤。漢代以後，隨著大批漢族陸續遷入閩臺地區和漢族與當地土著的不斷融合，各地相繼出現了規模浩大的造神運動，而「好巫尙鬼」的傳統則爲各地的造神運動提供了取之不盡的素材。翻閱地方文獻，我們很容易發現，這一區域的許多地方神的人物原型就是由巫覡轉變而來，或打上巫術的烙印。志稱：「閩俗機鬼，故邑多叢祠。……余或以神仙顯，或以巫術顯，皆民俗所崇敬者。」[6]

首先，部分的女巫轉化爲女神，如媽祖、臨水夫人等。

其次，不少男巫演化爲神明，如張標、黃七、翁吉師、張四公等。

第三、一些精通巫術的僧尼道士被分爲神明，如保生大帝、扣冰古佛、祖膊和尙、顯應禪師、圓光禪師、三平祖師、清水祖師、定光古佛、伏虎禪師等。

總之，越人的「好巫尙鬼」的傳統，與陸續從中原傳來的漢族的巫術相結合，相沿成習，爲福建民間信仰的滋生和發展提供了肥沃的土壤。福建民間神明眾多，《重纂福建通志》指出：「自城邑至村廬，淫鬼之有名號者不一，而所以爲廟宇者，亦何啻數百所……一廟之迎，動以十數像。」[7]其中不少神明從巫覡演變而來的，或者深深地打上巫術的烙印，福建民間信仰特別發達與「好巫尙鬼」的傳統密不可分。

二、民間信仰去巫化主要途徑

巫覡是溝通人神的媒介，在上古社會，巫覡在政治、文化上享有較

---

[5] 謝肇淛《五雜俎》卷6《人部二》。

[6] 黃岩孫《仙溪志》卷三《祠廟》。

[7] 道光《重纂福建通志》卷56《風俗》。

高的社會地位。漢代以後，佔據思想統治地位的儒家視巫覡爲怪力亂
神，其社會地位日漸衰落。唐宋元明清時期，巫覡的地位一落千丈，其
形象也多爲負面。當某個巫覡出身或帶有巫術成分的神明的影響不斷擴
大，上升爲爲地區、行業保護神，甚至成爲跨地區、跨行業的保護神時，
該神明原來的巫覡身世與不斷提升的神格就不可避免地發生矛盾，成爲
制約其影響繼續擴大的障礙，信徒中的有識之士便開始重新編造神明的
身世，改變其原有的巫覡身世，去除其巫術成分，主要途徑有三：

1、編造新的家世

　　唐宋以後，從事巫覡的人，或爲世代爲巫，或有某種機緣巧合，多
數是貧困家庭出身，易言之，富貴之家的人一般是不會從事巫覡職業
的。因此，善男信女在爲其所崇拜的神明進行「去巫化」時，首先要做
的就是爲該神明編造新的家世，或說是書香門第，或說是官宦之家。最
典型的例子莫過於媽祖了。前面說過，媽祖是一個女巫，這在宋代的文
獻中多次提到，沒有人提出異議。到了元代，隨著媽祖神格的提升，影
響的擴大，其信徒就開始編造媽祖的新的家世。大德七年（1303 年）
黃淵在《聖墩順濟廟新建蕃釐殿記》中就有：「赫赫公家，有其濟女，
生也聖哲，嶽鐘瀆聚」的詩句，[8]暗示媽祖出身在一個顯赫家族。緊接
著，程瑞學就說媽祖爲「興化都巡君之季女」，[9]明代彭韶進而說媽祖
是「都巡檢願之季女」，[10]黃仲昭則說媽祖是「都巡檢孚之第六女」。[11]
清代，《天妃誕降本傳》、《天后本支世系考》全面編造媽祖世系，考
定從始祖「九牧林」到媽祖之兄的八世的家譜，[12]最終目的也是爲了說
明媽祖爲官宦之後，出身高貴，潛臺詞是不可能從事女巫這樣低賤的職
業。無獨有偶，臨水夫人陳靖姑的巫覡身世，到了明代後期也發生變化，

---

[8] 黃淵：《黃四如文集》卷四《聖墩順濟廟新建蕃釐殿記》。

[9] 程瑞學：《積齋集》卷四《靈濟廟事蹟記》。

[10] 黃仲昭：《八閩通志》卷五十九《祠廟》。

[11] 黃仲昭：《八閩通志》卷五十九《祠廟》。

[12] 參見蔣維錟：《媽祖傳記素材的幾個問題》，《媽祖研究文集》第 196-197 頁，海風出版社，2006 年 6 月。

如《繪圖三教源流搜神大全》：「父陳議，拜戶部郎中」。

2、塑造新的形象

巫覡一旦成爲神明，並隨著其影響的逐漸擴大，信徒中的精英就開始去除巫覡的色彩，重塑其形象。仍以媽祖爲例，明代的《三教源流搜神大全》卷四編造出這樣的故事：媽祖的母親陳氏，「嘗夢南海觀音與以優鉢花，吞之，己而孕，十四月始娩身得妃，以唐天寶元年三月二十三日誕。誕之日，異香聞里許，經旬不散。幼而穎異，甫周歲，在襁褓中見諸神像，叉手做欲拜狀。五歲能誦《觀音經》，十一歲能婆娑按節樂神」。兄弟四人經商，往來海島間。一日遇海難，媽祖「乃出元神救弟兄也」，「年及笄，誓不適人，即父母也不能強其醮。居無何，儼然端坐而逝，芳香聞數里，亦就誕之日焉。」到了清代，陳池養作《林孝女事實》，徹底去除巫術的色彩，最終完成了對媽祖新形象的塑造：「林孝女系出莆田，唐邵州刺史蘊九世孫。曾祖保吉，周顯德中爲統軍馬使，棄官歸隱湄洲嶼。祖孚，襲勳爲福建部督。父惟愨爲宋都巡官。孝女次六；其季也。生彌月不啼，因名曰默。八歲，從塾師讀，悉解文義，喜育經禮佛，年十六，隨父兄渡海，西風甚急，狂濤怒撼，舟複，孝女負父泅到岩，父竟無恙，而兄沒于水。又同嫂尋其兄之屍，遙望水族輳集，舟人戰慄，孝女戒勿憂，鼓枻成前，忽見兄屍浮水面，載之歸葬，遠近稱其孝女……自是矢志不嫁，專以行善濟爲已任，尤多於水上救人，殆海濱之人，習於水性，世因稱道其種靈異，流傳不衰，里人立祠祀之，號曰通賢聖女。厥後，廟宇遍天下，累膺封賜，而稱以夫人、妃、后……生於建隆元年二十八。」[13]顯然，重塑媽祖形象的價值取向是儒家的倫理道德。

3、披上道釋二教的外衣

---

[13] 黃淵：《黃四如文集》卷四《聖墩順濟廟新建蕃釐殿記》。

　　在中國古代，道教和佛教被奉爲正統宗教，得到封建王朝的扶植，如果民間信仰能夠披上道教佛教的外衣，雖然無法享有道教佛教的特權，但也可以沾點光，甚至起到魚目混珠的作用。至遲在元代，《聖墩順濟廟新建蕃釐殿記》就說媽祖「即普陀大士之千億化身」。[14]明代《三教源流搜神大全》據此編造出媽祖之母在夢中吞下觀音賜予的優缽花才懷上媽祖的故事，使媽祖在出生前就與佛教結緣。《天妃娘媽傳》第二回說天妃在下凡前，觀音曾經「口念經咒，足步法文」，傳授給她降魔伏妖法力。[15]明代後期，出現《觀音大士說天妃娘娘經》，進一步確認觀音與媽祖的主從關係。媽祖與道教的聯繫比佛教更早，宋代就初見端倪，明清時期媽祖信仰中的道教色彩濃厚，相關傳說故事很多。如明代編寫《太上老君說天妃救苦靈驗經》，被收入《正統道藏》中，媽祖正式被納入道教信仰體系，成爲太上老君的下屬，並統領一大批道教神仙。明末清初編撰的《天妃顯聖錄》收錄有窺井得符、機上救親、化草救商、掛席泛槎、鐵馬渡江、禱雨濟民、降伏二神、收伏晏公、靈符回生、伏高里鬼、奉旨鎮龍、收伏嘉應嘉佑、湄山飛升等道教色彩濃厚的傳說故事。臨水夫人信仰也主動攀附道教和佛教。一方面，其信徒編造臨水夫人爲觀音的指血變化而成的傳說。《繪圖三教源流搜神大全》：嘉興元年（417 年），蛇母興災吃人，佔據古田縣的山洞，當地百姓建宮廟，以安其靈，並許願每年重陽節送童男童女祭祀，遂不爲害。大曆元年，觀音菩薩赴會，返回南海時，「忽見福州惡氣沖天，乃剪一指甲，化作金光一道，直透陳長者葛氏投胎。」另一方面，編造臨水夫人爲道教弟子的故事。《晉安逸志》記載，陳靖姑的法術來源於一位不知名的的老婆婆，她 17 歲時給隱居山中學道的哥哥著名道士陳守元送飯，途中遇一個要飯的老婆婆，就把飯送給她吃了，這老婆婆原來是有道行的仙人，便教給靖姑符術，驅使五丁。後來皇后難產，陳靖姑運氣用法術趕到後宮，幫助皇后生下了太子，宮娥上奏，皇帝大悅，封陳靖姑爲「都天鎮國顯應崇福順意大奶夫人」，並在福建古田爲其建廟。陳靖姑學成

---

[14] 黃淵：《黃四如文集》卷四《聖墩順濟廟新建蕃釐殿記》。
[15] 吳還初：《媽祖娘媽傳》，春風文藝出版社，1994 年刊，第 26 頁。

後，把法術傳授給哥哥陳守元。《繪圖三教源流搜神大全》說，陳靖姑
的哥哥在與蛇妖鬥法中不幸失敗，幸得其師父救助，用金鐘罩住，妖怪
和人都不能靠近。爲了救兄報仇，陳靖姑前往閭山學法，得到驅雷破廟
罡法，打破蛇洞，斬除蛇妖，救出哥哥。從臨水夫人信仰的各種儀式上
看，應該說，臨水夫人信仰與道教的關係要比佛教密切得多。民間信仰
的神明披上道教佛教的外衣，在客觀上也達到「去巫化」的效果。

　　綜上，民間信仰去巫化的三種基本途徑，並行不悖，且多同時進行，
但孰輕孰重則因不同神明而異，去巫化的進程也不是一蹴而就，往往經
歷相當漫長的歷史，幾代人的不懈努力才最後完成。

三、民間信仰正統化的基本策略

　　《禮記·曲禮》云：「非其所祭而祭之，名曰淫祀。」[16]《漢書·
郊祀志上》認爲：天子以至庶人的祭祀，都有相應的典禮制度，不合典
禮的各類祭祀，即爲應當禁止的淫祀，所謂「各有典禮，而淫祀有禁。」
[17]漢唐時期，政府對「淫祀」採取以打擊爲主的國策，僅狄仁傑巡撫江
南時就拆淫祠 1700 多座，所謂「吳楚多淫祠，仁傑一禁止，凡毀千七
百房，止留夏禹、吳太伯、季劄、伍員四祠而已。」[18]唐中期之後，對
「淫祀」的打擊雖有所鬆懈，但因地方長官的好惡而毀淫祠的事件時有
發生，如宋景德年間，福建古田縣令李堪就「毀淫祠數百」。[19]明代，
延平知府歐陽鐸「毀淫祠數十百所，以其材葺學宮。」[20]順昌知縣馬性
魯、惠安知縣葉春及也先後在治內禁止民間信仰。[21]面對歷代王朝對民
間信仰的基本國策，民間信仰的去巫化尚不足以使之合法化，只有主動
依附封建王朝，往正統化方向努力，才有可能求得更好的生存和發展的

---

[16] 孫希旦：《禮記集解》卷六《曲禮》下。

[17] 班固：《漢書》卷 25《郊祀志上》。

[18] 《新唐書》卷 115《狄仁杰傳》。

[19] 萬曆《古田縣志》卷 7《廟祠》。

[20] 《明史》卷 203《歐陽鐸傳》。

[21] 《明世宗實錄》「嘉靖九年二月辛未」條、葉春及《惠安政書》卷 16《离社篇》。

空間。

　　首先，爭取朝廷的封敕或賜額。

　　在中國古代，皇權高於一切，任何事物只要與皇權沾上邊，就風光無限。民間信仰的信眾也清楚地認識到這一點，並千方百計加以利用，他們通過各種關係把自己所信奉的神明的種種靈異故事上報朝廷，爭取獲得朝廷的賜封或賜廟額。民間神明一旦得到朝廷的敕封，所在宮廟得到朝廷的賜額，即表明其擁有正統的地位，可以避免被列為「淫祀」拆毀，為其生存和延續提供有力的保障。[22]唐末五代宋明時期，福建民間為神明請求敕封和賜額蔚然成風。據林拓先生統計，政書中記載的敕封福建地方神明的有 130 次，賜廟額的有 107 次，而方志中記載的敕封福建地方神明的多達 242 人次，賜廟額的有 159 次。[23]與現實相比，文獻記載的敕封地方生神明和賜廟額的只是極少數，至今仍在閩台民間奉祀的神明和所在宮廟，大多數有各種各樣的朝廷敕封的封號和賜額，至於這些封號和賜額的來源，多是民間傳說，沒有任何的文獻記載，令人對其真實性不免產生懷疑。

　　我們知道，敕封民間神明或賜廟額，朝廷是有一套相當嚴格規制，史稱：「諸神祠無爵號者賜廟額，已賜額者加封爵，初封侯，再封公，次封王，生有爵位者從其本封。婦人之神封夫人，再封妃。其封號者初二字，再加四字。如此，則錫命馭神，恩禮有序。欲更增神仙封號，初真人，次真君。」[24]請封和敕封過程相當繁瑣，宋代慶元法律規定：「諸道釋神祠祈禱靈應（謂功跡顯著、惠利及人，載於祀典者），宜加官爵封號廟額者，州具事狀保明申轉運司，本司委鄰州官躬親詢究，到委別州不干礙官複實訖，具事實保奏本司。」[25]也就是說，先由神明所在地方官將神明的種種靈應上報州轉運使，州轉運使委派鄰近州官前去調查

---

[22] 張琴：《莆田縣志》卷 18《建設志·壇廟》記載，明代至德戊辰（1508 年），莆田知縣雷應龍拆毀淫祠，龍官顯應廟因保存宋代咸淳七年敕封「佑文侯」的敕書而幸免。

[23] 參見林拓：《文化的地理過程分析》第 364-366 頁，上海書店出版社，2004 年 。

[24] 《宋史》卷 105《禮八》 。

[25] 陸心源：《吳興金石記》卷 12《仁濟廟加封敕牒碑》。《吳興金石記》卷十二《仁濟廟加封敕牒碑》。

和核實。若情況屬實，再呈送尚書省，尚書省再發送禮部勘驗，經核實後，再送到太常寺書判，擬定封號。爾後，由太常寺將所擬封號送回禮部複准，接著送回尚書省。最後由尚書省起草敕封文書，下達賜予神明封號或廟額的詔令。[26]請封和敕封整個過程所需時間長短不一，短則一二年，長者數十年，期間還得有人在朝廷疏通關節才能如願以償。以閩台影響較大的清水祖師信仰爲例，南宋時期清水祖師先後四次獲得敕封，封號從最初的「昭應大師」，到最後的「昭應廣惠慈濟善利大師」，前後用了七十年時間，消耗大量人力物力。[27]清水祖師的請封、敕封過程都有詳盡的文獻記載，我們從中可以得到這樣的歷史資訊，即地方神明要想得到朝廷的敕封，絕非易事，只有少數神明在士紳的共同努力下，才能得到封號。因此可以肯定地說，在閩台民間諸神的諸多敕封封號和賜額中，多數是信徒僞造的，其目的在於抬高所信奉神靈的地位，反映了民間信仰具有濃厚的正統意識。

其次，盡可能與帝王攀上關係。

在閩台民間，流傳許多有關地方神明顯靈拯救落難皇帝或爲帝王治病的傳說。如閩南廣爲流傳保生大帝顯靈，幫助宋高宗乘坐泥馬橫跨黃河的傳說，又有顯靈幫助朱元璋在鄱陽湖大敗陳友諒的故事。[28]莆田也有威武聖侯顯靈幫助陸秀夫驅逐元兵，保護聖駕，欽賜「帝戀乃功」匾額的傳說。臺北廣照宮的主神的原型爲烏龜，曾經背負落難皇帝過江，被敕封爲「飛天大聖」。[29]新竹城隍廟原是縣城隍，後因爲其救皇子有功而被晉封爲威靈公，具有府城隍的神格。[30]至於神明顯靈治癒帝王的疑難雜症而獲得封賜的傳說故事，更是民衆最喜歡編造的。筆者收集到的流傳於閩台民間的此類傳說故事就有十多個，諸如玄天上帝顯靈爲唐帝治病、真覺添志大師顯靈治癒宋徽宗陳太后疾病、臨水夫人先後顯靈治

[26] 參見韓森著、包偉民譯：《變遷之神：南宋時期的民間信仰》第 88 頁，浙江人民出版社，1999 年。
[27] 參見林國平、彭文宇：《福建民間信仰》第 297-298 頁，福建人民出版社，1992 年。
[28] 詳見凌志四主編：《台灣民俗大觀》第 4 冊第 100 頁，大威出版社 1985 年。
[29] 詳見陳乃蘗：《本市寺廟靈顯傳說‧廣照宮》第 4256 頁，載《台北文物》第 9 卷，第 1 期。
[30] 詳見凌志四主編：《台灣民俗大觀》第 4 冊第 65 頁，大威出版社，1985 年。

癒唐王皇后和救治道光帝皇后難產、清水祖師與安溪城隍和羅內境主顯靈治癒宋仁宗母后的乳疾，二徐真人顯靈爲永樂帝和皇后治病、保生大帝顯靈治癒永樂帝后的乳疾、田公元帥顯靈爲太后治病、慚愧祖師顯靈爲皇后治病、聖公爺顯靈救治皇后產厄、廣澤尊王顯靈治癒雍正皇帝疾病等等，許多故事情節大同小異，爲所奉祀的神明塗上一層神聖的光環，打上正統性的烙印。[31]

第三，顯靈幫助官兵打勝仗，靖國保民。

地方神明顯靈幫助官兵打仗，剿滅叛軍或匪徒，靖國保民的傳說故事最多，幾乎成爲民間信仰的共性。一方面，由統治者編造神話，以鼓舞士氣，並藉神明顯靈庇佑來表明征伐的正義性。如清廷在收復臺灣的過程中，打出了媽祖庇佑的旗號征討鄭成功。康熙十九年（西元 1680 年）清軍征剿廈門，因媽祖顯靈幫助初戰告捷，朝廷敕封護國佑民妙靈昭應弘仁普濟天妃；康熙二十三年（西元 1687 年），施琅宣稱在媽祖的庇護下統一臺灣，爲媽祖請功，朝廷敕封其爲護國佑民妙靈昭應仁慈天后。另一方面，有民間編造陰功助戰的神話，以表明其正統的政治立場。如傳說莆田莆禧地方一有倭犯，民眾就到「保衛宮」祈求張巡、許遠、雷萬春三神明助戰護城，莆禧「天后宮」的媽祖也派千里眼、順風耳率山神、土地神幫助民眾抗擊倭寇。莆禧城隍也因其抗倭有功而被封爲威靈公，具有府城隍的神格。據傳，嘉靖年間倭寇圍攻莆田莆禧城五十多天，軍民由於長期守城，有些疲憊。正當守兵倦怠疏忽之際，倭寇想突襲，卻發現「神燈四布，夜夜繞城。而寇望城生畏，自潰鼠竄，城而不陷」[32]有人看到燈上寫有「城隍」二字，才知是城中城隍顯靈，出神兵以助戰。事後知府上報朝廷，皇帝賜城隍黃袍加身，並敕封「威靈公」，以彰其靈。[33] 澎湖城隍也有類似的傳說，光緒十一年，法軍攻佔馬公，居民避難於附近的白沙島，因城隍顯靈，大雨傾盆而下，法軍大炮啞火，

[31] 參見拙著：《閩台民間信仰源流》第 394-396 頁，福建人民出版社，2003 年。

[32] 《敕封守御城隍大神碑文·鳳嶺鼎建鯉江城隍廟碑記》（現存於莆田涵江鯉江廟）。

[33] 《莆禧「所城」雜記》（內部資料）第 35 頁，莆田縣地方志編撰委員會、莆田縣民俗學會編：1997 年。

居民倖免於難。中法議和後，通判奏請朝廷加封澎湖城隍為「威靈公」。[34]類似的傳說大多子虛烏有，但在民間卻廣為傳播，世代相傳，借助這些傳說故事，表明其政治立場，爭取敕封，這樣既可使神明獲得正統化的標誌，也可抬高神明的地位，擴大神明的影響。

綜上，民間信仰的正統化的基本策略是封建專制主義的必然產物，也是民間信仰合法化的必由之路。成功地運用上述三種基本策略，最終獲得合法的身份，被列入官方的祀典的範例並不是太多，但絕多數民間信仰是心嚮往之，並孜孜不倦地去追求。

四、結論

「去巫化」是民間信仰發展到一定階段的產物，雖然只是在出身巫覡或巫術色彩濃厚的某些民間信仰中發生，並不具有普遍性，但對民間信仰的發展起著不可低估的作用。「去巫化」既消除了善男信女心中難言之痛，也為民間信仰的「正統化」做輿論準備。而民間信仰的「正統化」則具有普遍性，是封建主義中央集權統治的必然產物，貫穿封建社會的始終，而且越是到封建社會後期，民間信仰的「正統化」要求就越是強烈。「去巫化」和「正統化」是否成功，在很大程度上決定民間信仰的生存和發展的空間，甚至決定著民間信仰的生死存亡。

（本文發表於《世界宗教研究》 2013 年第 1 期，第 31－38 頁，因部分內容與前文重複，略有刪改）

---

[34] 詳見凌志四主編：《台灣民俗大觀》第 4 冊第 71 頁，大威出版社，1985 年。

閩台家族移民與保生大帝信仰的傳播

保生大帝信仰誕生於北宋時期漳州與泉州交界的比較偏僻的青、白礁一帶，原來只是一位影響很小的地方神明。北宋以後，保生大帝信仰走出了邊陲，傳播到漳、泉兩府的大部分地區，明清時期還傳播到臺灣省和東南亞各國，發展爲一個影響甚大的區域性的民間信仰。本文就保生大帝信仰從一個地方性的信仰發展爲區域性信仰原因、保生大帝在移民拓墾活動中的作用、以及家族移民與保生大帝信仰的互動關係等問題進行探討。

一、家族移民對保生大帝信仰傳播的推動

按照文化地理學的觀點，文化現象的傳播方式有兩種：擴展擴散與遷移擴散。擴展擴散指文化現象由起源地區蔓延至周邊地區，通過蠶食手段來逐漸擴大自身領地的傳播方式。遷移擴散指持有某種文化的人、群體「遷移到新的地方，逐使該文化傳播到該地」的傳播方式。[1]保生大帝信仰的發源地青、白礁，是一個距離漳、泉兩府的政治、經濟中心都很遙遠的邊陲地區，居民的活動範圍、對外聯繫網路都是極爲有限的，如果單純依靠擴展擴散帶來的蔓延式傳播的話，保生大帝信仰恐怕傳播不了多遠。因此，保生大帝信仰能夠從一個地方性的信仰，發展爲一個區域性的信仰，主要依靠的是遷移擴散的傳播方式。

宋以後特別是明清時期，閩南一帶人多地少的矛盾逐漸顯現並日益尖銳，出現再次移民浪潮，移民的路線主要有省內再次移民、向周邊省份包括臺灣島移民、向海外移民等，移民的方式多以家族人口遷徙爲主。[2]在保生大帝信仰從地方性的信仰發展爲在閩南、臺灣和東南亞這樣較大區域性信仰的過程中，家族移民對保生大帝信仰的傳播起著巨大的推動作用。

1　王恩湧等：《人文地理學》：高等教育出版社 2000 年版，第 35-37 頁。
2　參見林國平、邱季端主編《福建移民史》，方志出版社，2005 年 1 月。

　　保生大帝俗姓吳，名本，是閩南吳氏家族的成員之一。保生大帝成
神後，閩南吳氏家族，將其視爲祖先與神祇的合一體，建廟奉祀。此後，
隨著吳氏家族在閩南的開枝散葉，保生大帝信仰隨之傳播到了吳氏族人
開拓的各個角落。安溪縣石門是吳本的祖居地，當地的吳氏家族即奉祀
保生大帝。清乾隆時大學士李光地在《吳真人祠記》中提到，「真人至
今垂六百年，其子孫聚族山下，奉真人遺容，遠近祈請靈感」。[3]漳州長
泰縣岩溪鎮高瀨村建有奉祀保生大帝的的定應堂，據長泰縣文化局幹
部、鎮文化負責人葉端甫及當地群眾的介紹，「高瀨村大多姓吳，來自
龍岩大小池，據說也是吳真人的後裔」。[4]在漳州南靖縣，當地的吳氏族
人也普遍崇拜保生大帝，據林嘉書的調查，「南靖金山一鄉有 13 座保生
大帝廟，絕大多數是吳氏家族建造供奉的」。[5]由於閩南的吳氏家族絕大
多數都奉祀保生大帝，所以，當家族人口出現遷徙時，保生大帝信仰很
自然地隨著家族人口的流動來到新居地。例如，廈門的吳氏始祖吳漾生
有四子，長子居廈門埭頭社，次子的子孫散居泉州、永寧及廈門的西潘
社、穆厝社與蔡坑社，三子居漳州，四子居廈門金榜。在吳氏族人聚居
的廈門西潘社與埭頭社，均建有奉祀保生大帝的宮廟，西潘社的稱爲福
源宮，埭頭社的叫做慈濟宮。[6]更典型的例子是吳本生前所在的白礁吳
氏家族的移民活動。相傳白礁吳氏傳到十五世吳學德時，村中風水漸爲
王氏所得，保生大帝托夢吳學德，指示他帶領吳氏族人向東遷徙，直至
「牛騎人」的地方才可定居。於是，吳氏族人遵從祖訓，一路向東，到
了廈門板頭石兜時，看到一牧童躲在牛腹下避雨。吳學德領悟到這就是
保生大帝夢中所指的「牛騎人」的地方，決定在此定居。光緒年間，族
人創建真德殿，奉祀始祖吳學德從白礁背來的保生大帝神像。[7]

---

[3]　李光地：《吳真人祠記》，《榕村全集・續集》卷五，道光 9 年（1829）李維迪刊本。

[4]　陳國強、周立方：《雲霄、東山、長泰、南靖的吳真人宮廟調查》，廈門吳真人研究會、青
　　礁慈濟東宮董事會編：《吳真人研究》，鷺江出版社，1992 年 5 月第 1 版，232 頁。

[5]　林嘉書：《南靖與臺灣》，華星出版社，1993 年 10 月版，341 頁。

[6]　參見廈門市湖裡區政協文史委員會編：《湖裡文史資料》第 5 輯《吳真人宮廟專輯》，2000
　　年 10 月，101-108、19-202 頁。

[7]　參見陳清平：《石兜吳氏與「真德殿」》，廈門市海滄青礁慈濟東宮董事會、管委會編：《聖
　　山春秋》，海峽文藝出版社，1998 年 11 月第 1 版，184-185 頁。

　　除了吳氏族人的奉祀外，其他姓氏家族信奉保生大帝的現象也很普遍。保生大帝信仰的祖廟白礁慈濟西宮與青礁慈濟東宮，保存有不少清代重修石碑，碑文記載中留下了很多閩南家族信仰保生大帝的記錄。白礁慈濟西宮嘉慶四年（1799 年）《重修祖宮碑記》有崑山社李姓、充龍葉姓、高浦西淳宮鄭姓、下聽陳姓、文圍吳詒慶堂、杏林朝元宮周姓、高浦普德堂高姓、董口和口高姓、高浦龜江宮王姓、東亭庵曾、謝、林、蘇姓、墩尾社張姓、湯岸社謝姓、官路曾姓、瑤山宮周姓在西宮重修時捐資的記錄。青礁慈濟東宮咸豐甲寅年（1854 年）《重新慈濟祖宮碑記》與光緒二十二年（1896 年）《重新慈濟祖宮碑記》，同樣也留有新安社邱姓、心田賴、壺嶼黃、聖龍宮莊、新江邱龍山堂、石塘謝寶樹堂、霞陽楊四知堂、東嶼李前來共襄義舉的記錄。從上述碑文的記錄中可以看出，不少地方是以同姓家族的名義參與到東、西宮的重建活動中的，表明這些家族是把保生大帝當作家族群體的信仰來看待的。由於這些家族都把保生大帝信仰視為家族群體的共同事務，所以，他們的家族人口流動，也極大地促進了保生大帝信仰的傳播。例如，平和縣阪仔心田宮，奉祀保生大帝。1988 年樹立的《重建心田宮碑》記載：「溯吾心田宮保生大帝，元末明初由始祖卜隆公自詔奉隨而來」。可見，心田宮的保生大帝神像是心田賴氏家族一世祖卜隆公由詔安縣遷居平和縣阪仔時隨身攜帶而來的。也就是說，平和阪仔的保生大帝信仰，是賴氏家族的遷徙活動帶來的。後來，心田的賴姓又有一部分遷居到平和縣國強鄉碧嶺村，「同時也把吳本帶到那裡並興建一宮，名之曰『碧嶺宮』」。賴氏家族的兩次遷徙活動，都帶來了保生大帝信仰的更大範圍的傳播。平和縣下在鎮霞山隆福堂，為當地周姓創建的奉祀保生大帝的宮廟。此後，霞山周姓出現人口遷徙，其中一支「分到雲霄荷步去定居，隨去的也是信仰吳本」。[8]

　　保生大帝信仰在臺灣的傳播，也主要是家族移民的遷徙活動促成的。臺灣「全國」保生大帝廟宇聯誼會發起編輯的「全國」佛剎道觀總

---

[8]　參見周建昌：《平和縣的吳真人崇祀》，廈門吳真人研究會編：《吳真人與道教文化》，廈門大學出版社，1993 年 12 月第 1 版，290-298 頁。

覽《保生大帝專輯》，臺北自立晚報社文化出版部推出的臺灣廟宇文化大系《保生大帝卷》，是目前整理出的有關臺灣保生大帝宮廟的最全面的資料，兩書中記錄的許多宮廟，都與閩南家族在臺灣的移民有關。例如，雲林縣元長鄉長北村鼇峰宮奉祀的保生大帝神像，爲清雍、乾年間李姓自南安縣芙蓉鄉攜來的。在保生大帝的庇護下，李姓先民的拓墾漸有所成，遂於咸豐三年（1853 年）草葺小廟以安奉神尊，是爲鼇峰宮之雛形。[9]台南縣白河鎮河東裡顯濟宮，由最早入墾當地的漳州吳氏祖先草創簡廟，「奉祀吳氏先賢保生大帝」。[10]臺北蘆洲鄉保和宮的創建，也要歸因於閩南家族在臺灣的移民。清乾隆年間，同安兌山鄉李氏家族遷台時，從故鄉奉祀保生大帝的宮廟金鞍山分靈香火，隨身護航。入台後，保生大帝神尊初供於民舍，後因神靈顯赫，分居拓墾的七角頭李姓，「有感於神恩之靈感與默佑，同時作爲大家宗親沾潤神恩及聯繫親情之便，共同發起募捐興建現在的保和宮」。[11]

家族移民也是保生大帝信仰在東南亞一帶傳播的主要促成因素。海澄縣三都的新垵邱氏、霞陽楊氏，一直都是保生大帝的虔誠信奉者。我們在青礁慈濟東宮光緒二十二年（1896 年）《重修慈濟祖宮碑記》中，發現「新江邱龍山堂捐緣銀壹仟陸佰大員，霞陽楊四知堂捐緣銀捌佰大員」的記錄。龍山堂、四知堂爲邱氏、楊氏的祠堂，兩個家族在青礁慈濟東宮重修時，以祠堂的名義捐款，說明了保生大帝信仰與這兩個家族關係之密切。因此，當清代這兩個家族移民馬來西亞檳城時，很自然地把保生大帝信仰帶入了檳城。例如，檳城邱氏的祠堂也稱爲龍山堂。龍山堂中間辟爲正順宮，左爲詒穀堂，堂內不僅供奉祖先牌位，也奉祀家鄉神祇保生大帝。檳城楊氏的祠堂稱植德堂，「堂內爲元宮，奉祀保生大帝使頭公祖」，其奉祀源起於「道光時楊德卿攜有使頭公神像香火，昕夕祀焉」。[12]

---

[9] 全國佛剎道觀總覽《保生大帝專輯》（上），樺林出版社，1987 年 6 月 1 版，208-209 頁。
[10] 全國佛剎道觀總覽《保生大帝專輯》（下），樺林出版社，1987 年 6 月 1 版，109-112 頁。
[11]《蘆洲保和宮》，蘆洲保和宮管理委員會出版，1991 年 10 月，15 頁。
[12] 轉引自聶德寧：《東南亞華僑、華人的保生大帝信仰》，《東南問題研究》，1993 年第 3 期，81 頁。

　　當然，保生大帝信仰的傳播並非完全依靠家族的遷徙來傳播的，實際上還存在某人或某個群體因商業、手工業等活動，比較長期生活在保生大帝信仰區，從而接受保生大帝信仰，進而把保生大帝信仰帶回家鄉奉祀的傳播方式，閩西的永定、龍岩、漳平一帶的保生大帝信仰主要通過這種方式來傳播的。如，永定培豐鎮塘邊村洪源一帶，最初由簡氏一世祖榮華公開闢，隨著簡氏家族的繁衍壯大，當地逐漸成爲簡氏家族的聚居地。簡氏傳到二十一世後裔熙旺，簡氏家族開始奉祀保生大帝，《威靈顯赫──永定洪源保生大帝簡介》介紹了簡氏信奉保生大帝的因緣與詳細過程：

> 相傳塘邊坊榮華簡公二十一世後裔熙旺年少時往漳州同安方向打鐵謀生，年、節望朔之期虔誠奉祀大帝，時經幾載，待要回家鄉時大帝托夢給他要跟他到洪源開闢慈域，普濟眾生，並囑咐熙旺公於某日早上可挑著工具的籮筐從其廟門口經過（大帝即可隱在籮筐中）。是日，熙公離開原地不久，群眾發現大帝不見了，即追趕熙旺進行搜查，真未發現帝形，就這樣熙旺挑著大帝，大帝護著熙旺回到洪源。回家後熙旺仍虔誠奉祀大帝，不久熙公即為首發動鄉民擬在唐頭嶺動工建廟，某晚大帝又托夢給他應在穿山甲含珠形的茶樹下安家立廟（於是熙公照辦，在該處建廟落座）雕塑金身，供信士祀奉，而管理則由熙公後裔持續至今。[13]

　　無獨有偶，永定縣高頭一帶也流行類似的傳說。據劉永華的調查，高頭廣濟宮的創建經過如下：

> 一位木匠在漳州做工，村裡供奉了保生大帝。一天晚上夢見一個神明對他說：「我不願呆在這裡，帶我走。」醒後，他知道了這個神明就是保生大帝，於是，他將當地的保生大帝神像放進他的工具箱中，挑回家。到了村口，當地人發現大帝像不見了，認定是木匠偷走的，於是把他攔下，要他開箱。打開一個箱子，沒有發現神像，打開另一個箱子，還是沒有看到神像。這樣，木匠順

13　簡鏡堂敘述、簡浩才、簡克良等人整理：《威靈顯赫──永定洪源保生大帝簡介》，2003年孟秋。

利了帶著神像回到老家。挑到廣濟宮廟址附近，木匠感覺很熱，躺下休息，睡著了，夢見大帝跟他說：「不用走了，我就在這裡，只需用木頭搭建一個四方框子就行了。」他醒後照大帝的話搭建了框子，當地人聽說後，都來捐款修廟，而廟的規模，大帝都通過托夢告訴大家，廣濟宮就這樣建起來了。[14]

　　必須指出，上述二種保生大帝信仰的傳播方式並行不悖，但與家族遷徙相聯繫的傳播方式則是起主導作用。

二、從家族私祀走向社區公祀

　　根據文化地理學的看法，遷移擴散後，文化現象在分佈上「出現些孤立的點或社區，與其原文化區在空間上不連續」。[15]臺灣、東南亞一帶的保生大帝信仰區與閩南信仰區在空間上是分開的，符合遷移擴散帶來的文化現象的空間分佈格局。但是，如果就閩南內部或臺灣內部的保生大帝信仰區的空間佈局而言，我們看到的事實則與遷移擴散的一般理論不相符。根據我們收集到的青礁慈濟宮與白礁慈濟宮的進香添油帳簿的記載，1985 年以來閩南各縣市到祖廟進香的保生大帝宮廟分佈如下：

漳州	宮廟數量	泉州	宮廟數量	廈門	宮廟數量
漳州市區	167	泉州市區	17	廈門	303
龍海	276	晉江	285		
南靖	195	石獅	31		
長泰	148	南安	120		
平和	114	惠安	172		
華安	8	安溪	3		
漳浦	9	永春	4		

---

[14] 劉永華：《閩西永定縣東南的保生大帝廟及其儀式活動》，第四屆海峽兩岸保生慈濟文化節《「保生慈濟與閩台中醫藥文化」學術研討會》，2009 年 4 月，第 33 頁。

[15] 王恩湧等：《人文地理學》，高等教育出版社 2000 年版，第 37 頁。

雲霄	2	德化	3		
東山	0				
詔安	0				

　　從上表中保生大帝宮廟在閩南的分佈情況來看，以保生大帝信仰起源地龍海（白礁所在地）、廈門（青礁所在地）爲中心，距離起源地越近，保生大帝宮廟分佈密度越大；距離起源地越遠，保生大帝宮廟分佈密度越小。這樣的一種分佈態勢，則與文化地理學中擴展擴散方式造成的蔓延式傳播的效果極爲相似。保生大帝信仰在臺灣的分佈情況，與閩南的情況相差不大。2001 年《「全國」保生大帝廟宇聯誼會廟宮名錄》記載的臺灣 264 座保生大帝宮廟，其空間佈局就是以台南爲中心，沿臺灣西海岸地區連片分佈的。[16]

　　是什麼原因，導致家族移民帶來的遷移擴散，結果上卻與蔓延傳播的結果雷同？我們認爲，各地保生大帝宮廟普遍存在著的從家族私祀到社區公祀的發展形態，是導致這一結果的主要原因。也就是說，保生大帝信仰在家族移民的助力下傳播到閩南的各個地方後，又在各地發生了擴展擴散的漣漪效應，保生大帝信仰溢出家族的範圍，蔓延到家族所在地區的其他人口群體。這樣的一種蔓延作用，使得家族移民的遷移擴散帶來的不連接的點或社區，得以彼此連結起來，並進而在整體上呈現出片狀的分佈態勢。下面，我們對保生大帝信仰傳播中，從家族私祀到社區公祀的發展形態，作出說明。

　　保生大帝信仰誕生伊始，從家族私祀到社區公祀的趨勢就已經顯現出來。青礁慈濟宮作爲保生大帝信仰的祖廟，其創建之初，帶有明顯的家族私祀色彩。南宋紹興年間，保生大帝顯靈平息了青礁一帶的寇亂後，吏部尚書顏師魯作爲青礁顏氏家族的一員，主動奏請朝廷，爲保生大帝立廟。青礁慈濟宮的地基，爲顏發所捐獻。青礁《顏氏族譜》記載，顏發，「字魁振，好善樂施，以地從侄師魯奏請建慈濟宮」。[17]以上可證，

---

[16]　《「全國」保生大帝廟宇聯誼會廟宮名錄》，臺灣保生大帝廟宇聯誼會 2001 年印行。

[17]　《顏氏族譜》，青礁慈恩堂理事會 1989 年據蓮浦、鳳塘原譜複印，第 48 頁。

青礁慈濟宮在創建之初，性質上相當於青礁顏氏的族廟。不過，青礁慈濟宮雖然在管理上一直保持家族私有的色彩，但其信徒卻很快超出顏氏家族的界限，吸引了青礁所在的三都地區的其他姓氏人口的信奉。例如，南宋淳熙十二年（1185 年）承事郎顏唐臣「率鄉大夫與其耆老」，重修慈濟宮。「鄉」指的是海澄三都，當時有顏、蘇、楊三個大姓聚居於此。因此，顏唐臣率領的「鄉大夫與其耆老」，顯然不只是青礁顏氏，還應包括蘇姓與楊姓族人。這一點，還可以從《慈濟宮碑》的創作上得到有力的證明。顏唐臣的這次重修，沒有立即刻石立碑，而是虔心等待著「鄉之新進士」[18]的出現。嘉定元年（1208 年），三都楊氏家族的楊志考中進士。作為「鄉之新進士」，楊志返鄉後，立即受命撰寫《慈濟宮碑》，記錄顏唐臣當年重修慈濟宮的過程。由此可見，顏姓之外的三都民眾，也都是青礁慈濟宮的信徒。綜上，筆者認為，青礁慈濟宮儘管在管理上是一座家族性的宮廟，但在時間的流逝中，其信仰也蔓延到當地的其他人群。

　　保生大帝信仰在熙旺公的媒介作用下，傳播到永定縣培豐鎮塘邊村洪源的簡氏家族以後，保生大帝信仰也沒有局限於簡氏族人的奉祀，而是以簡氏家族為跳板，影響逐漸蔓延到周邊地區。早在百多年前的清代，當地信徒就流傳有洪源保生大帝應漳州天寶之邀前往「建醮集福保安」的說法。據說漳州信徒不讓保生大帝回永定，雙方爭執不休，最後由陳知府作公正，把保生大帝抬下水，如船順流而下，神像判給漳州，如船逆水而上，神像則應歸還永定。結果大帝顯靈，船隻逆水而上，保生大帝才得以迎回永定。洪源保生大帝在龍岩一帶也頗有影響，洪源的信徒至今仍能繪聲繪色地講述 1945 年保生大帝前往龍岩城布壇施水、驅瘟逐疫的精彩場面。可見，洪源保生大帝信仰突破了簡氏家族的範圍，對周邊地區產生了較大的影響，如《威靈顯赫——永定洪源保生大帝簡介》一書所描述的：「周邊市、縣（如漳州市薌城區天寶、南靖縣、平和蘆溪、龍岩市城區、曹溪、雁石、適中、漳平城區、永定城郊）等

---

[18] 乾隆《海澄縣誌》卷二十二《藝文志》。

地虔信大帝者無數，常年凡是建醮集福都必須恭請大帝前往卻邪保安
（俗稱壓醮）」。[19]

　　在保生大帝信仰傳播臺灣的過程中，也有很多這樣的例子。前面提
到，雲林縣元長鄉長北村鼇峰宮的保生大帝神像，為當地李姓自南安縣
芙蓉鄉遷台時，從家鄉攜來的。咸豐三年（1853 年），也是由李姓在拓
墾有成後，草葺小廟來奉祀的。但是，由於這尊保生大帝神像據說十分
靈驗，各地慕名前來祈求者甚眾，所以，鼇峰宮的保生大帝信仰在李姓
之外，信徒日益增加，成為居住於當地的所有民眾信仰上的依歸。1924
年鼇峰宮重建時，「大帝除為李姓子孫所信仰外，其他移入之各姓，亦
以大帝為信仰依歸，信眾日夥，香火日盛」。[20]

　　台南縣仁德鄉成功村，開基鄭氏先祖隨鄭成功入台時，自泉州帶來
保生大帝神尊，初為鄭氏家族所私祀。後來，保生大帝異常靈驗，澤及
鄉里，村民無論大事小事，都要禱告大帝而後行，「是以經信眾倡議，
乃改私祀而為公祀」。[21]

　　雲林縣大埤鄉聯美村保延宮供奉的保生大帝，最初也是民宅守護
神。後來因為保生大帝靈驗，屢顯神跡，於是家族捐為公眾膜拜，每年
杯筊爐主，輪流奉祀於爐主家。1973 年在全村信眾的同心協力下建成
保延宮。[22]

　　同安兌山李氏家族遷台時，自故鄉分靈香火，到臺灣後創建蘆洲保
和宮以奉祀之。保和宮是一座家族色彩極為濃厚的保生大帝宮廟，撰寫
於 1912 年的《蘆洲保和宮建設記》記載，當時建廟董事會的成員全部
由分居七角頭的李氏族人擔任。1916 年呈報臺北縣政府核備的《保和
宮管理委員會發起信徒名冊》記載的 25 位元信徒，也均為清一色的李

---

[19] 參見簡鏡堂敘述、簡浩才、簡克良等人整理：《威靈顯赫──永定洪源保生大帝簡介》，2003
年孟秋。

[20] 「全國」佛剎道觀總覽《保生大帝專輯》（上），樺林出版社，1987 年 6 月 1 版，第 208─
209 頁。

[21] 「全國」佛剎道觀總覽《保生大帝專輯》（下），樺林出版社，1987 年 6 月 1 版，第 67 頁。

[22] 「全國」佛剎道觀總覽《保生大帝專輯》（上），樺林出版社，1987 年 6 月 1 版，第 204─
205 頁。

姓族人。1970 年保和宮重建後成立的第一屆管理委員會，其成員也全部都由李姓族人擔任。可見，蘆洲保和宮自創建以來，在較長的時期之內一直保持著家族私祀的色彩。不過，保和宮的這種家族偏見，並無法從根本上抵制保生大帝信仰向當地其他人群蔓延的趨勢。1980 年代保和宮進行第二屆管理委員會選舉時，即出現了由異姓擔任管理職務的現象。如監察委員有一人由吳姓擔任，候補委員有一人爲楊姓擔任。[23]此外，在《蘆洲保和宮第一屆信徒名冊》中，不僅列出李姓聚居的七角頭的信徒，而且還適應異姓信徒增多的事實，專門立項記錄臺北市及外鄉鎮的信徒名單。[24]以上這些表明，李姓私祀的「門戶之見」逐漸放開，保和宮的保生大帝信仰逐漸蔓延到當地的其他姓氏群體。

三、保生大帝信仰與閩台的早期開發

家族移民推動了保生大帝信仰在閩南、臺灣與東南亞一帶的傳播，保生大帝信仰則以一種「生存技能」的方式，說明移民更好地適應新居地的生活。

眾所周知，移民在一個全然陌生的環境中拓荒，土著的侵擾、自然地理環境的惡劣、精神上的孤獨無助，面臨的困難和風險是常人難以想像的。家族移民要想在新居地生存下來並有所發展，除了必須具備勞動力、工具、資金、技術等物質性的技術手段外，精神上的寄託與撫慰也是不可少的。過去，不少學者都強調了民間信仰在移民開發中所起到的心理撫慰作用，我們也基本認同。不過，我們還認爲，民間信仰在移民開發中的作用，實際上要超出心理撫慰的範疇，而成爲移民的一種「生存技能」。

首先，從生活方面來看，移民通過對超自然力量的崇拜來樹立戰勝各種艱難險阻的信心和勇氣，進而創造出適合人居的生存環境。在閩臺

---

[23] 「全國」佛刹道觀總覽《保生大帝專輯》（上），樺林出版社，1987 年 6 月 1 版，105-111 頁。

[24] 《蘆洲保和宮》，蘆洲保和宮管理委員會出版，1991 年 10 月，41-50 頁。

地區瘟疫流行、寇盜猖獗的惡劣環境下，保生大帝信仰為民眾提供的精神層面的幫助，往往會轉化「生存技能」，其作用從某種程度上說並不亞於資金、技術等物質性的技術手段。

　　明洪武年間，戴姓祖先遷居漳州天寶鎮田寮村。當時，田寮村「多災多難，百姓也多患疾病」，家族生存和繁衍受到嚴重的威脅。後來，村民聽說保生大帝是醫神，能治百病，紛紛到青礁慈濟宮祈求保生大帝賜予神方。當保生大帝信仰進入村民的生活後，情況發生了根本性的轉變。在村民看來，不少病人是在保生大帝的庇護下痊癒的，原來的難以生存的環境，由於有了保生大帝信仰，變成了一個可以生存的環境，村民在當地的拓荒活動也因之得以順利進行。在這一轉變過程中，保生大帝信仰成為了田寮村村民的一種「生存技能」，它從精神上增強了村民與病魔抗爭的信心與決心，從而使嚴峻的生存挑戰變得輕鬆起來。於是，村民從青礁分靈香火，于田寮村建「清涼宮」奉祀保生大帝。[25]

　　臺灣開發初期，人口稀少，各種傳染病極易滋生蔓延，移民所面臨的生命威脅，遠較漳泉故里為烈。在這種情況下，移民要想在當地生存下來，並使開發獲得進展，只能求助於神靈的保佑，作為醫神的保生大帝，受到移民的推崇。《臺北市志》介紹，康熙三十八年（1699 年），「臺地瘟疫猖獗，醫者束手，漳泉移民，飛舟渡海，奉大帝靈身及諸從祀神，趕至台南，虔誠祀禱，疫癘得以漸除，於是地方父老合議，建祠於西定坊。每遇水旱災變，祈求皆免於難。各地紛紛建廟，香火不絕」。[26]而隨著生存環境的改善（至少移民是這麼認為的），當地的開發活動也得以順利展開。

　　移民開發臺灣之初，土著居民經常「出草獵首」，移民的生活處境極為危險。在與土著居民的鬥爭中，保生大帝信仰逐漸成為移民擺脫番害的一種有力武器。例如，屏東縣枋寮鄉北勢寮一帶，因與高山族為鄰，清道光間，番害不已。清廷為剿番安民，派王將軍進駐此地。據說，王

---

[25] 薌城文史資料《薌城寺廟宮觀》專輯，政協漳州市薌城區委員會文史委、漳州市薌城區民族與宗教事務局 2002 年編印，第 148 頁。

[26] 《臺北保安宮專志》，財團法人臺北保安宮董監事會，1981 年 7 月，103-104 頁。

將軍極爲崇信保生大帝，「每於出征前夕，均齋戒禮拜，恭請大帝降壇指示，按聖諭出兵佈署，每戰皆捷」。到了光緒年間，山地十八社仍侵擾不斷，干戈不休。危險之際，又是保生大帝顯靈相助，「每遇高山族大舉來犯，大帝本營神兵自然顯像相助，今莊內五營神祠及田間五營即其由來也」。[27]

日據臺灣時期，在日本人的殖民高壓下，失落、絕望的情緒在移民中蔓延。在這種情況下，保生大帝信仰起到指路明燈的作用，鼓舞了民眾的鬥志。例如，嘉義縣民雄鄉平和村，「斯時村民飽受異族高壓政治之統治，種種不公平待遇加諸里境信眾，致使莊民辦事不遂，境域不靖」。爲了在不利的環境下求得生存，村民自畚箕莊分靈保生大帝香火到平和村奉祀。「自是，神威丕顯，拯世化民，救人無數」。嘉義縣六腳鄉正義村的村民在日人的「高壓統治下」，爲求得「一線生機」，也作出了與平和村村民同樣的選擇。他們於民國七年（1918年）興建保安宮，奉祀保生大帝。自此以後，「神威赫烜，香火鼎盛，村落興旺」。[28]顯然，在奉祀保生大帝前後，村民表現出兩種完全不同的精神狀態，日人統治下的失落、絕望情緒消失了，民眾對生活又充滿了希望。

其次，從生產方面來看，移民在開發初期遇到的許多生產危機也是物質性的技術手段無法克服的，它們也需要移民將保生大帝信仰作爲「生存技能」來看待，以求得危機的解決。

傳統社會中，農民靠天吃飯，乾旱是最嚴重的生產危機，威脅到移民在當地開發活動的成敗。眾所周知，短期的乾旱，移民可以通過挖溝修渠，引水灌溉，來解決困難。但是，一旦乾旱進一步持續的話，物質性的技術手段的作用就會顯得微不足道，移民就會感歎人力之有時而窮。在物質性的技術手段不足以解決生產危機時，保生大帝信仰作爲移民解決危機的一種「生存技能」而出現。例如，桃園縣新屋鄉永安村保

---

[27] 「全國」寺廟整編委員會編：「全國」佛刹道觀總攬《保生大帝專輯》（下），樺林出版社1987年版，第178-180頁。

[28] 「全國」寺廟整編委員會編：「全國」佛刹道觀總攬《保生大帝專輯》（上），樺林出版社1987年版，第256、272頁。

生宮的保生大帝神尊，原供奉於郭龍明家中。清嘉慶年間，「適逢大旱，農地龜裂，五穀欠收，民不聊生、苦不堪言」。面對這樣的天災，挖溝引渠也只能是杯水車薪。無奈之下的民眾，轉而求助於郭龍明家中奉祀的保生大帝神像。第二天「果真甘霖大降，照顯兆象，萬民重獲生機，咸皆額手稱慶，諸感神恩」。[29]

在舊時代，洪災是物質性的技術手段很難克服的，因此，移民不得不祈求超自然的力量，來幫助他們解決難題。某夜，保生大帝顯靈，「突起狂風暴雨，雷霆霹靂，隱見神燈一盞，光芒寓道，燦爛耀眼，旋將溪移一里外」。這樣，人力無法解決的生產危機，在神力的幫助下得以圓滿解決。當地民眾「於安居樂業之餘，感念神威赫濯，峻德參天」，[30]重修宮廟，以安奉保生大帝神尊。

蝗災也是傳統農耕社會面臨的重大生產危機。與旱災一樣，物質性的技術手段在對付蝗災與洪災上的作用也很有限。在這種情況下，作為「生存技能」的保生大帝信仰，是移民解決這些生產危機的主要手段。清咸豐年間，屏東縣枋寮鄉北勢寮「蝗災為害，農民深以為苦」。後經莊民公議，「決恭請大帝禦駕親臨田野，驅趕蝗蟲於北勢溪」。據說保生大帝的「禦駕親征」非常有效，「從此蝗害絕跡，作物欣欣向榮」。[31]舊時，台南市新市鄉保安宮前三十公尺處，有鹽水溪在此蜿蜒流過。每逢雨季，「洪水橫流，一片汪洋，穀淹物沒，膏腴流失，神人共受災苦數十載」。

從科學的角度來看，移民對保生大帝的信仰並不能真正帶來生活環境與生產環境的改善。在上述事例中，我們之所以認為保生大帝信仰在危機的化解中起到了「生存技能」的作用，主要是出於這樣的考慮：即保生大帝信仰的在場，從精神上鼓舞了移民的鬥志，堅定了他們與困難

---

[29] 「全國」寺廟整編委員會編：「全國」佛剎道觀總攬《保生大帝專輯》（上），樺林出版社1987年版，第128頁。

[30] 「全國」寺廟整編委員會編：「全國」佛剎道觀總攬《保生大帝專輯》（下），樺林出版社1987年版，第65頁。

[31] 「全國」寺廟整編委員會編：「全國」佛剎道觀總攬《保生大帝專輯》（下），樺林出版社1987年版，第178-179頁。

作鬥爭的信心與決心。眾所周知，在一些物質性的技術手段無法克服的危機面前，人們容易產生低迷情緒，如果聽任這種情緒蔓延的話，人們就會失去改造世界的主動性與能動性。因此，當移民在面臨物質性的技術手段無法克服的危機時，最迫切的是需要一種每一個成員都認同的力量，這種力量有助於在移民中形成一種共識。移民在這種共識的作用下，採取共同的行動，即以一種集體性的行爲，來共同應對困難。從這一意義出發，我們認爲，保生大帝信仰超出了消極心理撫慰的範疇，而起到了動員民眾的積極作用。每個成員在保生大帝信仰的共同旗幟下，緊密團結在一起，形成一個堅強的戰鬥團體，齊心協力迎接各種艱難險阻的挑戰。

四、結論

移民和家族社會是閩台歷史的最重要的內容，歷史上的移民形式雖然紛繁複雜，但閩台移民往往與家族緊密聯繫在一起，形成家族移民的突出特點。維繫家族團結的除了共同的祖先崇拜外，共同的宗教信仰也具有不可低估的巨大的凝聚力。家族移民對保生大帝信仰傳播的推動，是經由兩個傳播過程形成的。首先，家族移民的遷移，導致保生大帝信仰從青白礁走向閩南各地、臺灣與東南亞一帶，並在這些地方形成不連接的點或社區的分佈態勢。其次，保生大帝信仰隨著移民的腳步來到各個不同的地方後，很快又出現從家族私祀到社區公祀的發展趨向，保生大帝的信仰範圍溢出了家族的界限，蔓延到當地的其他人群。第二次的傳播過程，使得原先的保生大帝信仰的點或社區，得以連接爲片狀，從而使保生大帝信仰在閩南內部與臺灣內部的分佈，最終呈現出片狀的分佈態勢。必須強調，保生大帝在移民開發中的作用，超出了心理撫慰的範疇，而成爲移民的一種「生存技能」，促進閩台早期的開發，起著積極的歷史作用。家族移民與保生大帝信仰傳播的歷史，實際上不是孤例，而在閩臺地區帶有一定的普遍性。

（本文發表於《福州大學學報》 2010 年第 1 期，第 5－11 頁，與

范正義合作。）

閩台宗教祭祀與地方戲劇

一、閩台演戲酬神信俗

　　閩台戲劇文化源遠流長，早在唐代咸通年間（860—874年），福州、莆田等地就有百戲演出的記載。宋代以後，在北方戲劇傳入福建的同時，福建土生土長的戲劇也應運而生。明清時期，福建戲劇逐漸定型，並隨著福建移民傳入臺灣，成為閩台民間文化生活的重要內容。由於閩台地方戲劇劇種多達四五十種，傳統劇碼數以萬計，均居全國之冠，故素有「戲劇之鄉」美譽。

　　閩台地方戲劇的繁榮，原因是多方面的，其中宗教祭祀活動對地方戲劇的形成和發展起了非常重要的作用。閩台宗教極為興盛，境內寺觀宮廟林立，信仰的仙佛神鬼數以千計，頻繁而隆重的宗教祭祀活動往往伴有豐富多彩的戲劇演出。在百姓的觀念中，要獲得神靈的歡心和庇佑，除了獻上豐盛的祭品和虔誠膜拜外，還要「演戲酬神」、「演戲媚神」、「演戲娛神」。這一傳統至遲在宋代就已形成。北宋時，每逢元宵節，官府便在福州譙門架設棚台，「集徘優倡伎，大合樂其上」[1]。南宋初雖曾一度中輟，但紹興九年（1139年）以後，又恢復了元宵節演戲酬神的傳統，祈禳的目的超過娛樂，時人王某指出元宵節演戲的目的在於「姑循前哲事祈禳」[2]。宋代漳州府，每年七八月之後，各里社「豢優人作戲，或弄傀儡（即提線木偶戲），築棚于居民叢萃之地，四通八達之郊，以廣會觀者。至市至市廛近地，四門之外，亦爭為之，不顧忌」[3]。俗稱「乞冬」，意為祈求農業好收成。由於每年的演戲酬神活動都搞得轟轟烈烈，觀眾雲集，從而驚動了官府，以至於朱熹知漳州府時，特地發佈《諭俗文》，「約束城市鄉村，不得以禳災祈福為名，斂掠財物，裝弄

---

[1] 淳熙《三山志》卷40《土俗類二》。
[2] 淳熙《三山志》卷40《土俗類二》。
[3] 陳淳《北溪文集》卷27《上傅寺丞論淫戲書》。

傀儡。」[4] 三年後，朱熹的弟子陳淳又針對漳州城鄉盛行百戲傀儡，寫了《上傅寺丞論淫戲書》，要求官府「散榜諸鄉保甲，嚴禁止絕（淫戲）」[5]。這些記載反映了演戲酬神在南宋時期的漳州已蔚然成風。宋代莆田仙遊一帶的演戲酬神之風不減福州和漳州，南宋詩人劉克莊曾作《聞祥應廟優戲甚盛二首》，記述了莆田祥應廟演戲酬神的盛況，其中有：「巫祝謹言歲事詳，叢祠十里鼓簫忙。」又云：「空巷無人盡出嬉，燭光過似放燈時。山中一老眠初覺，棚上諸君鬧未休。」[6]南宋以後，特別是明清以後，宗教祭祀與地方戲劇的關係更為密切。

首先，歲時節慶要演戲酬神。

傳統的歲時節慶並不是單純的慶賀日子，而是與宗教信仰活動緊緊地聯繫在一起，如元宵節為「天官賜福」之日，清明節為祭祖之日，端午節有驅邪逐疫活動，中元節有祭拜祖先和普度眾生活動，中秋節有祭月神和土地公活動，等等，因此在歲時節慶時要演出戲劇，一方面用於「娛人」，更主要的目的用以「娛神」。有關文獻記載頗多，以元宵節為例：明許旭《閩中紀略》載：「閩俗元宵節，自十三夜，街上張燈，陳百戲。」[7]《閩書》載：「漳州元夕初十放燈，至十六夜止。神祠用鼇山，置傀儡搬弄，謂之『佈景』。」[8]福州元宵節也是「魚龍百戲列齊筵」[9]。龍岩在元宵節前後，必演戲娛神，「以祈神貺」[10]。閩北地區盛行「遊春戲」，逐村演出，自正月初三一直演到二月初二，元宵節達到高潮，城鄉各地鑼鼓喧闐。臺灣民間在元宵節前後演戲酬神之風不減福建，志稱：「上元節，每神廟演戲一台，俗號『打上元』」[11]。又稱：上元節「演大小劇，延道士諷經」[12]。鄭大樞在《風物吟》詩中云：「花鼓徘優鬧上

[4] 光緒《漳州府志》卷 38 《民風》。

[5] 陳淳《北溪文集》卷 27 《上傅寺丞論淫戲書》

[6] 劉克庄《后村先生大全集》卷 21 《詩》。

[7] 許旭《閩中紀略》發集卷 20 。

[8] 何喬遠《閩書》卷 38 《風俗》。

[9] 郭柏蒼《烏石山志》卷 9 引謝肇淛《五夜元宵詩》。

[10] 道光《龍岩州志》卷 7 《風俗》。

[11] 咸豐《台灣府噶瑪蘭廳志》卷 5 《風俗》。

[12] 光緒《安平縣雜記・節令》。

元（優童皆留頂髮，妝扮生旦，演唱夜戲。臺上爭丟目采，郡人多以錢銀玩物拋之為快，名曰花鼓戲），管弦嘈雜並銷魂。燈如飛蓋歌如沸（制紙燈如飛蓋，簫鼓前導，謂之鬧花燈），半面佳人恰倚門。」[13]

實際上，每逢重大的歲時節慶都少不了演戲酬神，端午節有「龍舟戲」，中元節有「中元戲」，中秋節有「中秋戲」，春節有「迎春戲」等等。有些節慶演戲酬神的規模並不亞於元宵節，如中秋節，海澄縣「曲巷通衢，梨園相望」[14]。平和縣「坊間神祠斂錢致祭，或演劇，……逐處皆然」[15]。漳浦「城市凡后土祠，皆演傳奇以娛神」[16]。臺灣安平縣「山橋野店，歌吹鼓聞，謂之『社戲』」[17]。《臺灣府噶瑪蘭廳志》亦載：中秋「街衢祭當境土地，張燈唱戲，與二月同，彼春祈此秋報也。」[18]

其次，神誕日要演戲酬神。

自古以來，閩台就有「好巫信鬼」的傳統，據統計，僅泉州城內就有大小神靈 132 種之多，一年中神誕日多達 102 天。臺灣境內的神鬼仙佛更多，一年中神誕日竟有 308 天。每逢神誕日，村民紛紛籌集資金，聘請戲班，演戲酬神，至今遺風猶存。

閩中、閩南和臺灣等地，神誕日演戲酬神之風最盛。志稱：廈門「賽社演戲，在所不禁」[19]。長泰遇神誕「演戲連朝」[20]。詔安「市坊村社，歲多迎神賽會，梨園必求佳者」[21]。金門「里社報賽，或演大梨園至三、五日」[22]。仙遊「春秋社及神誕，……靡不演劇」[23]。臺灣「俗尚演劇，凡寺廟佛誕，擇數人以主其事，名曰『頭家』，斂金於境內，演劇以慶，

---

[13] 謝金鑾《重修台灣府志》卷 8 《藝文》。
[14] 乾隆《海澄縣志》卷 15 《風土志》。
[15] 康熙《平和縣志》卷 10 《風土》。
[16] 民國《重刊漳浦縣志》卷 3 《風土上》。
[17] 光緒《安平縣雜記·風俗附考》。
[18] 咸豐《台灣府噶瑪蘭廳志》卷 5 《風俗》。
[19] 道光《廈門志》卷 15《風俗記》。
[20] 乾隆《長泰縣志》卷 10 《風土》。
[21] 民國《詔安縣志》上編卷 1 《民風》。
[22] 民國《金門縣志》卷 13 《雜俗》。
[23] 陳盛韶《問俗錄》卷 3 《仙游縣·七子班》。

鄉間亦然」[24]。例如：正月初九爲玉皇大帝誕辰，俗稱「天公生」，閩南和臺灣各地都有演戲酬神活動。泉州玄妙觀初八、初九、初十三日，「早夜奏樂演戲」。金門「寺觀裡巷皆演戲報賽」[25]。

臺灣有玉皇大帝廟近百座，各地「以牲醴致祭，並演劇酬謝」[26]，或「演線戲、大戲，延道士諷經，名曰『請神』」[27]。二月初二爲土地公誕，「各街社逐戶鳩金演戲，爲當境土地慶壽。」[28]二月初三爲文昌帝君誕辰，文人士大夫「有備牲牢酒醴演戲者」[29]。二月十五日爲閩南和臺灣共同信奉的開漳聖王陳元光誕辰，漳州各里巷鄉村逐日輪流祭祀，不少鄉村還請戲班演出，而雲霄縣從元宵節開始就舉行迎威惠王（陳元光被敕封爲威惠王）活動，「備鼓吹燈彩巡行鄉社，……其宿宵之處演劇娛神。」[30]三月初三爲北帝誕辰，福州府屬城鄉「競爲雜劇，道神出遊」[31]。三月廿三日爲海神媽祖生日，福建沿海地區和臺灣各地都有演戲酬神活動，湄洲地區往往要演戲連台，以示慶賀。臺灣地區在媽祖誕辰日，「演劇最多，……舊演一台，輪流接月，每自三月朔，至四月中旬始止。」[32]五月初五爲五帝誕辰，福州城鄉「前後月餘演劇，各廟無虛日」[33]。六月廿三日爲火神誕，自六月初一起，臺灣「各街境排日到廟，設席演戲慶祝，至月方止」[34]。七、八月份，閩南和臺灣演戲酬神活動達到高潮，幾乎村村「演唱大、小劇，鑼鼓喧闐。……普度之朔日，雇優人演戲一台以謝醮，名曰『壓醮尾』」[35]。此外，三月廿八日東嶽誕辰，四月初八

[24] 唐贊袞《台陽見聞錄》卷下《風俗》，參見乾隆《王修台灣縣志》卷 12 《風土》，連橫《台灣通史》卷 23 《風俗志》。

[25] 道光《金門志》卷 15 《風俗》。

[26] 光緒《新竹縣志初稿》卷 4 《風俗考》。

[27] 光緒《安平縣雜記‧節令》。

[28] 乾隆《續修台灣府志》卷 3 《風俗》。

[29] 光緒《安平縣雜記‧節令》。

[30] 民國《雲霄縣志》卷 3 《歲時》

[31] 郭柏蒼《烏石山志》卷 9 《志余》引陳元坷《閩山廟記》。

[32] 咸豐《台灣府噶瑪蘭廳志》卷 5 《風俗》。

[33] 道光《重纂福建通志》卷 55《風俗志》。

[34] 光緒《安平縣雜記‧節令》。

[35] 光緒《安平縣雜記‧節令》。

佛祖誕辰，四月廿八日藥王誕辰，五月十三日關帝誕辰，七月初七魁星誕辰，九月十七日華光大帝誕辰，十月十五日地官陽穀大帝誕辰……都要演戲酬神，演出的時間短則一日，長者達一個月，如六月三十日羅源縣先鋒神誕辰，各宮廟輪流演戲酬神往往前後延續一個多月。由於大多數宮廟不止供奉一尊神靈，故不少宮廟一年之中要演戲酬神多次，如莆田縣黃石北辰宮，每年正月初六、初七演戲兩天，慶賀玄天上帝回鑾；三月初三前後又演戲三天，慶祝玄天上帝誕辰；五月十五、十六和十八、十九日，又要演戲四天，分別慶祝天帝和王靈官誕辰。

　　閩東、閩西、閩北地區的演戲酬神之風也相當盛行。如福鼎城鄉，每逢神誕，例應演戲酬神。三月廿三日媽祖誕，通常要演戲三至五日；四月初八為泗洲佛誕辰，也演戲三至五日；六月初六為楊府聖誕，也少不了演戲酬神。規模最大的演戲酬神活動是七、八月間的溪間戲，一演就是二十八天。鄉民差不多整月在狂歡中度過，還抬出城隍爺、大帝爺、關帝爺、五帝爺、奶娘媽、媽祖婆、將軍爺等神靈到溪間觀戲。福鼎縣點頭鎮舊時分為長興境、會龍境、長春境、永豐境等四境，各自信仰不同的神靈，當地百姓經常演戲連台以酬神，有時達一兩個月。霞浦縣四月初八為華光大帝誕辰，鄉民要「演劇數日」慶賀，「拓洋鄉每各祠堂宮廟暨以秋初演戲，名曰『神節』」。[36]屏南縣自正月十一、十三起，「縣民演劇，慶贊城隍神及臨水夫人，歲以為例。」[37]在閩西，龍岩自古就有「信鬼神，好觀劇」的習俗[38]。「每逢神會，張棚結彩，備極華麗。近城各坊，則競聘潮劇。」[39]連城「迎神齋醮……梨園入境，則鄉而城，城而鄉，春秋不歇。」[40]上杭「歲中迎神建醮，梨園鼓樂，所費不貲」[41]。每六年還要舉行規模盛大的遊神活動，「演劇連月，謂之『大當年』。[42]」

---

[36] 民國《霞浦縣志》卷 22《禮俗》。
[37] 民國《屏南縣志》卷 19《禮俗志》。
[38] 道光《龍岩州志》卷 7《風俗》。
[39] 民國《龍岩縣志》卷 21《禮俗志》。
[40] 民國《連城縣志》卷 17《禮俗志》。
[41] 民國《上杭縣志》卷 21《外教志》。
[42] 民國《上杭縣志》卷 33《名宦傳》。

寧化「梨園入境，即酣歌浹月，合邑如狂」[43]。永定「祈年報賽，迎神申敬，演戲爲歡，亦不過三五日而止。……（民國時）迎神既畢，猶抽頭演戲，徑旬累月不休」[44]。大田「邑俗賽神演戲，所在多有」[45]。明溪「逢佳節及神會期，寺廟每有演劇」[46]。閩北的邵武在迎神賽會時，多請木偶戲演出，尤其是六月廿三日齊天大聖誕辰，更是演戲連台，盛況空前，甚至請來浙江溫州、金華、江山等地的戲班來演出。順昌縣洋墩村，有六廟一寺一堂，從正月至四月，月月有廟會，「木偶戲、京戲、龍燈，班班相接。」[47]元坑一帶正月初一至初四舉行迎神活動，每天下午和傍晚各村都要搭台演戲。

第三，宗族祭祖和婚喪喜慶要演戲酬神。

閩臺地區自古以來就有聚族而居的傳統，幾乎所有的宗族都建有祖廟或祠堂，每逢舉行祭祖儀式時，有時也有演戲來酬謝祖先的庇佑。有的家族對演戲酬謝祖先特別重視，竟把它寫入族規。如《仙溪林大宗祠族譜祭祀規程》規定：「議祭日須演梨園，中午一台，八樂一班，午前八點起至祭畢止，以壯觀瞻，不得缺誤。」武平縣城北李氏家族《始祖春秋祭規條》規定，每年從族產中劃出五千文，「以爲始祖祠內演戲之用」。有的宗族則把出資演戲作爲違反族規的處罰，如華安縣仙都鄉唐氏家族，規定褻瀆祖祠，侮慢族長者「罰戲一台」。漳州郊外某家族也規定破壞水利設施，亂砍森林者，「公議罰戲一台」[48]。一些祠堂還建有戲臺，建甌竹簍村王氏家族宗祠前的「歌台」建於宋開泰三年（1014年），是文獻記載的最早的宗祠戲臺。由於年代久遠，大多數宗祠戲臺已毀壞，尚有少數宗祠戲臺保存下來。

一些富豪人家逢婚喪喜慶，有時也聘請戲班，演戲酬神。有的人祈神保佑「獲應」，也演戲謝神，俗稱「還願戲」或「謝神戲」方志載：「家

---

[43] 民國《寧化縣志》卷 11《舊風俗志》、《禮俗志》。

[44] 道光《永定縣志》卷 16《風俗志》。

[45] 民國《大田縣志》卷 5《禮俗志》。

[46] 民國《明溪縣志》卷 11《禮俗志》。

[47] 《洋墩文史資料》第 2 輯。

[48] 詳見陳支平《近 50 年福建的家族社會與文化》，三聯書店上海分店出版，1991 年 5 月。

有喜，鄉有期會，有公祭，無不先以者，蓋習尚既然。」[49]「凡遇四時神誕，賽願生辰，搬演雜劇，費用無既。[50]」「凡誕子酬神，生辰賽願，各演雜劇。[51]」長汀縣祝壽時有「演戲娛賓」[52]。仙遊「里巷婚喪靡不演劇」[53]。邵武遇婚喪喜慶，多請木偶戲表演，戲臺搭在自家門口，俗謂能「驅邪祈福」[54]。若中舉，更是演戲連台。更有甚者，喪葬也演戲媚神，俗稱「和尚戲」或「喪戲」。如政和縣「初喪，置酒召客，演劇喧嘩，以為送死之禮」[55]。仙游縣「父母之喪久停不葬，必覓堪輿。……葬畢，晏酒演劇，鄉里道賀」[56]。泉州、漳州和臺灣，喪葬大多請道士，僧尼誦經拜懺，並請戲班演出，清末幾乎成為風尚，時人吳增感歎道：「流俗是非太倒置，作大功德竟演戲。大小班，無不備，男女眷，無不至，嬉謔笑言，嫌疑不避。毫無哀痛心，大有歡樂意。破費計百又計千，人多稱其孝，戚友稱其賢，嗚呼其然豈其然？」[57]

除了歲時節慶、神誕、祭祖、婚喪喜慶要演戲酬神外，還有一些宗教祭祀活動也常常要演戲酬神，如寺廟的修建落成、神像的點眼開光、祈雨、廟會、立春前一天的迎春大典、早稻收成和秋冬收成後，都要演戲酬神。還有家人病重，除了請巫現作法驅除鬼祟外，有時要演戲媚神，若僥倖病癒，還須演戲酬神。諸如此類，不勝枚舉。

二、宗教祭祀對閩台地方戲劇的影響

宗教祭祀與地方戲劇的密切關係，一方面推動了閩台宗教信仰的發展；另一方面也促進了閩台地方戲劇的繁榮。宗教祭祀對閩台地方戲劇

---

[49] 康熙《諸羅縣志》卷8《風俗志》。
[50] 同治《淡水廳志》卷11《考一‧風俗》。
[51] 光緒《新竹縣志初稿》卷4《風俗考》。
[52] 民國《長汀縣志》卷17《禮俗志》。
[53] 陳盛韶《問俗錄》卷3《仙游縣‧七子班》。
[54] 《邵武文史資料選輯》第9輯。
[55] 民國《政和縣志》卷20《禮俗》。
[56] 《問俗錄》卷3《仙游縣‧金斗》。
[57] 吳增《泉俗激刺篇‧喪戲》。

的影響，主要表現在以下幾個方面：

（一）促進了劇種的產生和戲班的劇增。

　　一方面，由於宗教祭祀活動的需要，從江浙粵等鄰省傳入的劇種很快地在閩台民間流傳。與此同時，閩台土生土長的劇種也不斷湧現，以適應各種宗教祭祀活動聘請不同劇種的戲班演出的社會需求。如「酬神唱傀儡班，喜慶、普渡唱官音班、四平班、福路班、七子班、掌中班、老戲、影戲、車鼓戲、採茶唱、藝旦唱等戲，迎神用殺獅陣、詩意故事、蜈蚣枰等件」[58]。閩台地方戲劇的劇種，多達四、五十種，居全國首位。另一方面，頻繁的演戲酬神活動為專業戲班提供了可靠的客戶來源。明清以後閩台各地專業戲班的數量有的州縣多達數十個。如康熙時莆田一縣就有戲班 28 個，乾隆時增至 32 個，清末莆田、仙遊二縣的戲班達 150 多個。福州在清代僅「儒林班」就有 13 個。雲霄縣有潮劇戲班 30 多個。乾隆時臺灣有戲班「殆不下數十云」[59]。許多戲班是在演戲酬神之風的推動下組織起來的，如閩清縣「鄉人演戲賽神，每月均有一二次，極見熱鬧，向皆省城及古田、永泰外來之戲班。特別在一些較偏僻地區，也紛紛組織戲班，如連城的姑田、下堡、上堡、後洋，尤溪的西華、羅岩、下舍，沙縣的蓋竹、門後，大田的東埔、西埔、群團，永安的東井、連坑、三百寮等地在清末民國初都有自己的戲班」。臺灣在明清以後，「好巫、信鬼、觀劇」[60]，已成為時尚，戲班變成了可獲利的行業，土生土長的戲班層出不窮。乾隆時人朱景英在《海東劄記》中寫道：「里巷靡日不演戲，鼓樂喧闐，相續於道。演唱多土班小部，發聲詰屈不可解。譜以絲竹，別有宮商，名曰下南腔。……郡中樂部，殆不下數十云。」

　　隨著戲班數量的劇增，有些地方在迎神賽會或歲時節慶，聘請了兩個或兩個以上的戲班唱對臺戲，俗稱「鬥戲」。鬥戲是一種十分激烈的競爭，劇碼大多是要演好幾天的連本戲，觀眾對演員、樂隊、行頭的要

---

[58] 光緒《安平縣雜記・風俗現狀》。

[59] 朱景英《海東札記》。

[60] 康熙《諸羅縣志》卷 8《風俗志》。

求幾近苛刻。無論是前臺演員還是後臺樂隊，都要全力以赴，爭個高低，演員暈倒台前，樂師累得吐血之類的事件時有發生。儘管鬥戲過於殘酷，但在客觀上卻有力地促進了戲劇表演水準的提高。

（二）　閩台戲劇的許多劇目帶有濃厚的宗教色彩。

為了適應不同宗教祭祀活動的需要和戲班之間的競爭不斷加劇，劇目被大量創作出來，其數量居全國之冠，其中不少劇目帶有濃厚的宗教色彩。如《目連救母》、《李世民遊地府》、《封神榜》、《白蛇傳》、《西遊記》、《八仙飄海》、《臨水平妖》、《五顯》、《哪吒鬧海》等，經常在迎神賽會上演出。不同的宗教活動演出的劇目有些不成文的規矩，如提線木偶戲在拜懺時多演《目連救母》，而在喜慶或神誕日則常演《拜大壽)》、《打金枝》、《天水關》、《三進宮》、《雌雄鞭》等劇目。亂彈戲在迎神賽會或喜慶時演出，一日可演數齣，首齣俗稱「戲頭」，多演吉祥喜慶劇目，如《拜壽》、《封相》、《百壽圖》等，次齣則無拘束；歌仔戲在參加迎神賽會的遊行後，多表演《陳三五娘》、《山伯英台》、《李三娘》、《呂蒙正》之類的傳統劇目。在齋醮、神誕、拜懺、普度時，《目連救母》的劇目最常演出，影響也最大。《閩雜記·補遺》載：「吾鄉於七月祀孤，謂之『蘭盆會』，承盂蘭盆之稱也。閩俗謂之『普度』，各郡皆然。泉州等處，則分社輪日，逐街演戲，晝夜相繼。……興化等處，則於空曠地方搭戲臺，……戲臺上亦連日演戲，至滿日皆演《目連》。」泉州地區喪葬時要延僧禳懺，最後一日，「僧為《目連救母》之劇，合梨園演戲，至天明而止，名之曰『和尚戲』」[61]。若遇瘟疫兵禍，也演目連戲以驅邪禳災。

（三）　閩台戲劇的一些劇種脫胎於宗教儀式。

僧尼、道士在舉行宗教儀式時，為了吸引群眾觀看，中間往往穿插

---

[61] 林紓《畏廬瑣記·泉郡人喪禮》。

一些歌舞表演，做到既「酬神」又「娛人」。這些餘興表演，帶有某些
戲劇成分。明清以後，隨著道教、佛教的世俗化，一些劇種便從宗教儀
式中孕育出來，最有代表性的例子是流傳于閩南的打城戲。打城戲在未
成為劇種之前，原是僧尼、道士在打醮拜懺時舉行的宗教儀式，即在靈
桌上放一紙糊的城池摸型，象徵陰間的九層地獄，道士、僧尼「做法」
後，打破紙糊城池，寓意衝破地獄救出受苦受難的亡魂。後來增加了故
事情節，並吸收了梨園戲、高甲戲、木偶戲的某些表演形式，具備了戲
劇的雛形，專門在拜懺、盂蘭盆會和水陸大醮上搭台演出。清末，打城
戲活躍於閩南城鄉的戲場上，發展成為新劇種。光緒十六年（1890 年）
泉州開元寺和尚超塵、圓明等置辦行頭，邀請道士合作，組成半專業性
質的戲班「大開元班」。不久，從「大開元班」中分裂出「小開元班」
演出水準和行頭均超過「大開元班」。民國時期，晉江東石、龍湖、永
甯、青陽和南安的洪瀨等地先後組織了「小興源」、「小榮華」、賽龍章」、
「小協元」等打城戲戲班，活躍於閩南各地。由於打城戲的班主均為道
士或和尚，故俗稱為「師公戲」、「法事戲」、「和尚戲」。另外，沙縣的
肩膀戲是在民間迎神賽會時的妝台閣的基礎上發展而成的；高甲戲則源
於迎神賽會時的化裝遊行活動。

　　有些劇種雖然不是脫胎於宗教儀式，但與宗教祭祀的關係卻十分密
切。如提線木偶戲主要是為宗教祭祀服務，閩南的竹馬戲是與民間乞求
豐收的「乞冬」祭祀活動分不開的，閩南和臺灣逢天公誕、祭煞、普度、
超度亡魂，火災之類的宗教祭祀時，必聘請提線木偶戲演出，俗信提線
木偶戲能消災解禍，要向「天公」祈求保佑，只在通過提線木偶戲的「進
表」儀式才會靈應，民間喜慶活動則很少聘演。由於提線木偶戲的演出
與宗教祭祀活動十分密切，許多道士、和尚也是提線木偶戲的行家，經
常參加演出。也有不少提線木偶戲的藝人對道教科儀相當熟悉，甚至參
與道教的齋醮活動。道情調與提線木偶戲的曲調相互吸收，融為一體，
故民間有「師公（道士）嘉禮（木偶戲）調」的俚語。又如薌劇的前身
是臺灣的歌仔戲，1928 年臺灣歌仔班三樂軒到漳州白礁慈濟宮作祭祀
保生大帝的演出，途經廈門，在水仙宮媽祖廟首演，又在白礁慈濟宮演

出三天。以三樂軒戲班到白礁祭神演出爲契機，以後每年都有臺灣歌仔戲班到閩南作較長時間的巡迴演出，促使漳州薌江下游的許多鄉村紛紛組織業餘歌仔戲班，歌仔戲遂成爲閩南地區的劇種之一。另外，車鼓戲、皮影戲、布袋戲等劇種也大多受聘於酬神社日演出，宗教祭祀活動成爲它們賴以生存和發展的重要條件。

三、結論

閩台地方戲劇早在宋代就與宗教祭祀結下不解之緣，形成了「演戲酬神」、「演戲娛神」、「演戲媚神」的傳統。爲了滿足宗教祭祀活動的需要，閩台地方戲劇的劇種如春筍般地湧現，戲班大批地產生，劇本被大量地創作出來。易言之，宗教祭祀活動在客觀上促進了閩台地方戲劇的繁榮。王國維先生曾在《宋元戲曲考》中提出了「後世戲劇，當自巫、優二者出」的重要命題，從閩台宗教祭祀與地方戲劇的關係來看，戲劇的發展和繁榮也在相當長的時期內與宗教祭祀密不可分。

（本文發表於《福建師範大学大學學報》1995 年第 2 期，第 120－125 頁。）

媽祖祭祀儀式中迎享送神辭初探

祭祀儀式是宗教信仰的重要組成部分，儀式既是宗教的表演，也是宗教的詮釋，同時還是宗教感情的宣洩。在媽祖信仰中，祭祀儀式鮮有學者論及，其中的迎享送神辭的研究尚是一個空白點，這對媽祖信仰研究幾乎成為「顯學」的學界來說，真是有些不可思議的缺憾。本文不揣淺陋，就迎享送神辭的由來、媽祖祭祀儀式迎享送神辭的內容、媽祖祭祀儀式中的迎享送神辭的文化內涵等問題，進行初步的探討，請方家批評指正。

一、迎享送神辭的由來

宗教祭祀與歌舞是一對孿兄弟，古往今來，宗教祭祀活動往往伴隨著歌舞活動，既酬神也娛人，同時也宣洩宗教感情。《呂氏春秋·古樂》：「昔葛天氏之樂，三人摻牛尾，投足以歌，八闋：一曰載民，二曰玄鳥，三曰遂草木，四曰奮五穀，五曰敬天常，六曰達帝功，七曰依地德，八曰總萬物（或作「禽獸」）之極」。[1]可見，在上古社會的宗教儀式中，就有歌舞活動。進入奴隸社會之後，原始宗教發展為人為宗教，在統治階級的扶植下，宗教祭祀儀式也逐漸完備和隆重。不同的宗教祭祀儀式配有不同的歌舞，如「《周頌·昊天有成命》，郊祀天地之樂歌也；《清廟》，祀太廟之樂歌也；《我將》，祀明堂之樂歌也；《載芟》、《良耜》，藉田社稷之樂歌也。然則祭樂之有歌，其來尚矣。」[2]在先秦的祭祀儀式的歌舞中，主要是以樂、舞為主，詩歌為輔。那麼，當時是否有迎神、送神的詩歌呢？古人以為：「古者祭祀無迎神送神之禮」[3]由此似乎可以推論出先秦沒有迎神送神之詩歌。不過，「王夫之首先主張《九歌》中的《禮魂》為送神曲，後來王邦采、王闓運、梁啟超等皆贊成之。近人

---

[1] 《四庫全書》子部，雜家類，雜家之屬，《呂氏春秋》卷五。

[2] 《四庫全書》集部，總集類，郭茂倩輯：《樂府詩集》卷一《郊廟歌辭》。

[3] 《四庫全書》史部，正史類，脫脫：《宋史》卷一百八，禮志·第六十一，吉禮上。

鄭振鐸、孫作雲、丁山諸先生又以《東皇太一》爲迎神曲。」[4]聞一多
也持同樣的觀點，甚至認爲「今《九歌》十一篇中首尾兩篇是主體，其
餘九篇是客體。」[5]由此看來，在先秦宗教祭祀儀式中，應該還是存在
著迎神送神儀式和相對應的迎神送神之詩歌，只不過比較少見而已。

　　兩漢，基本延續先秦的宗教祭祀活動以樂、舞爲主的傳統，所謂「迎
神曰《嘉至》，皇帝入曰《永至》，皆有聲無詩。」[6]但迎神送神儀式應
有所增多，漢代《郊祀歌》具有明顯仿效《九歌》的痕跡，《練時日》
與《赤蛟》相當於《東皇太一》與《禮魂》，迎神送神的口氣更加強烈。
到了晉代，宗教祭祀活動中的詩歌的成分有所增多，所謂「至晉始失古
制，既登歌有詩，夕牲有詩，饗神有詩，迎神送神又有詩。」[7]《晉書·
樂志》曰：「武帝泰始二年，詔傅玄造郊祀明堂歌辭。其祠天地五郊，
有《夕牲歌》、《迎送神歌》及《饗神歌》。」[8]雖然把傅玄迎神和送神歌
合二爲一，但已經進了一大步了。

　　到了南朝劉宋時，是否要舉行迎神送神儀式，曾經有過激烈的爭
論，《宋書》有詳盡的記載：「爰及東晉，太祝惟送神而不迎神。近議者
或云廟以居神，恒如在也，不應有迎送之事，意以爲並乖其衷。立廟居
靈，四時致享，以申孝思之情。夫神升降無常，何必恒安所處？故《祭
義》云：『樂以迎來，哀以送往。』鄭注云：『迎來而樂，樂親之來。送
往而哀，哀其享否不可知也。』《尚書》曰：『祖考來格。』《漢書·安
世房中歌》曰：『神來宴娛』。《詩》云：『三后在天』，又詩云：『神保遹
歸。』注曰：『歸於天地也。』此並言神有去來，則有送迎明矣。即周
《肆夏》之名，備迎送之樂。古以屍象神，故《儀禮》祝有迎屍送屍。
近代雖無屍，豈可闕迎送之禮？又傅玄有迎神送神哥（疑爲「歌」）辭，
明江左不迎，非舊典也。」[9]爭論的結果，眾人最後採納王宏的意見，「祠

4　聞一多：《〈九歌〉的結構》，《中國社會科學》1980 年第 4 期。

5　聞一多：《〈九歌〉的結構》，《中國社會科學》1980 年第 4 期。

6　《四庫全書》經部，樂類，《欽制律呂正義後編》，卷八十八。

7　《四庫全書》經部，樂類，《欽制律呂正義後編》，卷八十八。

8　《四庫全書》集部，總集類，《樂府詩集》卷一，傅玄：《晉郊祀歌》。

9　《宋書》卷十九《樂志》一，中華書局，1974 年，第 543 頁。

南郊迎神，奏《肆夏》。皇帝初登壇，奏登哥（疑爲「歌」）。初獻，奏
《凱容》、《宣烈》之舞。送神，奏《肆夏》。祠廟迎神，奏《肆夏》。皇
帝入廟門，奏《永至》。皇帝詣東壁，奏登歌。初獻，奏《凱容》、《宣
烈之舞》。終獻，奏《永安》。送神奏《肆夏》。[10]劉宋的謝莊就模仿《郊
祀歌》作《明堂歌》，其首尾兩篇首次明確冠名爲《迎神歌》、《送神歌》。
此後，題曰《迎神歌》、《送神歌》的數量逐漸增多，它們與《夕牲》成
爲各種宗教祭祀歌、樂的基礎。

　　隋唐時期，隨著詩歌的繁榮，宗教祭祀中的詩的成分迅速增加，幾
乎與樂、舞形成鼎立，所謂「隋唐至今，詩歌愈富，樂無虛作。」[11]檢
索有關文獻資料，明確標明爲「迎神歌」、「送神歌、「迎享送神辭」的
作品，確實大量出現。以《樂府詩集》爲例，隋朝的五郊祭、感帝祭、
雩祭、蠟祭、先農祭、社祭、神州祭、方丘祭、朝日夕月祭中有迎神送
神儀式，自然也有相應的迎神送神歌了。唐代，有五郊迎送神辭十章，
即《黃郊迎神辭》、《黃郊送神辭》、《青郊迎神辭》《青郊送神辭》、《赤
郊迎神辭》、《赤郊送神辭》、《白郊迎神辭》《白郊送神辭》、《黑郊迎神
辭》、《黑郊送神辭》。[12]還有《郊天送神辭》一章、朝日迎送神辭二章、
蠟百神迎送神辭二章、孔子廟迎送神辭二章等。另外，神龍中，中宗爲
皇后韋氏祖考立廟，其廟樂，迎神用《昭德》，送神用《彰德》，並親自
作詞。景雲中，享節湣太子廟樂章：第一迎神，第六送神，詞同隱廟。

　　宋代，不少帝王熱衷宗教信仰，對於宗教祭祀儀式也傾注極高的熱
情。宋景祐元年（1034 年），仁宗詔「祭文宣王廟釋奠登歌」六首，含
迎神，凝安之曲；初獻升降，同安之曲；奠幣，明安之曲；酌獻，成安
之曲；飲福，綏安之曲；送神，凝安之曲。[13]宋仁宗在嘉佑四年（1059
年）九月，「禦制祫享樂舞名：僖祖奏《大基》，順祖奏《大祚》，翼祖
奏《大熙》，宣祖奏《大光》，太祖奏《大統》，太宗奏《大昌》，真宗奏

10　《宋書》卷十九《樂志》一，中華書局，1974 年，第 545 頁。

11　《四庫全書》經部，樂類，《禦制律呂正義後編》，卷八十八，樂制考十一‧宋四。

12　《四庫全書》經部，樂類，《禦制律呂正義後編》，卷八十八。

13　詳見彭慶濤：《曲阜孔廟祭祀通解》，現代出版社，2007 年 8 月。

《大治》，孝惠皇后奏《淑安》，孝章皇后奏《靜安》，淑德皇后奏《柔安》，章懷皇后奏《和安》，迎神、送神奏《懷安》，皇帝升降奏《肅安》，奠瓚奏《顧安》，奉俎、徹豆奏《充安》，飲福奏《僖安》，亞獻、終獻奏《祐安》，退文舞、迎武舞奏《顯安》，皇帝歸大次奏《定安》，登樓禮成奏《聖安》，駕回奏《采茨》；文舞曰《化成治定》，武舞曰《崇功昭德》。帝自製迎神、送神樂章，詔宰臣富弼等撰《大祚》至《采茨》曲詞十八。七年八月，禦制明堂迎神樂章，皆肄于太常。[14]宋大觀三年（西元 1109 年），徽宗「大晟樂府」更樂章爲「《凝安九成之樂》五章六奏」，翌年，再撰「釋奠樂章」計十四首，內容更加豐富，其中自然少不了迎神和送神曲。[15]「上有好者，下必甚焉」，宋代及宋代之後，迎神送神辭不但廣泛被用於官方祀典，而且也常見於民間祀典中，媽祖祭祀祭祀中的迎享送神辭就是在這樣的背景下出現的。

二、媽祖祭祀儀式中的迎享送神辭

　　媽祖祭祀儀式的產生與媽祖成神過程基本同步，可以推斷，媽祖成爲神靈後，百姓在對媽祖崇拜的過程中，相應的祭祀儀式也同時產生了。當然，在湄洲媽祖廟草創時期，廟宇規模很小，媽祖的影響僅局限在湄洲島一帶，信仰者多爲當地漁民，祭祀儀式必然比較簡單，而且鮮有文人參與其中，所以祭祀儀式中也就不太可能有迎享送神辭這一形式。

　　媽祖去世一百年後，其信仰擴大到距湄洲島百里之外的航海業和商業比較發達涵江三江口一帶，由於商人和文人的推動，媽祖信仰從民間小神發展官方認可的海神，先後獲得「順濟」廟額和「靈惠夫人」封號，祭祀儀式逐漸隆重，且有官員和文人參與其中。南宋紹興二十年（1150年），在媽祖的祭祀儀式中就有了迎享送神辭。據《聖墩祖廟重建順濟廟記》說，李富等捐錢擴建順濟廟，福建仙游進士廖鵬飛爲之撰寫碑記，

---

[14]　《宋史》卷一百二十七，《樂志》二，中華書局，1985 年，第 2970-2971 頁。
[15]　詳見彭慶濤：《曲阜孔廟祭祀通解》，現代出版社，2007 年 8 月。

創作《迎神》、《送神》辭，供祭祀時歌唱。《迎神》辭：「神之來兮何方？戴玄冠兮出琳房。玉鸞佩兮雲錦裳，儼若存兮蓺幽香。鼓坎坎兮羅杯觴，奠桂釀兮與椒漿。歲歲祀兮民樂康，居正位兮福無疆。」《送神》辭：「神之住兮何所？飄葳蕤兮步容與。禮終獻兮徹其俎，鶴駕驤兮雲旗舉。靈恍惚兮非一處，江之墩兮湄之嶼。旗搖搖兮睇莫睹，稽首送兮拜而俯。」[16]從現有的資料看，廖鵬飛是第一位為媽祖祭祀活動撰寫迎享送神辭的文人。

　　宋代的另一篇媽祖迎享送神辭撰寫於南宋開慶元年（1259年），作者李丑父（1194－1267年），初名綱，字汝礪，更字民公，號亭山，莆田人。宋端平二年（1235）年進士，官太學博士兼沂王府教授等。淳祐十一年（1251年），江蘇鎮江京口靈惠妃廟遷建，翌年落成，七年後李丑父為之撰寫碑記，記述廟宇遷建過程。碑記末了，「又系以詩，俾歌以侑食焉」，其辭曰：「峨峨兮新宮，神宴娛兮婆娑。翠旗兮蒙茸，弭節兮山之阿。渺湄洲兮閩中，食茲土兮維何？於赫赫兮威風，記兩淮兮戰多。紫金山兮摧戎，花驪陣兮揮戈。合肥城兮釋攻，若有神兮撝訶。驅厲鬼兮先鋒，殿南嶽兮群魔。駭雲間兮幟紅，非（疑為「悲」）風鶴兮傳訛。望海門兮浮空，想護使兮韓倭。洵百怪兮魚龍，獨安流兮靡他。僴新廟兮淮東，瓊花時兮來過。配富媼兮民庸，江與淮兮無波。彼佐禹兮巫峰，視功載兮同科。繫菊英兮蘭崇，薦芳馨兮九歌。繪（疑為「膾」）長鯨兮來供，鼓犀渚兮鳴鼉。舞漢女兮豐容，邀游湘兮英娥。食茲土兮以功，羌如山兮如河。嘉士（應為「仕」）女兮敬恭，消疵癘兮淳和。俾邊民兮樂農，有年書兮麥禾。閱長江兮無窮，與牲碑兮不磨。」[17]上述歌詞雖然沒有標明為迎享送神辭，但在祭祀媽祖時歌唱卻是毫無疑問的，也不排除在迎神和送神時歌唱。

　　元代，媽祖信仰因漕運和海上貿易等原因而從區域性海神發展成為

[16] 廖鵬飛：《聖墩祖廟重建順濟廟記》，轉引蔣維錟編校：《媽祖文獻彙編》，福建人民出版社，1990年，第2-3頁。

[17] 俞希魯編纂：《至順鎮江志》卷八《天妃廟》，江蘇古籍出版社1990年6月第1版，第336頁。

中國影響最大、神格最高的海神。元中葉之後，朝廷每年要派官員到漕船的起點和目的地直沽等地祭祀天妃，儀式的隆重程度甚至超過祭祀嶽瀆，所謂：「每春夏起運，皇帝函香降祭，自執政大臣以下，盛服將事。合樂曲，列舞隊，牲號（原文缺，為□）祝幣，視嶽瀆有加焉。」[18]「當漕發之期，省臣及漕府長佐必躬祠下，得從以行。且祗奉上命，具六牲以嚴祀事，春夏凡四至焉。」[19]反映在迎享送神辭上，元朝的迎享送神辭的數量也從宋代的二篇增加六篇。

　　第一篇是黃向的《天妃廟迎神送神曲》，撰寫於泰定四年（1327 年），當時蘇州屬於平江路，海道都萬戶府設在蘇州，這裏是漕運的重要港口，為酬謝天妃佑護漕運，新建天妃廟，新廟告竣，舉行隆重的奉安神像儀式，「府帥偕郡官率僚屬」參加，黃向作迎送神曲以歌之：「桂殿兮蘭堂，浩琦疏兮邃房。信美靈兮茲土，析木之野兮勾吳故邦。龍為舟兮鳳為馬，倏之于望兮江之渚。紛並進兮姱倡，有瓊漿兮椒□（□疑為「觴」字）。緡絲兮□竹，舞芭兮獻曲。五變兮四會，靈之來兮祐福。縶風人兮為囚，徽颶母兮青丘。執陽侯兮敢怒，使海若兮安流。揚桴萬舸兮翼如雲驤，倏忽渺彌兮依神之光。載囷兮載倉，維億兮維秭。谷之兮粟之，王官兮□帝裏。噫！天子聖壽兮大波不揚，我臣報事兮維敬恭止。峨峨靈宮兮申命有錫，萬年其永兮家邦之祉。」[20]

　　第二篇迎享送神辭是鄭元祐撰寫於元至正二年（1342）。劉家港為漕運始發地，「故天妃宮之在路漕者，顯敞華麗，實甲它祠。……當轉漕之際，宰臣必躬率漕臣、守臣，咸集祠下，卜吉於妃，既得吉卜，然後敢於港次發舟」。[21]至元初年，天妃宮被海水侵襲，逐漸倒塌。至正二年，遷廟于高處重建，建成後，舉行隆重的祭祀，鄭元祐奉命撰寫《重

[18] 李翊撰：《續吳郡志》卷上，黃向：《天妃廟送迎神曲有序》，見《中國方志叢書：華中地方江蘇省第 445 號：《續吳郡志》，第 150-151 頁，成文出版社 1970 年。

[19] 《四庫全書》史部，目錄類，金石之屬，朱珪編：《名蹟錄》卷一《重修靈慈宮碑》。關於元代官府對天妃的祭祀，請參見徐曉望：《媽祖信仰史研究》，海風出版社，2007 年 4 月，第 115-126 頁。

[20] 李翊撰：《續吳郡志》卷上，黃向：《天妃廟送迎神曲有序》，見《中國方志叢書：華中地方江蘇省第 445 號：《續吳郡志》，第 148 頁，成文出版社 1970 年。

[21] 《四庫全書》集部，別集類，鄭元祐撰：《僑吳集》卷十一《重修路漕天妃宮碑》。

建路漕天妃宮碑》，末了作迎享送神曲，其詞曰：「瀰爲洲，南海阨。積靈川后兮。川后生，以明靈。帝爰命屍滄溟兮。滄溟大，森祕怪，既咸若不吾害兮。川后來，紛雲旗，從羣龍耀金支兮。川后神，海若馴，廟食懿更千春兮。海安流，漕政修，實畿甸更千秋兮。後靈妥，恒福我，新宮成璨靈瑣兮。后馭旋，雲滿川，依皇元於萬年兮。」[22]

第三篇迎享送神辭的作者是王敬方，撰寫於至正七年（1347 年）。據碑文可知，在天妃宮中，還有一些陪祀神，如永嘉茅竹水仙等，所謂「若水仙五人，實天妃股肱，漕舟司命也。」水仙五人中只有馮璿被封爲甯濟昭惠侯，其餘四人無封號。至正六年，主管海道都萬戶府的雷順德拜謁天妃廟，認爲「今封其一遺四，禮得無闕乎？事訖，遂白行省上中書請四神徽號。」閏十月，敕封馮濟弟爲安濟侯、順濟侯，丁曰弘濟侯，蔡曰善濟侯，璿封如故。翌年秋，建五侯祠於吳城東北隅，靈應宮之左廡。王敬方爲此撰寫碑文，「乃摭其顛末，作享神詩，俾刻于石，歌於祀。」此迎享送神辭雖然主要是爲茅竹五水仙而作，但也涉及天妃。詩曰：「赫赫五侯兮南海精，大小馮君兮惟蔡與丁，尤祚興兮神乃真。驤萬艘兮大海，蛟龍遁藏兮黿鼉潛，駭目冥冥兮神主宰。國充兮足民，白粲粲兮紅塵。陳伊誰之功兮休哉，汝神賢侯兮諤諤。奮一鳴兮奚錫爾爵，昔者慊然兮今無愧。怍五侯兮桓桓，丹宮楹兮廡門。儼天妃（缺「兮」字）在上，對咫尺兮慈顏。翠碣兮峨峨，勤（疑爲「勒」）神功兮永矢弗磨。漕臣報祀兮毋怠，天子萬年兮欽於世。」[23]

第四篇迎享送神辭的作者鄭東，撰寫於至正十三年（1353 年）。昆山州靈慈宮建於元大德年間，傳說因「肇啓漕道，出入海水，屢承神庥，所以表著靈跡而爲祀禱之地。」漕運開始時，省臣和主管漕運官員要到這裏祭祀，朝廷也要派使者參加儀式，是一座地位特別重要的天妃廟。元末，在官府的主導下，靈慈宮進行大規模重修。告竣，鄭東撰寫《重修靈慈宮碑》，「夫既記公事神之跡，又作迎送神之歌，使歲時歌以祀神。

22　《四庫全書》集部，別集類，鄭元祐撰：《僑吳集》卷十一《重修路漕天妃宮碑》。

23　李詡撰：《續吳郡志》卷上，王敬芳：《褒封水仙記》，見《中國方志叢書：華中地方江蘇省第 445 號：《續吳郡志》，第 157-164 頁，成文出版社 1970 年。

其詞曰：海之水兮實大以長，妃旦出兮無方。夕歸來兮故鄉，閟靈館兮莆之陽。編貝戶兮珠房，女窈窕兮在旁。啾吹匏兮鼓簧，飲且食兮樂康。築遊宮兮妻渚，敞高堂兮疏戶。雲為車兮龍為馬，妃條忽其來下。薦廣牡兮豐黍，伐大鐘兮賁鼓。方洋洋兮翟舞，聊逍遙兮容與。載羞肴蒸人，藍酒兮我妃孔樂，无不有兮高濤山立。大魚吼兮風吹玄旗，先後兮火流群檣。赤圓鬥兮舟人如林，命妃手兮嗟我欲留。終不可久兮。」[24]

元代的另外兩篇的媽祖迎享送神辭分別為劉基和周伯琦所作。浙江台州也是漕運的重要港口，城東和城南建有天妃廟，媽祖是當地影響最大的海神，「國家建都于燕，始轉粟江南，過黑水，越東萊、之罘、成山，秦始皇帝之所射魚妖蜃之市，悉帖妥如平地，皆歸功天妃。故薄海州郡，莫不有天妃廟。歲遣使致祭，祀禮極虔。而飄舶之往來，咸寄命於神。即有變怪，風惡濤疾，呼神乞靈，有若火見桅檣間，其光輝輝然，舟立自定。由是海邦之人，莫不知尊天妃，而天妃之神在百神之上，無或與京。」[25]傳說元至正十一年、十二年（1351-1352年），天妃顯靈幫助官兵剿滅方國珍部屬，使台州免遭賊寇蹂躪。元至正十三年（1353年），在官府的宣導下，重建台州路臨海縣天妃宮，「後帶平原，前拖長江，環以群山。清宮回廊，丹碧照耀，高門繚垣，鏝瓦輝赫；修篁美木，列植左右」。[26]十分華麗壯觀。劉基和周伯琦奉命分別撰寫《台州路重建天妃廟碑》，碑文末了均作迎享送神辭，俾歌以祀神。劉基的迎享送神辭是：「潔珍兮羞肥，芳椒蘭兮菲菲。盼靈舟兮注雲旗，神不來兮渺予。思輕霞兮長煙，風颼飀兮水漪漣。神之來兮翳九玄，伐鼓兮鏗鐘。吹羽笙兮舞霓幢，焱迴旋兮留六龍。樂具奏兮齊肅雍，鴻熙洽兮厘祝從。江安流兮海恬波，伏蛟蛇兮偃黿鼉。蔚桑麻兮稔麥禾，有壽考兮無夭瘥。穆幽潛兮動天和，於神功兮世不磨。」[27]周伯琦的迎享送神辭為：「奕奕兮新宮，鬱嵯峨兮城之東。睇扶桑兮五色，杳龍駕兮雲中。潔八珍兮羞

---

[24] 《四庫全書》史部，目錄類，金石之屬，朱珪編：《名跡錄》卷一《重修靈慈宮碑》。

[25] 《四庫全書》集部，別集類，劉基撰：《誠意伯文集》卷九《台州路重建天妃廟碑》。

[26] 《四庫全書》集部，別集類，劉基撰：《誠意伯文集》卷九《台州路重建天妃廟碑》。

[27] 《四庫全書》集部，別集類，劉基撰：《誠意伯文集》卷九《台州路重建天妃廟碑》。

五齊，敷華幾兮罍洗，謁博山兮晨氤氳格，開閶闔兮自我天子，曠浩淼兮戶之庭，蕞一隅兮赤城。憺瞬息兮倏至，靈未來兮愁予情。廣莫兮披披，紛珠蓋兮指虹霓，左天吳兮右馮夷。凌鮫室兮貝闕，神之來兮眾心悅。戛玉兮笙鏞，弦瑤瑟兮歌渢渢，舞應節兮合奏於皇。樂胥兮百福，崇焱回斡兮群靈翕伏。滄海晏兮纖塵清，罔象伏兮□澄明。媿淵潛兮沛遐征，混鴻化兮穀豐登，彰靈德兮相我太平。」[28]同一座廟宇的祭祀儀式中，有兩種不同版本的迎享送神辭，比較少見。

明代初年，沿襲元朝海上漕運。永樂年間，鄭和下西洋。這些大規模的海事活動推動媽祖信仰繼續發展。明代中葉之後，實行海禁政策，朝廷對媽祖的信仰一度冷落。但在民間，媽祖信仰的影響不斷擴大。由於明代朝廷和官府對媽祖信仰的態度起伏不定，反映在媽祖迎享送神辭上，其數量少於元代，僅有五篇。

第一篇迎享送神辭是楊士奇撰寫，成文於宣德年間（1426-1436年）。永樂初年，海上漕運經常發生海難，「所致無幾，乃浚濟寧臨清之河以達北京，以便糧運。歲發數千艘，每春冰泮則首尾相銜而上。」但因「河狹且淺，一雨驟輒溢，雨止復竭，加有洪閘之艱且險，舟稍不戒非覆則膠。」當時負責漕運的官員陳瑄以為是沒有建造天妃廟所致，下令在清河縣清江浦建靈慈宮，「命有司歲用春秋祭」。楊士奇撰寫《靈慈宮碑》記載此事，「又作迎享送神之辭，俾歌以將事。辭曰：潔芬馨兮芳筵，奠蘋蘩兮清醑。吹參差兮鼓瑟，紛望拜兮堂下。神來降兮雲中，導霓旌兮鸞蓋。從海若兮河伯，錯玉節兮瑤佩。神戾止兮憺安，悅下人兮恂忱。風泠泠兮帟幬，恍若睹兮居歆。神昭昭兮在上，人總總兮在下。紛有祈兮不齊，神均錫兮靈祐。車道陸兮履坦，舟循川兮安流。風與雨兮時若，物阜成兮神之庥。歲祈報兮有祀，神倏往兮忽旋。上衛國兮下民生，神惠同淮流兮千萬億年。」[29]

第二篇迎享送神辭的作者是賴聚，撰寫於正統十一年（1446 年）。

[28] 《台州金石錄》卷十二《台州路重建天妃廟碑》。轉引蔣維錟、鄭麗航編纂：《媽祖文獻史料彙編》第一輯《碑記卷》，第 37 頁，中國檔案出版社，2007 年 10 月。

[29] 《四庫全書》集部，別集類，楊士奇撰：《東里續集》卷四十四《靈慈宮碑》。

據《重修天妃廟記》記載，當時海南島海外交通發達，「東南密邇暹羅、占城諸國，西北與廉、雷通，爲航海往來之處，非同尾閭沃焦也。」媽祖深受百姓的崇拜，「凡官帆賈舶之絡繹，性命寄于毛粟，罔不禱于明著英烈天妃廟，將神力焉倚。」海口原有的天妃廟，年久失修，「風銷雨泐，歲壞月隳」。正統十年，當地官員發起重修擴建，翌年竣工，「廟貌輝煌，遠過於前」。賴聚奉命撰文，記載擴建歷史，並作迎享送神辭：「神苞坤元兮宣揚，昭靈穌兮越裳。出顯入幽兮神無方，揚雲旗兮海若藏。神之來兮紫霞斬，運化機兮鞭雷霆，威宣鯤鼇兮靖滄溟。神之去兮陟天庭，寰瀛順軌兮水波不興，神恩汪濊兮天地清寧。」[30]

第三篇迎享送神辭爲祁順創作。據《臨榆天妃廟記（山海關天妃廟記）》記載，當時的山海關城南十里的海邊有天妃祠，「相傳謂國初時海運之人有遭急變而賴神以濟者，因建祠以答神貺。歷歲滋久，故址爲浪衝擊，幾不可支，而堂宇隘陋，亦漸頹毀。」在太監裴瑠的宣導下，天順八年（1464 年）「崇舊基而加廣焉。爲祠前後各三間，堅緻華敞，足歷永久。其像惟天妃，因舊以加整飭，餘則皆新塑者，復繪眾神於壁間，威儀蹌蹌，森列左右。遠近來觀，莫不肅然起敬，以爲前所未有也。」祁順撰寫碑記，「復作迎享、送神之詞，俾邦人歌以祀云。其詞曰：蒸壁兮藥房，辛夷楣兮蘭橑桂梁。雜芬菲兮成堂，神之奠兮海旁。吉日兮將事，女巫紛兮至止蕙。殽蒸兮薦芳醴，衣采兮傳葩，吹參差兮舞婆娑。神不來兮奈何？輕風颺兮水揚波。神之來兮容與，載雲旗兮駕風馭霆。咸再拜兮傳神語，旋焱不留兮使我心苦。神廟食兮無窮，神降福兮曷其有終？海波恬兮偃蛟龍，弭怪雨兮驅暴風。災祲弗作兮時和歲豐。人有壽考兮無懷恫，永世不磨兮神之功。」[31]

第四篇迎享送神辭作於隆慶三年（1569 年），作者爲李義壯。傳說都督郭成渡海俘獲海盜曾一本時，得到媽祖的佑護，因此，隆慶三年，「爰卜勝地桃山之陽，聿修厥廟，用答神貺。」廟成，李義壯撰寫碑文，

---

[30] 民國《瓊山縣誌》卷二十八卷。

[31] 高錫疇等撰：《臨榆縣誌》卷十，見《中國方志叢書：華北地方河北省第 149 號：臨榆縣誌》，第 681 到 683 頁，成文出版社 1970 年。

記述始末，並作迎享、送神詩，遺三陽備歌以祀。其詞曰：「神之來兮菰三陽，蜺爲旌兮電爲章。南箕導兮西畢襄，海若趨兮天吳翔。祀事明兮齋以莊，神盼蠻兮福穰穰。禱以祈兮穎祚昌，互萬邦兮天降康。神之歸兮其醉止，月沉沉兮江彌彌。雲悠悠兮風靡靡，鯨鯢竄兮蛟龍喜。神連蜷兮夫何以？衛我民兮賜元祉。春無害災兮冬無剳，否千萬世兮祀攸始。」[32]

第五篇迎享送神辭的作者是黃克謙。據碑文記載，明初的杭州右衛左所建有天妃宮，俗稱即孩兒巷天妃宮，供漕運者祭拜。萬曆三十三年重修，黃克謙撰寫碑記，並寫了迎享送神辭，以昭神貺：「《迎神》曰：神之來兮，靈旗翩（下缺十六字）恬。鐘鼓煌煌，梵唄駢闐。《送神》曰：神之往兮，爲此挽漕。廟貌斯崇，敢云憚勞。利涉攸往，神其樂陶。奸宄肅清，神其調和。往來洪（下缺五字）。」[33]

清代，統治階級對媽祖信仰採取大力扶植的政策，朝廷對媽祖的褒封多達 15 次，神階從「天妃」上升爲「天后」、「天上聖母」，媽祖信仰不但在中國的影響更加廣泛了，而且也在海外傳播開來。清代的媽祖祭祀儀式也更加隆重，且與民俗更緊密結合起來。這個時期，媽祖的迎享送神辭共有 10 篇，是明代的兩倍。

第一篇迎享送神辭見於康熙二十三年（1684 年）毛奇齡撰寫的《重修得勝壩天妃宮碑記》，得勝壩天妃宮位於北京的北關，歌曰：「翠羽帔兮雞翹，駕靈虯兮渡洪潮。青山作幛兮，碧煙爲旍。神之來兮，雲旗飄。吹簫兮擊鼓，南塘風來兮北湖雨。明粢在豆兮殽在俎。靈巫酌酒兮醉代神語。舳艫兮相催，官體既濟兮商船後來。沙蟲遠避兮黿鼉回。負檣銜檝兮鳴鉦以隨。浪不使瀨湑兮，風不使喧與豗。鴉不噪兮人不甾，神降嘏兮福孔偕」[34]。

[32] 陳樹芝纂修：《揭陽縣誌》，見《日本藏中國罕見地方誌叢刊：（雍正）揭陽縣誌》，據日本內閣文庫藏清雍正九年刻本影印，卷七「藝文—記」條：李義壯《天妃娘廟記》，第 487-488 頁，書目文獻出版社 1991 年。

[33] 黃克謙：《重修杭州右衛左所天妃宮記》，見陳支平主編：《臺灣文獻匯刊‧第五輯‧第十三冊》，丁午撰：《城北天后宮志》，第 517 頁，九州出版社、廈門大學出版社 2004 年。

[34] 《四庫全書》集部，別集類，毛奇齡撰：《西河集》卷六十八《重修得勝壩天妃宮碑記》。

第二篇迎享送神辭為屈大均創作，約成文於康熙三十五年（1696）之前數年。據屈大均《陽江天妃廟碑》記載，廣州歸德門外的新安赤灣，有天妃祠，建於明洪武年間。在陽江有天妃行祠，「據北津要害，而縮轂端州之口，海舶往來，皆虔備牲醴以禱焉。……而二月二十三日為神誕日，土人歌舞婆娑，報賽尤盛。」當時有一位從事海外貿易的商人，「嘗禱于陽江之祠，得蒙神佑」，因請屈大均撰寫「樂歌以享神，俾用金縷絲繡出屏幛之上，以為觀美。且復鐫之于石，用作崇碑，垂不朽焉。」屈大均創作的祭歌曰：「翳南溟兮混茫，有靈妃兮廻翔，駕龍車兮後服，與祝融兮頡頏。太陰精兮配月，帝少女兮皇皇。稟天一兮水德，作兌主兮炎荒。枕陽江兮廟貌，分朝宗兮百王。控勾粵兮門戶，在石角兮中央。前新息兮鮫施，後邳離兮黿梁。令吾舶兮利涉，為司命兮二洋。西淩飆兮弱水，東拂日兮搏桑。颶兮不起，雷雌雄兮有常。鯨噓吸兮潮汐，夾人魚兮兩行。開瓊雷兮分水，龍相媵兮安康。靡鬼舶兮為祟，火長息兮祈禳。不勝德兮妖孽，神上下兮孔明。渺長沙兮萬裏，與烏潴兮石塘。從零丁兮內外，一息至兮越裳。針靡差兮毫末，隨所指兮四方。載百蠻兮瑰異，倍利市兮諸商。任巨艫兮烏白，貨隨時兮低帛。母錢一兮子百，溢金貝兮千艙。昔辭沙兮禱告，蒙玄降兮嘉祥。陳蘭蒸兮荔醑，將愉靈兮辰良。歌德盛兮以舞，巫姣服兮趨蹌。神之來兮燈爍，如日出兮帆檣。復瓔珞兮末麗，揚舵樓兮芬香。散彩霞兮瑤席，乍一陰兮一陽。憺壽宮兮無去，長於昭兮在堂。朝北津兮含景，暮海陵兮吐光。代上帝兮臨汝，錫純嘏兮無疆。」[35]

第三篇迎享送神辭的作者為李祖旦，撰寫於乾隆二年（1737 年）。廣東省化州城南有天后宮，建於清初。乾隆二年（1737 年）重修，李祖旦為之作《重修天后宮記》，認為「天后之功在海宇而靈更著于南徼也」。並為創作歌辭曰：「天地之濱，大荒之垠，浩浩冥冥，昏晝喧辰，魚龍隱見，蟲鳳潛身，孰為主之，海若來賓，孰為護之，馮夷是臣，赫哉天后，功配穹尊，保釐海國，慈庇鮫人，化隸南鄙，更沐宏勳，安瀾

---

[35] 屈大均撰：《翁山文鈔》卷三《陽江天妃廟碑》，見《四庫禁毀叢刊：集部120》，第183-184頁，北京出版社1997年。

永慶，颶母斂氛，崇閟丹臒，廟祀江濱，都人酬爵，童叟殷勤，偉烈孰並，曠古超群，越裳重譯，海波不掀，勒斯瑉碣，永奠南津。」[36]

第四篇迎享送神辭的作者爲滿人新柱，時任福州將軍。水部門天后宮建於元代，康熙年間多次毀於火災，乾隆十六年重建，三年後竣工，「自門廡殿寢以至左右廂廊、樓館、庖湢、僧舍，公私之所，靡不畢舉，糜銀三千餘兩」。新柱撰寫《重修水部門天后宮記》，紀之始末，「兼爲歌詩以妥侑焉」。辭曰：「神之降兮湄洲，騰朱光兮燭九州。神之升兮重九，乘玉虯兮蚴蟉。金兮翠旐，朅來兮雲濤。殱長鯨兮水窟，憺皇威兮溟渤。溟漲兮風波，神力兮降魔。鑱支祁兮填罔象，系颶母兮撿靈黿。舟阽危兮蹎浪，燈升降兮檣上。估客先號兮後笑，榜人理楫兮高唱。閩之人兮頌神之功，誕照靈惠兮新厥故宮。俎豆陳兮牲體潔，闐鳴鼓兮搏竽瑟。神來兮天臨，靈風颯兮欞森。神返兮海鏡，渺澄碧兮徹映。我將我享兮降福祥，四海永清兮樂未央。」[37]

第五篇迎享送神辭的作者爲李俊原。乾隆年間，福建南靖多次遭水災，損失慘重。乾隆二十五年（1760 年），又遭水患，知縣李俊原向媽祖祈禱，第二天洪水退去，損失不大，「數日之後，廬舍依然，桑麻如故」。歸功於媽祖庇佑，遂選址在縣城東北隅建造天后宮，翌年落成，李俊原撰寫《南靖新建天后宮碑記》，「而系以詩，俾我民詠歌以祀焉」。其辭曰：「悠悠南土兮漳之濱，雙流彌漫兮浩蕩無垠。轉危爲安兮我後之神，馮夷聽命兮保護斯民。保護斯民兮何以報，構楹畫棟兮修明禮。朝靄龍涎兮夕薦新，春秋匪懈兮福祉駢臻。歐山蒼蒼兮雙水瀯瀯，千秋萬歲兮若依慈親。我民報德兮逾於海津，自今以始兮祀事永遵。」[38]

第六篇迎享送神辭的作者爲滿人定長。乾隆二十八年（1763 年），福建延平府士民在南台霞浦建造天后宮，「祠凡四層：正殿、寢室、花榭、歌台，備極瑰麗。其殿后則依山壘石，立祠以祀楊、羅、李、朱四

[36] 彭貽蓀修：《化州志》卷三「壇廟－天后宮」條，見《中國方志叢書：華南地方廣東省第176 號：化州志》，第 270-272 頁，成文出版社 1970 年。

[37] 乾隆《福建續志》卷八十三，藝文八：《重修水部門天后宮記》，第 22-23 頁。

[38] 乾隆《福建續志》卷八十三，藝文八：《南靖新建天后宮碑記》，第 29-32 頁。

賢，爲諸生弦誦所也」。定長爲之作記，並作迎享送神辭，曰：「神之徠
兮衣朱衣，翠羽明璫兮蔽赤幃。駕蒼龍兮白雲與飛，靈風拂兮揚青旗。
神之遊兮歸墟之府，思故鄉兮陟湄洲之嶼。元秘銅符兮授自天姥，孝邁
曹娥兮生捄乃父。神燈神雅兮澤遍海寓，況助威棱兮效忠聖主，寶綸疊
錫兮受祥蒙祐。神所駐兮恍在霞浦，此邦之人兮構神之宮，鳥飛翬革兮
厥制崇隆。冀安棲兮玉座罍，母氏憑依兮仁宇長同繫，茲祀事兮祈保無
窮。蕭芬兮桂醑酌，神弦動兮眾樂作。陳詩合舞兮或歌或咢，來假來享
兮神光漠漠。千秋萬載兮祇忱惟恪，願福我民兮永綿康樂。」[39]

第七篇迎享送神辭爲朱延禧所作。咸豐六年（1856 年），香港十八
鄉大樹下天后廟重修，朱延禧爲之作記，並作歌曰：「樹蔭穠兮，勿剪
勿毀，神悅愒兮，朝斯夕斯；神依兮，人爲之主，人安兮，神爲之持。
一心一德而不二，神和悅而人欽之。」[40]

第八篇迎享送神辭撰寫于同治六年（1867 年）。廣西貴縣東門外天
后宮毀於太平軍戰火，同治六年重建，林文度爲之撰寫《重修貴縣城東
外天后廟碑》，又作「迎神之曲，使歌以祀」。詞曰：「邃宇兮高堂，羅
幬張兮結琦璜，紛縱縱兮進肴，漿陳韶兮拊鼓，後之來兮乘鳳羽，勸入
廟兮享明禋，安吾土兮福吾民，災害遠兮世仁壽，千萬古兮作民母，妙
舞兮清歌，歡娛兮極多，後若去兮民依何？」[41]

第九篇爲《津門迎神歌》，作者沈峻。天津迎祭媽祖的皇會，盛極
一時，在北方頗有影響。後來，由於種種原因而一度中斷，乾隆、嘉慶
以來越辦越紅火，沈峻的《津門迎神歌》撰寫於嘉慶二年（1797 年），
所描繪的就是恢復後的皇會盛況：「鳴鉦考鼓建旗纛，尋橦擲盞或交撲。
魚龍曼衍百戲陳，更奏開元大酺曲。笙簫箏笛弦琵琶，靡音雜逐聽者譁。
老幼負販競馳逐，忙煞津門十萬家。向日燈會如匹練，燭天照地目爲眩。
香煙結處擁福神，儀從繽紛圍雉扇。白晝出巡夜進宮，獻花齊跪歡兒童。

[39] 乾隆《福建續志》卷八十三，藝文八：《南台霞浦天后宮記》，第 23-26 頁。

[40] 《香港碑銘彙編·重修天后古廟碑》。科大衛等合編：《香港碑銘彙編》第一冊：《重修
天后古廟碑》，第 109 頁，香港市政局 1986 年。

[41] 光緒《潯州府志》卷九《重修貴縣城東外天后廟碑》。轉引蔣維錟、鄭麗航編纂：《媽祖
文獻史料彙編》第一輯《碑記卷》，第 366 頁，中國檔案出版社，2007 年 10 月。

慈容愉悅默不幫，譬彼造化忘神功。別有香船泊河滸，攜男挈女求聖母。
焚楮那惜典釵環，願賜平安保童豎。我問裏母奠海疆，載在祀典銘旗常。
初封天妃嗣稱後，自明迄今恒降康。津門近海魚鹽利，商船糧艘應時至。
惟神拯濟免淪胥，策勳不朽宜正位。在昔緹縈與曹娥，皆因救火死靡他。
雖云純孝澤未遠，孰若仁愛照山河。後有靜波稱小聖，立廟瀛壖禮祀敬。
未聞報賽舉國狂，始信歡娛關性命。伊餘扶杖隨奔波，歡喜愛作迎神歌。
康衢擊壤知帝利，闞裏猶記鄉人儺。」[42]

　　第十篇是徐熊飛（1762－1835 年）撰寫的《擬祀天后神弦曲》：「金
絲縆弦珠絡鼓，花鬟玉裙迎媽祖。春潮冥冥頗黎魂，櫻桃紅濕神靈雨。
碧幢水佩搖春星，海光直與天爭青。花間婆娑酌椒醴，翠旗不動風淒馨。
水瀉乍開碧煙繞，苦竹茸苔山月曉。潮雞三唱續鼉更，綠波似掌紅燈小。」
[43] 此詩歌三次換韻，也可以看做是三首七古，內容主要是描寫迎神和祭
祀媽祖活動。

三、媽祖祭祀儀式中迎享送神辭的初步分析

　　首先，媽祖的迎享送神辭在文體上深受楚辭的影響。
　　所謂楚辭文體，其特點在於「兮」字句，「兮」字的表情色彩與句
式特點決定了楚辭的形式與內容，是判斷楚辭體的首要依據。[44] 以此為
標準，反觀筆者目前所能找到的 23 篇媽祖迎享送神辭，含有「兮」字
句的多達 20 篇，受楚辭體的影響是顯而易見的。不僅如此，媽祖的迎
享送神辭還大量借用先秦楚辭的名詞術語，如廖鵬飛的《迎神》歌中的
「奠桂釀兮與椒漿」，出自《九歌‧東皇太一》的「奠桂酒兮椒漿」，黃
向的《迎神曲》中的「有瓊漿兮椒□」也有模仿「奠桂酒兮椒漿」的痕
跡；劉基的迎享送神辭中的「芳椒蘭兮菲菲」，源自《九歌》的「芳菲

---

[42]　《津門雜記》卷中《津門迎神歌》。

[43]　鄒璟纂：《乍浦備志》，見《中國地方誌集成：鄉鎮志專輯20》：《乍浦備志》卷二十「祠
　　　祀——天妃宮」條，第 300 頁，上海書店 1992 年。

[44]　詳見郭建勳：《先唐辭賦研究》，人民出版社，2004 年。

菲兮滿堂」；祁順的迎神歌中的「吉日兮將事，女巫紛兮至止蕙，肴蒸
兮薦芳醴」與《九歌》中的「吉日兮辰良，……蕙肴蒸兮蘭藉」有異曲
同工之妙。類似的例子還有一些，反映了媽祖迎享送神辭確實受楚辭特
別是《九歌》影響這一事實。不過在明末清代，媽祖迎享送神辭的文風
發生較大變化，楚辭的影響逐漸淡化，文字比較通俗，倒裝句也少見了，
帶有向敘事詩轉化的趨勢。

　　其次，媽祖的迎享送神辭以崇德報功和祈福禳災為主，不但具有濃
厚的世俗功利色彩，而且深深打上政治功利主義烙印。

　　大致說來，媽祖迎享送神辭的文章由描寫媽祖下凡、宮廟建築、祭
祀場面，歌頌媽祖靈驗，虔誠祈求媽祖保佑，歡送媽祖上天等構成。以
宋代廖鵬飛的迎享送神辭為例：《迎神》歌前二句「神之來兮何方？戴
玄冠兮出琳房。玉鸞佩兮雲錦裳，儼若存兮蘪幽香。」描寫媽祖下凡時
雍容華貴的裝扮。第三句「鼓坎坎兮羅杯觴，奠桂醸兮與椒漿。」描寫
隆重的祭祀場面和豐盛的祭品。第四句「歲歲祀兮民樂康，居正位兮福
無疆」。表明祭祀的目的和百姓的訴求。《送神歌》的前二句「神之住兮
何所？飄葳蕤兮步容與。禮終獻兮徹其俎，鶴駕驂兮雲旗舉。」描寫媽
祖離去時的飄逸身影和隆重的儀仗。第三句描寫「靈恍惚兮非一處，江
之墩兮湄之嶼。」說的是媽祖在聖墩和湄洲的影響。最後一句「旗搖搖
兮睇莫睹，稽首送兮拜而俯。」描寫善男信女依依不捨拜送媽祖的情景。

　　由於媽祖迎享送神辭的創作，往往與新建、重建、修建、遷建媽祖
廟聯繫在一起（上述的 23 篇媽祖迎享送神辭中有 20 篇屬於此類），所
以，在迎享送神辭中描寫新宮廟的也不少。諸如「峨峨兮新宮，神宴娛
兮婆娑。」[45]「桂殿兮蘭堂，浩琦疏兮邃房。……峨峨靈宮兮申命有錫，
萬年其永兮家邦之祉。」[46]「後靈安，恒福我，新宮成璨靈琑兮。」[47]「奕

[45]　俞希魯編纂：《至順鎮江志》卷八《天妃廟》，江蘇古籍出版社 1990 年 6 月第 1 版，第 336
　　　頁。
[46]　李翊撰：《續吳郡志》卷上，黃向：《天妃廟送迎神曲有序》，見《中國方志叢書：華中
　　　地方江蘇省第 445 號：續吳郡志》，第 148 頁，成文出版社 1970 年。
[47]　《四庫全書》集部，別集類，鄭元祐撰：《僑吳集》卷十一《重修路漕天妃宮碑》。

奕兮新宮，鬱嵯峨兮城之東。」[48]「枕陽江兮廟貌，分朝宗兮百王」[49]「閩之人兮頌神之功，誕照靈惠兮新厥故宮。」[50]「保護斯民兮何以報，構楹畫棟兮修明禮。」[51]「神所駐兮恍在霞浦，此邦之人兮構神之宮，鳥飛翬革兮厥制崇隆。」[52]

　　當然，在媽祖的迎享送神辭中，最主要的內容還是崇德報功和祈福禳災，具有濃厚的世俗功利性色彩。多數迎享送神辭不惜篇幅，宣揚媽祖的靈應，如宋代李丑父的迎享送神辭中寫道：「於赫赫兮威風，記兩淮兮戰多。紫金山兮摧戎，花䕋陣兮揮戈。合肥城兮釋攻，若有神兮撝訶。驅厲鬼兮先鋒，殿南嶽兮群魔。駭雲間兮幟紅，非（疑為「悲」）風鶴兮傳訛。望海門兮浮空，想護使兮韓倭。泃百怪兮魚龍，獨安流兮靡他。」[53]元代黃向的迎享送神辭中有：「繫風人兮為囚，徽颶母兮青丘。執陽侯兮敢怒，使海若兮安流。揚桴萬舸兮翼如雲驤，倏忽渺彌兮依神之光。載囷兮載倉，維億兮維秭。谷之兮粟之，王官兮□帝裏」。[54]清代李祖旦的「赫哉天后，功配穹竁，保釐海國，慈庇鮫人，化隸南鄙，更沐宏勳，安瀾永慶，颶母斂氛」，[55]不少迎享送神辭反映善男信女的世俗功利性訴求，如元代周伯琦的迎享送神辭中寫道：「樂胥兮百福，崇焱回斡兮群靈翕伏。滄海晏兮纖塵清，罔象伏兮□澄明。媿淵潛兮沛遐征，混鴻化兮穀豐登，彰靈德兮相我太平。」[56]元代劉基的迎享送神辭祈禱：「江安流兮海恬波，伏蛟蛇兮偃黿鼉。蔚桑麻兮穩麥禾，有壽考兮無夭

[48] 《台州金石錄》卷十二《台州路重建天妃廟碑》。轉引蔣維錟、鄭麗航編纂：《媽祖文獻史料彙編》第一輯《碑記卷》，第37頁，中國檔案出版社，2007年。

[49] 屈大均撰：《翁山文鈔》卷三《陽江天妃廟碑》，見《四庫禁毀叢刊：集部》120，第183-184頁，北京出版社1997年。

[50] 乾隆《福建續志》卷八十三，藝文八：《重修水部門天后宮記》，第22-23頁。

[51] 乾隆《福建續志》卷八十三，藝文八：《南靖新建天后宮碑記》，第29-32頁。

[52] 乾隆《福建續志》卷八十三，藝文八：《南台霞浦天后宮記》，第23到26頁。

[53] 俞希魯編纂：《至順鎮江志》卷八《天妃廟》，江蘇古籍出版社1990年6月第1版，頁336。

[54] 李詡撰：《續吳郡志》卷上，黃向：《天妃廟送迎神曲有序》，見《中國方志叢書：華中地方江蘇省第445號：續吳郡志》，第148頁，成文出版社1970年。

[55] 乾隆《福建續志》卷八十三，藝文八：《南靖新建天后宮碑記》，第29-32頁。

[56] 《台州金石錄》卷十二《台州路重建天妃廟碑》。轉引蔣維錟、鄭麗航編纂：《媽祖文獻史料彙編》第一輯《碑記卷》，第37頁，中國檔案出版社，2007年10月。

瘥。穆幽潛兮動天和,於神功兮世不磨。」[57]明代楊士奇的迎享送神辭
中寫道:「車道陸兮履坦,舟循川兮安流。風與雨兮時若,物阜成兮神
之庥。歲祈報兮有祀,神倏往兮忽旋。上衛國兮下民生,神惠同淮流兮
千萬億年。」[58]

特別需要指出的是,由於迎享送神辭的作者多是進士出身的文人士
大夫,往往表現出其深層的價值判斷,他們念念不忘政治訴求,從而給
迎享送神辭打上政治功利主義烙印。以元代為例,黃向的迎享送神辭
中:「天子聖壽兮大波不揚,我臣報事兮維敬恭止。峨峨靈宮兮申命有
錫,萬年其永兮家邦之祉。」[59]鄭元祐的迎享送神辭中有「后馭旋,雲
滿川,依皇元於萬年兮」詩句。[60]王敬方的迎享送神辭也有「漕臣報祀
兮毋怠,天子萬年兮欽於世。」[61]

第三,迎享送神辭在一定的程度上反映了媽祖信仰的發展和社會變
遷。

宋代,媽祖是迎享送神辭僅有兩篇,一篇產生於媽祖的故鄉福建莆
田,另一篇產生於江蘇鎮江,均為南宋時期的作品,且作者均為興化府
人,這些現象反映了媽祖信仰在宋代的影響主要在江南地區、興化人在
媽祖信仰傳播中起著極其重要的推動作用、媽祖尚未成為至高無上的海
神的事實。元代,媽祖的迎享送神辭有六篇,不但數量大大超過宋代,
而且六篇的迎享送神辭的產生都與漕運有關,集中在江浙一帶,反映了
元代漕運對媽祖信仰發展的巨大推動作用,顯示出鮮明的時代特色。明
代,媽祖的迎享送神辭雖然只有五篇,但分別為秦皇島的臨榆天妃廟、
河北清河天妃宮、浙江杭州右衛左所天妃宮、廣東揭陽桃山天妃廟、海
南海口天妃廟的祭祀儀式而作,反映了媽祖信仰在明代的影響大大超過

---

[57] 《四庫全書》集部,別集類,劉基撰:《誠意伯文集》卷九《台州路重建天妃廟碑》。

[58] 《四庫全書》集部,別集類,楊士奇撰:《東里續集》卷四十四《靈慈宮碑》。

[59] 李詡撰:《續吳郡志》卷上,黃向:《天妃廟送迎神曲有序》,見《中國方志叢書:華中
地方江蘇省第 445 號:續吳郡志》,第 148 頁,成文出版社 1970 年。

[60] 《四庫全書》集部,別集類,鄭元祐:《僑吳集》卷十一《重修路漕天妃宮碑》。

[61] 李詡撰:《續吳郡志》卷上,王敬芳:《褒封水仙記》,見《中國方志叢書:華中地方江
蘇省第 445 號:續吳郡志》,第 157-164 頁,成文出版社 1970 年。

宋元。清代，媽祖的迎享送神辭數量最多，是明代的兩倍，所在的媽祖
廟的地域分佈更廣，作者不但有漢族官員文人，也有兩位滿族官員，反
映清代媽祖信仰進一步得到發展，成爲不同民族共同的信仰。

　　第四、迎享送神辭的誦唱和影響。

　　文人創作迎享送神辭，主要是供祭祀媽祖儀式中歌唱，所謂「使鄉
人歌而祀之」[62]、「使歲時歌以祀神」[63]、「俾歌以祀神」[64]、「俾歌以將
事」[65]、「俾邦人歌以祀」[66]、「遺三陽備歌以祀」[67]、「俾我民詠歌以祀
焉」[68]、「使歌以祀」[69]等等，既可以通過歌頌媽祖的靈驗，來取悅神明，
降福於人，也可以增加祭祀活動的熱鬧氣氛。迎享送神辭的歌唱者自然
是媽祖的信徒，但也有請戲班歌唱的，所謂「梨園唱盡送神曲，猶殺牛
羊啖水族。」[70]由於迎享送神辭多爲楚辭體，對於一般百姓來說，文字
過於艱深，意思不甚明瞭，所以很難在民間流傳，多是曇花一現，其影
響也就可想而知了。

　　（本文收入逢甲大學《媽祖國際學術研討會：媽祖、民俗信仰與文
物》2009 年）。

---

[62]　清抄本《白塘李氏族譜》忠部《聖墩祖廟重建順濟廟記》。轉引蔣維錟編校：《媽祖文獻
　　　彙編》，福建人民出版社，1990 年，第 2-3 頁。

[63]　《四庫全書》史部，目錄類，金石之屬，朱珪編：《名跡錄》卷一《重修靈慈宮碑》。

[64]　《四庫全書》集部，別集類，劉基撰：《誠意伯文集》卷九《台州路重建天妃廟碑》。

[65]　《四庫全書》集部，別集類，楊士奇撰：《東里續集》卷四十四《靈慈宮碑》。

[66]　高錫疇等撰：《臨榆縣誌》卷十，見《中國方志叢書》華北地方河北省第 149 號《臨榆縣
　　　誌》，第 681-683 頁，臺北：成文出版社 1970 年。

[67]　陳樹芝纂修：《揭陽縣誌》，見《日本藏中國罕見地方誌叢刊：（雍正）揭陽縣誌》，據
　　　日本內閣文庫藏清雍正九年刻本影印，卷七「藝文——記」條：李義壯《天妃娘廟記》，
　　　第 487-488 頁，書目文獻出版社 1991 年。

[68]　乾隆《福建續志》卷八十三，藝文八：《南靖新建天后宮碑記》，第 29-32 頁。

[69]　光緒《潯州府志》卷九《重修貴縣城東外天后廟碑》。轉引蔣維錟、鄭麗航編纂：《媽祖
　　　文獻史料彙編》第一輯《碑記卷》，第 366 頁，中國檔案出版社，2007 年 10 月。

[70]　施潤章《學餘堂詩集》卷十五《天妃鬧歌》。

定光古佛信仰探索

佛教自兩漢之際傳入中國後，爲了能在異國土地上紮下根來並發展壯大，逐漸走向世俗化。佛教世俗化主要表現在三個方面：一是佛學理論由艱深繁瑣演化爲通俗簡明，成佛的道路也由漫長的苦行修煉甚至要累代修行發展爲剎那間的「直指人心，見性成佛」；二是和尙尼姑從清淨的寺院走向喧鬧的塵世，由不食人間煙火發展爲積極介入民間社會生活，主持或參與祈禱超度亡魂、驅邪鎮妖、祈福禳災等活動，扮演巫覡的角色；三是許多「有功德於民」的和尙和少數尼姑在生前或圓寂後，成爲「有求必應」的地方保護神，接受百姓的頂禮膜拜。

佛教較遲傳入福建，唐中期之前佛教在福建的影響很小，到唐末五代，福建佛教得到迅速發展，宋代達到鼎盛。由於福建佛教迅速發展和繁榮時期也是中國佛教世俗化的進程加快時期，所以與其它地區相比，福建佛教的世俗化色彩較爲濃厚。以佛教俗神爲例，出現在福建歷史上的佛教俗神不計其數，至今仍在福建民間有較大影響的還不少，諸如清水祖師、三平祖師、顯應祖師、扣冰古佛、慚愧祖師、滿和尙、月光禪師、定光古佛、伏虎禪師等等，本文僅探討閩西客家的保護神定光古佛信仰問題，其它的福建佛教俗神另文探討。

一、關於「定光古佛」

定光佛的名稱由來已久，丁福保《佛學大辭典》「定光」條曰：「（佛名）梵名提洹竭佛，Dipamkara，譯言錠光佛或然燈佛。有足曰錠，無足曰燈，作定非。釋迦佛嘗稱爲儒童。此佛出世之時，買五莖之蓮奉佛，因而得未來成佛之別記。」《大智度論》九曰：「如然燈佛生時，一切身邊如燈，故名然燈太子，作佛亦名然燈，舊名錠光佛。」《瑞應經》卷上載：「錠光佛時，釋迦菩薩名儒童，見王家女曰瞿夷者，持七枝表蓮燈，以五百金錢買五莖蓮奉佛。又見地泥濘，解皮衣覆地，不足乃解布地，使佛蹈之而過。佛因授記曰：『是後九十一劫，名賢劫，汝當作佛，

號釋迦文如來』。」從上述記載可知，定光佛即然（燃）燈佛，因其點化釋迦菩薩而成佛果，當九十一劫時，將轉世普度眾生。

我們知道，佛教有過去、現在和未來三世說，三世各有一名佛祖主持普度眾生，稱三世佛，通常認為過去世佛是迦葉佛，現在世佛為釋迦摩尼，未來世佛為彌勒佛。在三世佛中，崇拜過去世佛的人不多，崇拜現在世佛的人最多，而由於未來世佛總是能給善男信女以希望，所以崇拜的人也不少。特別是在社會動盪不安、百姓生活困苦不堪的年代，生活在水深火熱之中善男信女對現世生活失去信心，許多人就把希望寄託在未來世佛祖身上，祈求未來世佛早日降世，超度他們到西方極樂世界去。與此同時，各種未來佛轉世救度眾生的神話傳說也隨之產生。在民間，關於未來世佛是哪位佛祖，也有種種不同的說法，除了影響最大的彌勒佛之說外，還有燃燈佛、定光佛、無生老母等為未來世佛的說法等。

有關定光佛將轉世普度眾生的傳說，在五代時期的一些地區流傳。當時有人將定光佛轉世普度眾生的傳說與朝代的更迭聯繫起來，鼓吹宋太祖是定光佛轉世，以此來嘩眾取寵，為趙宋王朝披上一層神聖的外衣。宋人朱弁在《曲洧舊聞》卷一中說道：

> 五代割據，干戈相侵，不勝其苦。有一僧，雖佯狂而言多奇中。嘗謂人曰：「汝等望太平甚切，若要太平，須待定光佛出世始得。」至太祖一天下，皆以為定光佛後身者，蓋用此僧之語也。

宋代初年甚至有人以宋太祖和宋高宗均出生於丁亥年，進而附會宋高宗也是定光佛轉世，《曲洧舊聞》卷八又載：

> 予書定光佛事，友人姓某，見而驚喜曰：「異哉！予之外兄趙，蓋宗王也，丙午春同居許下，手持數珠日誦定光佛千聲。予曰：『世人誦名號多矣，未有誦此佛者，豈有說乎』。外兄曰：『吾嘗夢梵僧告予曰：世且亂，定光佛再出世，子有難，能日誦千聲可以免矣，吾是以受持』」。予時獨竊笑之。予倅囚十年，外兄不知所在，今觀公書此事，則再出世之語昭然矣，此予所以驚而又悟外兄之夢為可信也。予曰：「定光佛初出世，今再出世，流虹之

瑞，皆在丁亥年，此又一異也，君其識之，公其並書之」。

無獨有偶，佛門中也有人假託是定光佛轉世。宋朱弁《曲洧舊聞》載五代宋初的浙江西湖法相寺的長耳和尚為定光佛轉世，曰：

> 吾浙西湖法相寺，有長耳和尚肉身，相傳此僧為定光佛轉世。據《十國春秋》：長耳和尚于乾佑初化去，而宋太祖已生於天成二年矣，未能附會為一也[1]。

查《十國春秋》卷八十九《列傳》中有關長耳和尚的記載頗為詳細：

> 僧行修，泉州人，本陳姓子，生而異香滿室，長耳垂肩。迨七歲，猶不能言。……長游方外，至金陵瓦棺寺，祝髮受具，泰雪峰義存。武肅王天寶時，行修至四明山中，獨棲松下說法，天花紛雨。又趺坐龍尾岩，結茅為蓋，百鳥銜花飛繞。寶大元年，來杭之法相院，依石為室，禪定其中。乏水給飲，卓錫岩際，清泉迸出。乾佑初，忠懿王以誕辰飯僧永明寺。行修遍體疥癩，徑上座。王見大不敬，遣之去。齋罷，僧延壽告王曰：「長耳和尚，定光佛應身也。」王趣駕泰禮，行修默然，但云永明饒舌、俄頃跏趺而化。……後賜號宗慧大師。

又據《湧幢小品》載：

> 定光佛，初為和尚，號法真，耳長九寸，上過於項，下可結頤，吳越王賓禮之。居定光院，既寂，漆遺蛻，目翕口微開張，以院為寺，正殿居中，龕蛻居左，覆以樓，殿屢毀，不及樓[2]。

民國《武平縣誌·藝文志》引《湖濡雜記》：

> 佛名行修，耳長數寸。吳越王于梁開平時，據兩浙之地，佛攜瓢適至。永明禪師告之曰：「此長耳和尚，定光古佛應身也。」是定光之號，五代時有之，不自宋昉也。而宋因靈異加尊焉[3]。

---

[1]　朱弁《曲洧舊聞》卷8。

[2]　朱國禎《湧幢小品》卷28「長耳和尚」條，《筆記小說大觀》第十三冊，江蘇江蘇廣陵古籍刻印社1983年8月 。

[3]　民國《武平縣誌》卷10《藝文志·重建三寶殿碑記》，轉引自王增能《談定光古佛－兼談

又載：

> 杭州法相寺，定光佛之金身在焉。瞻禮者盥手薰香，香煙一縷，
> 上從七孔而出，彈其腹若空。謂所有郡人歲於正月六日為佛誕
> 事，爆竹沖霄，響徹空谷，遙與虎林、秦望諸山相答應，至今傳
> 者談為盛事[4]。

清代俞樾《茶香室叢鈔》引宋代方勺《泊宅編》記載，江西婺州有一位俗稱豬頭和尚者，百姓以為他是定光佛轉世，曰：

> 婺州有僧嗜豬頭，一啖數枚，俗號豬頭和尚。三衢之守，召師食，
> 自牖窺之，見一鬼從旁食，師無預焉。師尋坐亡，閱師辭世頌，
> 知是定光佛[5]。

俞樾在抄錄《泊宅編》的有關定光佛轉世的資料後，頗有感慨地說：

> 按吳越時，長耳和尚為定光佛轉世，事見《十國春秋》，至今西
> 湖法相寺，其遺蛻存焉。乃此豬頭和尚，亦云是定光佛，何定
> 光佛轉世之多耶[6]？

二、閩西流傳的「定光古佛」

在閩西客家地區有較大影響的定光古佛，均不同於以上各說。現存最早的有關記載閩西定光古佛生平的文獻是南宋文人周必大（1126－1204 年）的《新創定光庵記》：

> 定光，泉州人，姓鄭名自嚴。乾德二年（964 年）駐錫武平南安
> 岩，淳化二年（991 年）別立草庵居之，景德初（1004 年）遷南
> 康郡盤古山，祥符四年（1011 年）汀守趙遂良即州宅創後庵延

何仙姑》，《武平文史資料》第八輯。

4　民國《武平縣誌》卷 10《藝文志・重建三寶殿碑記》，轉引自王增能《談定光古佛－兼談
　　何仙姑》，《武平文史資料》第八輯。

5　俞樾《茶香室叢鈔》卷 13。

6　俞樾《茶香室叢鈔》卷 13。

師，至八年（即祥符八年，1015 年）終於舊岩[7]。

周必大對定光古佛的生平的描述雖然比較簡略，但寥寥數筆卻清晰地勾畫出定光古佛生平的基本輪廓，沒有任何神話色彩，成爲後世志書撰寫定光古佛傳記的藍本。由於古代同安縣屬泉州府管轄，故文中說定光古佛爲「泉州人」。

現存較早而且比較詳細記載定光古佛生平和宋代定光古佛信仰的是《臨汀志》。《臨汀志》成書於南宋開慶元年（1259 年），由汀州知州胡太初修、州學教授趙與沐纂，是福建僅存的三部宋修方志之一（另外兩部爲《三山志》和《仙溪志》）。《臨汀志》原書早佚，近年福建師範大學圖書館的廖天敏先生據《永樂大典》輯校成冊，彌足珍貴。據胡太初、趙與沐的序跋可知，早在隆興二年（1164 年）汀州就修纂了《鄞江舊志》，慶元四年（1198 年）又續修了《鄞江志》，《臨江志》是在這兩部舊志的基礎上編纂而成，「道釋」的記載特別詳細，爲後世志書所不及，其中定光古佛傳就多達二千餘字，從中既可以瞭解定光古佛的生平，也可以窺視定光古佛信仰的產生和早期發展情況。

關於定光古佛的生平，《臨汀志》載：定光古佛，俗姓鄭，法名自嚴，同安縣人。祖父仕于唐，爲四門斬斫使，父任同安令。後唐同光二年（924 年）鄭自嚴出生，十一歲時出家，依本郡建興寺契緣法師席下。十七歲時遊歷江西豫章、廬陵、拜高僧西峰圓淨爲師，在那裡盤桓五年後，告別圓淨法師，雲遊天下。乾德二年（964 年），來到武平縣南安岩，見這裡石壁陡峭，岩穴天成，遂結庵於此。景德初（1004 年），應邀往江西南康盤古山弘法，住持禪院。三年後返回南安岩。大中祥符四年（1011 年），汀州郡守趙遂良慕名延請鄭自嚴到汀州府城，建寺廟於州府後供其居住，以便往來請教。大中祥符八年（1015 年）正月初六圓寂，享年八十二歲，遺偈共一百十七首，其中二十二首乃親筆所書。定光古佛去世後，百姓收集其遺骨及舍利，「塑爲真像」，頂禮膜拜[8]。

7　開慶《臨汀志》卷 7《仙佛》。

8　開慶《臨汀志》卷 7《仙佛》。

上述鄭自嚴的出生年是筆者根據其圓寂於淳化八年推算的，有關鄭自嚴的出生年代，文獻記載不盡相同，主要有五代說和元代說二種：

1、五代說。主張鄭自嚴出生在五代時期的除《臨汀志》的作者外，元代劉將孫、清代的楊瀾及康熙《武平縣誌》、光緒《長汀縣誌》和民國《福建省志》等的作者也持此說，但在具體出生年上又有分岐。元代劉將孫在《養吾齋集》卷二十八《定光圓應普慈通聖大師事狀》中承襲了《臨汀志》的鄭自嚴卒于北宋大中祥符八年，享年八十二歲說法。楊瀾《臨汀匯考》卷二對鄭自嚴的出生年說的比較含糊，但認為其為五代時人卻是很明確的：「南唐保大年間，甯化天華山伏虎禪師誕生其地，為居民葉千益之子。生時天為雨花。同時，定光佛亦來武平，為白衣岩主，汀郡沙門，一時稱盛。……伏虎、定光，生為汀人，沒為汀神，救旱禦兵，至今崇祀。」而《福建省志》、《縣誌》、《府志》多記載定光佛卒于宋淳化八年，如康熙《武平縣誌》卷九《人物・方外志》和光緒《長汀縣誌》卷二四《人物仙釋》有完全相同的記載：「淳化八年，師壽八十有二，正月六日申時集眾而逝，遺骸塑為真像。」民國《福建通志》卷二百六十三《宋方外》：「自嚴本姓鄭，泉州同安人，沙門家所稱定光佛是也。年十一出家得佛法，振錫於長汀獅子岩。……乾德二年，隱于武平縣南岩。……淳化八年，坐逝，年八十有二，賜號定應。」而《福建高僧傳・宋一》也記載：鄭自嚴於「淳化乙卯正月初六，集眾曰：『吾此日生，今正是時。』遂右肋臥而化，諡曰定光圓應禪師。」查歷史年表，宋代淳化年號只有五年，並不存在上述各志書提到的「淳化八年」之說，也無《福建高僧傳》所說的「淳化乙卯」年。「淳化八年」和「淳化乙卯」年很可能是「大中祥符八年（乙卯）」之誤。另外，王增能先生據武平《何氏族譜・序》的「北宋乾德二年（964 年），鄭自嚴卓錫武平南安岩，時年四十八歲」的記載推算，認為「西元 917 年為定光古佛誕生年，確屬明白無誤[9]。」

2、元代說。《元至治自嚴尊者碑》：「略曰：自嚴尊者，元仁宗時曾

9　王增能《談定光古佛--兼談何仙姑》，《武平文史資料》第 8 輯。

應詔入都，靈異卓著。南歸杭州，遇山出蛟，以帝賜金鐘覆之。入閩，喜此岩有『一峰獅子吼，萬象盡歸依』語，啓道場，敕賜藏經。尊者接招歸，有句云：『九重天上恩綸賜，順得曇花滿路香』。旋示寂于杭。閩人塑遺像於寺及岩中。」清末詩人丘逢甲見到此碑的記載後，不加考證，信以爲真，認定定光佛是元代人，並說：「今所傳宋封定光圓應大德普度古佛者，當元仁宗而訛[10]。」

造成上述文獻記載不同的原因，一方面是由於在歷史上假託定光古佛轉世的人不止一個，後世把他們混爲一談，如宣統《定光大師來岩事蹟》碑文中有：「按大師姓鄭名自嚴，閩之泉州同安人也。《胡壪雜記》云：『師名行修，耳長數寸。後梁開平時，吳越王據兩浙，師攜瓢適至。永明禪師告之曰：『此長耳和尚，定光古佛應身也。』行修蓋師別一道號，非異人也。其封號已見於五代之初，其生當必於五代以上矣。……宗（「宋」之誤）淳化間，坐化於杭州法相寺。杭人金其肉身，岩人塑其像以祀[11]。」顯然，碑文的作者誤把杭州的長耳和尚與鄭自嚴視爲一人，結果在許多方面自相矛盾，鬧出一些笑話。另一方面，由於年久代遷，一些文人學者在修志編書時，考證不精，以訛傳訛。筆者以爲，周必大和《臨汀志》的作者離鄭自嚴圓寂的時間較爲接近，他們的學術態度也較爲嚴謹，所以，有關鄭自嚴的生平記載也較爲可信，根據其卒年來推算出生年比較符合歷史事實，凡是與《臨汀志》不同的說法均不太可信。

三、「定光古佛」的傳說事蹟

定光古佛在世時，民間就流傳著許多有關他的神話傳說故事，這些神話傳說故事可以分爲五個類型：

10　民國《武平縣誌·古跡》，轉引自王增能《談定光古佛－兼談何仙姑》，《武平文史資料》第 8 輯。

11　民國《武平縣誌·古跡》，轉引自王增能《談定光古佛－兼談何仙姑》，《武平文史資料》第 8 輯。

　　一是除蛟伏虎，爲民除害。如後周顯德年間（954－959 年），定光古佛雲遊天下，路過大和縣懷仁江時，江水突然暴漲，濁浪翻滾，當地百姓說是蛟龍經常在江中興風作浪，危害百姓。定光古佛手寫佛偈一首，投入江中，江水驟退，變成一片沙洲，後來當地人稱之爲「龍洲」。相傳汀洲城南的龍潭中有孽龍危害百姓，定光古佛也投偈潭中，孽龍遂消聲匿跡。又傳定光古佛設道場時，「大蟒前蟠，猛虎傍睨，良久，皆俯伏而去」。淳化間（990－994），牧場中的牛被老虎傷害，定光古佛聞訊後直奔牧場，在牛被老虎咬死的地方立一木牌，寫上偈語，第二天天亮，猛虎死於路中。

　　二是疏通航道，尋找泉水。相傳景德初（1004 年）定光古佛應邀到江西南康盤古山弘法途中，經過某一條江河時，江中佈滿槎椿，船隻常常觸椿而沉沒，定光古佛用手撫摸著槎椿，說道：「去，去，莫爲害！」當天晚上，天未下雨而江水暴漲，槎椿均被江水沖走。到了盤古山后，發現井水枯乾，禪院缺水，遂用禪杖敲井沿三下，說道：「快出，快出！」到了晚上，落泉濺崖之聲不絕於耳，天明，井水湧出滿溢。又傳祥符四年（1011 年），郡守趙遂良結庵州後請定光古佛住持，庵前有一枯池，定光古佛「投偈而水溢，今名『金乳』」。

　　三是祈雨祈陽。祥符四年（1011 年），汀州久雨不晴，郡守趙遂良請定光古佛搭台祈晴，獲應。不久，又發生旱災，郡守胡咸秩遣使到南安岩請定光古佛祈雨，定光古佛寫一偈語給來使帶回汀州，剛進入汀州境內，大雨傾盆，是年喜獲豐收。

　　四是爲民請命。咸平六年（1003 年），官府向寺院徵收布匹，布匹則由當地百姓代交，定光古佛於心不忍，寫了一封要求免征布匹的信夾在上交的布匹中。官府發現後，十分惱怒，拘捕定光古佛訊問，定光古佛拒不回答，郡卒張曄愈怒，令人焚燒衲帽，可是火燒盡了衲帽卻完好無損。張曄懷疑定光佛有左道妖術，令人用豬血蒜辛等厭勝後再焚，但衲帽越燒越白，只好把他放了，從此定光佛就一直穿白衣。

　　五是神通廣大。相傳宋真宗時，有一次在京都設宴請全國高僧，在皇帝面前無人敢就坐。定光古佛姍姍來遲，進殿後就大大方方地坐在皇

帝的對面，宋真宗感到驚訝，問道：「大師從何處來？幾時起行？」定
光古佛答道：「今天早上從汀州來。」真宗不相信，又問：「汀州太守是
誰？」答道：「是胡咸秩。」宴畢，真宗故意叫定光古佛帶一些齋飯賜
給胡咸秩，齋飯帶到汀州還不涼，胡咸秩驚詫萬分，上表謝恩。真宗接
到胡咸秩的表文後，才相信定光古佛非等閒之輩，稱之為「現世佛」。
又傳祥符初年（1008 年），廣東惠州有一艘運載磚瓦的巨船擱淺於河源
縣沙州，僧侶來到南安岩請求定光古佛幫忙。定光古佛書寫一首偈語給
來僧，來僧持偈到擱淺的船上，船隻莫名其妙地拔動，順利航行[12]。

　　上述神話傳說故事曲折地反映兩個歷史事實：一是定光古佛在世時
曾為百姓做了一些好事，受到群眾的愛戴，故親切地稱之為「和尚翁」
[13]；二是定光古佛在世時就帶有一定的神秘色彩，其影響不限於閩西，
在江西和廣東等地也有一定的影響，所謂「自江以西，由廣而南，或刻
石為相，或畫像以祠，家有其祀，村有其庵[14]。」鄭自嚴圓寂後，很快
被群眾奉為神靈，尊稱為「聖翁」[15]。

　　值得注意的是，定光古佛去世後，許多文人士大夫也紛紛撰寫詩
文，盛讚定光古佛，志稱：「名公巨卿，大篇短章，致讚歎意，無慮數
百篇」[16]。其中以大文學家蘇東坡的讚詞最為有名，他寫道：

> 定光石佛，不顯其光，古錐透穿，大千為囊。臥像出家，西峰參
> 道，亦俗亦真，一體三寶。南安石窟，開甘露門，異類中住，無
> 天中尊。彼逆我順，彼順我逆，過即追求，虛空鳥集。驅使草木，
> 教誨蛇虎，愁霖出日，枯旱下雨，無男得男，無女得女。法法如
> 是，誰奪誰與？令若威怒，免我伽梨，既而釋之，遂終白衣，壽
> 帽素履，髮鬢皤皤。壽八十二，與世同波。窮崖草木，枯臘風雨。
> 七閩香火，家以為祖。埵薩埵禦天，宋有萬姓。乃錫象服，名曰

---

[12] 以上傳說故事均見開慶《臨汀志》卷 7《仙佛》。

[13] 開慶《臨汀志》卷 7《仙佛》。

[14] 劉將孫《養吾齋集》卷 28《定光圓應普慈通聖大師事狀》，景印文淵閣《四庫全書》集部一
　　 三八，別集類。

[15] 開慶《臨汀志》卷 7《仙佛》。

[16] 開慶《臨汀志》卷 7《仙佛》。

「定應」[17]。

鄭自嚴在世時，百姓雖然就把他看做是定光佛的托胎轉世，《鄞江集》載：「初波利尊者自西土來住盤古山，即有讖曰：『後五百歲有白衣菩薩自南方來居此山，即是定光佛也。」《臨汀志》也有類似的記載：「初，南康盤古山波利禪師從西域飛錫至此，山有泉從石凹出，禪師記云：『吾滅五百年，南方有白衣菩薩來住此山。』其井湧泉，後因穢觸泉竭，與議請師主法席，以符古讖。師許之，乃泛舟而往」[18]。然而據現有資料來看，鄭自嚴在世時，只有「白衣岩主」、「和尚翁」等稱號，去世後不久，百姓稱之爲「聖翁」，還沒有逕稱之爲「定光古佛」的記載。鄭自嚴被朝廷正式敕封爲「定光」封號是在北宋紹聖四年（1097 年）。

四、「定光古佛」的封賜

我們知道，宋代地方神明追封敕號蔚然成風。敕封的程式一般是地方官僚或鄉紳上表請封，列舉所謂「功及生民」的種種「靈異」，朝廷派人到實地核實後，就頒誥敕封，所以宋代所敕封的神明很多，但也並不是象有些人所理解的那樣，只要有申報便必定敕封，而是有一定的規制可循。史稱：「諸神祠無爵號者賜廟額，已賜額者加封爵，初封侯，再封公，次封王，生有爵位者從其本封。婦人之神封夫人，再封妃。其封號者初二字，再加四字。如此，則錫命馭神，恩禮有序。欲更增神仙封號，初真人，次真君[19]。」

據《臨汀志》引《行實篇》記載，鄭自嚴獲得朝廷的八字敕封也並非易事，前後花去近百年的時間，請封過程如下：

---

17 轉引《臨汀志》卷 7《仙佛》。光緒《長汀縣誌》卷 24《人物·仙釋》說上述贊詞是北宋著名詩人、書法家黃庭堅撰寫的，實際上黃庭堅的贊詞是：「石出山而潤自丘壑，松不春而骨立冰霜。今得雲門拄杖，打破鬼窟靈床。其石也將能萬里出雲雨，其松也欲與三界作陰涼。此似昔人非昔人也，山中故友任商量。」（見《臨汀志》卷 7《仙佛》。）

18 開慶《臨汀志》卷 7《仙佛》。

19 《宋史》卷 105《禮八》。

熙寧八年（1075 年），郡守許公嘗表禱雨感應，詔賜號「定應」。崇寧三年（1104 年），郡守陳公粹複表真相薦生白毫，加號「定光圓應」。紹興三年（1133 年），虔寇猖獗，虔化宰劉僅乞靈於師，師於縣塔上放五色毫光，示現真相，賊遂潰。江西漕司以聞，紹興二年（疑為「三年」之誤）嘉「普通」二字。乾道三年（1167 年），又嘉「慈濟」，累封至八字大師。民依賴之，甚于慈父。……紹定庚寅（1230 年），寇挺起，干犯州城，勢甚岌岌，師屢現靈。賊駐金泉寺，值大雨，水不得渡。晨炊，粒米迄不熟，賊眾饑困，及戰，師於雲表見名旗，皆有草木風鶴之疑，遂驚愕奔潰，祈求乞命。汀民更生，皆師力也。嘉熙四年（1240 年），州人列狀於郡，乞申奏賜州後庵額，有旨賜額曰「定光院」。續又乞八字封號，內易一「聖」字，仍改賜「通聖」，今為「定光圓應普慈通聖大師」[20]。

劉將孫《養吾齋集》也有類似的記載：

熙寧八年（1075 年），守許當之禱雨感應，初賜均慶禪院開山和尚號「定應大師」。至崇寧二年（1103 年）守陳粹言白衣菩薩木雕真相。紹聖三年（1096 年），於額山連眉間生白毫百餘，莖毫末，各有舍利。至四年，面上右邊及後枕再生白毫，有旨加號「定光圓應」，仍許遇聖節進功德疏，回賜度牒一道。紹興三年（1133 年），以江西轉運司奏虔州南安巖定光圓應大師於虔之虔化縣塔上放五色毫光，驚破劇賊李敦仁，收復二縣，乃賜「普通」二字。乾道三年（1167 年），再以福建轉運司奏汀州祈禱列上實跡，複加賜八字，師號為「定光圓應普通慈濟大師」。嘉熙四年（1240 年），敕以師像留州治後庵，賜後庵額曰「定光」，仍于封號中易一「聖」字云[21]。

---

[20] 開慶《臨汀志》卷 7《仙佛》。

[21] 劉將孫《養吾齋集》卷 28《定光圓應普慈通聖大師事狀》，景印文淵閣《四庫全書》集部一三八、別集類。關於定光佛的封號，據說河南洛陽白馬寺有一碑文，雕刻宋徽宗崇寧二年（1103 年）的敕書，其中有「定應大師賜號定光圓應大師；……汀州武平縣南安巖均慶禪院，今後每遇聖節各許進奉功德……」的字樣，進一步證實《臨汀志》記載的可信度。然而，民間對於定光古佛的封號，另有說法。《定光大師來巖事蹟》：「真宗朝，禦齋召天下名僧。師現身說赴謁。上問何來？對曰：『今早自汀州來。』上異之：『郡守誰？』曰：

　　從鄭自嚴的八字封號的由來，還可以看出兩個不容忽視歷史事實：一是去世後的定光佛，其主要職能是祈雨和禦寇，除此之外，「他如起疫癘，解冤詛，盲者視，跛者履，獵者悔過，機械者息心，夢寐昐蠻，遷善遠罪，起死回生，無遠弗屆。」而且還有保佑科甲仕途的職能，其職能大大超過生前。其中治病的方法最爲有趣，「凡病而禱者，捧紙香上，良久可得藥。藥五色，紅、黃者即愈，褐者、緩黑者不可爲。或輕如爐灰，或實如粟粒[22]。」二是鄭自嚴的八字封號有六字來自閩西官員的請封，有兩字來自江西南部官員的請封，這種情況極爲少見，說明在兩宋時期，定光佛信仰主要在福建的西部、江西的南部地區流傳。

五、崇奉「定光古佛」的寺廟

　　宋代，定光古佛信仰影響最大的無疑是閩西武平縣均慶寺，所謂「若其化後，香火之盛，棟宇之崇，其威光顯赫，不可殫載。（南安）岩介乎閩廣之間，前五里爲梅州境，幽篁曠野，極目無居人，寇盜之所出沒。然數郡士女，結白衣緣，赴忌日會，肩駢踵接，岩寺屹然，道不拾遺，無敢犯者[23]。」其次是江西吉安的西峰寶龍祥符寺。《養吾齋集》卷十七《西峰寶龍祥符禪寺重修記》記載：「盧陵（江西省吉安一帶）城中諸

『屯田胡咸秩。』齋罷，忽倦臥，上以黃袍加其身。今睡像之塑乎此也。賜金鐘，重以千計，並命持饌食，往賜汀州守。謝詔歸，有『九重天上恩綸賜，拾得曇花滿路香』之句。以傘把懸金鐘至汀，饌食尚溫。咸秩驚異，疑是妖，命左右即以鐘覆之，鑠火三日不熄。發視之，但顙有點汗而笑曰：『近日天時較暑耶？』咸秩愧慚，乃敘其事表謝，且建寺於府署之東。或謂是時並晉封圓應大德徽號。一說禦齋乃仁宗悼念李太后，召僧追見，眾僧無術。師獨以能言不現身，現身不能言。請言，許能言，因咒，果得與言。仁宗大悅。……（大中）祥符四年　（1011年），賜『均慶護國禪師』。民間還流傳這樣的傳說故事：定光佛施行法術，讓李太后現身與宋仁宗見面後，大喜過望，遂給自嚴封號，連封數次，讓他選擇，自嚴就是默默無語。宋仁宗笑道：「您這個和尚怎麼不說話？你呀，真是尊古佛。」鄭自嚴隨即謝恩。據說「定光古佛」之稱由此而來。（上述資料轉引王增能《談定光古佛－兼談何仙姑》，武平文史資料》第8輯）。

[22] 詳見劉將孫《養吾齋集》卷28《定光圓應普慈通聖大師事狀》，景印文淵閣《四庫全書》集部一三八，別集類。

[23] 詳見劉將孫《養吾齋集》卷28《定光圓應普慈通聖大師事狀》，景印文淵閣《四庫全書》集部一三八，別集類。

禪現大神通道場者，西峰第一。西峰之盛，繇定光古佛。古佛之得道，繇圓淨禪師。圓淨則西峰之第六世也。今法堂題『古佛乑處』以此然。郡士民與四方皆知事定光，請藥藥現，五色異彩。祈嗣悉應，禱雨陽雨陽若……定光之辭世也，圓淨曰：『留福德鎮山門』。以是西岩雖盛於臨汀，而靈異尤著於盧陵與仰山等方寺。盛時，每歲孟春六日，人皆祓服車徒，波騰塵沸，十里爭道，環爲園林，遊娛炫麗。地主遨頭歌衢擊壤，耳喧目奪，忽轉禪林，喬木如雲，高堂法座，風幡肅然。雖接跡坌至，入門意消。稽首足尊，生平何行，未有不俯仰自失也。」定光佛在廣東的北部也有較大的影響，洪邁《夷堅志》記載這樣的故事：宋覬益謙，少時遇一僧人，相約到梅州見面，紹興以後，宋氏到梅州當官，「追憶僧言，至即訪之，彼人云：『未嘗有。』或曰：『此邦崇事定光佛，庵在城外，有籤告人，極靈感。』欣然往謁。再拜，仰瞻貌像，乃一化僧真身，與昔溪上所睹無少異。自是日往焚香致敬。既而因母老故，恩許自便，作木像僧真，輿以歸。到新安，於宅旁建庵，名曰『慈報』[24]。」

　　南宋末元初，由於戰亂，一些寺廟被破壞，連武平南安岩的均慶寺也「寺焚碑毀」。有些寺院在元代初年被重修，如南岩均慶寺於元代初年重修，無論是達官貴族，還是平民百姓，均慷慨解囊，捐資修建，到大德七年（1303年）已是規模宏偉的寺院，當地官員劉將孫描寫道：「予客授臨汀，大德癸卯，有旨誦經，環一郡六邑，惟南岩均慶禪寺定光古佛道場有新藏。於是陪府公蒞焉。貝葉新翻，列函嚴整，寶輪炫耀，棟宇高深，龍蛇通靈，護持顯赫。」後來，又得到汀州、梅州、循州、惠州、連州等地善男信女的巨額捐資，修建了大雄寶殿、雨華堂、山門、五百羅漢堂、雲會堂、齋堂、塔等建築，並購買若干寺田，經過元代的修建，均慶寺成爲汀州最大的寺院[25]。

　　江西盧陵西峰寶龍寺在元代初年也被在戰亂中被毀，「僅存靈柱」。總管周天驥發大誓願，用三十年時間募緣修建，「繇門達堂，鼎新越舊。

[24] 洪邁《夷堅志》第4冊《夷堅志》補卷第十四，中華書局出版1981年10月。
[25] 劉將孫《養吾齋集》卷17《汀州路南安岩均慶禪寺修造記》，景印文淵閣《四庫全書》集部
　　一三八，別集類。

宗風法席，煒煒煌煌。佛殿尊嚴，法堂重閣。僧會宏宇，寶藏新輪。古佛殿祠，深靚環拱。僧寮方丈，瀟灑不塵。廊廡改敞，山門增高。補松種樹，像設金碧。制器備用，既美既完。施田日增，度徒歲廣。其餘力者，爲太平橋。厥自至元丙子，以及大德丙午，西峰新寺，無處不新，無物不備[26]。」

六、明清以來的「定光古佛」信仰

明清以來，定光古佛信仰的影響進一步擴大，主要表現在以下三方面：

（一）奉祀定光佛的寺廟增多，分佈也較廣

元代以前，有文獻記載的奉祀定光古佛的寺廟不多，而且主要分佈在福建、江西和廣東三省交界處。明清以後奉祀定光古佛的寺廟劇增，分佈也較廣，黎愧曾《重修梁野山定光禪院題辭》寫道：「佛氏之盛，精藍紺宇遍海內，而汀之禪院獨稱定光，定光禪院于臨安、于泉南、于江右無弗有，而汀爲最著」[27]。武平縣南安岩均慶寺作爲定光古佛信仰的祖廟，曾在明萬曆年間和清乾隆十六年先後兩次被重修，乾隆十六年的重修所需銀兩，除了在武平境內募緣外，還「外募十方，遠及臺灣」[28]，一共花了一千多兩銀子重修，使之更加富麗堂皇。在武平縣，還有伏虎庵、禪果院、定光伏虎庵等奉祀定光佛的寺廟[29]。在沙縣洞天岩建有老佛庵，庵旁岩石上雕刻著定光古佛的睡像，俗稱「靈岩睡像」，舊時這裡香火鼎盛。洞天岩還「有長耳佛像，水旱禱著靈跡」[30]，建甌縣

---

[26] 劉將孫《養吾齋集》卷17《西峰寶龍祥符禪寺重修記》。景印文淵閣《四庫全書》集部一三八，別集類。

[27] 《臨汀匯考》卷4《山鬼淫祠》。

[28] 民國《武平縣誌》卷10《藝文志·重建三寶殿碑記》，轉引自王增能《談定光古佛－兼談何仙姑》，《武平文史資料》第八輯。

[29] 詳見《洞天岩志》。

[30] 董其昌《畫禪室隨筆》卷3，《筆記小說大觀》第12冊，江蘇江蘇廣陵古籍刻印。

鐵獅山定光岩，「深邃奇絕，中祀定光佛」[31]。順昌芹山「里人以爲定光佛第二道場」[32]。泰寧也有定光佛的傳說，曰：「乾德間駐錫於邑之保安寺，趺坐三月餘。夏日偶遊葉家窠，見兒童飲於溪，因謂曰：『溪水夏則不淨，不宜飲。』遂隨手指地，湧泉成井，夏清冬濁。後在汀州武平之南安岩示寂，邑人塑其像，稱曰南安公。」[33]連城縣白仙岩、崇安縣大漿嶺以及清流縣境內都建有寺廟奉祀定光古佛[34]。明清時期定光古佛信仰還傳入臺灣省，至今臺北、台中還有若干座專祀定光古佛的寺廟。

（二）與定光古佛傳說有關係的「勝跡」遍佈閩西、閩北地區

據文獻記載，定光佛在世時，足跡遍佈東南沿海各省，尤其在福建留下許多與之有關的「勝跡」，如清流縣灞湧岩，這裡飛泉怪石，茂林修竹，爲一方勝境，相傳「舊無水，定光佛至飛錫，凌空七日復返，始有泉湧。其夜，風雷大作，雨水滂沱，僧驚避遲。明視之，庵推出谷口，其下飛瀑數丈如珠廉，至今莫尋其源」[35]。連城縣滴水岩，「相傳定光佛嘗駐錫於此」[36]。上杭縣東安岩，「宋定光佛常棲於此岩」[37]。武平縣是定光佛信仰的中心，有關「勝跡」尤多，如禪果院後有龍泉井，常有龍珠在井中發光，相傳爲定光佛所鑿。離南安岩數十里處的綠水湖，水色深綠，相傳爲定光佛創院時，拄錫成湖，建寺院的杉木從湖中湧出，定光佛取其綠色的湖水爲顏料畫樑柱[38]。南安岩前有 12 座山峰並峙，相傳因定光佛的偈語「一峰獅子吼，十二子相隨」而得名。黃公嶺上有泉水名聖公泉，相傳乃定光佛杖擊泉湧，泉口雖僅杯勺大小，但千人飲之不

[31]《八閩通志》卷 5《地理》。

[32]《八閩通志》卷 10《地理》。

[33] 乾隆《泰寧縣誌》卷 9 下《仙釋》。

[34] 詳見《臨汀匯考》卷 2《山川》，康熙《崇安縣誌》卷 1《方域》及《洞天岩志》。

[35]《臨汀匯考》卷 2《山川》。

[36]《八閩通志》卷 9《地理》。

[37]《閩書》卷 2《方域》。

[38] 詳見《洞天岩志》。

竭。武平縣還有蛟塘，相傳亦爲定光佛所鑿[39]。武平縣的許多地名也由來於定光佛的神話傳說，如「寄子嶺」的傳說至今仍爲當地百姓津津樂道。相傳甯化余某，曾向定光佛祈求子嗣，不久，妻子果真懷孕，生下一子。余某夫婦感恩不盡，抱著兒子一齊到南安岩均慶寺叩謝，想不到離南安岩 20 里處小兒子突然死去。余某夫婦仍堅信定光佛法力無邊，定能使自己的兒子死而復生，就把兒子暫且安放在荒嶺，一起到南安岩均慶寺進香祈禱。拜畢，回到荒嶺，死去的兒子早已復活，正坐在那裡吃饅頭呢，後世人稱此荒嶺爲「寄子嶺」[40]。

（三）與定光古佛信仰有關的某些宗教活動轉化爲民俗

定光古佛在閩西的影響很大，被當地百姓奉爲最靈驗的神靈，志稱：「汀人朔望歲時持香燈，詣院稽首禮拜者，男女常及萬人」[41]。《榕村語錄》也說：「閩自五季，崇尚佛教，汀中古刹，昔時創建者甚多，但迄今廟貌剝落，俗中敬奉者，只有定光（伏虎）二佛，其餘寺觀率改爲關聖大帝廟矣。」由於定光古佛的影響很大，有些與之有關的宗教活動久而久之就轉化爲民俗。一是「搶佛子」習俗，光緒《長汀縣誌》載：「汀俗佞佛，民間借祈報之禮以間行怪事，如郡城正月初七，鄞河坊迎神于南廨寺前，將長竹二竿結伏虎佛號牌於上，嗣艱者分黨糾集，候迎神畢，鉤牌墜下，聽各攘臂分搶，搶獲者眾，用鼓樂果酒導引歸家，以慶舉子之兆，間有獲應者。不記肇自何年，俱昔日好事之徒爲之」[42]。《閩雜記》也有類似的記載：「長汀縣向有搶佛子之俗。每年正月初七日，定光寺僧以長竹二竿懸數十小牌於杪，書伏虎佛號，無子者群奉之而行，自辰至酉，咸以長鉤鉤之，一墜地則紛然奇取，得者用鼓樂迎歸供之，以爲舉子之兆。然亦有應，有不應，惟其紛奪，或至鬥毆涉訟耳」

---

[39] 詳見《洞天岩志》。

[40] 詳見《定光大師來岩事蹟》。

[41] 《臨汀匯考》卷 2《山川》。

[42] 光緒《長汀縣誌》卷 33《雜識》。

[43]。二是「請濕風」、「請燥風」習俗,「汀州府城東南赤峰山有定光佛寺,為一郡最高處。寺中一長幡,久雨久晴則豎寺前,有風自南來幡腳飄北,次日必晴,俗謂之『請燥風』。久晴求雨則豎寺後,有風自北來幡腳飄南,次日必雨,俗謂之『請濕風』」[44]。有時還要台出定光古佛和伏虎禪師的神像巡繞田野,祈求豐收。楊登璐《芷溪竹枝十九首》之五:「首夏青苗發水田,定光伏虎繞橫阡。醮壇米果如山積,奏鼓冬冬祝有年。」[45]

七、餘論

隨著定光古佛信仰的進一步擴大,各種神話傳說被大量編造出來,這些新編出來的神話傳說與宋代相比,具有三個鮮明特點:

一是人情味較濃。《洞天岩志》載,清順治三年(1646 年),大圖京率兵至百步鋪,有兩位僧侶晉見,說:「城即開,幸勿傷民。」言訖,忽然消失。第二天,又看見兩位僧侶從臥龍山顛往下灑水,深感詫異,召見當地百姓詢問,並描述兩位僧侶的形狀,百姓曰:「汀州府有定光、伏虎二位古佛,大王所見或許就是他們顯靈。」大圖京半信半疑,來到定光佛寺一看,所見到的僧侶與佛寺中的定光、伏虎古佛的塑像相同,遂命郡人重修寺院[46]。在這裡,定光古佛不是像宋代那樣通過「靈異」來阻擋或嚇跑入侵者,而是見大勢已去,採取了勸告清兵不要屠殺無辜的靈活措施來保護汀州百姓,成為一個「識時務」的神靈,富有人情味。

二是與閩西人文緊密結合。一方面與何仙姑的傳說相聯繫,據武平《何氏族譜》記載,何仙姑的父親何大郎曾任甯化知縣,定居在甯化石壁村,後唐天成元年(926 年)遷居武平南安岩,後晉天福二年(937年)生女何仙姑。何仙姑自幼喜清靜,不飲酒,不茹葷,隱遁在南安岩

---

[43] 《閩雜記》卷 7《搶佛子》。
[44] 《閩雜記》卷 1《燥風濕風》。
[45] 轉引民國《連城縣誌》卷 17《禮俗》。
[46] 詳見《臨汀匯考》卷 4《山鬼淫祠》。

中修真，成為神仙。乾德二年（964 年），鄭自嚴遊歷武平，選中南安岩為寺院，到處募化建造寺院。有人勸何仙姑另找地方修煉，仙姑不答應，說：「我生於此，長於此，靜修於此，豈能舍岩而他往？」有一天，何仙姑出觀看洪水，鄭自嚴乘機入岩趺坐。仙姑回岩後，發現有大蟒猛虎盤伏在鄭自嚴周圍，十分馴服，就將所見告訴父親。何大郎欽其神異，遂施岩為佛殿，並捐獻地三十三畝八分，胰田四千七百八十秤，塘田四十六畝為寺院供養。鄉人在建造佛殿供定光佛居住外，還構樓以祀仙姑[47]。另一方面與李綱的傳說相聯繫，相傳定光佛遊歷沙縣時，變成一個老和尚，從溪南騰空而渡，正好被李綱遇見，李綱知道老和尚非凡人，就上前叩問姓名、住址，並要拜他為師。定光佛拒收他為徒後，李綱又以前程卜問。定光佛寫一偈語送他，偈語曰：「青著立，米去皮，那時節，再光輝。」最初，李綱不知道偈語的含義，到了靖康元年（1126年），金兵包圍開封時，李綱應詔入朝，出任尚書右丞，翌年出任宰相，偈語的預言（「青著立」三字寓「靖」字，「米去皮」三字寓「康」字）得以驗證[48]。《沙縣誌》卷四又載，李綱被貶謫於興國時，看見一個老和尚渡溪時，足不履橋，離地騰空而行，覺得詫異，尾隨和尚到洞天岩。老和尚在岩石上閉目養神，李綱待老和尚醒來後，前去與他攀談，並邊走邊談，至溪橋才相別。待李綱回首，發現老和尚駕雲騰霧而去，才知道老和尚是定光佛的化身。

　　三是宣揚善有善報、惡有惡報的宗教觀。相傳某地築陂，因水流湍急，久而不能合龍。一天，一位老太婆給築陂的兒女送飯，正好遇到變化成乞丐的定光佛向她乞食。老太婆將築陂事及家中困苦狀一五一十地告訴定光佛，對他的乞食面有難色。定光佛拖著沉重的步伐走開了，老太婆見他餓成這個樣子，忽動惻隱之心，將所有的飯菜施捨給定光佛。定光佛吃完後，來到水陂，叫眾人走開，即脫下草鞋，甩往壟口，彈指

---

[47] 轉引自王增能《談定光古佛－兼談何仙姑》，《武平文史資料》第 8 輯。關於八仙中的何仙姑的籍貫，眾說紛紜，有零陵人說，有歙縣人說，有武平縣人說。福建自古是巫術盛行的地方，歷代女巫很多，百姓通常稱女巫為「某某仙姑」。武平縣的何仙姑是否就是八仙中的何仙姑，值得作進一步探討。

[48] 詳見《沙縣誌》卷 15《祥異》。

間水陂合龍，且十分牢固，經久不毀。鄉人德之，立廟奉祀。又傳定光佛某日到武平縣梁山下的籮斗坑一帶化緣，某富翁不但不理睬他，而且連借鍋煮飯也不給柴火，定光佛說：「我只好用腿當作柴火了。」說罷，竟將雙腿伸入灶膛，劈劈啪啪燒了起來。須臾飯熟，餐畢，定光佛揚長而去。富人發現定光佛雙腿完好，而家中的飯桌、板凳悉被燒光，遂持打狗棍追了上來。定光佛行走如飛，來到水口，背起一塊大石頭放在梁山頂，讓石頭懸空而立，危危欲墜，使爲富不仁的富翁擔心巨石從山上滾下來而惶惶不可終日，以示懲罰[49]。

（本文發表於《圓光佛學學報》1999 年第 3 期，第 223－240 頁）

---

[49] 詳見王增能《談定光古佛－兼談何仙姑》，《武平文史資料》第 8 輯。

清水祖師信仰探索

清水祖師俗稱「祖師公」、「烏面祖師」等，原是宋代的一名僧人，圓寂後逐漸演變成爲閩南地區有影響的佛教俗神，至今仍在福建、台灣及東南亞一些地區擁有數以百計的分爐和眾多的信仰者。不過，現今學者對此研究甚少，筆者根據教內外資料，對清水祖師信仰做一較全面考察。[1]

一、清水祖師的生平

清水祖師在歷史上確有其人，現存最早的有關清水祖師生平的文獻資料是宋政和三年（1113 年）十二月邑令陳浩然撰寫的〈清水祖師本傳〉。〈本傳〉包括兩部分的內容，前半部分記載清水祖師的生平，後半部分記載清水祖師圓寂後被奉爲神靈的情況，茲將前半部分的內容轉錄如下：

> 祖師生於永春縣小姑鄉，陳其姓，普足其名也。幼出家於大雲院，長結庵於高泰山，志甘槁薄，外厭繁華。聞大靜山明禪師具圓滿覺，遂往事之。道成業就，拜辭而還。師曰：「爾營以種種方便，澹足一切。」因授以法衣而囑之。曰：「非值精嚴事，不可以有此。」祖師還庵，用其師之言，乃勸造橋樑數十，以度往來。後移庵住麻章，為眾請雨，如期皆應。元豐六年，清溪大旱，便村劉氏相與謀曰：「麻章上人，道行精嚴，能感動天地。」比請而至，雨即沾足，眾情胥悅，咸有築室請留之願，乃於張岩山關除菑翳，剪拂頑石，成屋數架，名之曰清水岩，延師居焉。以其年，造成通泉橋、谷口橋，又十年，造成汰口橋，砌洋中亭，靡費巨萬，皆取於施者。汀、漳時人有災難，皆往禱焉，至則獲應。祖師始至，岩屋草創，凡三經營，乃稍完潔。岩東惟棗樹一株，祖師乃多植竹木，迨今成蔭。其徒弟楊道、周明，於岩隈累石為二

1　筆者曾在拙著《福建民間信仰》（福建人民出版，1993）中對清水祖師信仰做過初步的研究，本文在此基礎上進一步增修。

窒堵，臨崖距壑，非人力可措手，蓋有陰相之者。劉氏有公銳者，久不茹葷，堅持梵行，祖師與之相悅。一日公銳至，輒囑以後事，仍言「形骸外物，漆身無益。」說偈訖，端然坐逝，享年六十五歲，建中靖國元年五月十三日也。[2]

陳浩然撰寫〈清水祖師本傳〉的資料來源是由劉公銳口述、邑紳薛繕筆錄整理成「行狀」後，再「轉請」陳浩然撰寫成文的。劉公銳，安溪蓬萊人，「素悅禪理，不茹葷能持戒行」。他對清水祖師特別崇拜，元豐六年（1083 年）延請清水祖師到安溪蓬萊祈雨就是由他「倡謀於眾議」。祈雨獲應後，懇切請求清水祖師「移宅蓬萊山」也是由他首先提出來的。清水祖師弘法蓬萊清水岩時，劉公銳經常去清水岩「親聆講經」，與清水祖師「情益契合」，關係極為密切。他還捐獻「山林田地，充作寺業」，對清水岩的發展作出貢獻，故被「立為檀樾主，祀於岩左東軒。凡春日抬大師像下山迎香，必以公銳像配迎駕前，蓋所以報其功也。[3]」由於〈清水祖師本傳〉的素材是由清水祖師的崇拜者劉公銳提供的，難免一些有溢美之詞。但同時又由於劉公銳與清水祖師的特殊關係，對清水祖師的生平最為熟悉，因此〈清水祖師本傳〉應該說基本上是可信。據〈清水祖師本傳〉，結合其它文獻資料，對清水祖師的生平作一些必要的考證：

1、關於清水祖師的俗名。〈清水祖師本傳〉記載，「祖師生於永春縣小姑鄉，陳其姓，普足其名也。」永春縣小姑鄉為今福建永春縣岵山鎮鋪上村，據當地珍藏的《桃源南山陳氏族譜》記載，清水祖師俗姓陳，名榮祖，〈清水祖師本傳〉中所謂名「普足」實際上是法名，非俗名。在民間，關於清水祖師的俗名還有「陳應」說、「陳昭」說等。民間傳說清水祖師有七個分身，分別稱為蓬萊祖師、落鼻祖師、昭應祖師、輝應祖師、顯應祖師、普庵祖師、三代祖師等，其中顯應祖師、普庵祖

2　楊家珍《安溪清水岩志》卷上〈本傳〉，頁 14-15。見《中國佛寺志叢刊》第 101 冊，江蘇廣陵古籍刻印社，頁 51-52。安溪清水岩志編纂委員會編著《清水岩志》二〈水祖師傳略〉，泉州市文物管理委員會出版，1989 年秋，頁 3。

3　前揭書《安溪清水岩志》卷上〈本傳〉，頁 25-26。見《中國佛寺志叢刊》第 101 冊，江蘇廣陵古籍刻印社，頁 73-75。

師、三代祖師是其它佛教俗神的尊稱，與清水祖師混淆。如三代祖師姓林名祕，號自超，相傳爲毗舍盧佛現身，坐化於德化縣美湖鄉。顯應祖師原名黃惠勝；普庵祖師俗姓余，名丘蕭，號普庵，宋代江西省宜春人，事跡與清水祖師相似。

2、關於清水祖師的家世，陳浩然的《清水祖師本傳》未作任何記載，但光緒間楊浚編寫的《四神志》中的《清水岩志略》則記載：

> 神姓陳，名普足，永春縣小姑鄉人，為宋理學名儒溫陵陳知柔字體仁號休齋之裔，父某，母洪氏。

陳知柔是宋代福建著名學者，《福建通志》、《泉州府志》、《永春州志》等均有其傳記，他本人是進士，七個兒子也都是進士，故有「一門八俊」之美稱。查《桃源南山陳氏族譜》，清水祖師這一支也是世代書香，太祖父陳□珹、曾祖父陳彥聖、大伯父陳樸、二伯父陳模、四叔陳權、弟弟陳夢得均是進士出身。其父陳機，「學問該貫，尤長於詩，寫詩泳物，信筆立成。」《桃源南山陳氏族譜》記載：

> （清水祖師）兒時持齋誦經，日常與山下里人牧牛子戲，日暮吟經，牛自知歸，後化清水祖師佛。[4]

3、關於清水祖師生卒年，現有文獻有三種不同記載：一是《清水祖師本傳》記載清水祖師圓寂於建中靖國元年（1101 年），享年 65 歲。二是據在清水祖師的圓寂年之後有一行顯然是後人加上去的注釋：「祖師公生於宋仁宗二十二年正月初六日，即慶歷七年是也。」慶歷七年即1047 年，據此推算，清水祖師享年 55 歲而不是 65 歲。宋代長泰余克濟也說：

> 今考行狀，以慶歷七年生，其遷化乃建中靖國元年也。[5]

---

[4]　參見林蔚文〈略談清水祖師文化的內涵與外延〉，見 1998 年《清水祖師文化研討會論文集》未刊稿，頁 80。

[5]　前揭書《清水岩志志略》卷三〈清水寶塔記〉，頁 6；前揭書《安溪清水岩志》卷上〈史略〉，頁 34-35。

《安溪清水巖志》也沿襲此說，明確寫道：

北宋仁宗慶曆七年丁亥正月大師降世。[6]

三是乾隆《安溪縣志》卷九〈普足禪師〉記載，清水祖師在建中靖國元年圓寂時，享年57歲。據此推算，清水祖師應出生於慶曆五年（1045年）而不是慶曆七年。《清水巖志志略》說的更清楚：

（清水祖師）生於仁宗二十二年，即慶曆五年乙酉正月初六，涅槃於建中靖國元年辛巳五月十三日，年五十有七。[7]

上述三種說法中，清水祖師出生於慶曆五年比較可信。理由是有二：一是查宋仁宗於1023年即位，二十二年後即慶曆五年；二是大多數文獻記載清水祖師於元豐六年（1083年）擔任清水巖主持，時年39歲，十九年後圓寂。如宋代長泰余克濟記載：

（元豐六年，清水祖師應當地百姓邀請，結庵於清水巖，）自是誅茅薙草，岩棲穴處，十有九年。[8]

明何喬遠《閩書》：

普足術行建、劍、汀、漳間，檀施為盛，居岩十九年。[9]

道光重纂《福建通志》：

普足名重建、劍、汀、漳間，檀施為盛，居岩十九年。[10]

據此推算，正好出生於慶曆五年，享年57歲。

4、關於清水祖師出家、拜師、成道的歷程，《清水祖師本傳》作了簡明的記載，幼年出家於大雲院，長而結庵於高泰山。旋慕名詣大靜山，拜謁明禪師，道成業就後，受衣缽再歸高泰山、後移居麻章庵。在

6　前揭書《安溪清水巖志》卷上〈史略〉，頁55。

7　前揭書《清水巖志志略》卷一〈傳略〉，頁4。

8　前揭書《清水巖志志略》卷三〈清水寶塔記〉，頁5。

9　轉引前揭書《清水巖志志略》卷三〈志乘〉，頁1。

10　光緒《清水巖志志略》卷三〈志乘〉，頁3。

39 歲之前，主要生活在永春縣。到了元豐六年（1083 年）應邀往安溪縣蓬萊祈雨，獲應後，在當地百姓極力挽留下，清水祖師移居清水岩，直至圓寂。出生於書香門第清水祖師爲何自幼削髮爲僧呢？有人以爲清水祖師生活在動蕩不安的南宋，一家都有強烈的忠君思想和民族氣節，特別是隱居山林的父親陳機對清水祖師有強力影響的，清水祖師是以出家爲僧來濟世拯民、忠君愛國的陳榮祖出家爲僧，不是純屬消極避世、遁入空門，而是從另一角度來寄託自己救國救民於水火的理想[11]。這種觀點雖然自成一說，但僅僅是一種主觀推測，缺乏歷史依據。史書記載清水祖師從不懂事的幼年就削髮爲僧，恐怕不能與「以出家爲僧來濟世拯民，忠君愛國的」理想聯繫在一起。至於說清水祖師「出家爲僧、濟世拯民，從另一角度參加到抗金鬥爭中」[12]，就更讓人難以接受了。因爲清水祖師生活 1047－1101 年，這時北宋與遼、夏對峙，而金是在 1115 年才立國，1120 年宋朝還聯合金夾攻遼，1125 年遼滅亡後，金才開始攻打宋，全國各地才開始奮起抗金，而這時清水祖師已圓寂二十五個年頭了，怎麼也不可能「參加到抗金鬥爭中。」實際上，凡是熟悉福建佛教史的人對清水祖師出家爲僧不會感到困惑，因爲宋代是福建佛教鼎盛時期，福建寺院之多，僧尼人數之眾，均居全國首位，時人有「閩中塔廟之盛，甲於天下[13]」和「山路逢人半是僧[14]」的描述。在宋代福建，百姓對僧侶十分尊敬，出家爲僧既是一條生活出路，也是一種時髦，像清水祖師這樣出身於世代書香門第的人出家爲僧比比皆是，既不足爲奇，更不足爲怪。

5、關於清水祖師主要功績。從《清水祖師本傳》記載來看，清水祖師在佛學理論上並無太多的創樹，其主要功績有二：一是熱心於慈善事業，他在永春時，「勸造橋樑數十，以度往來」。在安溪時，又募化

---

[11] 參見陳詩忠〈清水祖師、先祖世系及出家原因考略〉，1998 年《清水祖師文化研討會論文集》未刊稿，頁 113。

[12] 參見陳詩忠〈清水祖師、先祖世系及出家原因考略〉，1998 年《清水祖師文化研討會論文集》未刊稿，頁 113。

[13] 《勉齋集》卷三七〈處士唐君渙文行狀〉，頁 16。

[14] 乾隆《福州府志》卷二四〈風俗〉，頁 2。

勸造通泉橋、谷口橋、汰口橋等。有宋一代，隨著海外貿易的迅速發展，福建東南沿海地區特別是閩南地區興建了大批橋樑，南宋在閩南還形成了所謂「造橋熱」，一些僧尼道士也加入造橋鋪路的行列。清水祖師一生勸造數十座橋樑，既實踐了佛教的「濟人利物」「廣種福田」的教義，而對百姓而言，修橋鋪路是功德無量的善舉，符合「凡有功德於民則祀之」的原則，所以得到百姓的敬仰甚至崇拜也是很自然的事。二是清水祖師在世時，以祈雨經常「獲應」而聞名，在百姓看來，祈雨獲應是因為「道行精嚴，能感動天地。」所以百姓賦予清水祖師以神奇甚至神秘色彩。最近，學術界對清水祖師信仰的宗教屬性展開爭論，一部分學者認為屬於佛教信仰[15]，也有人認為屬於道教信仰[16]，還有人認為是一種純粹的民間信仰[17]。筆者以為從清水祖師的生平來看，屬於佛教是毫無疑義的。清水祖師去世後，演化成佛教俗神為百姓所崇拜，在某種意義上也可以說演化為民間信仰。當然在清水祖師崇拜活動中，不可避免摻雜一些道教形式，但無論如何，都不能將清水祖師信仰歸入道教信仰。

二、清水祖師的封賜

陳浩然撰寫《清水祖師本傳》的時間離清水祖師的圓寂才十二年，從《清水祖師本傳》後半部分的有關記載來看，清水祖師去世後，就被當地百姓奉為神靈，加以崇拜。《清水祖師本傳》載：

> （清水祖師圓寂後，遠近百姓雲集於清水岩），瞻禮贊嘆。越三日，神色不異，鄉人乃運石甃塔，築亭於岩後，刻木為像而事之。楊道落髮為僧，奉承香火，信施不絕。雨暘有禱，迎奉塑像，最宜精誠齋戒，或慢易不虔，致有雷電迅擊之異。岩舊有巨石當衝，

---

[15] 鄭煥章〈安溪清水岩屬佛不屬道〉、鄭夢星〈還我如來真面目——對清水祖師與清水岩是佛是道的辯識〉，1998 年《清水祖師文化研討會論文集》未刊稿，頁 209-214。

[16] 蔡柏年〈三論清水祖師信仰的宗教屬性〉，1998 年《清水祖師文化研討會論文集》未刊稿頁 205-208。

[17] 陳育倫、李菁〈清水祖師信仰是佛是道之淺見〉，1998 年《清水祖師文化研討會論文集》未刊稿頁 215-217。

往來患之，一夜轉而道側。婦女投宿者，岩前麻竹四裂，遂不敢
入。分身應供，理形食羹，凡所祈求，無不響答……。[18]

　　這段史料提供了這麼幾條歷史資訊：一是清水祖師去世後，當地百
姓在清水岩後建塔安放清水祖師骨灰外，還用木頭雕塑清水祖師的神
像，並由楊道專門照看香火，百姓前去燒香禮拜者還不少；二是清水祖
師去世後，主要的職能是祈雨，當地群眾還抬出其塑像祈雨；三是民間
流傳著諸如巨石一夜之間轉於道側和婦女投宿清水岩，岩前麻竹就會四
裂等神話傳說；四是有些地方還到清水岩分香回去供奉。這四條歷史信
息歸結起來說明一個問題，即清水祖師去世後，就從高僧演化為佛教俗
神了。

　　南宋時期，清水祖師的神階大大提高，其標誌是他先後四次得到朝
廷的敕封，敕封清水祖師牒文均完整地保存在《清水岩志略》、《安溪
清水岩志》等志書中，牒文詳細地記載了請封和敕封的經過。

　　第一次請封是在紹興年間，由安溪姚添等人上文朝廷請封，理由是
清水祖師生前剃髮為僧，苦行修煉，死後「本州亢旱，禱祈感應」。到
了紹興二十六年（1156 年）三月，禮部批示福建路轉運司，派人到實
地調查。龍溪縣主簿方品奉命到清水岩視察，認為「委有靈跡，功及於
民，保明指實」。旋又委派轉運司財計官趙不紊前去核實，結論與方品
相同。禮部再與太常寺勘會後，認為符合有關敕封條文，隆興二年（1164
年），下牒敕封清水祖師為「昭應大師」。[19]

　　第二次請封大約在淳熙初年（1174 年）前後，由安溪縣迪功郎政
事仕林時彥等聯名上文請求增加封號，並賜塔額。理由是清水祖師「祈
禱感應，有功於民」。禮部下文泉州府派人核實。最初派遣永春縣主薄
迪功郎黃慣前去詢究，黃慣通過實地調查，證實清水祖師「祈禱雨暘，
無不感應，委有靈跡，功及於民」。不久，又按條例，「委派鄰州興化
軍，差官前去地頭體究。」莆田縣丞姚僅等奉命前去安溪清水岩一帶調

[18] 前揭書《安溪清水岩志》卷上〈本傳〉，頁 15，見《中國佛寺志叢刊》第 101 冊，江蘇廣陵
　　古籍刻印社，頁 53。
[19] 前揭書《清水岩志略》卷二〈敕牒〉，頁 1-2。

查，再次證實清水祖師「遷化之後，英靈如在，凡人有疾病，時有雨暘，及盜賊之憂，隨禱隨應。」後來，又下文要求漳州府差官再次前去核實。漳浦主簿周鼎以奉命到安溪清水岩視察，當地百姓列舉一系列靈異證明清水祖師確實「委有靈跡，惠利及民」。經過這樣反反覆覆的調查核實，直到淳熙十一年（1184 年），禮部與太常寺才同意增加封號，下牒敕封，封號為「昭應慈濟大師」。但賜塔額的請求，由於無有關條文可依，未能滿足要求。[20]

第三次請封是在慶元六年（1200 年），理由是「近日雨澤稍愆，……靈應顯跡有功，乞加封。」嘉泰元年（1201 年）牒下，加封為「昭應廣惠慈濟大師」。同時被敕封的還有福州南台武濟廟的英護武烈鎮閩王，左協威廣惠靈惠侯，右翊忠嘉澤顯應侯。這次封賜，手續比較簡單，從請封到敕封僅用一年時間，比歷次封賜所花時間都短。[21]

第四次請封是在嘉定元年（1208 年），請封的理由主要是開禧三年泉州大旱，在求助其他神佛祈雨不應的情況下，嘉定元年抬出清水祖師，「為民祈雨，隨即沾足」。禮部先委派仙遊縣主簿韓淴前去體究，爾後又派長泰縣尉何葆復實，均以確實「祈禱靈驗，惠利及民」上報。嘉定三年（1210 年）牒下，再加封為「昭應廣惠慈濟善利大師」。[22]

在不到半個世紀中，清水祖師先後四次被敕封，封號達到最多的八個字，充分反映了南宋時期清水祖師信仰的影響擴大，並且得到了地方官府的扶植和朝廷的承認。

我們知道，宋代地方神明追封敕號蔚然成風。敕封的程式一般是地方官僚或鄉紳上表請封，列舉所謂「功及生民」的種種「靈異」，朝廷派人到實地核實後，就頒誥敕封。敕封神明有一定的規制，並不是像有些人所理解的那樣，只要有申報便必定敕封。史稱：

> 諸神祠無爵號者賜廟額，已賜額者加封爵，初封侯，再封公，次封王，生有爵位者從其本封。婦人之神封夫人，再封妃。其封號

---

[20] 同前註，頁 2-7。
[21] 同前註，頁 7-9。
[22] 同前註，頁 9-12。

者初二字，再加四字。如此，則錫命馭神，恩禮有序。欲更增神
仙封號，初真人，次真君。[23]

　　查閱有關方志，不難發現大多數神明的封號是在宋代被敕封的，但
其中有相當一部分是信徒捏造的，目的在於抬高神靈地位以擴大影響。
而清水祖師的四次敕封比較可信，其理由除了歷代《清水岩志》保存十
分完整的賜封牒文外，宋朝的清水祖師的信徒為了紀念朝廷的敕封，還
在清水岩建造綸音壇，將四道牒文完整地雕刻在摩崖石壁上，這些牒文
雖然經過七百多年的風風雨雨，但多數文字依然清晰可辨，為我們研究
宋代文書制度提供了重要依據。特別是牒文的末了具有勘押官員的職
務、姓氏或姓名，通過這些勘押牒文官員的考證，進一步證實了清水祖
師四次封賜的真實性，彌足珍貴。[24]

　　第一次牒文的末了有「參知政事王押，參知政事周押」字樣。查《宋
史》，「參知政事王」為王之望，「參知政事周」為周葵。王之望，湖
北襄陽穀城人，紹興八年進士。隆興二年授參知政事兼同知樞密院事
[25]。周葵，江蘇宜興人，宣和六年進士，隆興二年以參知政事兼權知樞
密院事。[26]

　　第二次牒文的末了有「參知政事黃洽押、參知政事施師點押、右丞
相王准押、左丞相曾押」字樣。查《宋史》，黃洽字德潤，福州侯官人，
隆興元年進士。淳熙十年（1183 年）自禦史中丞遷參知政事[27]。施師
點字聖與，江西上饒人，淳熙十年（1183 年）除參知政事兼同知樞密
院事[28]。王准字季海，浙江金華人。紹興十五年進士，淳熙八年（1181
年）拜右丞相兼樞密事[29]。封牒中的「左丞相曾」為曾懷，字欽道，福

23 《宋史》卷一○五〈禮八〉，中華書局點校本，1985 年 6 月版，頁 2561。
24 參見楊清江〈宋清水祖師敕牒勘押官員考〉，1998 年《清水祖師文化研討會論文集》未刊稿
　頁 95-97。
25 《宋史》卷三七二〈王之望傳〉，中華書局點校本，1985 年 6 月版，頁 11537-11539。
26 《宋史》卷三八五〈周葵傳〉，中華書局點校本，1985 年 6 月版，頁 11835。
27 《宋史》卷三八七〈黃洽傳〉，中華書局點校本，1985 年 6 月版，頁 11873-11875。
28 《宋史》卷三八五〈施師點傳〉，中華書局點校本，1985 年 6 月版，頁 11836-11838。
29 《宋史》卷三九六〈王淮傳〉，中華書局點校本，1985 年 6 月版，頁 12069-12072。

建晉江人，曾公亮的玄孫，乾道八年（1172 年）拜參知政事，翌年代梁克家爲丞相，淳熙元年（1174 年）爲右丞相[30]。淳熙十一年發布牒文時，曾懷已離開相位近十年，爲什麼仍請曾懷署名畫呢？唯一可以解釋的是，晉江和安溪同屬泉州府，清水祖師的這次請求封賜，泉州人必派人求曾懷幫忙疏通關節，而曾懷在請求封賜中也確實起著重要作用，當時丞相王懷等推重前輩，故請曾懷共同簽押，仍掛丞相名號。

　　第三次牒文的末了有「知樞密院兼參知政事何押、右丞相押」字樣。查《宋史》，「知樞密院兼參知政事何」即何澹，何澹字自然，浙江龍泉人。乾道二年進士，慶元二年（1196 年）除同知樞密院事、參知政事，翌年兼知樞密院事[31]。封牒中「右丞相」缺姓名，查《宋史》，此時任右丞相的是謝深甫，字子肅，浙江臨海人，乾道二年進士，慶元六年（1200 年）拜右丞相。[32]

　　最後一次敕封牒文的末了有「參知政事婁押、參知政事黃押、知樞密院參知政事雷押、題復右丞相押」字樣。查《宋史》，嘉定三年無黃姓參知政事，疑有錯訛。「參知政事婁」爲婁機字彥發，江蘇嘉興人，乾道二年進士。嘉定元年授參知政事[33]。「知樞密院參知政事雷」爲雷孝友，江西高安人乾道五年進士，開禧三年（1207 年）授參知政事，嘉定元年（1208 年）遷知樞密院事[34]。「右丞相」缺姓名，查《宋史》，嘉定三年任右丞相的爲史彌遠，字同叔，浙江寧波人，淳熙十四年進士，嘉定元年（1208）遷樞密院事，進奉化郡侯兼參知政事，拜右丞相兼樞密使兼太子少傅。[35]

三、清水祖師的職能

[30] 《宋史》卷二一三〈宰輔四〉，中華書局點校本，1985 年 6 月版，頁 5579。

[31] 《宋史》卷三九四〈何澹傳〉，中華書局點校本，1985 年 6 月版，頁 12024-12026。

[32] 《宋史》卷三九四〈謝深甫傳〉，中華書局點校本，1985 年 6 月版，頁 12038-12041。

[33] 《宋史》卷三九四〈婁机傳〉，中華書局點校本，1985 年 6 月版，頁 12335-12338。

[34] 《宋史》卷二一三〈宰輔四〉，中華書局點校本，1985 年 6 月版，頁 5597。

[35] 《宋史》卷四一四〈史彌遠傳〉，中華書局點校本，1985 年 6 月版，頁 12415-12418。

從敕封牒文和其他文獻記載來看，清水祖師祈雨職能較之其他神靈突出，自宋代以來一直成為閩南地區祈雨的主要對象，志稱：

> （清水祖師）於祈雨最靈，自宋至今，由來已久。[36]

僅南宋時期，有文獻記載的向清水祖師「祈禱雨，無不感應」的「靈異」就有十六次，列舉如下：

紹興二十六年（1156 年），安溪大旱，當地百姓向清水祖師祈雨，果然「感應」，普降甘霖，解除旱情，百姓感恩戴德，上奏朝廷，要求賜予封號。[37]

乾道九年（1173 年），永春縣始安里發生蝗災和旱災，五月二十日，鄉民葉尾率一百餘人浩浩蕩蕩地到清水岩祈禱禮拜，並請回清水祖師的香火奉祀，不久「果蒙感應」，蝗災與旱災均解除。[38]

淳熙元年（1174 年），尤溪縣乾旱，二月十八日大田保鄉民溫大立等到清水岩進香祈禱，並乞請清水祖師神像回鄉奉祀。同年，德化縣貴湖里劉德崇等也到清水岩祈雨。不久，果然「雨水露足，年歲有成」。翌年正月，溫大立等還專程到清水岩「設供答謝」。[39]

淳熙元年，永春、德化縣「久旱損畜」，劉德崇等人到清水岩祈雨，「禱求立應」。[40]

淳熙六年（1179 年）九月，安溪乾旱，麥苗焦枯。知縣承事郎趙勛於十二月十八日委派主簿迪功郎曹緯到清水岩，迎請清水祖師神像下山，在縣城裡設立道場，為民祈雨。二十日，老天果真下起了雨，至二十日才轉晴，「二麥（大小麥）生長，民人有收」。[41]

淳熙七年（1180 年），安溪大旱，禾麥焦枯。縣令趙勛又委派曹

36　前揭書《安溪清水岩志》卷上〈岩志序〉，頁 53，見《中國佛寺志叢刊》第 101 冊，江蘇廣陵古籍刻印社，頁 129。

37　前揭書《清水岩志略》卷二〈敕牒〉，頁 1。

38　同前註，頁 4。

39　同前註，頁 4-5。

40　前揭書《安溪清水岩志》卷下〈聖跡感應〉，頁 59，見《中國佛寺志叢刊》第 101 冊，江蘇廣陵古籍刻印社，頁 430。

41　同註 37，頁 5。

緯於六月初二到清水岩迎請清水祖師像下山祈雨，神像才抬出岩谷到覺
苑寺，天就下起了雨，只好避雨於覺苑寺。大約一個時辰後雨才停下來，
迎神隊伍繼續向縣城進發，縣官及百姓均到郊外迎接。入城後，設祈雨
台祈雨。六月初四，大雨滂沱，至初八才天晴，當年獲豐收。[42]

慶元五年（1199 年），長泰縣大旱，鄉賢余克濟等人到清水岩祈
雨，果蒙感應，天降甘露，解除了旱情，余克濟因此寫了《喜雨紀事》
詩，詩云：

> 百里精誠遂有春，蓬萊一禱不須頻、亢時方慮穀增價，得雨先將
> 麥惠民。[43]

開禧三年（1207 年）九月，泉州少雨，官府到寺觀神祠祈雨未獲
感應。到了嘉定元年（1208 年）春，又迎請城內諸佛祖神王祈雨，仍
滴雨未下。四月二十二日，官府派人到清水岩迎請清水祖師祈雨，神像
剛抬到州門，陰雲四起，當晚降雨，次日沾足，「七邑之民，遂得耕種
續施」。[44]

開禧三年（1207年）冬，安溪無雨，翌年春無法播種，縣令趙遵夫
迎請清水祖師塑像在縣堂設壇，為民祈雨，果蒙感應，隨即下雨沾足，
農民得以播種春耕。[45]

嘉定元年（1208 年）秋至二年春，泉州連續乾旱，安溪也「苦旱
魃」，安溪縣令趙潔蠲親自上清水岩「奉慈濟之像，聿來祈雨，不崇朝
而已周浹，於是疏靈跡以達於州，迨夏四月，州遣南安縣僚，親詣岩迎
奉入城，陰雲四起，一之日既雨，二之日沾足。」[46]

嘉定二年（1209 年）秋，泉州又大旱，判府侍制給事鄒公，前去清
水岩祈雨，「克日得雨」。[47]

---

[42] 同前註。

[43] 前揭書《清水岩志略》卷四〈藝文下〉，頁 1。

[44] 同註 37，頁 9。

[45] 同註 37，頁 9。

[46] 前揭書《清水岩志略》卷三〈藝文上〉，頁 4-5。

[47] 同前註，頁 5。

嘉定三年（1210 年），安溪乾旱，縣令陳宓向清水祖師祈雨，獲感應，果真下了一場大雨，故作〈謝雨〉詩曰：

> 我來兩月值冬晴，多謝靈明答寸誠。一瓣清香猶未足，四郊甘雨已如傾。[48]

嘉定十年（1217 年），泉州大旱，太守真德秀在「上下奠瘞，靡神不舉」的情況下，迎請清水祖師到州城，搭台祈雨，並親自撰寫了祈雨疏文，文曰：

> 伏以維盛夏，實司長養，久闕甘霖、與此邦有大因緣，莫如清水，肆迎法駕，來駐梵宮。昔混跡世間，不憚曝身以救旱。今遊神天上，豈難翻手以為雲？願垂慈憫之仁，丞降滂沱，澤與情共曬，響應是期。[49]

據載，真德秀誦念祈雨疏後，天空「由然作雲，沛然下雨[50]」，解除了嚴重的旱情。

紹定間（1228－1233 年），安溪久旱大雨，縣令劉龐向清水祖師祈雨，果獲感應，大雨滂沱，為此他特地寫了〈謝雨〉詩，詩曰：

> 為民望歲禱金仙，一念才通果沛然。人道旱時那得雨，我知佛力可回天。物盈宇宙皆生意，身到蓬萊亦夙緣。但願岩間常晏坐，不妨謝爕屢豐年。[51]

咸淳元年（1265 年），安溪縣令鐘國秀祈雨於清水祖師，獲感應下雨，為此作〈詣岩謝雨詩〉曰：

> 瓣香一再謁岩靡，既雨方晴又細霏。霖雨天瓢銷旱魔，民安佛國免年飢。[52]

---

[48] 前揭書《清水岩志略》卷四〈藝文下〉，頁 2-3。

[49] 《真西山文集》卷五十〈安奉清水疏〉，頁 8。參見前揭書《清水岩志略》卷三〈藝文上〉頁 7。

[50] 同註 46，頁 7。

[51] 同註 46，頁 3。

[52] 同註 46，頁 7。

　　　　咸淳五年（1269 年）夏，安溪乾旱，邑令祈雨於清水祖師，「夕
　　　　夢『二九』二字，果應，十八日大雨。」[53]

　　祈雨是農業發展到一定階段時才出現的一種宗教迷信活動，由來已
久，殷墟發現了不少占雨暘的甲骨卜辭，說明至遲在商朝就有了祈雨活
動、祈雨的對象最初是茫茫的「天」或至高無上的「帝」。後來，祈雨
的對象逐漸增多和形象化，春秋戰國時期出現了能興雲佈雨的雨神萍
翳，秦以後又有了龍王成為百姓的祈雨對象。漢唐以後，祈雨的對象急
劇增多，各種神靈幾乎都成為百姓祈雨的對象、祈雨對象的增多反映了
中國多神教的特徵和宗教信仰功利性、實用性的傾向。古人之所以熱衷
於祈雨，根本原因在於科學文化落後，不知道氣候變化的科學道理，不
知道雨水是一種不以任何人的意志為轉移的自然現象，而以為自然界的
種種變化都是由「天」或「神」主宰的，只要虔誠地祈禱於「天」或「神」，
那麼「天」或「神」必然會有感應，並通過祥瑞來滿足百姓的願望。這
種「天人感應」的觀念早在先秦就出現了，《周易》中就提到「天垂象，
見吉凶」。漢代董仲舒正式提出「天人感應」論後，使這一觀念滲入到
人們的文化意識中，支配著人們的行為。祈雨就是在「天人感應」觀念
支配下的宗教迷信活動。

　　雨暘既然是不以任何人的意志為轉移的自然現象，而文獻記載又為
什麼連篇累牘地說「祈禱雨暘，無不感應」呢？是作者無中生有，故意
編造？抑或是真的有「靈驗」呢？我們認為都不是。在古代福建，旱澇
災害頻繁發生，每一次旱澇發生，各地百姓要舉辦各種形式的祈雨活
動。在諸多的祈雨活動中，並不排除真的下起雨來的偶然性，百姓把這
一偶然性地無限誇大，並將這一自然現象歸功於神靈的庇佑，加以渲
染。而文人士大夫同樣受到「天人感應」觀念的影響，相信向「天」或
「神」祈求雨暘，會發生感應，所以不少文人士大夫特別是地方官吏也
熱衷於祈雨活動。他們在記載祈雨的結果時，是有所選擇的，那些祈雨

---

[53] 前揭書《安溪清水岩志》卷下〈聖跡感應〉，頁 60，見《中國佛寺志叢刊》第 101 冊，江蘇
　　廣陵古籍刻印社，頁 431-432。

不下的多避而不談，而偶然「有驗」的則大肆渲染。如前面提到的嘉定元年泉州府官民曾多次「迎請在州諸佛諸廟神王」祈雨，但「未有感應」，對於這些祈雨活動，文獻僅一筆帶過，而且避而不談向哪一些神靈祈過雨，到了四月二十二日，在百般無奈的情況下迎請清水祖師祈雨，碰巧天降甘霖，文人士大夫對此則大肆渲染，並申報朝廷，請求「特加封號」。又如嘉定十年真德秀也是在「上下奠瘞，靡神不舉」的情況下，「爰聞清水大師，往而禱焉」。對於前幾次的祈雨活動，文獻也是略而不談，而對於這次祈雨的結果，文獻則詳加記述。總之，每遇到旱潦災害，各地百姓（包括官府）就四出祈雨，求此神不靈，就轉而求彼神，求當地神不靈，就到外地求神賜雨，祈雨活動的不斷累積增多，總有一次正好下雨，久旱必雨也是自然界的現象，百姓就把這一偶然性誇大成必然性，加以渲染，而文人士大夫則又選擇那些所謂「祈雨有驗」的例子記錄下來，故文獻大多是「祈禱雨暘，無不感應」的記載。當然，「祈雨有驗」的記載也不乏牽強附會的例子。如咸淳五年（1269 年）夏安溪大旱，邑令林泳曾祈雨於清水祖師，雖然下些小雨，但旱情未解。林泳遂撰寫祈雨疏文派主簿到清水岩祈雨，「又躬禱於廣惠庵」，也沒有任何效果，旱情越來越嚴重。到了六月二十二日，林泳等迎請清水祖師神像到城內觀音堂，設壇祈雨，「官民作禮，日率同僚三焉。」不能不說是相當虔誠了。但是「旱火夕紅，溪流日涸，旱禾絕，晚禾枯。」直到七月十八日，天才下起大雨，緩解了旱情、從開始祈雨到旱情緩解，前後延續了二、三個月，僅在縣城設壇祈雨的時間也將近一個月，這麼一來清水祖師祈雨特別靈驗就很難自圓其說了。但是林泳在〈致祭大師文〉中編造故事，作這樣的附會，他說在七月十一日，曾撰寫祈雨疏：

> 密禱於佛，是夕夢有示幅紙，文字數行，覺不能省，憶有「二九」二字，曉悟之，岩僧一杲曰：其應在十有八日，至是而雲疾沛然，甘霖甲夜，大雷震，大雨綿，吏慶於朝，農歌於野。佛者訂二九之驗，曰：我佛神通，能克日以告縣官也。[54]

---

[54] 前揭書《清水岩志略》卷三〈藝文上〉，頁 9。

地方官僚之所以積極參與祈雨活動,而且千方百計地證明自己主持的祈雨有「靈驗」,其目的是一方面通過祈雨來表示關心民眾疾苦,樹立自己愛民形象;另一方面利用所謂「祈雨輒驗」來證明自己是一個「有德」之人,故能與「天」發生感應,得到「神」的庇護。蔡襄曾作詩曰:

> 年年乞雨問山神,羞見耕耘隴上人。太守自知才德薄,彼蒼何事罪斯民。[55]

陳宓的〈謝雨〉詩中也寫道:

> 早知縣令才能薄,賴有神翁願力宏。粟麥頻蘇民自樂,更期膏潤接春耕。[56]

均反映了地方官僚祈雨時的上述心態。

由於福建的氣候受季風影響,天氣災害對福建人民的生產和生活影響很大。據福建地方誌資料記載,近五百年來,福建 90%的年份發生不同類型、不同強度的天氣災害,其中乾旱是最嚴重的災害。福建的乾旱帶有季節性特徵,可分爲春旱、夏旱和秋冬旱三種,春旱約占時分之二,夏旱和秋冬旱約占十分之四。危害性最大的是夏旱,春旱次之,秋冬旱較小。從乾旱的地區分佈來看,東南沿海爲重旱區,儘管這個地區的水利設施也比較發達,但仍無法抗禦較大的旱災。一旦旱情無法控制,百姓便把最後的希望寄託在神靈身上,所以福建各地神靈大多具有祈雨的職能,比較有名的「雨神」有閩東的馬仙、閩西伏虎禪師、閩北的扣冰古佛、閩南的清水祖師等。

南宋時期,清水祖師除了祈雨這一主要職能外,還有治病、驅逐蝗蟲以及防禦盜賊等職能,志稱:

> 凡人有疾病,時有雨暘,及盜賊之擾,隨禱隨應。[57]

有關文獻還記載著這麼幾件事:

---

[55] 轉引《八閩通志》卷九〈祠廟〉。

[56] 前揭書《清水岩志略》卷四〈藝文下〉,頁3。

[57] 前揭書《清水岩志略》卷二〈敕牒〉,頁3。

1.隆興三年（1164 年）二月初四，南安縣崇仁鄉焦坑保鄉民張廷乾突然雙目失明，其父到清水岩祈求聖水回家點洗，僅月餘張廷乾就「獲光明如故」。[58]

2.乾道二年（1166 年）春，南安縣由鳳里一帶發生瘟疫，雙坑保鄉民一百餘人在勸首林贈的率領下，前往清水岩祈求清水祖師保佑，並將神像抬回去「鎮靜鄉閭」，還請「法水」回家給病人喝。到三月二十三日，林贈率鄉 200 多人送清水大師神像回清水岩，並在岩寺中設壇答謝清水祖師的救命之恩。[59]

3.乾道二年初，惠安縣安仁里一帶發生瘟疫。五月初四，金相院前保勸首何佛兒等 50 餘人詣清水岩投疏祈禱，並請香火及法水回去禳除瘟疫。六月十三日，何佛兒等人到清水岩「設供謝恩」。[60]

4.乾道九年（1173 年）五月十二日，永春縣始安里小邊保勸首葉尾率鄉人 100 餘人，詣清水岩投疏，稱鄉閭莊稼受到蝗蟲侵害，又缺雨水，切慮絕收，拜請清水祖師香火回去驅蝗祈雨，「果蒙感應」。[61]

5.嘉定元年（1208 年），安溪發生大蝗災，蝗蟲遮天蔽日，所經之處苗稼蕩然無存，鄉老劉輔等人率眾到清水岩迎請清水祖師神像，「行道祛禳，不三日而蝗蟲滅除，秋成有望」。[62]

從上述記載可以看出，南宋時期清水祖師的職能擴大了，變成了當地的守護神，「每逢病疫，鄉人即恭抬神像，求師祛除；每遇亢旱，鄉鄰以至府縣官員，也必迎請佛像祈雨驅災，於是師名大噪於泉、汀、漳等地」。[63]

宋代之後，清水祖師的職能仍以祈雨為主。《安溪清水岩志》記載元朝至民國十五年清水祖師的「聖跡感應」共九次，除一次驅逐女鬼外，

---

[58] 同前註，頁 4。
[59] 同上註。
[60] 同上註。
[61] 同上註。
[62] 前揭書《清水岩志略》卷二〈敕牒〉，頁 10。
[63] 前揭書《清水岩志》二〈清水祖師傳略〉，泉州市文物管理委員會出版，1989 年秋，頁 4。

其餘八次均爲祈雨。[64]

四、清水祖師的神話傳說

任何宗教信仰都離不開神話傳說，神話傳說在宗教信仰的確立和發展的過程中起著十分重要的作用。而研究者透過光怪陸離的神話傳說，往往可以窺視當時宗教信仰的某些真實情況。

清水祖師的神話傳說早在北宋時就出現了，但數量不多而且情節簡單。明中期以後，隨著清水祖師信仰的擴大，有關神話傳說的數量增多了，而且情節也趨於曲折。

在清水祖師的神話傳說中，與山鬼鬥法最爲曲折生動。明萬曆十四年（1586年）何喬遠在〈覺亭記〉中就提到了降伏鬼眾的傳說：

> 祖師生時，靈通神異，山中有魔鬼數十輩，頻出為民害，祖師即約諸鬼，往臨深澗上，展帨如橋，皆滿座，有頃帨斷，鬼墜落澗下多死，不死者走下石穴中，祖師封閉之，悉無得出。[65]

康熙十年（1671年），安溪縣令謝宸荃在〈清水岩序〉也提到「出水灌園，出米餉工，丹臼煉以救世，鬼洞禁其邪魔[66]」的神話傳說。乾隆七年（1742年），王植在〈清水岩序〉中寫道：

> 挹其蛻像，貌臞而色黝，舊雲與山鬼爭道場，阨於煙焰而燃。[67]

而民間傳說更爲曲折生動，由〈試劍削巉石〉、〈比法渡帨〉、〈臉黑被火熏〉、〈袈裟收鬼眾〉等四個小故事組成。故事梗概是陳普足初築清水岩，常遇山鬼干擾，與之爭道場。一日，普足持劍，與山鬼比試法力，稱一劍能將岩左懸崖上的巨石削爲兩半。山鬼不信，普足對準巉

---

[64] 詳見前揭書《安溪清水岩志》卷下〈聖跡感應〉頁61-62，見《中國佛寺志叢刊》第101冊，江蘇廣陵古籍刻印社，頁433-435。

[65] 前揭書《清水岩志略》卷三〈志乘〉，頁13。

[66] 同上註，頁18。

[67] 同上註，頁20。

石，把劍一揮，只聽霹靂聲響，頓見巨石分爲兩半，一半滾下山坑，另一半仍屹立在懸崖間，後人稱之爲試劍石。傳說：山鬼見巉石被削，知道神劍厲害，無不惶恐，但又見普足隻身一人，自恃鬼眾，上去圍攻。普足解下腰帶帨巾，運用法力，將帨巾拴在深壑兩邊的樹幹上，成爲帨橋，獨自從帨橋渡過。再問眾鬼敢不敢從帨橋渡過？眾鬼應聲上帨橋，走到帨橋中間，帨橋突然斷裂，鬼眾多被摔死。一些倖存的鬼眾，跛著腳上岸，見普足靜坐在石頭上，遂搬來許多濕柴，累疊成堆，然後燃火壓焰，企圖用濃煙將普足燻死。普足安詳端坐，任其燻蒸，一連七天七夜、眾鬼以爲普足必死無疑，暗暗高興。不料，普足突然躍起，哈哈大笑，只是臉被燻黑而已，眾鬼大驚失色，抱頭鼠竄。但山鬼心中不服，屢屢挑戰，普足遂生一計，將袈裟鋪在地上，自己坐在袈裟正中，讓眾山鬼揪拉。山鬼一齊擁上，狠力扭挽，袈裟紋絲不動。普足問山鬼敢不敢進入袈裟？山鬼自恃人多勢眾，便一齊坐入袈裟。普足忽然將袈裟四個角提起，猛然一摔，山鬼大多被摔死，只從袈裟角迸出四個山鬼，跪地求饒，發誓永不作祟，願效犬馬之勞。普足遂將他們收爲殿前護法神，即至今仍屹立在清水岩法門內的趙、王、蘇、李四大將（又稱四大元帥）[68]。毋庸諱言，真正的「山鬼」在現實中根本不存在，但神話傳說中的「山鬼」應該是有所指的，筆者以爲，「山鬼」很可能泛指居住在清水岩一帶深山老林裡的土著，重纂《福建通志》稱「山鬼」爲「畬鬼」[69]，也不排除「山鬼」爲畬族人。清水祖師與山鬼鬥法的故事曲折地反映了清水祖師開闢清水岩付出常人難以想像的艱辛。

不同宗教信仰之間相互影響，在神話傳說上也得到充分反映。清水祖師的神話傳說受八仙、玄天上帝、濟公、媽祖等神話傳說的影響較深。如傳說清水祖師自幼父母雙亡，依賴各個哥哥生活，受嫂嫂的虐待。一日，嫂嫂教祖師上山採薪，祖師未去拾柴，卻把雙腳放入灶膛當柴火燒。此神話傳說中的雙腳當火燒的情節模仿八仙中李鐵拐類似故事的痕跡

---

[68] 前揭書《清水岩志》八〈清水祖師的傳說〉，泉州市文物管理委員會出版，1989 年秋，頁 64-65。

[69] 轉引前揭書《清水岩志略》卷三〈志乘〉，頁 3。

十分明顯。又如傳說清水祖師原是屠夫，一日，媽祖化為老婦在洗邊洗衣，祖師憐其老邁，代為洗衣。說也奇怪，衣服越洗越黑，祖師問何故？媽祖告其業屠太髒。祖師頓悟自悔，回家後持屠刀剖腹，掏出肝臟，洗淨後再放回肚內，以示清白。媽祖見他能痛改前非，所以度他為神，民間尊稱其為清白公正無私之神。此神話傳說顯然脫胎於玄天上帝被觀音引度成神的神話傳說。又如傳說普足建造清水岩寺時，缺少巨材大樑，普足遂扮成商人，到內地購買杉木。杉主問要購買多少？普足說要買下所有的「無尾杉」，杉主早知山林中無尾杉不多，當即收下幾緡錢，許諾林中無尾杉在五日內任憑砍伐，逾期禁伐。普足不去砍伐，卻回清水岩令徒眾挖一方池，池中鑿一孔眼，眾人不解其意。次晚，狂風驟起，將林中粗大杉樹斷尾齊腰地刮斷不少。第三天，普足親自去取杉，選擇幾棵大樹，投放於水溝中，悠然回岩。只見投放於水溝中的杉木從岩中的方池孔眼接連冒出。當第十根木材剛冒出杉頭時，小沙彌說了聲「夠了」，再也拔不出來了。直至今天，方池孔眼中還留著露眼的大杉頭，為世人所津津樂道。顯然，此神話傳說源於濟公營造杭州靈隱寺的故事。再如傳說說真德秀迎請清水祖師神像到泉州祈雨，高搭蘆棚，供奉祖師，而空其棚下，發布告示，曉諭百姓前來祈雨時多帶紙錢香楮，堆疊於清水祖師的神座下，暗示若投疏祈禱不下雨的話，就放火焚楮。時屆中午，雷電交加，大雨傾盆，知府齋中飄落梧桐樹葉，樹葉上的四行字依稀可辨，詩云：「雨是江西雨，移來泉州府，老佛若無靈，渾身成火灰。」真德秀讀罷，佩服極了，親自送清水祖師神像回岩，並在前賢題懸的「真人」匾上，添一「真」字，成為「真真人」，以示崇敬。此傳說與媽祖的「拯興泉飢」異曲同工。[70]

五、清水岩沿革

　　清水岩廟宇草創於北宋元豐六年（1083 年），當時只有草庵數間，

---

[70] 前揭書《清水岩志》八〈清水祖師的傳說〉，泉州市文物管理委員會出版，1989 年秋，頁65-66。

十分簡陋。宋元佑七年（1093 年）清水祖師主持改建岩宇，略有改觀。清水祖師去世後，寶慶三年（1227 年）僧惠清募捐改建岩樓，費金錢千緡。紹定六年（1233 年）又改建大藏樓，費金錢千緡。景定三年（1262 年）改建複閣，費金錢二千緡。經過僧惠清的三次改建擴建，使清水岩寺廟初具規模。但到了南宋景炎二年（1277 年），因兵亂，岩宇遭焚，成爲一片廢墟，連清水祖師神像也只好安放在露天之下。翌年，僧一杲住持清水岩，竭力募捐，歷時二十年，重建清水岩殿閣及香積茶寮等。元至元二十七年（1290 年）前後，僧一杲去世，其弟子崇遠繼承師志，續修寺宇，大小山門、門樓、官廨、倉宇、浴室、後架、郵亭，未蓋者蓋之；雕飾像相，漆繪灰土，未完者完之。甚以內外更張，開宗明目，有所利益，畢力成之。[71] 此次重建，前後延續 40 年之久，至元代延佑四年（1317 年）才告成。重建後的清水岩宇的規模大大超過宋代，相傳清水岩宇的「帝」字形結構，99 間的規模，至此時才確立下來。至今仍豎立在清水岩「枝枝朝北樹」東側的岩圖碑，記錄了當時清水岩的建築規模和佈局。岩圖碑由二方花崗岩合併而成，高 2.75 米，寬 0.97 米，厚 0.15 米，上半部浮雕清水岩「帝」字形建築佈局圖，下半部雕刻建築物的具體度數，有些文字經過幾百年的風化，難以辨認，但圖案和大部分文字仍清晰可辯。據《清水岩志》載，岩圖碑的原文爲：

> 清水岩殿宇度數
> 香門至庭二丈九尺深
> 佛殿脊二丈八尺高
> 祖殿脊二丈一尺高
> 法堂脊二丈一尺高
> 大廳脊二丈六尺六寸
> 塔殿由上至仰托一丈七尺六寸高
> 塔庭次塔脊一丈七尺高
> 前見山窗五尺高

---

71 前揭書《安溪清水岩志》卷上〈重修記〉頁 38，見《中國佛寺志叢刊》第 101 冊，江蘇廣陵古籍刻印社，頁 99。

> 方丈佛殿地平散水同
> 後樓二丈八尺高上下平
> 藏殿脊二丈八尺高
> 大悲閣高藏殿樓三尺，脊二丈二尺二寸
> 天臺閣高大悲閣平三尺三寸
> 僧堂仰托下一丈四尺高
> 鐘樓仰托下一丈七尺六寸高
> 昊天拜亭仰托下九尺八寸高
> 小山門脊一丈六尺高[72]

元末兵燹，至明初僅存佛殿一座，破屋三間。嘉靖四十三年僧正隆住持清水岩後，就四出募捐，致力於修整拓建，歷 22 載才大功告成，「殿宇輝煌，超過舊觀矣。[73]」萬曆二十七年（1599 年），邑令廖同春捐資倡建覺亭、開覺路。順治二年（1645 年），縣令周宗璧倡建清水法門，重塑四尊護法神像。邑紳李日煜、李夢植重修東西樓。康熙、雍正年間，僧頂覺、玄覺、惺因、惺源、法遠、彌超、彌在、徹明、雪冠等均在不同程度上「重整岩宇」。乾隆二十六年（1761 年）僧滿林、澤峰又進行修整殿宇。道光十五年（1835 年）里人陳希實、柯大樑、劉漂芳等捐陰二千餘元，較大規模地重修岩宇。嘉慶十七年（1812 年）許玉成、淩翰、林大鴻、劉清振、陳仲高等往廈門募得修建清水岩款三千餘元，存縣備用，被縣令楊思敬因事虧空，捐款盡沒。光緒二十五年（1899 年），「凡大殿、釋迦樓、東西樓、昊天口、觀音樓等，一律重新。[74]」光緒二十六年修岩路。光緒二十九年又花銀一千餘兩改建大殿的石龍柱、岩面石窗堵、岩庭的石獅等。宣統元年（1909 年），僧智慧「廣募捐資，倡修岩宇。[75]」

---

[72] 前揭書《安溪清水岩志》卷中〈度數〉頁 6，見《中國佛寺志叢刊》第 101 冊，江蘇廣陵古籍刻印社，頁 183。

[73] 前揭書《安溪清水岩志》卷上〈史略〉頁 20，見《中國佛寺志叢刊》第 101 冊，江蘇廣陵古籍刻印社，頁 64。

[74] 前揭書《安溪清水岩志》卷上〈史略〉頁 22，見《中國佛寺志叢刊》第 101 冊，江蘇廣陵古籍刻印社，頁 69。

[75] 前揭書《安溪清水岩志》卷上〈史略〉頁 24，見《中國佛寺志叢刊》第 101 冊，江蘇廣陵古

民國十五年（1926 年），修建覺亭、半嶺亭、海會院等。民國二十二年至二十四年，部分殿宇被毀。民國三十年僧禮缽開始募修岩宇，民國三十三年翻建觀音閣和檀樾廳、半嶺亭等，民國三十五年旅居新加坡華僑柯賢樹等捐款修建大殿、釋迦樓等。

一九五三年，覺亭被風刮倒。一九五五年重修大殿佛龕、三忠廟、清水法門、護界宮等。一九六一年被定為首批縣級文物保護單位。「文化大革命」期間，清水岩遭到嚴重破壞。一九七五年僑胞李月等捐款修建岩宇，此後大陸善男信女、臺胞、僑胞紛紛慷慨解囊，齊心協力對清水岩進行全面、徹底地整修，至今煥然一新，規模超過歷史上任何時期，交通也更加便捷，已成為福建重要的旅遊區，每年有上百萬人前去觀光禮拜。

六、清水岩的歷代住持僧

安溪清水岩與一般的民間宮廟不同，自北宋元豐六年（1083 年）至 1966 年的九百餘年間，除了極短的時間無住持外，絕大多數時間內由僧侶住持，共有 40 位僧侶住持清水岩事，頗具特色，從此也可以證明清水岩應該屬於佛教而不是道教。茲將清水岩歷代住持僧列表如下：

住持僧名	住持起迄年代	備註
普足	宋元豐 6 年－建中靖國元年	
楊道、周明	普足圓寂後，住持岩事	為普足大弟子。
惠清	宋寶慶年間至景定年間（約 1225－1264 年）	安溪人，修建、擴建岩宇，勞苦功高。
惠然	宋景定年間至宋末元初（約 1264－1271 年）	修建永安橋等。

一杲	宋末元初至元皇慶年間 （約 1271－1313 年）	重建岩宇，奠定清水岩「帝」字形建築佈局。
崇遠	元皇慶年間至明初 （約 1313－1368 年）	繼承一杲遺志，完成岩宇建築。建登仙樓龍津橋。砌洋中亭。
正隆	明嘉靖 43 年至萬曆 18 年 （1564－1590 年）	泉州開元寺僧，住持清水岩後，募建岩宇歷時 22 年，功績卓著其圓寂後，清水岩住持僧形成東西樓二派。
日恩 日盈	萬曆 18 年－? 萬曆 19 年－?	東樓派。 西樓派。
慈悟 西竺	萬曆至崇禎 萬曆 19 年－?	苦行勤修，普化四方。 西樓派，精通文學，與仕宦交往密切。
靜悟	崇禎－?	素行冰清，善療人病。
沖遲	承西竺宗嗣	能通草藥。 西樓派，素性貞良，精詩文，與仕宦交往密切。
頂覺、玄覺、惺因、惺源、法遠、永覺、彌超、彌在、徹明、徹果、徹機、雪觀	康熙至雍正年間	各僧的住持起迄年代、所屬東西樓派均不明。各僧均參與岩宇的修建，皆有功於清水岩。
滿林	乾隆－?	西樓派，有文詞，募修岩宇，振興西樓派。
澤峰	乾隆－?	矢志修真東樓，整頓佛門，修理寺宇。
勉求	乾隆－?	澤峰弟子，繼承師業，重修寺宇，東樓派後起之秀。
荷擔	起迄年代不詳	西樓派，不忘師志，自外歸岩，克勤克儉。
意求	承荷擔法嗣	修真苦行，募化修理西樓之俎豆馨香，為西樓派終結者。

妙雲	宣統元年至民國 18 年（1909－1929 年）	智慧的徒孫。
瑞興	民國 18 年	妙雲的長子，在廈門被殺。
瑞玉	民國 19 年前後	瑞興之弟，因戰亂離岩。
李火樹	民國 21 年	眾人邀請智慧派的末徒芳善主持岩事。芳善又委託李火樹主持，未滿一年，即離去。
圓策	民國 21－28 年	
李金樹	民國 28 年	僅主持幾個月，又離去。
禮捌	民國 30 年至 1957 年	清苦奉佛，募修岩宇。
義素	1957-1960 年	
王留	1960-1966 年	歷代僧侶主持岩事至此結束。

　　上表據前揭書《安溪清水岩志》卷上〈史略〉、卷下〈歷世徽音〉、《清水岩志》十二〈歷代主持僧概略〉等製作。

　　值得注意的是，在清水岩主持僧中，泉州開元寺僧侶一度成為主角，明代尚書詹仰庇撰寫〈開元正派分基住清水岩記〉，詳細記載傳承世係：

　　大明嘉靖甲子歲，泉州開元寺僧正隆與徒來住諸山，隆安徒眾三十餘人，更張二十四載。隆老，將岩事付與徒弟日恩，承住三載。至庚寅冬，隆師坐逝。其師兄日盈原係分住開元三軒，近因師故，前來共理，同住四載，退與徒弟曇勛。恩逝，付於徒弟曇俊。俊逝，付於徒弟行端。餘為此山中主，備知其事，諸上人皆有功於岩者。[76]

　　自正隆主持清水岩之後，其弟子形成東樓派（又名東軒派）和西樓派（又名西派），並一直延續到清代的乾隆年間。由於文獻資料記載很少，有關東樓派和西樓派的區別知之甚少。從現有資料來看，東樓派比較注重戒行，而西樓派善詩文，與官員關係比較密切。東樓派和西樓派

---

[76] 前揭書《清水岩志略》卷三〈志乘〉，頁 12。

有各自的傳承世係和田產，但也不是勢不兩立的宗派，相反，東樓派和西樓派經常互相照應，如清乾隆年間，西樓派式微，「田變園盡，無人克承佛門」，其香火皆賴東樓派主持勉求維持，「如是者數年」，直到西樓派的荷擔繼任主持為止。[77]

七、清水祖師的迎春繞境活動

在安溪蓬萊等地，隨著清水祖師信仰的擴大，逐漸形成了頗具特色的迎春繞境活動。相傳此習俗早在宋代就初具規模，經元明清民國，一直延續至今。現存最早記載清水祖師的迎春繞境活動是在清嘉慶年間，當時剛上任不久的安溪教諭謝金鑾，參與處理嘉慶九年（1804 年）正月因嶢洋迎請清水祖師繞境活動，引起械鬥，打死一人，有七名生員被誣為主謀的案件。謝金鑾在〈再上王府憲書〉中簡要描述了迎春繞境習俗：

> 嶢洋之俗，於正月迎神為祈禳，其神曰祖師，其迎也以金鼓器械，其從者數十人，抹臉為鬼卒，少年喜事者群喧逐焉，環走山村數十里，悅其神者具酒果賽焉。[78]

實際上，清水祖師的迎春繞境活動要比謝金鑾記載的豐富得多，其組織也相當嚴密。《清水岩志》對清水祖師的迎春繞境活動作了比較詳盡的描述，因篇幅有限，簡介如下：

迎春巡境主要在蓬萊平原點以及湯內、塗橋等地進行，按姓氏居住的自然區域，劃分頂、中、下三個庵堂。各庵堂又自分為三個「保社」，每個保社再分為三個「佛頭股」，共 27 股。每年迎春巡境三天，由頂、中、下三庵堂中各一個當值的佛頭股負責執事，各股 9 九年輪值一次，周而復始。若特殊原因無法承擔者，由其他姓氏頂接。

三庵堂中輪值的三個佛頭股當年的三月初一舉行「拈大旗」儀式，

---

[77] 前揭書《安溪清水岩志》卷下〈歷世徽音〉頁 65。

[78] 《二勿齋文集》卷 2〈再上王府憲書〉，頁 103。

即通過抓鬮確定「大旗」、「神前鼓」、「車鼓亭」的分工。拈得「大旗」佛頭殿，推選出一名德高望重的長者當「巡境司」，主持次年的巡境迎春的一切組織事宜。同時，還要推舉出「旗頭」、「旗手」兩人，於次年正月初二到魁門鎮西村「旗主祖師」處挖掘大旗竹。大旗竹長三丈三尺，旗布長二丈八尺左右，旗布上大書「敕封昭應廣惠慈濟善利大師菩薩」字樣。挖大旗竹前，要備禮品祭祀一番。另外，還要通過「杯」投卜確定翌年迎春巡境的「開香」日期。「開香日」一般不超過正月初十，迎春巡境不超過元宵。如「開香日」定在初八，那麼初九、初十、十一日便是「三日大迎」，十二日為「香散日」。

開香日凌晨，佛頭股的各家各戶，都要備辦豬頭五牲、青菜香果到中庵堂佛頭厝祭祀，然後將祭品帶回宴請賓客。下午，中庵堂的佛頭股要抬清水祖師像上清水岩，其他庵堂「頭人」、「都會統」也要上山。翌日凌晨，齊集中殿，由岩僧主持隆重的賛禮，誦念「清水咒語」和「落座疏文」，迎請清水祖師下山巡境。清水祖師落座開迎前，還要整儀詣三忠廟（奉祀張巡、許遠、岳飛），拜請「三忠火」。

在迎春巡境的三天裡，要舉行許多隆重而繁瑣的祭祀儀式，單單從山上到鶴前的這段路程，就要先後舉行請祖師火儀式、獻花獻茶儀式和換衫換轎儀式。至於儀仗也十分龐大，規矩嚴格。「春官陣」的儀仗是：前面由一對「頭人鼓」開道，接著是身穿羊羔皮夾襖、手執竹梢兒的「跑遍」，和四個執有「龍、虎、清、道」的旗牌手，兩面大銅鑼一個大鼓、兩支號角，四個持竹板和鐵銬的「衙役」、一個兩個抬的錢櫃。隨後有四名穿長衫禮服、戴有色眼鏡的禮生，一頂寫著「清水巡境司」的紅涼傘。最後是一抬掛有「清水巡境司」轎燈的春官大藍轎，內坐「春官」。「火陣」的儀仗是：大旗前行，「肅靜」、「回避」板牌緊隨。接著是三十六人身穿前後貼有「勇」字銜差服，手持敕封的「駕」的隊伍；再其後是由大鼓、花鼓、舞龍、舞獅、彩閣、南音、車鼓等組成的鼓樂隊；隨後是車鼓亭、茶花樅、火香盆、神前的「寮鼓吹」、彩繡的「清水大師」涼傘；最後是由一面大鑼和僧人繞鈸擁送的三輛大輦，頭輛供抬聖旨牌、第二輛供抬契母媽（檀樾主劉公銳的雕像）、第三輛供抬清水祖

師。巡境儀仗的行走路線以及各庵堂祭祀清水祖師的地點都有嚴格的規
定。[79]

自宋代以來，隨著福建宗教信仰的迅猛發展，每逢神誕日或年節，
各地都要舉行盛大的迎神賽會活動，成爲福建俗文化的一大奇觀。閩南
地區的迎神賽會最爲頻繁隆重，《廈門志》稱：

> 滿地叢祠，迎神賽會，一年之交，且居其半。[80]

在泉州，上元後數日，「大賽神像，妝扮故事，盛飾珠寶，鐘鼓震
鎬，一國若狂。[81]」在漳州，宋代人陳淳指出：

> 南人好尚淫祀，而此邦尤甚。……逐廟各有迎神之禮，隨月迭爲
> 迎神之會。[82]

清水祖師的迎春繞境活動就是在這樣大背景下形成的，有三個鮮明
的特點：

1.組織嚴密。迎春巡境之前，蓬萊平原點以及湯內、塗橋一帶的居
民點是依據姓氏和自然條件各自相對獨立的。迎春巡境時，根據需要將
這一社區按姓氏居住的自然區域，劃分頂、中、下三個庵堂。各庵堂又
自分爲三個「保社」，每個保社再分爲三個「佛頭股」，從而形成了由
庵堂－－保社－－佛頭股三個層級構成的嚴密組織，保證每年的大規模
迎春巡境活動能順利進行。

2.宗族參與。自古以來福建社會具有聚族而居的特點，像迎神賽會
這樣大型的宗教活動非個人財力所能承受，有時由大宗族獨立操辦，有
時按姓氏輪流操辦，有時則由許多不同姓氏共同操辦。清水祖師的迎春
繞境活動屬於由許多不同姓氏共同操辦的類型。如頂庵堂的三個保社九
個佛頭股是這樣分工的：可卿保社由嶺美張姓自分爲三股；便元保社由

---

[79] 前揭書《清水岩志》九〈清水祖師的迎春民俗〉，泉州市文物管理委員會出版，1989 年秋，
　　頁 67-76。

[80] 道光《廈門志》卷十五〈風俗記〉，鷺江出版社，1996 年 2 月重版，頁 517。

[81] 乾隆《泉州府志》卷二十〈風俗〉，頁 19。

[82] 道光《重纂福建通志》卷五六〈風俗志〉，頁 33。

溪南蘇姓自分爲兩股，由埔頂楊性與連頂蔡姓合爲一股；虞山保社由溫、陳、蔡各分一股。頂庵堂的三個保社九個佛頭股的分工如下：湖濱前保社由頂劉姓自分成三股；代賢保社由大烜林姓自分成三股；黃柱保社由寮內陳姓自成一股，魁頭柯姓與邢厝林姓合分兩股。下庵堂的三個保社九個佛頭股的分工如下：魁美保社由下劉與巷口張姓。竹腳李姓合成三股；騰角保社由井邊陳姓與孫、吳、楊姓合成二股，後山王姓自成一股；華美李姓與美山林姓合爲一股，華美陳姓與趙姓合爲一股，湯內、周、鄒、盧三姓合爲一股。總之，參與操辦清水祖師的迎春繞境活動的有十八個姓氏，能將這麼多姓氏聯合起來，確實是一件極不容易的事。

3.模仿官府出巡儀式。民間迎神賽會儀式五花八門，沒有定規，由於受傳統的官本位的影響，民間迎神賽會儀式有不少模仿官府甚至天子出巡儀式，以示高貴和隆重。清水祖師的迎春繞境活動中的「春官陣」模仿官府的「春官出巡」，「火陣」儀式模仿欽差出巡的色彩十分濃厚。清水祖師的迎春繞境活動之所以模仿出巡儀式，與清水祖師得到宋朝廷四次正式封賜有密切關係，在信徒看來，得到封賜的清水祖師出巡完全有資格享受官府出巡一樣甚至更隆重的待遇。

八、清水祖師信仰的傳播和影響

宋代，清水祖師信仰中心區是安溪縣，信仰亞中心區是泉州府各縣，漳州、三明一帶爲散播區。這一點從向清水祖師祈雨暘、疾病等獲感應的有關記載得到充分的反映。

祈求時間	地　　點	事　　由
1156 年	安溪	祈雨
1173 年	永春	祈雨
1174 年	尤溪、永春、德化	祈雨
1179 年	安溪	祈雨
1180 年	安溪	祈雨

1199 年	長泰	祈雨
1208 年	泉州、安溪	祈雨
1209 年	泉州	祈雨
1217 年	安溪	祈雨
1228-1233 年	泉州	祈雨
1265 年	安溪	祈雨
1269 年	安溪	祈雨
1164 年	南安	疾病
1166 年	南安、惠安	疾病
1173 年	永春	驅蝗、祈雨
1208 年	安溪	驅蝗

　　元代，清水祖師信仰繼續發展。其重要標志是重建後的清水岩宇的規模大大超過宋代，如果在元代不擁有眾多的信徒，要完成如此浩大的工程是不可想像的。另外，元代統治階級對清水祖師信仰也予以扶植。大德五年（1301 年）三月，安溪縣尹兼勸農事陳均與敦武校尉泉路安溪縣達魯花赤兼勸農事禿忽魯等，奉朝廷諭旨，制文備疏，詣清水岩致祭清水祖師[83]。天歷三年（1330 年），泉州府大旱，官府派簡較吳等到清水岩迎請清水祖師神像入郡城祈雨，果然「大雨沛然」，故製「為霖」匾額送掛岩殿。[84]

　　元末至明嘉靖年間，清水祖師信仰一度衰微。一方面，清水岩廟宇遭受元末兵燹，至明初僅存佛殿一座，破屋三間；另一方面，在這 100 餘年間，也無僧人主持清水岩。到了明嘉靖四十三年（1564 年），鄉人延請開元寺僧正隆住持清水岩，才使清水祖師信仰逐漸復興，影響進一步擴大。明末李日燫稱：

---

[83]　前揭書《安溪清水岩志》卷上〈祭文〉頁 31，見《中國佛寺志叢刊》第 101 冊，江蘇廣陵古籍刻印社，頁 85。

[84]　前揭書《安溪清水岩志》卷上〈祈雨略〉頁 29，見《中國佛寺志叢刊》第 101 冊，江蘇廣陵古籍刻印社，頁 81-82。

清水祖師的「爐火遍於閩中」。[85]

清末張際青在談到清水祖師的影響時，說道：

> 自宋以來，歷任郡守司牧，禱雨祈祥，靡不輒應，廟食於今八百
> 餘年矣。自上游延、建、汀、邵，以及下游福、興、漳、泉，晉
> 殿而分香火者，不勝紀數。[86]

上述記載雖然誇大其辭，但不否認，明清時期清水祖師的影響超出閩南地區，爲其他一些州縣的百姓所信仰。清水祖師的影響在明清時期得以進一步擴大，與安溪移民有著密切的關係。一方面，清初遷界，安溪縣的鄭姓等北遷到浙江溫州平陽的雁蕩和閩北武夷山等地，清水祖師作爲保護神也隨移民傳到閩北和浙江東南部。當地有許多山岩，如霞寶岩、珠簾洞、爐岫岩、青獅岩、土地公岩、天心岩、天井岩等，在這些山岩上都有供奉清水祖師的廟宇，故諺曰：「有岩就有祖師公」。[87]

明末清初，清水祖師信仰隨安溪移民傳入台灣，據《台灣省通志》記載，有年代可考的台灣最早的清水祖師廟建於南明永曆年間（1647－1661 年），共有 2 座，一座是台南市楠梓區的清福寺，另一座是彰化縣二林鎮的祖師廟。從雍正七年（1729 年）至民國 38 年（1949 年）台灣島內又先後建造了 73 座清水祖師廟，成爲台灣最有影響的神靈之一[88]。1994 年統計，台灣有清水祖師廟 98 座，僅臺北地區就有 63 座。據統計，1990 至 1993 年 9 月，以團體名義來安溪清水岩祖廟進香謁祖的台灣分廟有 70 多個，3400 多人（不含零星的台灣信徒）。近年來，台灣香客來清水岩進香的絡繹不絕。他們都慷慨解囊，爲清水祖廟重放

[85] 前揭書《安溪清水岩志》卷上〈二樓序〉頁 42，見《中國佛寺志叢刊》第 101 冊，江蘇廣陵古籍刻印社，頁 107。

[86] 前揭書《安溪清水岩志》卷上〈小引〉頁 54，見《中國佛寺志叢刊》第 101 冊，江蘇廣陵古籍刻印社，頁 131。

[87] 前揭書《清水岩志》十〈清水祖師與海內外的關系〉，泉州市文物管理委員會出版，1989年秋，頁 77。

[88] 台灣省文獻委員會編《台灣省通志》卷二〈人民志宗教篇〉下，眾文圖書股份有限公司，1980年重版。

異彩作出貢獻。[89]

　　明末，清水祖師信仰還隨安溪移民傳播到東南亞的馬來西亞、緬甸、新加坡、印度尼西亞、菲律賓、泰國、越南等國家。最早建造於萬曆二年（1574 年）的清水祖師廟是馬來西亞的祖師公廟（後改名靈慈宮）。最有特色的是檳城的清水廟（俗稱蛇廟），廟內各個角落盤繞小蛇，從不咬人。改革開放以來，東南亞僑胞紛紛回大陸尋根謁祖，不少人來到清水岩進香，熱心捐資修建清水祖廟。[90]

　　（本文發表於《圓光佛學學報》1999 年第 4 期，第 218－251 頁）

---

[89] 前揭書《清水岩志》十〈清水祖師與海內外的關係〉，泉州市文物管理委員會出版，1989 年秋，頁 78。

[90] 前揭書《清水岩志》十〈清水祖師與海內外的關係〉，泉州市文物管理委員會出版，1989 年秋，頁 79-82。

佛教的世俗化與觀音靈籤的流傳

籤占從孕育到產生、發展，自始至終與中國傳統的佛教、道教、民間宗教信仰聯繫在一起。一方面，籤占的產生和發展，離不開中國宗教文化的土壤。另一方面，籤占的發展也滲透到佛教、道教和民間宗教信仰，並對中國的宗教信仰產生一定的影響。籤占與佛教、道教和民間宗教信仰，不但反映了中國古代宗教文化的互相融合的關係，也反映了作為民間文化的籤占具有很強的滲透力和生命力。本文就流傳最廣、中國影響最大的觀音靈籤的相關問題做初步的探討。

一、佛教的世俗化與占卜術的結合

印度與中國均為世界文明古國，屬於東方體系的文化，但二者屬於完全不同的文化系統，印度文化注重冥想，宗教文化色彩濃厚，中國文化關注社會人生，綱常倫理色彩濃厚。產生於印度的佛教從兩漢之際傳入中國內地後，面對的是一個自成體系的具有頑強生命力的中國文化，在這樣的文化環境下如何生存並很快地成長起來，就成為佛教要解決的最重大的問題。相對於其他外來宗教而言，佛教在解決這個問題上是比較成功的，因此成為中國影響最大的宗教。

自從佛教傳入中國之後，佛教界一直採取的是兩個方向齊頭並進的傳播策略：一是為了吸引上層人士包括最高統治者的信仰，在保持印度佛教核心價值觀的基礎上，與中國的儒家、道家、道教等雅文化的結合，積極主動地尋找印度佛教與中國雅文化的契合點，形成具有特色的中國佛教理論和諸宗派（魏晉般若學和隋唐時期諸宗派）。[1]二是為了吸引平民百姓的信仰，擴大信仰的基礎和影響力，佛教又與中國俗文化相結合，不斷地世俗化和簡易化，形成了中國俗文化色彩濃厚的民間佛教。

關於中國的民間佛教，有必要稍作追溯。我們知道，中國固然為文明古國，但中國自古就是一個農耕社會，分散的自給自足的小農經濟是

---

[1] 詳見賴永海：《中國佛教文化論》，中國人民出版社，2007 年 7 月。

其封建社會的經濟基礎，占人口絕大多數的農民沒有機會接受基本的學校教育，文盲程度極高。在這樣的文化背景下，具有濃鬱思辨哲理色彩的佛學，很難得到平民百姓的理解，更不容易被接受。而佛教傳入中國之初兩漢之際，正當巫術、讖緯、祥瑞災異迷信之時，佛教也不可避免要接觸這些俗文化，某些僧侶接受或者利用這些俗文化，來弘揚佛教，吸引平民百姓信仰佛教。早在佛教傳入中國之初，時人把佛教看做是道教的一支，一些印度僧人也用種種「神通」來吸引信眾，「他們有的能解鳥語，有的能使缽中生蓮花，有的能預知海舶從印度馳赴中國」。[2]魏晉南北朝時期，僧人運用神通的相當普遍，梁朝慧皎《高僧傳·神異傳》記載的漢代到梁朝的有神異事蹟的高僧多達 32 人（立傳的 20 人，間接述及的 12 人）。[3] 在僧人的「神通」中，還夾雜著巫術、咒語等，如《高僧傳》記載安世高在廬山遇到蛇妖作怪，危害行人，「高向之梵語數番，贊唄數契，蟒悲淚如雨，須臾還隱，高即取絹物，辭別而去。……於是廟神歇末，無複靈驗」。又如說佛圖澄：「善誦神咒，能役使鬼物。以麻油雜胭脂塗掌，千里外事皆徹見掌中，如對面焉，亦能令潔齋者見。又，聽鈴音以言事，無不劾驗」。[4]

在佛教吸收巫術咒語之類的中國俗文化中，占卜術也是深受青睞的一種。占卜術在中國源遠流長，形式多樣，影響巨大。印度佛教並不提倡占卜，但傳入中國後，也不能不受到盛行於世的占卜術的影響，甚至利用占卜術來吸引善男信女，推動佛教的傳播。東晉天竺三藏帛屍梨蜜多羅譯的《梵天神策經》（又稱《灌頂梵天神策經》），把印度佛教的占卜術介紹到中國來，其基本做法是：把一百首佛教偈語（佛經中的帶有對人生體悟的哲理頌詞，類似於玄言詩）分別抄寫在竹帛上，放入五色的絹袋中，占卜者從袋中隨意取出一枚，以決疑問。《梵天神策經》記載：「一時佛在因沙崛山中，與千二百五十比丘俱，菩薩三萬人，佛為

[2]　魏承思：《中國佛教文化論稿》，上海人民出版社，1991 年 9 月，頁 10。

[3]　恒毓：《佛教與神通》，《香港佛教》2000 年第 3 期、第 4 期。

[4]　慧皎撰：《高僧傳》卷一《安清》、卷九《竺佛圖澄》，中華電子佛典協會（CBETA）電子佛典「大正藏經錄」史傳部，第五十冊，No.2059，頁 0323c、頁 0383b。

天龍八部說法，人民鬼神各隨業緣得道不同。說法既竟，於是梵王從座而起。長跪合掌而白佛言：『世尊我於眾生，有微因緣多歸依者。又見人民悉受苦惱，心中疑惑不能決了，今欲承佛威神之力，出梵天結願一百偈頌以為神策，惟願世尊許可此事』。復作是言：『我常見諸異道輩九十五種，各有雜術為人決疑。而今世尊正覺最上更無此法，是故啟問唯願聽許。』佛言：『梵王善哉善哉！汝能為未來五濁惡世，像法眾生多諸疑惑，信邪倒見不識真正。汝既慈悲欲為說者，嘉也梵王我助汝喜，善也梵王隨意演說』。梵王聞佛讚歎策經，歡喜踴躍。即於眾中語四輩言：『今我梵王承佛威神，演說卜經一百偈頌以示萬姓，決了狐疑知人吉凶。』」[5]

　　《梵天神策經》的百首偈語雖然也涉及俗世的仕途、財寶、和合、子孫、疾病等內容，占卜時要漱口，不能吃不潔食物等，占卜方法也與後世的籤占相似。所謂「佛告阿難梵天大王等：『若四輩弟子欲為人行此神策法時，當以竹帛書此上偈，以五色彩作囊盛之。若欲卜時探取三策，至於七策審定無疑。澡漱口齒，莫食酒肉及噉五辛，出策之法不得過七人，後設探者眾事不中不護人也。』」[6]雖然有人直接稱之為「梵天籤」，[7]但我認為還不能說就是嚴格意義上的籤占，至多只能把它看做是籤占的濫觴。理由有三：一是《梵天神策經》主要用於誦念而不是占卜；二是其內容主要圍繞著天堂、淨土、地獄、三寶、沙門、正覺、解脫、功德等佛教教義展開；三是占卜的主要目的是解決信眾信仰佛教過程中的種種疑惑，而不是占卜吉凶禍福。所謂：「佛語梵天大王：『汝今以為一切人民，說此神策竟，利益一切功德不少，令諸疑惑各得開解。我今當演善神灌頂章句以為勸助，若有人民聞策之者，或信不信令得正念，使一切魔不得破壞生嫉噁心，設有惡意自然消滅。』說是語竟，梵王請

5　帛屍梨蜜多羅譯：《佛說灌頂經》卷十《佛說灌頂梵天神策經》，中華電子佛典協會（CBETA）電子佛典「大正藏經錄」密教部，第二十一冊，No.1331，頁 0523c—頁 0524a。

6　帛屍梨蜜多羅譯：《佛說灌頂經》卷十《佛說灌頂梵天神策經》，中華電子佛典協會（CBETA）電子佛典「大正藏經錄」密教部，第二十一冊，No.1331，頁 0528c。

7　如如吉祥：《梵天籤》，2009 年 11 月 11 日，《地藏緣論壇》
　http://www.folou.com/thread-182302-1-1.html

佛唯願說之。於是世尊即說灌頂無上偈頌。」[8]另外，唐初釋靜泰《眾經目錄》把《梵天神策經》列入僞經行列，認爲此經與其他的五十二種經書，「並號乖真，或首掠金言而末申謠讖，或論世術後托法詞，或引陰陽吉凶，或明神鬼禍福，諸如此比僞妄灼然，今宜秘寢以救世患。」[9]《梵天神策經》的真僞問題姑且不論，但有一條是肯定的，魏晉南北朝時期，佛教開始與中國占卜術結合起來。

隋朝，出現了菩提燈翻譯的《占察善惡業報經》二卷，又稱《占察經》、《地藏菩薩業報經》、《地藏菩薩經》、《大乘實義經》等，上卷闡明使用木輪相占察善惡宿世業、現世苦樂吉凶等事的方法。並說若有惡業、苦果、凶事出現，禮懺地藏菩薩，便能滅罪除障，所以又稱木輪占察法。所謂木輪，系由木片雕刻而成，八角形，直徑一寸許。若欲占察宿世所作善惡業種的差別，須在十輪上書寫十善十惡之名，稱「十輪法」。若欲占察宿世集業的久近所作，與強弱大小的差別，須在三輪書身口意之名及長短深淺粗細之筆劃，稱：「三輪法」。若欲占察三世中受報的差別，則須在六輪書一乃至十八之數，稱「六輪法」。占卜時，敬禮供養三寶，念地藏菩薩，投木輪於淨物上。依照木輪上的文字所示，對照業報經中的 189 個卦象，可知其吉凶善惡等差別。應該指出，《占察善惡業報經》中的占卜目的，主要是用來強化信徒的宗教信仰。

唐朝，占卜之風盛行，佛教進一步與占卜術結合，不少高僧擅長易占等占卜術，還精通風水、算命等，佛教讖語滿天飛，影響到社會安定，以至於朝廷下令禁止僧道卜筮。如唐文宗《禁僧道卜筮制》云：「敕：左道疑眾，王制無赦；妖言蠹時，國朝猶禁。且緇黃之教，本以少思寡欲也；陰陽者流，所以敬授人時也。而有學非而辨，性挾於邪，輒窺天道之遠，妄驗國家之事。仍又托於卜筮，假說災祥，豈直閭閻之內，恣其誑惑，兼亦衣冠之家，多有厭勝。將恐浸成其俗，以生禍亂之萌……

8　帛屍梨蜜多羅譯：《佛說灌頂經》卷十《佛說灌頂梵天神策經》，中華電子佛典協會（CBETA）電子佛典「大正藏經錄」密教部，第二十一冊，頁 0528b-p0528c。

9　釋靜泰：《眾經目錄》卷四《眾經僞妄》，中華電子佛典協會（CBETA）電子佛典「大正藏經錄」目錄部，第五十五冊，No.2148，頁 0212c。

宜令所司，舉舊條處分。」[10]

二、佛教何時引入籤占

關於隋唐佛教何時引入籤占，有學者根據《宋高僧傳》卷第十四《唐百濟國金山寺真表傳》相關記載，認爲唐代「寺院內求卜問籤普遍化」。[11]對此觀點，筆者不敢苟同，曾撰文與之商榷。[12]實際上，籤占大約在唐代後期才產生，兩宋時期才真正流傳開來，成爲百姓占卜的重要工具。[13]

那麼，佛教到底在什麼時代開始使用籤占？筆者收集的與佛教有關的籤占資料，最早的是南宋紹興二年，《夷堅丙志》：

> 紹興二年（1132 年），兩浙進士類試於臨安。湖州談誼與鄉友七人，謁上天竺觀音祈夢。誼夢人以二楪貯六茄爲饋，惡之。惟徐揚夢食巨蟹甚美……洎榜出，六人皆不利，揚獨登科。後二年，誼複與周元特赴漕司舉，又同詣寺。前一夕，周夢與諸人同登殿，誼先抽籤，三反而三不吉。餘以次請禱。周立於後日：「所以來，唯欲求夢爾，何以籤爲？」眾強之。方詣筒下，遇婦人披髮如新沐者，從佛背趨出，謂其貴家人，急避之，遂寤。明晨入寺，誼所啟三籤果不吉，余或吉或否。[14]

天竺寺坐落於杭州天竺山，有上天竺寺、中天竺寺、下天竺寺之別，通稱有「天竺三寺」，始於晉，興於唐，盛於宋，爲我國東南名刹。下天竺創建最早，距今已有一千六百六十餘年。上天竺寺位於白雲峰下，創建最晚，也有千年歷史。由於天竺三寺深藏林間山谷，景色清幽，寺

---

[10] 宋敏求編：《唐大詔令集》卷一一三，商務印書館，1959 年 4 月初版，頁 590。

[11] 贊甯撰，范祥雍點校：《宋高僧傳》上冊，卷第十四，中華書局，1987 年版，頁 339。

[12] 拙文《佛教的世俗化與籤占的發展——兼與嚴耀中先生商榷》，《宗教學研究》2014 年第 1 期，頁 79-86。。

[13] 參見拙作《論靈籤的產生和演變》，《世界宗教研究》2006 年第 4 期，頁 81-91。

[14] 洪邁撰、何卓點校：《夷堅志》第二冊《夷堅丙志》卷九，中華書局，1981 年 10 月，頁 437；景印文淵閣四庫全書·史部·地理類《咸淳臨安志》卷九十二，也有相似的記載。

宇壯麗，相距不遠，歷代高僧輩出，佛學與詩文並茂。《西湖志》）稱：
「三寺相去里許，皆極宏麗，大士寶像，各有化身，不相沿襲，晨鐘暮
鼓，彼此閑作，高僧徒侶，相聚梵修，真佛國也。」[15]南宋時中天竺寺
曾被評定爲「禪院十剎之首」，上、下天竺寺同被列爲「教院五山前茅」。
由於上天竺以觀音靈驗聞名，擁有廣大的信徒。宋理宗趙昀在《天竺靈
感觀音大士贊》中稱：「神通至妙兮隱顯莫測，功德無邊兮應感奚速。
時和歲豐兮豐佑我民，兵寢刑措兮康此王國。」因此，上天竺觀音籤也
自然得到善男信女的崇信，出現了其他的寺院借用其籤譜的現象，如杭
州太學忠文廟中的銀瓶娘子籤，即是《天竺靈籤》。周密（1232－1298）
《癸辛雜識》云：「太學忠文廟，相傳爲岳武穆王，並祠銀瓶娘子，其
籤文與天竺一同。如門裡心肝卦，私試得之必中，蓋私試榜，掛於中門
內也。如『飛鴻落羽毛』，解試得之必中，以鴻中箭，則毛落。」[16]

　　此外，南宋時期民間流傳的與佛教有關的籤譜尚有二種：一是《天
竺百籤》，宋釋志磐撰（1253 年前後）《佛祖統紀》卷三三：「天竺百籤、
越圓通百三十籤，以決吉凶，其應如響。相傳是大士化身所述。」[17]這
裡所說的「越圓通百三十籤」，有別於一百首的《天竺靈籤》。所謂「大
士」，原來是指德行高尚之人，後來對佛教的佛和菩薩也稱之「大士」，
最常見的是稱觀音爲觀音大士、圓通大士等。這裡所說的「相傳乃大士
化身所述」，指的就是觀音。《天竺百籤》還在元朝的民間流傳，時人任
士林記載，當時松江府治西南的超果寺，「實白衣大士瑞光示現之地，
眾敬趨湊，慈感如觀，事有吉凶禍福，其頌百三十置籤以卜之，諦信之，

15　李衛監修、傅王露總纂：《西湖志（上）》卷四，名勝二，天竺香市，王國平主編：《西
　　湖文獻集成》第 4 冊（據清雍正浙江鹽驛道本影印），杭州出版社，2004 年，頁 321。

16　俞樾：《茶香室三鈔》卷 19《筆記小說大觀》第 34 冊，江蘇廣陵古籍刻印社，1984 年 4
　　月，頁 359。按文淵閣本《四庫全書》子部的 1040 種收入的周密《癸辛雜識》續集‧卷下
　　云：「太學忠文廟，相傳爲岳武穆王，並祠所謂銀瓶娘子者，其籤文與天竺一同。如門裡
　　心肝卦，私試得之心中，蓋私試摘卦於中門內故也。如『飛鴻落羽毛』，解試得之者必中，
　　以鴻中箭則羽毛落。」此段文字錯誤較多。

17　宋‧釋志磐：《佛祖統紀》卷三十三《法門光顯志‧大士籤》，中華電子佛典協會（CBETA）
　　電子佛典「大正藏經錄」史傳部，第四十九冊，No.2035，頁 0318c。

歸者亦多矣。」[18]至大年間，浙東道宣慰副使曹夢炎以疾病籤占於此，
應驗不爽，後來又多次到這裡籤占，且屢屢應驗。爲酬謝觀音的佑護，
曹氏「自大德五年迄九年，施財若干貫，米若干石，田若干，蕩若干畝。
今住持北山文勝師，以所施田歲入五百畝補齋粥，二百畝備修建，百畝
舉期懺，且歲以正月集千僧誦經典，固將彰大士之道，侈曹氏之施而久
之也」。[19]二是《定光佛籤》。宋昶在少年時曾經遇到一位僧人，相約日
後於梅州會面。紹興之後，宋昶到梅州爲官，想起少年時的約定，就到
處尋訪。有人告訴他，「此邦崇事定光佛，庵在城外，有籤告人，極靈
感。」[20]

　　根據目前掌握的這些文獻資料，我們只能說佛教寺院在宋代才開始
使用籤占來吸引善男信女，當時佛教寺院引入籤占的並不是太多，也遠
沒有達到「寺院內求卜問籤普遍化」的程度。

三、現存最早的籤譜——《天竺靈籤》

　　前面提到的上天竺觀音籤，至今尙流存，是現存最早的籤譜，當然
也是最早的觀音靈籤，十分珍貴。此籤譜得以傳世，鄭振鐸先生居功至
偉。據鄭振鐸《天竺靈籤》跋：

> 一九三〇年前後，我在北京教書，大收明、清書畫，並旁及有插
> 圖的古書。三四年之間，所獲甚多。見亦得元明之間的刊本，但
> 宋版的木刻畫，則絕未一遇。適某寺（法源寺？）的「佛藏」裡
> 的藏經，爲僧侶所「鈎取」出售。單刊本的佛道經乃得大量出現
> 於書肆。那些經卷多數是附有插圖的，或上圖下文，（有如宋版
> 的《列女傳》）或文中插圖。至「扉畫」，則更是卷卷有之的了。

18　任士林：《松鄉集》卷二《曹氏舍田記》，清・永瑢、紀昀等總纂：《景印文淵閣四庫全
　　書・第一一九六冊：集部・135：別集類》，臺灣商務印書館，1983 年，頁 522-523。
19　任士林：《松鄉集》卷二《曹氏舍田記》，清・永瑢、紀昀等總纂：《景印文淵閣四庫全
　　書・第一一九六冊：集部・135：別集類》，臺灣商務印書館，1983 年，頁 523。
20　洪邁撰、何卓點校：《夷堅志》第四冊《夷堅志補》卷第十四，中華書局，1981 年 10 月，
　　頁 1678 。

但其拙陋草率的程度便不下於那部洪武本。但「原版」的插圖雖有些模糊之處，卻仍極為優美可喜，保持著高度的藝術性。像「黃鐘大呂」之音，是能令人心悅情怡的。把這部宋版的《天竺靈籤》影印出來，不僅足以見到中國早期的木板畫的成就的高超，而且可以看到那個時代的人民生活的若干方面。

《天竺靈籤》為宋嘉定間（1208－1224年）刊本，原來為一百首，現存為殘本，基本完好的有78首，10首殘缺（第5－12首、第91、92首），12首佚失（第1－4首、第93－100首）。該籤譜有籤名、籤序、籤詩、籤解和圖畫等，圖畫所占的篇幅將近籤詩條的一半，其意象與籤詩的內容相互發明，構成一個整體。

《天竺靈籤》的籤詩為五言四句，如第十三首：

> 手把太陽輝，東君發舊枝。
> 稼苗方欲秀，猶更上雲梯。

籤詩左側有「解曰」：

> 此卦貴人捧職，賢達之象。東君發舊枝，萬物皆發旺，士庶占得當遇貴人提攜。又婦人把火五叉，暗中值明也。

籤詩的上方有「斷語」：

> 求官吉、求財遂、孕生男、婚成、蠶熟、病安、移徙利、出往吉、公事吉、行人至、失物在、謀事成。

從形式上看，《天竺靈籤》有籤序、籤詩、解曰和斷語等基本要素，與後世成熟的籤譜相比，只是缺少典故之類的擴展兆象和上中下定性兆象，但應該說說已經相當成熟了。《天竺籤譜》的最大特點是圖文合一，這在後世籤譜中比較少見。

《天竺靈籤》的圖畫具有很強的象徵意義，最常見的梅花鹿、文書、官員的圖像，而且三者經常同時出現在一個圖案中（如第8首、14首、16首、18首、20首、25首、27首、33首、34首、38首、43首、45首、47首、50首、53首、62首、78首、81首、86首、89首、91首、

92 首等)，「鹿」與「祿」諧音，象徵官運亨通，文書和官員也與官場有關，凡是同一個圖案中同時出現梅花鹿、文書、官員圖像的，必定是上籤，兆示官運亨通或有貴人幫助；籤詩圖案中出現太陽(如第 18 首、20 首、21 首)、月亮(如第 27 首、34 首、38 首、43 首、55 首、83 首)的也多為吉籤或中上籤，兆示前途光明；籤詩圖案中出現文人垂釣的圖案(如第 31 首、34 首、57 首、73 首等)，取材於姜太公釣魚遇文王的故事，寓意有貴人提攜或等待時機；如果籤詩圖案中出現「改」字(如第 37 首、54 首、81 首等)則多為中籤，暗示不要守舊，要求變，先憂後吉；而籤詩圖案中出現蛇(如第 46 首、52 首、58 首、64 首、74 首等)、老虎(如第 5 首、19 首、74 首等)、刀槍(如第 26 首、28 首、30 首等)、鬼怪(如第 6 首、17 首等)、雷電烏雲(如第 5 首、7 首、46 首、48 首、59 首、70 首)等，則多為凶籤，兆示災難即將降臨。這些圖像的象徵符號，當時人一看便明白，即使文盲也能猜出幾分，真實地反映了宋人的審美觀和民俗文化。

《天竺靈籤》的另一特點是在籤詩的一側，有「病向土地保」、「病向家先保」、「病向家先傷亡保」、「病向傷亡保」、「病向佛前保」、「病向神司保」、「病向社司保」、「病向星辰保」、「病向家先土地保」、「病向香火旺神保」等提示，說明籤占被運用於疾病的禳除，由來已久。

《天竺靈籤》還傳到日本等國家和地區。在日本流傳的和譯籤譜中，影響最大的是《元三大師百籤》。元三大師是活躍於日本平安時代中期天臺宗第十八代座主良源，圓寂後諡為慈惠大師，由於他去世的時間是永觀三年(985 年)正月三日，故又稱之為元三大師。元三大師圓寂不久，百姓就編造各種傳說故事，把他看作是觀音的化身、閻羅王的化身等等。中世紀之後，元三大師被進一步神化，又有角大師、豆大師、降魔大師、木葉大師等等尊稱，賦予驅魔治病等職能，在百姓中擁有很多的信徒。《天竺籤譜》傳入日本後，有人就把元三大師(觀音的化身)和《天竺籤譜》(觀音化身之作)聯繫起來，進而把《天竺籤譜》改名為《元三大師百籤》。據 1668 年出版的《京童跡追》記載，當時的橫川的元三大師堂就備有籤詩供善信占取(213)。十八世紀初，多種版本的

以元三大師命名的籤譜陸續出版，如《元三大師百籤》（元祿 8 年）、《元三大師百籤鈔》（寶永 5 年）、《元三大師禦鬮鈔大全》（正德 3 年）、《元三大師百籤和解》（享保 19 年）、《畫注元三大師禦鬮詳解》（天明 5 年）、《元三大師禦鬮箋》（寬政 12 年）、《元三大師禦鬮諸鈔》（文化 6 年）。至今，在日本神社和寺廟中，最爲常見的籤譜就是《元三大師籤譜》，如東京著名的淺草寺使用的就是《元三大師百籤》籤譜，每天來這裡抽籤的人很多，還有不少中國遊客。

　　至今在福建、臺灣等地，《天竺靈籤》仍可見到（如福建永春烏髻岩和臺灣臺北妙心寺等），但因印刷成本等原因，刪除了圖畫，只是保留詩文等文字。

四、流傳最廣的籤譜──觀音《六十甲子靈籤》

　　相對於道教來說，佛教寺院利用籤占的時間可能會遲一些，但隨著佛教的世俗化進程加快，佛教寺院積極參與籤占活動，到明清時期，早先產生的佛教籤譜更加通俗，籤占的項目也更多、更詳細了。與此同時，一些新的佛教籤譜也被編寫出來，並在民間廣爲流傳，佛教籤占的影響一點也不遜於道教，甚至有過之而無不及。與觀音信仰在民間的巨大影響相適應，明清以來，號稱《觀音籤譜》的版本很多，如有二十四首的《觀世音菩薩靈杯圖》，首籤爲：「杯得三聖，有事宜成，孕必生男，病安訟勝。」有二十八首的《觀音籤譜》，首籤爲：「寶馬盈門吉慶多，官司有理勸調和。萬般得利稱全福，一箭紅星定中科。」還有三十二首的《觀世音菩薩感應靈課》，首籤爲：「彩鳳鳴丹門，麟兒載弄璋。萬般福澤至，喜氣自洋洋。」[21]由於觀音最受女性的崇拜，觀音籤自然也備受女性的青睞，如上海的保安司徒廟，建於明代，原來供奉土地神，後改

---

[21]　《觀世音菩薩三十二感應課偈》：「昔日唐三藏詣西天取經，值觀世音菩薩曰：『汝往西天求教，道途兇險。緣汝能辨，吾助汝三十二感應靈通之卦。』日傳一課，便見當日前途吉凶。禍福無不應者。欲叩焚香祝禱，用淨錢五文於香煙上度過，手內擎搖祝禱偈曰：『紫金化身千百億，白衣妙相三十二，稽首圓通自在尊，沙界咸稱大悲王。』」《觀世音菩薩感應靈課》，世樺印刷企業有限公司，1986 年。

為供奉觀音和關帝，「每逢朔望，祈籤者雲集。」其中女性信徒居多，李默庵《申江雜詠》「司徒廟」寫道：「香燭些些費莫猜，非關祈子乃求財；鬢邊黃紙籤條插，知向司徒廟裡來。」上海的沉香閣也是信女們祈求觀音籤的重要去處，竹枝詞：「沉香閣內去燒香，大士靈籤仔細詳；菩薩慈悲人盡仰，吳姬粵妹往來忙。」[22]

目前，在華人社會中流傳最廣的無疑是 60 首的觀音《六十甲子靈籤》。

《六十甲子靈籤詩》，首籤首句是「日出便見風雲散」，許多非觀音寺廟也採用觀音籤譜，只不過把名稱改換一下，如臺灣諸多媽祖廟使用的《天上聖母六十甲子靈籤》，實際上就是《六十甲子靈籤詩》，類似的例子很多。臺灣學者林修澈對宜蘭、新竹和澎湖的 810 座宮廟的籤占進行調查，其中有 559 座宮廟備有籤譜，使用《天上聖母六十甲子籤》（即觀音的《六十甲子靈籤》）的宮廟多達 226 座套（宜蘭縣 144 套、新竹縣 54 套、澎湖縣 28 套），占 40.43%。[23]臺灣銘傳大學汪娟曾調研臺灣三級古蹟以上的佛教寺廟的籤占狀況，其中有 26 所寺廟備有籤筒和籤詩，供善男信女占卜。這些寺廟中，奉祀觀音的多達 19 座，其他的供奉地藏佛、清水祖師、顯應祖師、定光古佛等。在這 19 座備有觀音靈籤的寺廟中，採用百首《觀音靈籤》的只有 4 座，而使用《六十甲子靈籤》的多達 15 座。[24]臺灣宗教人士陳清河走訪過臺灣 902 座宮廟，其中有 277 座使用《六十甲子靈籤》，約占 30.71%。[25]筆者在福建民間調研時，最常見到的也是《六十甲子靈籤》，大致估算，使用此籤譜的宮廟至少占三分之一。

那麼，為什麼如此眾多的不是供奉觀音主神的寺院宮廟會選擇《六十甲子靈籤》而不是其他籤譜呢？筆者認為，除了觀音信仰的巨大影響力的慣性效應外，與《六十甲子靈籤》能夠滿足善男信女基本訴求有密

[22] 范熒著：《上海民間信仰研究》，上海人民出版社，2006 年，頁 95。

[23] 林修澈：《宜蘭縣內廟的運籤》，《宜蘭研究》第三屆學術研討會論文集，2004 年，頁 23。

[24] 汪娟：《百首觀音靈籤之籤題析論──以艋舺龍山寺為例》，《中國俗文化研究》第三輯，巴蜀書社，2005 年，頁 2。

[25] 陳清河：《談籤詩說八卦》，蔡宗勳出版，2003 年 5 月，頁 1。

切的關係。

　　首先，《六十甲子靈籤》流傳很廣，版本眾多，但其籤詩則基本一致，說明是經過長期修訂參詳後形成的，體現了觀音信眾的集體智慧。一般說來，籤詩比較晦澀難懂，其兆象也較朦朧，難以參透。[26]而《六十甲子靈籤》的籤詩則不然，讀來琅琅上口，內容淺顯，比較通俗易懂。以甲子、甲寅、甲辰、甲午、甲申、甲戌為例：

籤序	籤詩
甲子	日出便見風雲散，光明清淨照世間。一向前途通大道，萬事清吉保平安。
甲寅	於今此景正當時，看看欲吐百花蕊。若能遇得春色到，一灑清吉脫塵埃。
甲辰	勸君把定心莫虛，天注衣祿自有餘。和合重重常吉慶，時來終遇得明珠。
甲午	風恬浪靜可行船，恰似中秋月一輪。凡事不須多憂慮，福祿自有慶家門。
甲申	只恐前途明有變，勸君作急可宜先。且守長江無大事，命逢太白守身邊。
甲戌	風雲致雨落洋洋，天災時氣必有殃。命內此事難和合，更逢一足出外鄉。

　　其次，《六十甲子靈籤》流傳的地區不同，在具體定性兆象方面有較大的差異，但總體而言，其具體定性兆象的項目較多（多在 20 項以上），涉及百姓生產、生活的方方面面，能夠滿足當地百姓籤占的基本訴求。以福建省平和縣靈通岩、臺灣省台南市海安宮的《六十甲子靈籤》首籤為例，列表如下：

---

[26] 關於籤詩兆象，十分複雜，請參見拙作：《靈籤兆象之研究》，《民俗研究》2006 年第 4 期。

籤譜所在地	首籤的具體定性兆象
平和縣靈通岩 （23項）	孕男　移居不好　月令不順　作事月光成　婚姻難成　求財先有後無　功名有　灶君好　回家月光到月暗無　　歲君好　訟先凶後吉　大命男重妻少安失子　尋物月光在月暗無　來人月光到月暗無　在家好　耕作好　學藝難成　出外淡淡　生意月光好前途有　尾景好　病人先難後安　闔家安吉
台南市海安宮 （26項）	討海漸漸得利　作塭大吉利　魚苗不畏　求財先打進後小利耕作甚得利　經商如意　月令不遂　六甲頭胎男二胎女　婚姻可合　家運平安大吉　失物在東急尋能還　尋人得回　遠信速至　六畜好　築室清吉光明　移居大吉　　墳墓地穴大吉　出外平安　行舟有大財　凡事大吉昌　　治病未日痊安　作事難成成者大吉　功名望後科得進　官事理斷分明　家事無憂　求兒大吉

　　第三，《六十甲子靈籤》的典故多取材於小說、戲曲之類的民間文化，為百姓喜聞樂見，便於參透籤詩中的神意。以福建省龍岩市蓮山寺（平和縣靈通岩、雲霄縣碧湖岩籤譜的典故與之基本相同）、臺灣省台南市海安宮的《六十甲子靈籤》前六首為例，其典故列表如下：

籤序	平和縣靈通岩籤譜	台南市海安宮籤譜
甲子	宋仁宗不認母包公請五雷	包公請五雷驚仁宗、包公極審張世真
甲寅	薛蛟祈拋繡球	陳東初祭梅趙子龍救阿斗、薛蛟、薛癸旁州遇彩樓得繡球
甲辰	周德武入廟認妻	周德武入寺相分明、崔文德胡鳳嬌到家空成婚
甲午	大舜耕田	盧龍王次子招親、趙雲重圍救阿斗
甲申	逃生避難昭國關	王勇占袁達、韓文公過秦嶺遇霜雪凍
甲戌	鳥精亂宋朝	鳥精亂宋朝、劉智遠戰瓜精

　　第四、《六十甲子靈籤》多數籤譜不標明上中下之類的總體定性兆象，如上面提到的福建省平和縣靈通岩、雲霄縣碧湖岩、龍岩市蓮山寺、臺灣省台南市海安宮的四種《六十甲子靈籤》中，只有龍岩市蓮山寺的

籤譜有標明上中下之類的總體定性兆象，這樣在客觀上爲解籤人留下巨大的解釋空間，可左右逢源。一些標明上中下之類的總體定性兆象的《六十甲子靈籤》也迎合善男信女趨吉性的籤占心理，上、中籤的比例較高。以福建龍岩市蓮山寺的《六十甲子靈籤》爲例，其上籤和中籤共 45 首，下籤僅 15 首，下籤的比例僅占 25%。無獨有偶，福建省南靖縣山城鎮碧陽宮、上杭縣東峰宮、仙遊縣楓亭鎮會元寺的《六十甲子靈籤》的上中下籤的比例與龍岩市蓮山寺的《六十甲子靈籤》完全相同。

　　《六十甲子靈籤》產生於何時，何人編寫，文獻沒有明確記載。據臺灣陳易傳說，此籤譜原名《觀音佛祖靈感籤詩》，收入在《幼學須知雜字采珍大全》一書中，早在乾隆五十一年就在臺灣諸羅縣流傳，最初爲觀音佛祖廟所使用，後來爲媽祖廟和其他相關廟宇沿用至今且廣爲流傳。他還收藏其木刻板的《六十甲子靈籤》一本。[27]實際上，籤譜與通書之類的民俗雜書結合在一起，至遲在明代中期就出現了，對於籤占的廣泛流傳，產生不可低估的影響。對臺灣進行大規模開發較遲，《六十甲子靈籤》是隨著閩人大批入台才傳入臺灣的。在眾多的籤譜中，移民之所以選擇《六十甲子靈籤》帶去臺灣，顯然是由於此籤譜在大陸影響較大且認爲比較靈驗的緣故，因此可以斷定，陳易傳先生收藏的乾隆版的《六十甲子靈籤》不是最早的版本。我們注意到，《六十甲子靈籤》的典故中沒有發生在清代的故事，且稱明武宗朱厚照爲「正德君」，以此推測，該籤譜大約定型於明代中後期。由於含有擴展兆象籤譜、定性兆象的籤譜的形成，並非一人所爲，亦往往不是一個時代就完成的，因此，其籤詩等恐怕要早於明代就出現了。

　　除了《六十甲子靈籤》外，100 首的《觀音靈籤》的影響也不小，僅次於《六十甲子靈籤》和《關帝靈籤》，居第三位。該籤譜的首籤是：「天開地辟結良緣，日吉時良萬物全；若得此籤非小可，人行中正帝王宣。」大約定型於明代中後期，由於流傳廣，其版本也很多，籤詩部分差異不大，籤解部分因地區的生產生活環境不同而往往有較大的差異

---

[27] 參見陳錦雲：《臺灣六十甲子聖母詩籤研究——以桃竹苗地區為中心》，中國文化大學中國文學研究所碩士論文，2008 年，第 15 頁。

（因篇幅所限，另文探討）。

五、媽祖廟大量借用觀音《六十甲子靈籤》 的原因

　　值得注意的是，在諸多的媽祖廟中（含莆田湄洲祖廟聖母祠、觀音殿），也使用《六十甲子靈籤》，臺灣的一些媽祖廟甚至把《六十甲子靈籤》改名爲《媽祖聖籤》或《天上聖母六十甲子靈籤》、《媽祖六十甲子聖籤》等等。[28] 如在桃園、苗栗和新竹的 126 座使用《六十甲子靈籤》的寺院宮廟中，以觀音爲主神的一共只有 20 座，而以媽祖爲主神的則多達 35 座（桃園 7 座、苗栗 11 座，新竹 17 座）。[29]那麼，爲什麼眾多的媽祖廟（包括現在的湄洲媽祖廟）不使用固有的《天上聖母籤譜》（首籤首句「千尺浮屠寶砌成」）、《天上聖母杯筊辭》（首籤首句「天賜麒麟兒」），　而使用從其他宮廟借用來的《六十甲子靈籤》？筆者以爲，只要比對這兩種籤譜，就可以找到答案。

　　首先，《天上聖母籤譜》的籤詩比《六十甲子靈籤》晦澀難懂，以前六首籤詩爲例：

序	《天上聖母籤》籤詩	序	《六十甲子靈籤》籤詩
第一籤	千尺浮屠寶砌成，高峰頂上且停停。 時人莫作尋常看，不是仙人誰解登。	子	日出便見風雲散，光明清淨照世間。 一向前途通大道，萬事清吉保平安。

---

[28] 臺灣的媽祖廟何時開始普遍使用《六十甲子籤》，是一個非常複雜的問題。據臺灣學者姚文崎調查，清代的北港朝天宮使用的籤譜是《天上聖母籤》籤詩，至今其倉房中還保存有古老的木刻籤版爲證。至遲到宣統三年（1911 年），朝天宮開始鉛印出版《六十甲子靈籤》，廣爲傳贈、傳閱，1972 年出版《靈籤解說》，封面標明「北港朝天宮天上聖母」，被信徒稱爲天上聖母籤。由於北港朝天宮在臺灣的媽祖廟中影響大，加上《六十甲子籤》詳備又通俗實用，因此「被冠上天上聖母之名風行於世。」詳見《閩台媽祖古廟運籤的類型》，《臺灣研究集刊》2006 年第 3 期，頁 72、74。

[29] 陳錦雲：《臺灣六十甲子聖母詩籤研究——以桃竹苗地區爲中心》，中國文化大學中國文學研究所碩士論文，2008 年，頁 7。

第二籤	秋橫一薦雁橫飛，便捧鄉書入帝畿。 此去金門好消息，緇衣得換紫羅衣。	寅	於今此景正當時，看看欲吐百花蕊。 若能遇得春色到，一灑清吉脫塵埃。
第三籤	滿園桃李正開時，淺白深紅色總宜。 何事東風若相妒，晚來吹折一嬌枝。	辰	勸君把定心莫虛，天注衣祿自有餘。 和合重重常吉慶，時來終遇得明珠。
第四籤	百年風雨半憂愁，萬事無過且逐流。 昨夜燈花虛報喜，徒然爲我轉眉頭。	午	風恬浪靜可行船（舟），恰似中秋月一輪。凡事不須多憂慮，福祿自有慶家門。
第五籤	翩翩鴻鵠欲凌空，整刷翎毛趁晚風。 萬里扶搖雖有志，怎知人欲暗張弓。	甲申	只恐前途明（命）有變，勸君作急可宜先。且守長江無大事，命逢太白守身邊。
第六籤	風雲際會即榮華，利路名場信有涯。 試向盆中爭一擲，呼盧驚座滿盤花。	甲戌	風雲致雨落洋洋，天災時氣必有殃（傷）。命內此事難和合，更逢一足出外鄉。

　　稍加比較就會發現，《天上聖母籤譜》的籤詩雖然不能說是晦澀難懂，但也談不上通俗易懂，其用詞比較偏僻，諸如「浮屠」、「帝畿」、「緇衣」、「紫羅衣」、「鴻鵠」等等名詞，非一般百姓所熟悉的。又如「秋橫一薦雁橫飛，便捧鄉書入帝畿」、「何事東風若相妒，晚來吹折一嬌枝」、「昨夜燈花虛報喜，徒然爲我轉眉頭」、「翩翩鴻鵠欲凌空，整刷翎毛趁晚風」、「試向盆中爭一擲，呼盧驚座滿盤花」等詩句，頗有文學色彩，甚至可以說相當優美，但對大多數文化程度不高的善男信女就未必能看得懂了。相對而言，《六十甲子靈籤》的遣詞造句都比較通俗，一般人都能大致明白其中的意思，因此也就更容易接受《六十甲子靈籤》了。

　　其次，《天上聖母籤譜》和《天上聖母杯珓辭》沒有具體定性兆象，雖然後來一些媽祖信徒發現了這一不足，對《天上聖母籤譜》進行補充，增加了「解曰」的內容，但還是比較簡單。如澳門媽祖閣《天后聖母靈籤》的第一籤的「解曰」：「福不期得，富不期驕，知滿知足，諸禍潛消。」第一百籤的「解曰」：「求官賢達，求財得利，問信即回，舟性滿載。」甚至在「解曰」之後再增加一段解釋，但都稍嫌簡單，不能滿足善男信女籤占的基本訴求。而《六十甲子靈籤》的具體定性兆象的專案多在二十項以上，能滿足善男信女籤占的基本訴求。

　　第三、《天上聖母籤譜》和《天上聖母杯筊辭》都沒有典故，[30]《天上聖母籤譜》的上中籤的比例只占 66%，下籤比例高達 34%。而《六十甲子靈籤》的典故也多取材於戲曲小說之類的百姓喜聞樂見的民間文化，其上中籤的比例達 75% 對比，相對下籤只占 25%，形成強烈的反差，《天上聖母籤譜》的中籤少，下籤多的結構，不符合善男信女趨吉避凶的占卜心態，其客觀效果也就不利於該籤譜的流傳。至今仍在民間流傳的《天上聖母籤》的上中下籤比例，也沒有改變，如澳門媽祖閣的《天后聖母靈籤》的下籤仍然維持 34%，香港老虎岩慈德社《天上聖母古本靈籤》則增加到 36%，至於目前湄州媽祖祖廟使用的《天上聖母杯籤》的下籤則高達 44.4%（27 首中有 12 首下籤）。顯然，這種狀況難以滿足百姓的趨吉性的宗教文化心理需求，嚴重影響原有的媽祖籤譜的傳播。

六、結論

　　印度佛教傳入中國後，必然要與中華文化特別是俗文化相適應，才能在中國大地上紮下根來，進而開花結果，因此佛教的世俗化不可避免且愈演愈烈，其中佛教與中國的占卜的結合就是其世俗化的具體表現。佛教利用籤占來擴大影響大約出現在宋代，明清時期絕大多數寺院都備有籤譜，供善男信女占卜。以《觀音靈籤》為代表的諸多佛教籤譜，與其他籤譜並沒有本質上的差異，甚至更加通俗、更加世俗化，因此更加受到百姓的熱烈吹捧和崇信。觀音《六十甲子靈籤》成為中國流傳最廣、影響最大的籤譜，從一個側面反映了中國佛教世俗化的歷史進程，反映了觀音信仰對百姓日常生活所產生的深刻而廣泛的影響。

　　（本文收入成功大學《觀音信仰國際學術研討會論文集》2014 年）

30　後世有的媽祖籤增加的典故，如澳門媽祖閣籤譜、香港老虎岩慈德社籤譜都有典故，但取材都沒有《六十甲子靈籤》那樣平民化。

靈籤與關帝靈籤初探

　　靈籤又稱運籤、神籤、聖籤、籤詩等，屬於占卜術中的一種，其基本特點是以詩歌為載體、以竹簡為占具來占卜吉凶。在中國令人歎為觀止的種類繁多的占卜形式中，影響最大的恐怕要算是靈籤了。民間廣泛流傳的「跨進廟門兩件事，燒香求籤問心事」俗諺俚語，真實地反映了千百年來靈籤在百姓的宗教信仰中佔據著極其重要地位這一歷史事實。在數以百計的籤譜中，影響最大的是觀音籤和關帝籤，清代翟顥《通俗編》卷五指出：「按諸籤解最家喻戶曉者莫如關帝籤。」本文就靈籤的源流與關帝籤的相關問題作初步的探討，就正于方家。

一、靈籤的源流

1、靈籤溯源

　　靈籤的歷史悠久，淵源可以追溯到周代的《周易》，而在形式上受《靈棋經》影響更為直接。我們知道，先秦占卜術掌握在少數人手中，主要為達官貴人服務，占卜的內容也大多是有關天象變化、農業豐歉、戰爭勝負、諸侯婚葬、國家興亡等，占卜儀式隆重、占卜過程煩瑣。如殷商甲骨卜，從龜甲的選擇、整修，到鑿、鑽、灼，最後觀兆、刻辭，相當煩瑣，非一般百姓所能勝任。甲骨卜之後，出現的《易》筮。《易》筮是以五十根蓍草為占具，蓍草不同組合，得六十四卦中的某一卦，再根據卦象對照卦爻辭，以推斷吉凶禍福或事物的發展變化趨勢。《易》筮相對於甲骨卜來說容易了許多，但其占卜方法和原理亦非草芥小民所能明瞭和掌握的。

　　秦漢之後，隨著社會的重大變革和平民百姓地位的迅速提高，占卜術開始轉向預測個人的吉凶禍福、婚喪喜慶、貧賤富貴、窮達壽夭等，逐漸走向世俗化。與此同時，占術的花樣不斷翻新，在占卜方法上也繼續趨於簡易化。魏晉南北朝，出現了《靈棋經》這一更加簡易的占卜形

式。《靈棋經》的占卜方法比起《易》筮簡便了許多，但無論是對廟祝巫覡還是尋常百姓來說，仍要對棋子進行一定的排列才能得到卦象，並不能信手拈來，還不夠簡便，所以無法在民間廣泛流傳。也許是受《靈棋經》的啓發，靈籤在中國古代占卜方法不斷走向簡易化的歷史條件下，應運而生。清代紀昀指出：「古以龜卜，孔子系《易》，極言蓍德，而龜漸廢。《火珠林》始以錢代蓍，然猶煩六擲，《靈棋經》始一擲成卦，然猶煩排列。至神祠之籤，則一掣而得，更簡易矣。」[1]至今在民間流傳的許多靈籤仍可以找到模仿《靈棋經》的痕跡。

　　靈籤的產生與讖語的關係相當密切。《說文解字》釋「讖」字爲「驗」，同樣也釋「籤」字爲「驗」，讖與籤在六書中爲轉注，可以互訓，「讖」主要是通過語言來傳播，故從言，而古代靈籤均用竹簡做成，故從竹。清代姚瑩早已看到讖與籤之間的源流關係，指出：

> 今人禱於神祠，問事休咎，神示詩詞，言未來吉凶輒驗，人皆名其詩詞曰籤。神詩不一，或百首，或數十首。問者人既不一，所問之事，亦各不同，故多設其詞，而以木或竹爲條，如其詩詞之數，狀如官府遣役施令之籤，以紀其數。又如古人標架上書目，是書第幾函幾部之牙籤，故俗人遂名神祠爲籤，而文士則目之以讖也。其事始見於蜀王衍，聞唐師至，禱于張亞子廟，得籤詞云云。沿襲至今，天下神廟，皆有之矣。……神祠之讖，即其遺意，字當作讖，校之曰讖曰籤，爲典而有本矣。（原注：賈誼《服鳥賦》：「發書占之，讖言其度。」師古注曰：「讖，驗也，有徵驗之書也。」又神籤字當作讖。[2]

　　籤與讖的密切關係具體表現在詩讖和圖讖上。詩讖是以詩歌的形式來預卜吉凶。唐代，隨著詩歌的繁榮，由文人不經意創作的詩讖也逐漸多了起來。詩讖與籤詩最大的不同之處，在於詩讖多是文人學子有感而發，信口吟唱，隨意而作，後人根據作者的生平際遇加以附會渲染，使

1　紀昀《閱微草堂筆記》卷6《灤陽消夏錄六》，巴蜀書社 1995 年 9 月，第 115 頁。
2　姚瑩《康輶紀行》卷十三《神籤字當作讖》，《筆記小說大觀》第 24 冊，江蘇廣陵古籍刻印社出版 1984 年 3 月，第 104 頁。

事先隨意創作的詩歌成爲兆示作者吉凶禍福的詩讖。而籤詩是事先有意編造的，專門爲善男信女預測吉凶禍福提供方便，占卜的物件不象詩讖那樣只限於作者一人，而是前來占卜的所有的善男信女。但二者在本質上是一樣的，即都具有預測吉凶禍福的功能，只要把詩讖刻在竹簡上，與占卜的形式結合起來，詩讖就成爲靈籤了。如上大家熟悉的《清瑣高議》記載的韓湘子與韓愈的詩讖故事，就被一些籤譜作爲籤詩，福建莆田石室岩籤譜第八首曰：「一封朝奏九重天，夕貶潮陽路八千。雲橫秦嶺家何在，雪擁藍關馬不前。」至於圖讖，其歷史可以追溯到先秦，所謂「蓋圖讖之術，自戰國時已有之。」[3]圖讖最初是指以圖畫的形式預測吉凶，後來出現圖讖與語讖合一的趨勢，故圖讖又泛指所有形式的讖。在民間，影響最大的圖讖恐怕要算是《推背圖》。很可能是受《推背圖》的啓發，至遲在南宋就出現了圖文合一的籤譜─《天竺靈籤》，《天竺靈籤》上方爲定性兆象，中間爲圖畫，下方爲籤詩和「解曰」，圖畫的左側爲序號。我們只要將《推背圖》與《天竺靈籤》稍加比較，很容易看出圖文合一的籤譜模仿《推背圖》的痕跡。

　　靈籤與其它占卜形式最大的不同之處，在於靈籤是以詩歌來預卜吉凶，所以，靈籤產生的前提條件之一是詩歌創作的繁榮。從文獻記載來看，最早的靈籤來源之一是直接取材於具有勸戒性質的詩歌，清代褚人獲《堅瓠秘集》說：

> 今人輒呼醜詩爲籤訣，不知古人多有以詩占者，西山十二真君詩，語多訓戒，後人取爲籤，以占吉凶，極驗。又射洪陸使君廟，以杜少陵詩爲籤，亦驗。今陳烈帝籤訣，乃是絕妙古詩。蓋詩以言志，古之作者，多寓意風規，故言皆足爲著蔡，如彼嘲風雪弄花草者，真是構無用爲用耳，于占驗奚當？[4]

　　靈籤與詩歌的密切關係的典型例子是杭州月下老人祠的籤譜，該籤譜由五十五首支籤詩組成，詩句或取材於《詩經》，如第一籤：「關關唯

3　胡謂《易圖明辯》卷一《河圖洛書》。

4　褚人獲《堅瓠秘集》卷五《籤訣》，《筆記小說大觀》第 15 冊，江蘇廣陵古籍刻印社，1983 年 8 月，第 525 頁。

（睢）鳩，在河之洲。窈窕淑女，君子好逑」。或取材於唐宋詩詞，第四十一籤：「重重疊疊上瑤台，幾度呼童掃不開。剛被太陽收拾去，卻教明月送將來。」或取材於古散文名句，如第二籤：「落霞與狐（孤）鶩齊飛，秋水共長天一色。」或摘錄於戲曲唱詞，如第五籤：「逾東牆，而摟其處子則得妻，不摟則不得妻。」說明靈籤源於古詩詞不但由來已久，宋代之後還把原先只借用有勸戒性質的詩歌擴大到「嘲風雪弄花草」的詩歌。

綜上所述，靈籤歷史悠久，淵源可以追溯到周代的《周易》，而在形式上受《靈棋經》影響更為直接，同時與讖語主要是詩讖和圖讖的流行有著不可分割的密切的關係，另外詩歌創作的繁榮也是靈籤產生的前提條件。靈籤產生決不是偶然的，而是中國古代占卜術逐漸趨向世俗化、占卜方法趨向簡易化的必然產物。

2、靈籤的流變

靈籤最大的特點是以詩句來預測吉凶，因此，只有在詩歌創作十分繁榮的歷史條件下，靈籤才有可能被創造出來，而中國古代詩歌最繁榮的時代是唐朝，所以，靈籤出現在這個時期的可能性也最大。當然，這不完全是邏輯推論，我們可以從鳳毛麟角的文獻資料記載中找到某些依據。宋釋文瑩《玉壺清話》卷三記載盧多遜求籤的故事，曰：

> 盧多遜相生曹南，方幼，其父攜就雲陽道觀。小學時與群兒誦書，廢壇上有古籤一筒，競為袖取為戲。時多遜尚未識字，得一籤，歸示其父，詞曰：「身出中書堂，須因天水白。登仙五十二，終為蓬萊客」。父見頗喜，以為吉讖，留籤於家。迨後作相，及其敗也，始因遣堂吏趙白陰與秦王廷美連謀，事暴，遂南竄，年五十二卒于朱崖。籤中之語，一字不差。

盧多遜，五代宋初人，後周顯德初，舉進士，官集賢殿修撰等。入宋後，累官至吏部侍郎、兵部尚書等，後因遣堂吏趙白勾結秦王廷美之事暴露，一家親屬被太宗流放崖州（今海南省），雍熙二年（985 年）

卒於流所，年五十二。[5]上引資料有二點最值得注意，一是盧多遜抽籤的時間是在兒童時代，說明當時是在五代中期；二是盧多遜所抽的靈籤是從「廢壇上」的「古籤筒」中獲取的，「廢壇」說明雲陽道觀比較古老，備有靈籤供人占取由來已久，否則就不會有「古籤筒」之說了。從這二點來判斷，靈籤的出現，必定在五代之前。明代顧仲恭在《竹籤傳》中也明確指出：「然則神前設籤起于唐世也。」[6]

　　見於文獻記載的宋代靈籤至少有以下十四種，分別是銀瓶娘子籤、[7]、北極真聖籤、[8]吳真君籤、[9]張惡子廟籤、[10]祠山籤語[11]、上天竺觀音籤、[12]護國嘉濟江東王籤、[13]陸使君祠籤、[14]西山十二真君籤（或許真君籤）[15]、天竺靈籤、[16]大士籤、[17]定光佛籤、[18]泗州佛籤等、[19]施真君籤[20]等，從這些文獻資料記載可以看出以下幾點：

5　《宋史》卷二六四《盧多遜傳》。

6　趙翼《陔余叢考》卷三三《神前設籤》。

7　俞樾《茶香室三鈔》卷十九《筆記小說大觀》第 34 冊，江蘇廣陵古籍刻印社，1984 年 4 月，第 359 頁。按文淵閣本《四庫全書》子部的 1040 種收入的周密《癸辛雜識》續集卷下云：「太學忠文廟，相傳為岳武穆王，并祠所謂銀瓶娘子者，其籤文與天竺一同。如門里心肝卦，私試得之心中，蓋私試摘卦于中門內故也。如『飛鴻落羽毛』，解試得之者必中，以鴻中箭則羽毛落。」此段文字錯誤較多。

8　蘇東坡《東坡志林》卷八，見江蘇廣陵刻印社《筆記小說大觀》第 7 冊 1983 年 4 月，第 20 頁。

9　《東坡志林》卷三《記真君籤》。

10　轉引陳永正主編《中國方術大辭典》，中山大學出版社，1991 年 7 月。

11　轉引郭立誠《中國人的鬼神觀》，1992 年 3 月台視文化公司出版。

12　洪邁撰何卓點校《夷堅志》第二冊《夷堅丙志》卷第九，中華書局，1981 年 10 月，第 437 頁。

13　台灣縮印本《正統道藏》第 54 冊，宋濂《贛州聖濟廟靈蹟碑》，台灣藝文印書館精裝縮印本，1977 年 3 月。

14　陸游《老學庵筆記》卷二。《劍南詩稿》卷四十七也有類似的記載：「俞出蜀，嘗遣僧則華乞籤于謝洪陸使君祠，使君以老杜詩為籤，予得《遣興》五首中第二首，其言教戒甚至。」

15　委心子《新編分門古今類事》，中華書局，1987 年 7 月。第 126-127 頁。

16　本世紀三十年代，鄭振鐸先生在北京書攤購買到宋嘉定間刊本的《天竺靈籤》，彌足珍貴。該籤譜共 100 首，上方為斷語，中間為圖畫，下方為籤詩和「解曰」，圖畫的左側為序號，是現存最古老的籤譜，頗有特色。

17　《法門光顯志第十六·大士籤》

18　洪邁《夷堅志補》卷十四，中華書局，1981 年 10 月，第 1679 頁。

19　趙翼《陔除叢考》卷三三《神前設籤》。

20　朱熹《文公易說》卷二十三《越州修住宅靈籤記》。

1、蘇東坡在當時算是很偏遠的海南島都可以抽籤占卜，說明宋代靈籤已流傳到全國各地。

2、不但道教編造靈籤，如十二真人籤、吳真人籤、北極真聖籤等。佛教也不甘示弱，編造出天竺靈籤、上天竺觀音籤、大士籤、定光佛籤等。一些供奉民間俗神的宮廟如護國嘉濟江東王廟、陸使君廟、張亞子廟等都有自己的籤譜。說明在宋代，各種類型的宮觀寺廟普遍備有靈籤，供善男信女占取。

3、不同寺廟可以使用同一種靈籤，如銀瓶娘子籤與天竺靈籤相同，這對於靈籤的迅速傳播至關重要。

4、蘇東坡、陸游等著名詩人參與靈籤的占卜活動，且頗為虔誠，說明靈籤這種與文學關係密切的占卜形式，被古代文人所接受。

5、從周密《癸辛雜識》、洪邁《夷堅志》、《夷堅支戊》、《夷堅丙志》的記載來看，至遲在宋代，靈籤占卜已經與科舉考試結下不解之緣，這對靈籤的發展起過不可低估的推動作用。

6、靈籤的編造的方式主要有二種，一是借用前人的詩句拚湊而成，二是請人撰寫。值得注意的是傅燁撰寫《護國嘉濟江東王籤》一百首，說明地方官吏也熱衷於靈籤占卜。

7、宋代已經有四言籤詩，如張亞子籤；有五言籤詩，如十二真君籤、陸使君籤、北極真聖籤等；有七言籤詩，如祠山廟籤、護國嘉濟江東王籤等；還有詩文與圖畫合一的籤譜，如天竺靈籤。

總之，中國古代靈籤的主要形式在宋代已基本齊全。對於草芥小民而言，不但靈籤的占卜形式要比《易》筮簡便，而且靈籤內容也比卦辭易懂，所以受到百姓的青睞。但是靈籤一般只有四句，文字簡練，所包含的兆象並不是都能一目了然的。有些靈籤的作者，故弄玄虛，在靈籤中大量使用典故、隱語、雙關語、歧義語等，又給靈籤披上一層神秘的外衣，增加對詩句理解的難度。而有些靈籤借用前人的詩歌，這些詩歌或勸戒、或抒情、或寫景，怎樣使之變為兆象，與預卜吉凶禍相聯繫，一般百姓也不容易做到。所以，靈籤在占卜術的世俗化和簡易化的推動下，應運而生後，又繼續沿著世俗化和簡易化的方向發展。

　　明清時期，幾乎各神廟都備有靈籤，甚至有的宮廟有多種靈籤。《正統道藏》和《萬曆續道藏》收入的籤譜有 10 種：

　　　　1、《四聖真君靈籤》49 首；

　　　　2、《洪恩靈濟真君靈籤》53 首；

　　　　3、《靈濟真君注生堂靈籤》64 首；

　　　　4、《玄真靈應寶籤》365 首；

　　　　5、《扶天廣聖如意靈籤》120 首；

　　　　6、《護國嘉濟江東王靈籤》100 首；

　　　　7、《大慈好生九天衛房聖母元君感應寶籤》99 首；

　　　　8、《玄天上帝感應靈籤》49 首；

　　　　9、《洪恩靈濟宮真君靈籤》64 首；

　　　　10、《注生堂感應靈籤》64 首。

　　上述 10 種籤譜中，第 3 種和第 10 種完全相同，第 2 種和第 9 種也基本相同，只不過第 9 種多了 53－64 首靈籤，所以實際收入的籤譜只有 8 種。[21]明清時期其它文獻收入整套籤譜也不多，筆者見到的不超過 20 種，但可以肯定地說，至今仍在民間流傳的絕大多數籤譜都是這個時期的產物，或者說都是在這個時期定型的，這一點從靈籤上的傳說故事等方面可以作出這樣的推斷。《道藏》收入的籤譜，至今還在民間廣為流傳的只有二種，即《護國嘉濟江東王靈籤》和《四聖真君靈籤》，這二種籤譜之所以有較強的生命力，根本原因是適應一般百姓的需求，繼續沿著通俗明瞭的方向發展。

　　綜上所述，靈籤大概產生於唐代中後期，靈籤產生後，其主流沿著通俗明瞭的方向演化，宋代的一些靈籤就有了注解、斷語等。明清時期又增加了典故、傳說故事、釋義、占驗、上中下判語等等內容，並且出現根據百姓占卜需要而分門別類的籤譜。由於靈籤比起其它的占卜形式更加簡便易行，所以一經產生，便很快在民間流傳開來，宋代的許多宮廟備有籤譜供善男信女占取，影響漸大。明清以來，絕大多數宮廟都備

---

[21]　參見拙文《〈道藏〉中的籤譜考釋》，《福建論壇》2005 年 12 期。

有籤譜，甚至一座宮廟有多種籤譜，成為中國影響最大的占卜形式之一。靈籤的演變從一個側面反映了唐宋以來中國宗教信仰的世俗化的歷史進程。

二、從《護國嘉濟江東王靈籤》到《關聖帝君靈籤》

在現存的數以百計的籤譜中，影響最大的兩種籤譜分別是觀音籤和關帝籤。關帝籤並非關帝廟原有的籤譜，而是從南宋的《護國嘉濟江東王籤》逐漸演化而來的。宋濂《贛州聖濟廟靈跡碑》：「宋寶慶間，莆田傅燁為贛縣東尉，黶神之為，撰為繇辭百章，俾人占之，其響答吉凶，往往如神面語之者，此亦陰翊治化之一端也。」[22]陸粲《庚巳編》也記載：「蘇州江東神行祠，以百籤決休咎，甚著靈異，其神姓石，名固。」[23]查《搜神記》卷五「江東靈籤」條，更加詳盡：

> 籤神姓石，名固，秦時贛縣人也。殁而為神，或陰雨霾霧，或夜深淡月微明，鄉人往往見其出入，驅從如達官長者，蓋受職陰司，而有事於綜裡云。人為立廟，設以杯玟往問吉凶，受命如響。人益驗其靈應，為著韻語百首，第以為籤神乘之，以應人卜，愈益無不切中。廟在贛州府城外貢水東五里，因名曰江東靈籤，世傳以為美名云。[24]

引文中提到的「為著韻語百首」，乃南宋傅燁所為。從有關記載來看，當時只有籤句，並無注解，所以「往往有妄猜逆料而失乎詩之旨」的事情發生。後來，護國嘉濟江東王籤也逐漸通俗明瞭，明代《正統道藏》收入的《護國嘉濟江東王靈籤》增加了「解曰」和「聖意」兩個項

---

[22] 台灣縮印本《正統道藏》第 54 冊，宋濂《贛州聖濟廟靈蹟碑》，台灣藝文印書館精裝縮印本，1977 年 3 月。

[23] 轉引《臨汀匯考》卷 4《山鬼淫祠》。

[24] 道藏本《搜神記》卷五「江東靈籤」，見《繪圖三教源流搜神大全（外二種）》，上海古籍出版社，1990 年 6 月，第 420 頁。

目，以第一首爲例，全文如下：

　　第一
　　巍巍獨步向雲間，玉殿千官第一班。
　　富貴榮華天付汝，福如東海壽如山。
　　解曰：雲間獨步，拔萃超群。名高甲第，談笑功勳。
　　終身光顯，皆天所相。祿厚壽高，意稱謀望。
　　聖意：功名遂，福祿全。訟的理，病即痊。桑麻熟，婚姻圓。
　　孕生子，行人還。

　　大約在明代中後期，隨著關帝神格的提高，被關帝廟借用的護國嘉濟江東王靈籤依賴關帝在民間的巨大影響，成爲中國流傳最廣、影響最大的靈籤之一，結果人們只知道關帝籤，而不知道有護國嘉濟江東王靈籤。關於護國嘉濟江東王靈籤如何被關帝廟所取代，有這麼一個傳說：「高皇初起兵渡江，偶爾桅折。見江東廟神（石固，秦人），有木可伐，將伐之，廟祝言神籤頗靈，可問之。高皇從其請，得籤曰：『世間萬物皆有主，非義一毫君莫取。總然豪傑自天生，也須步步循規矩。』遂不伐。明朝小史云：高皇怒其不許，乃取其訣本，送關聖掌之，至今關帝江東籤，比本籤訣更靈。」[25]

　　清代的關帝籤比明代更加通俗明瞭，出現了《關聖帝君靈籤詩集》，此籤譜除了保留明代《正統道藏》收入的《護國嘉濟江東王靈籤》的所有內容外，又增加了典故、天干、籤首兆象、占驗、碧仙注等。如：

　　　漢高祖入關
　　第一籤　　甲甲　　大吉
　　巍巍獨步向雲間，玉殿千官第一班；
　　富貴榮華天付汝，福如東海壽如山。
　　占驗：一士人問功名，占此，即（自）謂非會即狀。久而始第，會試、殿試兩榜序齒皆第一。分發山東，以知縣用，自州府司道以至撫台皆不離山東，應在末句。

25　褚人獲《堅瓠六集》卷4《筆記小說大觀》第十五冊「江東籤」，江蘇廣陵古籍刻印社1983年8月，第203頁。

聖意：功名遂，福祿全；訟有理，病即痊；桑麻熟，婚姻圓；孕生子，行人還。

東坡解：雲間獨步，拔萃超群。名登甲第，談笑功勳。終身光顯，皆天所相。祿厚壽高，意稱謀至。

碧仙注：月裡攀丹桂，成名步玉畿。求望皆稱意，萬事足（定）無疑。

後來，《關帝明聖經全集》收入的關帝靈籤，又在《關聖帝君靈籤集》基礎上增加了解曰、釋義等專案，占驗的內容也更為詳細、典故也作了變更。如：

第一籤　　甲甲　　　大吉

十八學士登瀛洲

巍巍獨步向雲間，玉殿千官第一班；

富貴榮華天付汝，福如東海壽如山。

聖意：功名遂，福祿全；訟有理，病即痊；桑麻熟，婚姻圓；孕生子，行人還。

東坡解：雲間獨步，拔萃超群。名登甲第，談笑功勳。終身光顯，皆天所相。祿厚壽高，意稱謀至。

碧仙注：月裡攀丹桂，成名步玉畿，求望皆稱意，萬事足無疑。

解曰：此籤謀望事緒，無不遂意。但各有所主，官員占此，有超越之喜，士人有功名之慶。占前程者，福壽綿長。占事業者，根基磐固。若謀望求財，多主有名無實，為語多空虛也。

釋義：「雲間」青雲之上也，「巍巍獨步」，許其足踏青雲也。「玉殿千官」，乃是天曹仙吏第一班仙吏之最貴者也。榮華富貴，自天作主，天已付之，自然福壽無涯。「如海」言福之廣遠，「如山」言壽之堅永。上上大吉，須要人地當則應。

占驗：一士人問功名，占此，自謂非會即狀。久而始第，會試、殿試兩科隔榜，序次皆第一。受官山東，由知縣履州府司道以至撫台，皆在山東，應在末句。淙案此籤有正應有反應，正應主魁元高占，祿位超達，富貴福壽綿長。反應則未可知也。占者自量

才力精神，及品望時勢何如，自知正應反應之妙。丙戌會試，予
同鄉友嚴君世培占此， 榜發下第，六月初旋漢上，數日病沒。

值得一提的是，對於關帝廟借用江東王籤譜，有些知道內情的關帝
信仰者，感到不自在，所以清代初年，浙江寧波延慶寺僧人假託關帝的
名義，重新編造關帝籤一百零一首，名曰《關帝聖君聖籤》，並大造輿
論，企圖取代江東王籤，盧湛在《關帝聖君聖籤考·跋》記載了重新編
造《關帝聖君聖籤》經過：

> 此靈籤乃山客所述，聖帝于順治八年間授浙江寧波府延慶寺僧善
> 知識，傳以示人也。靈籤比之江東尤為靈驗。知識隆勝，悟徹因
> 果，每於聖帝神色相會感動，丘太守欲援僧以見帝。帝謂僧曰：
> 「丘乃凡夫，不宜會，會之爾則不復會我矣。但爾既為彼請，許
> 之。」丘果於是日見帝。茶罷語畢，問玄德公何在？帝怒曰：「爾
> 何人，斯擅敢呼吾主聖號。」丘驚僕在地。帝又謂僧曰：「我不
> 欲會丘者，恐陰陽洩露也。今爾我隔矣，授爾靈籤一百一首，可
> 為吾傳於世。」余聞而異之，欲往求而未能焉。適有閩中黃子樂
> 先生之弟諱鏞者，虔心嚮往，即買舟去，果於四明延慶寺得石刻
> 靈籤如數。及詢其故，而善知識業已酉歸，若徒若孫俱傳盛事與
> 山客所言相符。噫！此籤所由來也。帝之聲靈赫濯更可見矣。且
> 細味靈籤，大抵善者感發其善心，惡者懲過其惡念，既求得之，
> 敢不附諸集內，廣傳聖帝勉人為善之至意焉爾。[26]

上述故事編造得委實生動有趣，甚至可以說是活龍活現，似乎讓
人不能不信。然而，由於一般民眾對關帝籤的源流並不感興趣，他們所
關注的主要是籤詩是否靈驗的問題，而在當時，大多數關帝廟採納江東
王籤已經是不可改變的事實，所謂：「諸籤解最家喻戶曉者莫如關帝籤」
[27]。特別是新編的《關帝聖君聖籤》在通俗明瞭方面比起江東王籤遜色
許多，要想讓百姓放棄舊有的關帝籤，接受新編的關帝籤，是很難做到

---

[26] 《關聖帝君聖蹟圖志全集》卷三《關帝聖君聖籤考》跋，轉引酒井忠夫等《中國的靈籤·藥
籤集成》，風響社出版，1992年，第457頁。
[27] 翟灝《通俗編》卷5。

的。以《關帝聖君聖籤》第一籤為例：

> 第一籤
> 擊壤高歌作息時，豈知帝利密扶持。
> 源源福祿如川至，黃氣朝來又上眉。
>
> 解曰：有貴人相資，福祿所助。有喜大吉，可進可圖。
> 此卦天下太平之象，凡事營謀大利。

其它各籤的格式與第一籤相同，儘管靈籤文字不算深奧，且有「解曰」專案，但仍難以與流傳數百年且已經相當通俗明瞭江東王籤相抗衡，所以，《關帝聖君聖籤》作者的一番心血也只能付之東流，很少關帝廟使用此籤譜。

總之，從關帝籤的演變可以看出，宋代以來，靈籤繼續沿著通俗明瞭的方向發展，增加了釋義、占驗、典故、上中下兆象等項目。當然，並不是說在宋代以後所有的靈籤都有各種注解，也有的靈籤自古以來一直保留著有詩句而無注解的形態，但往往由廟祝負責解釋。靈籤的內容總的趨勢是沿著通俗明瞭的方向發展，這是毫無疑問的。

三、關帝靈籤的文化內涵

從外在的形式看，作為占卜的靈籤確實存在著與其它占卜形式一樣的「迷信」的成分，但從靈籤內容看，靈籤是歷史發展到一定階段的產物，是中國民間文化的重要組成部分，具有相當豐富的文化內涵。關帝靈籤產生於宋代，經過元明清文人和宗教家的不斷充實，成為一種比較成熟且影響很大的靈籤，具有很強的代表性，其文化內涵十分豐富。本文以流傳最廣的清代泉州人編印的《關聖帝君靈籤詩集》為例，探討其文化內涵。

《關聖帝君靈籤詩集》成書於光緒十七年（1891年），前有晉江林廷恭的《靈籤原序》說：

古來惟氣之正者，其靈能鑒，是以吉凶禍福人莫知，而神先察之。然神能察而人亦可以知，蓋觀於神者知之。夫神嘗付人以言哉，而人不嘗受其命，此又有存於誠者矣。關聖夫子，漢忠義臣，其氣正，其神也能鑒矣。故民間行事莫不致誠以求之。而古之求神者，用著蔡，但以龜謠爻象深遠難知，雖卜筮人優僅守占二卜五，以待衍忒。至於定吉凶察禍福，惟至誠乃能洞然，責之民間未必家喻戶曉，蓋其理隱矣！後世因夫子忠義，用詩百首，俾人占驗，彷彿著龜之意，而得其較著者歟。然往往有妄猜逆料而失乎詩之旨，前人故特輯一編，有聖意、東坡解、碧仙注及解釋占驗，條分縷析，庶乎可以至誠而得悟焉。但歷時久遠，篇軸散失，恭因自肩剖厥之資，刊刻成軸，非特俾求神者得所趨避，實存夫子之忠義靈應于萬世之後耳。[28]

林廷恭為何時人，無考，但稱序言為《靈籤原序》可以推定，他是光緒之前的人。另據《靈籤原序》所說的關帝籤譜「歷時久遠，篇軸散失」來看，《關聖帝君靈籤詩集》早已成形，它在《正統道藏》收入的《護國嘉濟江東王靈籤》的基礎上，增加了「聖意、東坡解、碧仙注及解釋占驗」等，方便信眾占取。

光緒年間，泉州通淮關岳廟的董事王籛遵照父親遺囑，再次對關帝籤譜進行注釋，《關聖帝君靈籤詩集》記載：「籛邇來齋居無事，因於詩題一端，詳加注釋。復邀同郭君金鰲及其族弟謀粲互相考訂，逐首注明，俾得聖籤者觀象玩辭，因題求解，或可推測無從之下，悠然而有會乎。……夫注釋之餘，並加占驗成書。」

《關聖帝君靈籤詩集》的每首靈籤所包含的內容主要有籤詩、典故、聖意、東坡解、碧仙注、定性兆象、占驗等，逐一分析如下：

1、籤詩

詩歌原來是一種高雅的文學形式，當詩歌中所描寫的物象或意境被作為傳達事情發生前的徵兆或跡象的資訊載體，並用於占卜吉凶禍福活

---

[28] 《關聖帝君靈靈籤集·靈籤原序》。

動時，詩歌就演變爲籤詩了。對於占卜者來說，籤詩藝術性的高低無關緊要，他們關心的是籤詩包含的兆像是凶還是吉。從符號學的角度看，籤詩兆像是一種人工符號，也包含著符號學上的所謂「能指」和「所指」兩部分，籤詩中所描寫的物象或意境就是「能指」，而這些物象或意境所預示的徵兆或跡象就是「所指」，從詩歌的「能指」轉化爲籤詩的「所指」，有神論和宿命論是其橋樑和動力。抽籤者大多相信有超自然的力量存在，相信任何事情發生前都有與之相應的徵兆或跡象，籤詩就是這些徵兆或跡象的資訊載體，通過虔誠地占卜靈籤，用心揣測靈籤中的兆象，就有可能窺視「天機」，趨吉避災。由於籤詩是靈籤的最初形態，也是靈籤的最基本的組成部分，因此我們把指籤詩所蘊含的徵兆或跡象，稱之爲原初兆象。

關帝靈籤中的籤詩同樣包含著原初兆象，原初兆象的特點是比較朦朧，不容易判斷，經常可以作出多種解釋，如關帝籤譜第六十三首：「曩時敗北且圖南，筋力雖衰尙一堪。欲識生前君大數，前三三與後三三。」籤詩中的「前三三與後三三」句，其數位可以單獨使用，也可以前後一起使用，可以進行相加、相乘、相除等等多種運算，有許多解釋。清代鄧小山爲諸生時，「嘗祈得之。乾隆癸卯鄉試，中三名。閱十年，爲癸丑，會試，中九名。毛養梧主政繡虎亦于嘉慶己酉鄉試祈得之，是科中三十三名。道光壬午會試中式，亦三十三名。未幾，歿于京邸，年三十三。又一士子祈得是籤，則中六十六名。」[29]《關聖帝君靈籤詩集》「應驗」也有類似的記載：「一貢生家事逗留十年，赴京適遇試期，親友勸其應試，求得此籤。乃復溫習應試，中六十六名，應『前三三與後三三』之數。旋即就官，授辰州節准，一任而罷，應至『一堪』。這裡所說的「一勘」被理解爲「磨勘」。又如關帝籤譜第二十首：「一生心事向誰論，十八灘頭說與君。世事盡從流水去，功名富貴等浮雲。」其中「十八灘頭」既可以理解爲地名，也可理解爲第十八個灘頭，還可理解爲第十、八灘頭，若是使用拆字法，「十八」還可以拼成「木」字等，歷史上有

---

[29] 徐珂編撰《清稗類鈔・方伎類》第 10 冊中華書局出版 1986 年 7 月，p.4667。

人卻理解爲「李」字。據文獻記載：「湖南有巡撫某，平時敬奉關帝，每元旦先赴關廟行香求籤，問本年休咎，無不應驗。一年元旦求籤，得『十八灘頭說與君』之句，因有戒心。是年雖過淺水平流，亦必舍舟而轎。秋間，爲侯七一案，星使按臨，欲舟行，某不可，乃以關廟籤語告之，星使勉從而心不喜。未幾，貴州鉛廠事發，有某受髒事，某不承認，而司閣之李奴必欲板其主人。時李已受刑，兩足委頓，主僕方爭論不休，星使厲聲曰：『十八灘頭』之神籤驗矣，『李』字『十八』也，委頓於地灘也。據供此銀送與主人也，關帝早知有此劫數，公何辯焉？某始悚然嘆服，案遂定。某爲吾鄉大吏，甚有能聲，所惜者近利耳，余尚及見其人也。」[30]類似的例子很多。

　　由於靈籤是一種以詩歌爲載體的特殊占卜形式，編寫靈籤的人非文人或粗通文字的廟祝不能信任，而這些人比較系統地接受中國傳統文化，往往又以教化者自居，他們編寫靈籤除了用於占卜吉凶外，還自覺或不自覺地在籤詩中滲透著中國傳統文化的倫理觀、價值觀、道德準則和宗教觀等，寓勸懲人心於其中，客觀上起著不可低估社會教化作用。宋濂明確指出：《護國嘉濟江東王靈籤》「俾人占之，其響答吉凶，往往如神面語之者，此亦陰翊治化之一端也。」[31]茲以《關聖帝君靈籤》爲例，來觀察靈籤與社會教化關係。

　　（1）宣揚忠信孝悌等倫理觀念。如第三首的籤詩曰：「衣食自然生處有，勸君不用苦勞心。但能孝悌存忠信，福祿來時禍不侵。」第六十七首的籤詩：「才發君心天已知，何須問我決狐疑。願子該圖從孝悌，不愁家室不相宜。」

　　（2）宣揚安分、隨緣。如第八十三首籤詩曰：「隨分堂前赴粥，何須幻想苦憂煎。主張門戶誠難事，百逐安閒得幾年。」第五十一首：「君今百事且隨緣，水到渠成聽自然。莫歎年來不如意，喜逢新運稱心田。」

---

[30] 梁恭辰《北東園筆錄初編》卷2《關廟靈兆》《筆記小說大觀》第29冊江蘇廣陵古籍刻印社出版 1983年8月，p.230。

[31] 宋濂《贛州聖濟廟靈蹟碑》，詳見《正統道藏》第54冊，台灣藝文印書館精裝縮印本，1977年3月。

（3）宣揚積德行善，因果報應。如第二十九首籤詩曰：「祖宗積德幾多年，源遠流長慶自然。若更操修無倦已，天須還你舊青氈。」第五十九首：門衰戶冷苦零丁，可歎祈求無一靈。幸有祖宗陰騭在，香煙未斷續螟蛉。」

（4）宣揚禮拜仙佛，敬畏鬼神。如第四首籤詩曰：「去年百事頗相宜，若較今年時運衰。好把瓣香告神佛，莫教福謝悔無追。」第三十七首籤詩曰：「焚香來告複何辭，善惡平分汝自知。屏卻昧公心裡事，出門無礙是通時。」

（5）宣揚修省悔過。如第四十二首籤詩曰：「我曾許汝事和諧，誰料修爲汝自乖。但改新圖莫依舊，營謀應得稱心懷。」第四十五首籤詩曰：「好將心地力耕耘，彼此山頭總是墳。陰地不如心地好，修爲到底卻輸君。」

（6）宣揚循規蹈矩、勿自欺欺人。如第二十七首籤詩曰：「世間萬物各有主，一粒一毫君莫取。英雄豪傑自天生，也須步步守規矩。」第五十六首籤詩曰：「心頭理屈強詞遮，直欲欺君行路斜。一旦醜形臨月鏡，自投憲綱莫諮嗟。」

（7）宣揚勤奮成材，勤勞致富。如第二十八首籤詩曰：「公侯將相本無種，好把勤勞契上天。人事盡從天理見，才高豈得困林泉。」第九十一首籤詩曰：「佛說淘沙始見金，只緣君子不勞心。榮華總得詩書效，妙裡功夫仔細尋。」

（8）宣揚息事寧人、和爲貴。如第十六首籤詩曰：「官事悠悠辨明，不如息了且歸耕。旁人煽惑君休信，此事當謀親兄弟。」第五十首籤詩曰：「人說今年勝舊年，也須步步要周旋。一家和氣多生福，妻菲讒言莫聽偏。」

（9）宣揚重農輕商。如五十五首籤詩曰：「勤耕力作莫蹉跎，衣食隨時安分過縱使經商收倍利，不如逐歲廩禾多。」

2、典故

　　歷史故事、傳奇故事、歷史演義故事、神話傳說、戲劇故事、宗教故事、民間故事等等不但被作爲靈籤的原初兆象，而且更廣泛地被作爲擴展兆象。在《正統道藏》收入的籤譜中，還沒有發現以歷史故事、傳奇故事、歷史演義故事、神話傳說、戲劇故事、宗教故事、民間故事等等作爲擴展兆象，說明這種現象大概出現在明代中期之後。當時，隨著資本主義萌芽的出現，市民文學勃興，小說、戲劇等文學創作非常繁榮，在民間廣爲流傳。爲了吸引更多的信仰者，同時也爲了使靈籤更加通俗，一些靈籤的製作者或廟祝開始把百姓熟悉的和喜聞樂見的歷史故事、傳奇故事、歷史演義故事、神話傳說、戲劇故事、宗教故事、民間故事等等引入靈籤中，至今在民間流傳的籤譜中，相當多是借用典故等作爲擴展兆象，一般是以精煉的語言高度概括成短語，置於詩句之前，每首靈籤配以一個故事。

　　關帝靈籤中的典故共 100 個，列表如下：

序號	典故	序號	典故	序號	典故
1	漢高祖入關	2	張子房游赤松	3	賈毅遇漢武帝
4	小秦王三跳澗	5	呂蒙正守困	6	相如完璧歸趙
7	洞賓煉丹	8	大舜耕歷山	9	宋太祖陳橋即位
10	冉伯牛染疾	11	韓信功勞不久	12	蘇武牧羊
13	姜太公釣魚	14	郭華戀王月英	15	張君瑞憶鶯鶯
16	王祥臥冰	17	石崇被難	18	孟嘗君招賢
19	劉智遠得嶽氏	20	嚴子陵登釣台	21	孫龐鬥智結仇
22	李太白遇唐明皇	23	武王愛西施	24	張騫誤入鬥牛陣
25	唐明皇遊月宮	26	邵堯夫告天	27	江東得道
28	相如題橋	29	司馬溫公嗟困	30	柳毅傳書
31	蘇秦覆信	32	周公解夢	33	莊子慕道
34	蕭何追韓信	35	王昭君和番	36	羅隱求官
37	邵堯夫祝香	38	孟姜女思夫	39	陶淵明賞菊
40	漢光武陷昆陽	41	劉文龍求官	42	董永賣身

43	玄德公黃鶴樓赴宴	44	王莽篡位	45	高祖遇丁公
46	孤兒報怨	47	楚漢爭鋒	48	趙五娘尋夫
49	張子房遁跡	50	蘇東坡勸民	51	禦溝流紅葉
52	匡衡夜讀書	53	劉先主入贅孫權妹	54	蘇秦刺股
55	包龍圖勸農	56	王樞密奸險	57	爛柯觀棋
58	蘇秦背劍	59	鄧伯道無兒	60	宋郊兄弟同科
61	蕭徹見韓信	62	韓信占霸王	63	楊令公撞李陵碑
64	管鮑分金	65	蒙正木蘭和詩	66	杜甫遊春
67	江遺囑兒	68	錢大王販鹽	69	孫龐鬥智
70	王曾祈禱	71	蘇武還鄉	72	范蠡歸湖
73	王昭君憶漢帝	74	崔武求官	75	劉小姐愛蒙正
76	蕭何注律	77	呂後害韓信	78	袁安守困
79	文王編易卦	80	郭璞爲母卜葬	81	寇公任雷陽
82	宋仁宗認母	83	諸葛孔明學道	84	須賈害范睢
85	姜女尋夫	86	管鮑爲賈	87	武侯與子敬同舟
88	高文定守困	89	班超歸玉門關	90	楊文廣陷柳州
91	趙子龍抱太子	92	高祖治漢民	93	邵康節定陰陽
94	提結遇長者門	95	張文遠求官	96	山濤見王衍
97	買臣五十富貴	98	薛仁貴投軍	99	百里奚投秦
100	唐明皇禱告天				

　　從上表可以看出，關帝籤譜中的典故多出於民間喜聞樂見的戲劇故事、傳奇小說、歷史故事等，占卜者雖然不識字，讀不懂籤詩，但對這些典故卻耳熟能詳，抽取某靈籤後，只要問清該靈籤的典故，對靈籤的吉凶就大致能猜出幾分，因此，典故在靈籤中起著非常重要的作用。

　　另外，籤詩中百姓所熟悉的典故也與籤詩相呼應，起著社會教化作用。仍以《關聖帝君靈籤》爲例：如第十二首的典故「蘇武牧羊」、第六十三首的典故「楊令公撞李陵碑」、第九十一首的典故「趙子龍抱太子」，和第十六首的典故「王祥臥冰」、第四十二首的典故「董永賣身」，

分別鼓吹的是忠君與孝悌的思想。又如第三十九首的典故「陶淵明賞菊」、第九十七首的典故「買臣五十富貴」，宣揚的是安於命運的觀念。又如第二十四首的典故「孫龐鬥智結仇」和第六十四首的典故「管鮑分金」，從正反兩方面說明和為貴的道理。再如第五十二首的典故「匡衡夜讀書」、第五十四首的典故「蘇秦刺股」，以勤奮苦讀的故事來激勵信徒積極向上，等等。

　　不僅如此，從靈籤的典故與吉凶的判斷，還可以窺視古人的價值觀，凡是符合正統思想、符合倫理教化的典故所在的靈籤，一般為上籤，相反，為下籤。如「漢高祖入關」、「張子房游赤松」、「大舜耕曆山」、「宋太祖陳橋即位」、「李太白遇唐明皇」、「蘇東坡勸民」、「匡衡夜讀書」等等，均為上上籤，而「冉伯牛染疾」、「韓信功勞不久」、「郭華戀王月英」、「孫龐鬥智結仇」、「武王愛西施」、「王昭君和番」等為下下籤。

3、聖意

　　「聖意」是指對具體占卜事項的吉凶作出判斷，其主要特點是定性用語明確，毫不含糊，我們稱之為具體具體定性兆象。具體定性兆象至遲在南宋的籤譜中就出現，《天竺靈籤》的圖案上方就有「求官遲、公事宜和、求財無、孕生女、婚不成、蠶損、忌移動出往、不利行人」這樣的斷語，即具體定性兆象。宋代以後，籤譜增設具體定性兆象已經相當普遍，其具體內容涵蓋人類生產、生活的各個方面。關帝靈籤的「聖意」包括的內容有功名、生育、訴訟、疾病、婚姻、財運、行人、尋物、旅行、運氣、家道等等，從抽籤者可以根據自己所占事宜，對照「聖意」中的項目，便可知道吉凶。有的「聖意」在末了還有勸誡性的語言加以提醒，以第三籤為例：

　　問名利　自有時　訟和吉　病痊疑　求財平　婚未宜
　　宜謹守　免憂疑

　　通過靈籤來占卜吉凶未必可信，但我們透過「聖意」的項目可以瞭

解古人所關心的生活和生產方面的問題，籤詩給我們提供了重要的資料。

4、東坡解、碧仙注

「東坡解」是假借蘇東坡的名義對關帝靈籤進一步解釋，「碧仙注」則假借碧仙的名義對關帝籤進一步注釋，一方面教人如何趨吉避凶，另一方面充滿倫理教化。如第六十七首的籤詩：「才發君心天已知，何須問我決狐疑。願子該圖從孝悌，不愁家室不相宜。」東坡解曰：「所謀未善，何必禱神。當決於理，改過自新。但能孝悌，敬君事親。和氣生福，家道回春。」碧仙注云：「立志須行在善中，大理難瞞意先通；能行好事功須效，管取家門喜氣濃。」宣揚的是忠信孝悌等倫理觀念。又如第八十三首籤詩曰：「隨分堂前赴粥，何須幻想苦憂煎。主張門戶誠難事，百遂安閒得幾年。」東坡解曰：「好事隨緣，莫貪莫競。且宜守成，庶保安康。若更妄求，必主多憂。合如退省，以遂優遊。」碧仙注云：「守已當知事莫為，莫將心術肆凌欺；依然當日規模好，休聽閒人說是非。」宣揚安分、隨緣。再如第十六首籤詩曰：「官事悠悠難辨明，不如息了且歸耕。旁人煽惑君休信，此事當謀親兄弟。」東坡解曰：「訟事未決，且宜從和。旁人煽惑，平地風波。慎勿輕信，自投網羅。謀之兄弟，誰能奈何？」碧仙注曰：「此心有主何憂事，須管今番勝舊番。婦人言語君休聽，家道興衰在此間。」宣揚息事寧人、和為貴。

5、上中下籤

為了使占卜者更加明瞭神靈旨意，有的籤譜把靈籤分為上、中、下籤，對靈籤的吉凶作總體判斷，我們稱之為總體定性兆象。最常見的總體定性兆像是以吉、凶，或上、中、下不同等級來表示，吉有時又分為大吉、吉、中吉、小吉、不吉等，上、中、下有時又分為上上、上中、上下、中上、中中、中下、下上、下中、下下等九個等級。也有吉凶和上中下交叉使用的籤譜，還有分大吉、上吉、吉、平吉、中吉、不吉、

上上、上平、中平、小平、下中、下下、凶、下凶等十四等級。

關帝靈籤的總體定性兆象分上上、大吉、上吉、中吉、中平、中下、下下等七個等級，其中上上籤 10 首、大吉 3 首、上吉 15 首、中吉 7 首、中平 36 首、中下 1 首、下下 28 首。若按上、中、下歸類，上籤 28 首，中籤 44 首，下籤 28 首，呈現出兩頭小中間大的特點。

6、占驗

占驗是對占卜靈籤所獲應驗的記錄，其目的在於宣揚靈籤的靈驗，鞏固信眾的宗教感情。籤譜中附有應驗故事的很少，關帝靈籤在每一首籤詩的後面都附有應驗的故事，多數為一個應驗故事，少數為兩個或兩個以上的應驗故事，以第一首為例，格式如下：

> 一士人問功名，占此即謂非會即狀，久而始第，會試、殿試兩榜序齒皆第一，分發山東，以知縣用，自州府司道以至撫台，皆不離山東，應在末句。

這些應驗故事也許有些是真實的，但難免有溢美之詞，也不乏編造、揣測或傳說的成分，當然不可全部信以為真。不過，我們透過這些傳說故事，可以窺視關帝靈籤對當時社會的影響。在關帝靈籤收入的 123 個應驗故事中，占科舉、官運的多達 74 個，占經商的 9 個，占病患的 7 個，占婚姻的 7 個，占訴訟的 7 個，占避難的 5 個，占旅行的 3 個，占運氣的 2 個，占分家的 2 個，占風水的 1 個，占雨的 1 個，占其它的 5 個。

科舉、官運的故事之所以在應驗故事中占絕對多數，原因有三：一是靈籤是以詩歌的形式出現的，文人喜歡附庸風雅，抽籤與其他占卜形式不同，可以透過欣賞籤詩來揣摩神意，多少有些風雅，起碼不那麼俗氣；二是編寫籤譜的人多是文人，他們平時所接觸的多是文人，聽到的應驗故事也自然多與文人的科舉、官運有關；三是在明清兩代，關帝受到文人士大夫的追捧，關帝不僅是武將，而且熟讀《春秋》，可謂文武雙全，不少人崇拜關帝。在北京正陽門附近有一座關帝廟，「夙稱奇驗。」

[32]因此香火最為旺盛，俗語有「靈廟第一推關廟，更去前門廟裡求。」如果遇到會考，前來抽籤占卜的士人絡繹不絕，有關籤詩靈驗的傳說故事也越來越多，越傳越奇，來抽籤占卜的人也就更多了。紀昀頗有感慨地說：「神祠率有籤，而莫靈于關帝，關帝之籤，莫靈于正陽門側之祠。蓋一歲中，自元旦至除夕，一日中，自昧爽至黃昏，搖筒者恒琅琅然。一筒不給，置數筒焉。雜遝紛紜，倏忽萬狀。非惟無暇於檢核，亦並不容於思議。雖千手千目，亦不能遍應也。」[33] 一些「應驗」故事也流傳開來，並被收入關帝籤譜之中。

綜上所述，關帝靈籤的文化內涵十分豐富，既有詩歌這樣的雅文化，也有傳說故事、戲劇故事、應驗故事等俗文化，蘊含於靈籤之中的文化既曲折地反映了古代人民的喜怒哀樂，也從一個側面反映了古代人民的價值取向、道德準則、社會教化、心理特徵。

（本文發表於《廈門大學國學研究院集刊》第 2 輯，中華書局，2010年 4 月，第 172－188 頁）

---

[32] 王世禎《池北偶談》卷 22，《筆記小說大觀》第十六冊，江蘇廣陵古籍刻印社 1983 年 8 月 p.208。
[33] 《閱微草堂筆記》卷 6《灤陽消夏錄六》，八蜀書社 1995 年 9 月，p.115。

閩台城隍靈籤初探

一、中國城隍靈籤源流

靈籤又稱運籤、神籤、聖籤、籤詩等，屬於占卜術中的一種，其基本特點是以詩歌為載體、以竹籤為占具來占卜吉凶。在中國令人歎為觀止的種類繁多的占卜形式中，影響最大的恐怕要算是靈籤了。民間廣泛流傳的「跨進廟門兩件事，燒香求籤問心事」俗諺俚語，真實地反映了千百年來靈籤在百姓的宗教信仰中佔據著極其重要地位這一歷史事實。

靈籤產生決不是偶然的，而是中國古代占卜術逐漸趨向世俗化、占卜方法趨向簡易化的必然產物。靈籤歷史悠久，淵源可以追溯到周代的《周易》，而在形式上受《靈棋經》影響更為直接，同時與詩讖和圖讖的流行有著非常密切的關係。靈籤最大的特點是以詩句來預測吉凶禍福，因此，只有在詩歌創作十分繁榮的歷史條件下，靈籤才有可能被創造出來。靈籤大概產生於唐代中後期，到宋代，中國古代靈籤的主要形式已基本齊全。對於草芥小民而言，不但靈籤的占卜形式要比《易》筮簡便，而且靈籤內容也比卦辭易懂，所以受到百姓的青睞。但是靈籤一般只有四句，文字簡練，所包含的兆象並不是都能一目了然的。有些靈籤的作者，故弄玄虛，在靈籤中大量使用典故、隱語、雙關語、歧義語等，又給靈籤披上一層神秘的外衣，增加對詩句理解的難度。而有些靈籤借用前人的詩歌，這些詩歌或勸戒、或抒情、或寫景，怎樣使之變為兆象，與預卜吉凶禍相聯繫，一般百姓也不容易做到。所以，靈籤在占卜術的世俗化和簡易化的推動下，應運而生後，又繼續沿著世俗化和簡易化的方向發展。宋代的一些靈籤就有了注解、斷語等。明清時期又增加了典故、傳說故事、釋義、占驗、上中下判語等等內容，並且出現根據百姓占卜需要而分門別類的籤譜。由於靈籤比起其他的占卜形式更加簡便易行，所以一經產生，便很快在民間流傳開來，宋代的許多宮廟備有籤譜供善男信女占取，影響漸大。明清以來，絕大多數宮廟都備有籤

譜,甚至一座宮廟有多種籤譜,成爲中國影響最大的占卜形式之一。靈籤的演變從一個側面反映了唐宋以來中國宗教信仰的世俗化的歷史進程。[1]

城隍信仰源遠流長,它是從上古蠟祭八神之一的水庸演化而來的,最初只是對城池本身進行崇拜,屬於自然崇拜的範疇。漢代,城隍信仰逐漸人格化,傳說楚漢戰爭時,劉邦的御史大夫周苛堅守城池,決不投降,城池被攻破後,項羽將他處以非常殘酷的烹刑。劉邦建立漢朝後,爲悼念周苛的忠烈,封他爲城隍。有文獻記載的最早的城隍廟建造於三國時期的東吳赤烏二年(239年),距今近1800年。漢代至唐五代,城隍的職能主要是保護城池。宋代之後,城隍的職能擴大爲主管本城的降雨抗旱、放晴防澇、五穀豐收、生兒育女、發財致福、消災弭禍、生死壽夭等陽間之事,甚至職掌陰司,勾管一城亡魂。明代,開國皇帝朱元璋特別重視城隍的作用,把城隍祭典列入國家祀典,並以城隍所轄的城池大小爲之封爵進位,京都、開封等地的城隍封爲「王」,正一品;各府城隍封爲「公」,正二品;各州城隍封爲「侯」,正三品;各縣城隍封爲「伯」,正四品,其監察職能大大強化,城隍作爲冥冥之中的神靈,掌握著監察地方官吏和百姓命運的大權。地方官上任時,必須親自到城隍廟進香,表明自己清正廉潔的心跡,接受城隍的監督。城隍對百姓的監察更是周密,凡是城隍管轄的範圍內的百姓所做的任何善事和惡行,神靈都要向城隍報告,由城隍記錄在案,予以賞罰,分毫不差,只不過報應的時間早一些或者晚一點罷了。

與城隍信仰的起源、發展、演變的清晰脈絡不相符,有關城隍靈籤的記載卻極少,無法看清其源流,實際上這是中國古代文人輕視俗文化造成的普遍現象,不足爲奇。目前所能見到的最早的文獻記載的城隍籤是明代沈義甫撰寫的《曹昭靈侯廟神應記》:

---

[1] 關於靈籤的淵源、流變,請參見拙文:《靈籤淵源考》,載《東南學術》2006年第2期;《〈道藏〉中的籤譜考釋》,載《福建論壇》2005年12期;《論靈籤的產生和演變》,載《世界宗教研究》2006年第4期;《靈籤的兆象研究》,載《民俗研究》2006年6期;《籤譜在海外的傳播和影響》,載《海交史研究》2006年第1期。

王諱明，唐太宗皇帝第十四子也，肇封于曹常，為吳郡刺史，有惠政。王薨諡曰恭，郡民去思，朝命立祠，今吳江縣城隍即王妥靈之所也。俄而蜿蜒示異，邑人異之，先天中遂錫廟額。惟王生前已分茅裂土矣，而僅以侯爵告神，議者隘之。然昭靈美名，邑人至今以為稱。夫王以帝子之貴，能脫綺紈之習，施實惠福千里，六百餘年之久，吳人至今家祠而人祝之，前後守郡者鮮儷，其視桐鄉、黎山二賢實可比肩，凡六邑惟松陵奉之尤謹。邑凡二十九都，為廟蓋十餘所，美哉！王之德也，非有大功烈大德政入人之深，何以得此。於吳人耶縣之西南八十里溪，號雙楊廟，之建已三百載，民之家於是境有禱必應，籤卜之靈，其驗如響。[2]

清初著名思想家、教育家顏元為尋找父親，前後七次抽籤占卜，其中有四次是到不同的城隍廟求籤的：

康熙甲子正月元日，凤興祭祀，筮尋父，得小畜之四，⋯⋯四月八日，告先祠啟行。初九日路禱關侯祠，求籤得中平。⋯⋯五月十八日，逾永平東嶺，野有關侯祠，入禱，得籤仍如前，不已異乎。⋯⋯（六月）十五日，禱城隍廟求籤，曰大吉。再求則凶。七月初一日，禱東嶽廟求籤，曰大吉。⋯⋯八月朔，禱城隍廟求籤，亦曰大吉，譜曰：「好事將來」。⋯⋯及乙丑元日，復禱城隍求冥中感應籤，譜有：「團圓十五光明」之句。⋯⋯還至海州，禱城隍求籤，譜又云大吉，祠曰：「望渠消息向長安，好把綾花仔細看，見說文書將入境，今朝喜氣上眉端。」[3]

上述記載說明，說明至遲在清代，城隍廟均備有籤譜，供信徒占取。在清代，城隍靈籤恐怕還是比較有名且影響較大，《文淵閣書目》中共記載八部籤譜，其中有二部是城隍籤譜，一部是「北京城隍籤」，另一部為「城隍籤」。[4]

由於城隍廟遍佈中國各地，城隍籤譜也形形色色，如民國時期北京

2　錢谷《吳都文粹續集》卷十六。

3　《習齋記餘》卷二《尋父神應記》。

4　《四庫全書·文淵閣書目》卷三、卷四。

大興縣城隍廟的籤譜比較簡明，[5]而上海城隍廟的籤譜則比較繁蕪。[6]

二、閩台城隍靈籤簡況

筆者長期從事閩台民間宗教信仰的研究，對靈籤的研究的也傾注極大的熱情，[7]共搜集 1000 多座宮廟的籤譜，其中有 24 座閩台城隍廟的籤譜，列表如下：

閩台城隍籤譜一覽

序號	籤譜所在地	總籤數	首籤詩句	末籤詩句	典故	籤解	上中下籤	備註
1	福州都城隍廟	100	開籤第一	存忠孝心	無	無	無	新編籤譜，現代語言
2	連江定海城隍廟	100	天開文運選英豪	福壽康寧富貴全	有	有	有	
3	福安城隍廟	40	若抽第一籤	一生見太平	無	無	無	
4	福安韓陽鎮將爺城隍廟	40	若抽第一籤	一生見太平	無	無	無	
5	壽寧城隍廟	34	吾賜東君第一箋	金銀財寶滿山河	無	無	無	
6	壽寧城隍廟	37	選出牡丹第一枝	一舉登科四海傳	無	無	無	
7	霞浦城隍廟	80	富貴與榮華	萬事集禎祥	無	無	無	
8	古田新城鎮前阪村城隍廟	30	偶笑姻親合	等待來年	無	無	無	
9	莆田涵江城隍廟（鯉江廟）	27	一枝好花	日落西山	無	無	無	前有「卜杯」兆象
10	莆田華亭鎮城隍廟	60	日出便見浮雲散	用心作福得清吉	無	無	有	

---

[5] 詳見酒井忠夫、今井宇三郎、吉元昭治編《中國的靈籤・藥籤集成》，風響社，1992 年 6 月。

[6] 丁煌《台南舊廟運籤的初步研究》，載李豐楙、朱榮貴編《儀式・廟會與社區》，中研院文史哲所出版，1996 年 11 月。

[7] 詳見筆者博士論文《中國靈籤研究——以福建為中心》，1998 年，未刊稿。

11	仙遊城隍廟	60	日出便見風雲散	用心作福得清吉	有	有	無	
12	晉江金井鎮城隍廟	27	猛虎出山林	何時得回鄉	無	無	無	不注明籤數,只有「卜杯」兆象。
13	石獅城隍廟	28	角聲三弄響	依然口自吟	無	有	無	不注明籤數,只有「卜杯」兆象。
14	安溪城關城隍廟	28	角聲三弄響	依然口自吟	無	有	無	不注明籤數,只有「卜杯」兆象。
15	廈門城隍廟	80	富貴與榮華	萬事集禎祥	無	無	無	
16	龍海隆教畬族鄉鎮海城隍廟	33	花開日出便分明	到後必有神仙諧	有	無	無	
17	平和小溪鎮城隍廟	100	巍巍獨步白雲間	抽終籤百事宜得	無	無	無	
18	平和九峰鎮城隍廟	100	天地列三公	終籤百事宜	無	無	無	
19	長汀城隍廟	32	仁義長存得久長	龍鳳妙配假成真	有	無	無	
20	長汀西門城隍廟	28	上人才量本非輕	難見明月見九層	有	有	有	不注明籤數,只有「卜杯」兆象。
21	汀州府城隍廟	24	西天一卦好全身	枯木必得再逢春	有	有	有	
22	金門城隍廟	60	日出便見風雲散	當官分理便有益	有	有	無	
23	浯島城隍廟	28	角聲三弄響	依然口自吟	無	有	無	
24	台南府城隍廟	60	仙風吹下禦爐香	財源福澤自無涯	無	有	無	不注籤數,用「甲子」占卜

　　閩台各個城市幾乎都有城隍廟和相應的籤譜,由於客觀條件限制,不能全部搜集,上表中列舉的籤譜只是眾多閩台城隍廟籤譜中的一小部分,但也能大致看到閩台城隍靈籤的基本情況。茲選擇三種有特色的籤譜簡介如下:

1、安溪城關城隍廟籤譜

　　安溪城隍廟，古稱清溪城隍廟，始建於後周顯德三年（956），位於縣治東（即今小東街）。為全省較早創建的城隍廟之一，素有「八閩第一，五邑無雙」美譽，自清初在臺灣傳衍，至今分爐已達 222 座之多，目前海內外分爐三百多處。安溪城隍廟歷盡滄桑，幾經修建、擴建或重建。現存建築為二十世紀九十年代重建，主體建築為重簷歇山式，穿鬥式，面寬、進深各五間，前有拜堂，雄偉壯觀。[8]

　　現行的安溪城隍廟 28 首，每首籤詩的首句首字嵌入二十八宿的名稱，即將角、亢、氐、房、心、尾、箕、斗、牛、女、虛、危、室、壁、奎、婁、胃、昂、畢、觜、參、井、鬼、柳、星、張、翼、軫分別作為每首籤詩的開頭，順序排列，共二十八首。如首籤首句是「角聲三弄響」，第二籤首句是「亢宿屬金龍」，第四籤首句是「房中生瑞草」，末籤首句是「軫當（有的籤譜作「軫風」、「軫動」或「軫宿」）念八宿。」由於二十八宿中個別星宿的名稱比較偏僻，給籤詩的創作帶來很大的困難，所以有些詩句不太通順，如第六首「尾與頭相似」、第十三首「室家事已成」、第十九首「畢竟西風起」等，有的字也只好用同音字代替，第三籤首句是「低頭偷舉眼」的「低」代替「氐」，第二十首的「嘴舌坤山玉」的「嘴」代替「觜」等。

　　筆者到安溪城隍廟調研時，發現有兩本籤譜，一本是原有的，還有一本是從新加坡韭菜芭城隍廟傳入的廟祝（強調，此籤譜原來是從安溪城隍廟傳去的）。比較兩本籤譜，基本內容相同，但還是有所差異的，以第一籤為例，列表如下：

項目	安溪城隍廟籤譜	韭菜芭城隍廟籤譜
籤序	無	第一首
杯象	陰聖聖	聖聖陰
典故	孔明鬥蠻得勝	孔明平蠻
上中下籤	無	中籤
籤詩	前三句相同，	前三句相同，

8　詳見安溪旅遊叢書編輯組《東嶽寺廟・城隍廟》，2000 年 3 月。

	第四句「合營人馬安」	第四句「安營人馬安」
時令	無	有
斷語	有，內容差異	有，內容差異
解釋	有，內容差異	有，內容差異
典故解釋	無	有

在民間，與二十八宿相結合的籤譜主要流傳於閩南和臺灣、東南亞地區，除了安溪東嶽觀城隍廟、石獅城隍廟、菲律賓韮荖芭城隍廟使用此籤譜外，一些非城隍廟也使用此籤譜，如同安的梵天寺、同安二十八宿廟、南安的洋尾宮、南安的福安殿、惠安的仙宮山、安溪的半嶺宮、安溪的福安殿、安溪的碧靈宮、永春的關帝廟、平和的侯山宮、漳浦雨霽頂廟、莆田的正極殿、臺灣臺北的晉德宮，馬來西亞詩巫永安亭等均採用這種籤譜。

二十八宿是指黃道和赤道附近的二十八個星官，古人藉以觀察天象及日月、五星運行的參照座標。二十八宿按所在方向分爲四組，與四種動物的形象相配，即東方七宿：角、亢、氐、房、心、尾、箕，象徵蒼龍；北方七宿：斗、牛、女、虛、危、室、壁，象徵玄武（龜蛇）；西方七宿：奎、婁、胃、昴、畢、觜、參，象徵白虎；南方七宿：井、鬼、柳、星、張、翼、軫，象徵朱雀。戰國之前，二十八宿及其東西南北七宿的劃分已經形成，並且與地上的州區域分野相對應，如角、亢對應鄭國或兗州，氐、房、心對應宋國或豫州，尾、箕對應燕國或幽州，等等，認爲天上的星宿變化與地上對應州國的吉凶災祥有某種密切的關係。漢代之後，二十八宿逐漸由星座向人格神方向演化。五代著名道士杜光庭《神仙感遇傳》記載這樣的神話故事：唐開元年間，玄宗昏睡中夢見二十七個仙人，自稱是天上二十八宿，除一人留在天上當值外，均來拜見皇上，說明至遲到唐末，二十八宿已經完全人格化。人格化後的二十八宿，各有所主，如角宿的北星主刑，南星主兵，亢宿主疾疫，等等。比較高明的解籤人在解釋籤詩時，會把二十八宿作爲籤詩的兆象之一考慮在內。

2、福州都城隍廟籤譜

　　福州城隍廟，位於冶山（古稱泉山，俗稱城隍山）東麓威靈坊內，據《榕城考古略》記載，此廟係晉武帝太康三年（282 年）福州置郡（晉安郡）以後、太守嚴高遷城于越王山時所建，供奉主神爲周苛，距今已有 1700 多年歷史，占地約 100 畝，是福建最早的城隍廟，也是省垣最古老的壇廟。因它是省會城隍廟，故又稱都城隍。其後幾經毀建，當今的城隍廟已非舊址，規模較小，難與原廟相比。[9]

　　現行的福州都城隍廟籤譜由廟名、籤序、籤詩三部分組成，共 100 首。籤詩爲四句，多爲五言詩，第三首爲六言詩，第九十八首爲四言詩歌，第九十七、九十九爲四言六句詩，第一、二、四、一百首爲長短句。從籤詩的內容和形式看，多數籤詩爲古人所作，少數籤詩疑爲今人創作，如第二首：「萬事適可而止，切勿過份（分），我愛人人，人人愛我。」第四首：「樂善好施人人稱羨，新陳代謝個個分明，禍福無門，帷（惟）人自召。」筆者揣測，福州都城隍廟在「文革」中被破壞，原有的籤譜也失傳了，現行的籤譜可能是從別處借用來的，其中少數籤詩缺漏，只好重編補齊，那些非五言四句的籤詩就是屬於此類型。

3、台南府城隍廟籤譜

　　台南府城隍廟坐落在台南市青年路，相傳爲鄭成功收復臺灣後所建（1683 年），爲臺灣省首座城隍廟。目前所見的府城隍廟，已經是歷經多次修建後的結果，建築爲閩粵式廟觀風格，方座台基，屋頂爲硬山式無翹屋脊，殿牆上有泥塑彩色浮雕，龍柱、石獅、石枕等裝飾一應俱全，華麗堂皇。

　　台南府城隍廟籤共 60 首，按照中國傳統的「甲子」到「癸亥」的天干地支排列，籤頭有「府城隍威靈公靈籤」字樣，籤詩爲七絕，後面有功名、生意、婚姻、疾病、丁口、官司、行人、出行、失物、田畜等

9　盧美松《冶山城隍考》，載《閩中稽古》，廈門大學出版社，2002 年。

項目的斷語。

　　值得一提的是，此籤譜特點之一是以天干地支作爲序號，實際上天干地支在籤譜中還是重要的解籤兆象。我們知道，天干地支最初用來紀年，後來又被古人用來紀月日。天干地支取義於樹木，術數家把它與陰陽學說相附會，所謂「幹」猶如樹幹，屬於陽，象徵剛強；「支」者「枝」也，猶如樹枝，象徵柔弱，屬於陰。每種具體的天干地支都有自己的特性，如「甲」象徵草木破土而萌，陽在內，被陰包裹之狀；「乙」象徵草木初生，枝葉柔軟屈曲之狀。「丙」者炳也，如赫赫太陽，炎炎火光，象徵萬物皆炳然著見而明。「丁」象徵草木成長壯實，猶如人得成丁。「戊」者茂也，象徵草木茂盛。「己」者起也，紀也，萬物抑屈而起，有形可紀。「庚」者更也，象徵秋收而待來春；「辛」者新也，萬物秀實新成；「壬」者妊也，陽氣潛伏，萬物懷妊；「癸」者揆也，萬物閉藏，揆然萌芽。十二地支的含義與十天干相似，其變化規律也是從萌生經過成長、開花、結果等階段，直到凋零、滅絕。如「子」者孳也，草木種子吸收土中水分，開始一陽萌生的進程；「丑」象徵草木萌芽，即將破土而出；「寅」者演也，津也，草木迎著春暉成長；「卯」者茂也，日照東方，萬物茂盛；「辰」者震也，萬物震起而長，陽盛陰衰；「巳」者起也，純陽無陰；「午」象徵萬物豐滿，陽氣充盛，陰氣也開始萌生；「未」者味也，果實成熟，滋味美妙；「申」者身也，萬物都已長成；「酉」象徵萬物萎縮收斂；「戌」者滅也，草木凋零，生氣滅絕；「亥」者劾也，陰氣劾殺萬物。術數家把天干地支的這些特性與人生相聯繫，以此來推測人生的吉凶禍福。

三、閩台城隍靈籤的文化內涵

　　在許多人看來，靈籤是不登大雅之堂的小玩意兒，甚至是封建迷信的東西，不值得一提。其實不然，靈籤自唐代產生以後，經歷一千多年的發展演變，成爲中國俗文化的重要組成部分，具有相當豐富的文化內涵。

1、籤詩具有一定的文學價值且貼近百姓生活

靈籤的占卜形式與其他占卜形式最大的不同之處，在於靈籤是以詩歌來預卜吉凶。從文獻記載來看，最早的籤詩來源之一是直接取材於具有勸戒性質的詩歌，後來也有剽竊著名詩人的詩句作爲籤詩的，如杭州西湖月下老人祠的五十五首籤詩取材於詩經、唐宋詩詞、元曲。當然，更多的還是一些失意文人的創作。籤詩和詩歌的最大不同之處，在於籤詩是有意編造的，專門爲善男信女預測吉凶禍福提供方便，屬於宗教信仰活動的範疇。而詩歌則是感而發，注重內心的感受和意境的烘托，屬於文學創作範疇。由於籤詩的占卜性質所決定，多數籤詩粗俗，無文學價值可言。但是，籤詩中也不乏優美的詩句，具有一定的文學價值。如壽寧城關城隍廟籤七十六首：「一局圍棋三五友，千重翠竹萬般阡，東園嘗菊西園酒，春景觀梅夏景蓮。」是一幅文人嚮往的田園風光和與世無爭的隱士生活的畫卷。台南府城隍籤的「癸酉」籤：「欀蘭野草雜山岡，蘭葉蕭疏草葉長，雪冷霜寒荒草盡，幽蘭空穀自生香。」描寫山澗野蘭的頑強的生命力，相當優美。又如「戊申」籤的：「古道西風落日斜，空林蕭索帶棲鴉」詩句，雖然有模仿元朝馬致遠的《天淨沙·秋思》之嫌[10]，但也給人美的享受。

籤詩另一個特點，就是通俗易懂，充滿生活情趣和哲理，貼近尋常百姓的生活，如福州城隍廟籤第二十五首：「大道可通行，何必尋小徑，邪言不是真，切告君莫聽。」又如莆田涵江鯉江廟籤「陰陰陰」籤：「啞人作夢，百事難言；病若遲愈，失物難尋；暗處穿針，自不知音；南北有路，只宜小心。」

2、典故傳播著中國歷史知識

籤譜中常見有各種典故作爲占卜的兆象，這些典故出自史籍、小說、戲曲，多是百姓耳熟能詳的傳說、故事，涉及內容廣泛，內容豐富，

10　《天淨沙·秋思》「枯藤老樹昏鴉，小橋流水人家，古道西風瘦馬。夕陽西下，斷腸人在天涯。」

對於中國歷史知識的傳播起著重要的作用。茲將安溪城隍廟籤譜、新加坡韭菜芭城隍廟籤譜、龍海市鎮海城隍廟籤譜、長汀縣城隍廟籤譜、汀洲府城隍廟籤譜的典故列表如下：

序號	安溪城隍廟籤譜典故	韭菜芭城隍廟籤譜典故	龍海市鎮海城隍廟籤譜典故	長汀縣城隍廟籤譜典故	汀洲府城隍廟籤譜典故
1	孔明鬥蠻得勝	孔明平蠻	楊榮抱萬曆坐天	仁宗認母	唐僧取經回朝
2	孟姜女送寒衣	陳三磨鏡	樊梨花戰楊範	唐王接經	孫悟空收牛魔王
3	漢王奪韓明之妻不利	李密反唐	百里奚離妻	羅永求官	韓文公走雪
4	季布逃後得救身安	蘇秦拜相	趙匡胤誤殺鄭思	朱買臣賣柴	薛仁貴打破摩天嶺
5	張騫找張其斷黃河定錯	貴妃私通祿山	姑蘇替保蘇英上絞台	猴王偷桃	宋江殺惜
6	蘇秦說六國後為宰相	太公扶文王	郭巨埋兒天賜福	正德皇遊天下	程咬金到威虎山
7	齊晏子應舉後為齊相	相如成親	桃園三結義	觀音收鯉魚精	彭子得桃花女
8	漢高祖與項羽會約打汴京失約	姜鄧鬥陣	蚯蚓變龍	秋江送別	千里送京娘
9	陳後主得張麗華先吉後安	子房遁跡	王英說姚江	鳳亭遇子	周氏拜月
10	翰（韓）信受呂後陷害	買臣棄妻	漢高祖斬白蛇	撫鹽操琴	劉備招親
11	漢高祖破榮（滎）陽後守舊	目連救母	多景多令	周氏拜月	宋王赴海
12	項羽破翰（韓）信十面埋伏後成卒陵	姜女尋夫	姜太公釣魚	公冶長打獵	王三寶官得妻又得
13	文王在渭水見姜太公後為宰	李靖歸山	蒙正入瓦窯	呂蒙正困窯	長舌女張秀姑

	相			
14	漢高祖拜翰（韓）信爲翰（韓）信帥後爲齊王	項羽被困	王子求仙	孔子被小兒論	孔明下山
15	漢高祖拜翰（韓）信爲好相知有王佐之方	劉永上京	管仲與鮑叔牙結交	伍子胥過召關	真武祖師收龜蛇
16	唐公避安樂（祿）山脫九重圍	蔡順行孝	蘇東坡遊船	姜太公遇文王	宋仁宗華山下棋
17	李密做知事後得利	竇燕山積善	孔明擒孟獲	呂蒙□丹	王得昌華山朝佛
18	孫臏破秦不勝	子龍救阿斗	武松打虎	何合仙開茱田	曹操下江南
19	武王伐紂中興天下	韓愈上疏	朱買臣拒妻迫休書	觀音坐蓮	和合仙同伴做生意
20	吳越交戰越先敗後吳大敗	後主得麗華	徐文瑞與張淑貞結婚	張果老遇劫	張公九代同居
21	楊公□□王過五臺山不利	季布得救身安	奀太師擋路	梁灝得妻	張俊告劉琦
22	蔡順遇赤眉後大吉	孟母三遷	王延章與李純孝比武	六國封相	高金保得妻
23	楊貴妃私通安樂（祿）山唐明皇被害	張琪成親	楊令公上五臺山進香	霸王別姬	文王訪賢
24	晉文公逃外十九年後爲晉國國王	貞觀之治	堯舜耕田	郭巨埋兒	唐僧初去取經
25	姜太公在渭水釣魚	董永遇仙女	高懷德過關	佛仙答話	
26	孔明與周瑜同破赤壁	三藏取經	宋江招人馬	陶淵明賞菊	
27	王莽篡漢位後中興	武王得天下	井邊會	崔氏逼休	

28	缺	扣馬進諫	文君與相如相會結夫妻	九子升官	
29			春景春令	八仙獻壽	
30			吳承相保嵩路回家	山伯訪友	
31			包文拯審月英	觀音修道	
32			劉備驚雷	劉備招親	
33			黃巢試寶劍		

3、占卜事項記錄當地百姓的社會生活

在古代文獻中，極少記載有關平民百姓抽籤占卜的情況，但抽籤占卜的主體是平民百姓，這是不爭的事實，對此，廟祝或解籤人最清楚不過了，他們為了吸引更多的信徒來抽籤占卜，根據自己平常所接觸的信徒抽籤情況，把信徒最經常占卜的事項增補進籤譜中，以方便信徒占卜。這些占卜事項記錄了當地百姓的社會生活，為我們瞭解古代社會提供了寶貴的資料。

安溪城隍廟的籤譜的占卜事項有：家運、婚姻、行人、疾病、失物、尋人、求財、生意、訴訟、五穀豐歉、辦事、時令吉凶、孕男女、灶位、風水等。臺灣府城隍籤譜的占卜項目有：功名、生意、婚姻、疾病、丁口、官司、行人、出行、失物、田畜。長汀城關西門城隍廟籤譜的占卜項目有：功名、訴訟、疾病、婚姻、孕男女、行人、失物、風水、財運等。從上述三種籤譜的占卜項目可以看出當時百姓關心的社會問題，也是困擾古人的主要問題。

4、籤譜蘊含著豐富的道德說教和深刻的人生哲理

由於靈籤是一種以詩歌為載體的特殊占卜形式，編寫靈籤的人非文人或粗通文字的廟祝不能信任，而這些人比較系統地接受中國傳統文化，往往又以教化者自居，他們編寫靈籤除了用於占卜吉凶外，還自覺

或不自覺地在籤詩中滲透著中國傳統文化的倫理觀、價值觀、道德準則和宗教觀等，寓勸懲人心於其中，客觀上起著不可低估社會教化作用。如平和縣九峰城隍廟第二十首：「衣食自然有，勸君莫遠尋，信忠兼孝弟，福祿自然臨。」宣揚忠信孝悌等倫理觀念；福州都城隍廟籤第三十四首：「飲啄皆前定，家貧莫強求，休貪別人馬，失去自家牛。」宣揚安分、隨緣；福州都城隍廟籤譜第三十首：「積善家有慶，子孫自怡怡，不必多憂慮，他年得貴兒。」宣揚積德行善，因果報應；台南府城隍籤譜壬戌：「孤燈寂寂夜沉沉，萬事勞心夢不成，陰騭廣行祈善國，心香一柱達神明。」宣揚禮拜仙佛，敬畏鬼神；壽寧縣城隍廟籤譜第十八首：「勸爾諸生及早修，詩書矢志我良儔，三間燈火勤勤讀，何患他時不出頭。」宣揚苦讀成材。

籤譜中百姓所熟悉的典故也常常與籤詩相呼應，起著社會教化作用。如「張公九代同居」、「仁宗認母」、「郭巨埋兒天賜福」宣揚忠君與孝悌的思想；「姜太公釣魚」、「朱買臣賣柴」、「蒙正入瓦窯」、「陶淵明賞菊」宣揚的是安於命運的觀念；「蘇秦說六國後爲宰相」以勤奮苦讀的故事來激勵信徒積極向上，等等。

許多籤詩蘊含著深刻的人生哲理，如福州都城隍廟籤第九十九首：「人無遠慮，必有近憂。先事預防，理所宜然。安排次序，高枕無憂。」第三十一首：「劍去亦已久，何勞更刻舟。用心須仔細，莫聽小人謀。」第七十九：「臨淵羨牧魚，不如退結網，待得網成時，方知利源廣。」等等。

5、籤譜的上中下籤比例反映百姓趨吉避禍的願望

爲了使占卜者更加明瞭神靈旨意，有的籤譜把靈籤分爲上、中、下籤，對靈籤的吉凶作總體判斷，最常見的是以吉、凶，或上、中、下不同等級來表示，吉有時又分爲大吉、吉、中吉、小吉、不吉等，上、中、下有時又分爲上上、上中、上下、中上、中中、中下、下上、下中、下下等九個等級。也有吉凶和上中下交叉使用的籤譜，還有分大吉、上吉、

吉、平吉、中吉、不吉、上上、上平、中平、小平、下中、下下、凶、下凶等十四等級。

　　城隍籤譜中標明上中下籤的較少，筆者搜集的二十多種城隍籤譜只有 5 種有標明上中下籤，上中下籤的數量列表如下：

籤譜所在地	上籤數	百分比	中籤數	百分比	下籤數	百分比
韭菜芭城隍廟	11	39.3	10	35.7	7	25
長汀府城隍廟	11	45.8	7	29.2	6	25
長汀縣西門城隍廟	11	39.3	10	35.7	7	25
連江縣鎮海城隍廟	42	42	44	44	16	16
莆田華亭鎮城隍廟	17	28.3	27	45	16	26.7

　　如果把總體定性分爲上、中、下三個等級的話，從概率的角度來說，上、中、下應該是各占 33.3%，但是現實情況並非如此，從上表 5 種籤譜看，上籤數和百分比均高於下籤數，有的高出 20%。這種現象帶有普遍性，因爲善男信女到宮廟抽籤占卜，一般都希望能抽到吉利的籤詩，從中尋找某種慰藉，而不願碰到凶籤，帶來不安。自古以來，趨吉避凶是抽籤占卜者的共同的宗教信仰心理，福建羅源縣城關先鋒廟的籤譜第三十首說得十分明白：「求籤總想得吉籤，福壽雙全財喜兼。」前面提到的清初顏元多次到城隍廟抽籤，其根本原因也在於他到城隍廟所抽的均爲吉利籤詩，能滿足他的趨吉避凶的宗教心理。宮廟的廟祝長期與善男信女打交道，對他們的宗教信仰心理有十分透徹的瞭解，所以爲了迎合善男信女的這種宗教信仰心理的需要，就在靈籤的上中下籤比例上做文章，逐漸形成了趨吉性的特徵。籤詩的趨吉性特徵，很巧妙地與求籤者的趨吉避凶的心理接軌，既能滿足求籤者的趨吉避凶的心理需求，又能在一定程度上對懷著不安或恐懼心理的求籤者產生寬慰作用，百姓特別喜歡抽籤占卜的原因恐怕也在於此吧！

　　（本文發表於林緯毅主編《城隍信仰》新加坡韭菜芭城隍廟初版 2008 年 12 月，第 181—198 頁）

媽祖籤譜考釋

　　2009 年 9 月 30 日，聯合國科教文組織政府間保護非物質文化遺產委員會第四次會議審議，決定將「媽祖信俗」列入世界非物質文化遺產，成爲中國首個信俗類世界遺產。媽祖信俗內涵豐富，由祭祀儀式、民間習俗和故事傳說三大系列組成，其中媽祖籤譜也是媽祖信俗的重要組成部分。所謂籤譜，是指由若干首籤詩組成的有一定體系的特殊圖籍。宋代以後，特別是明清以來，絕大多數宮廟寺院都備有籤譜供善男信女占取查對。由於中國幅員遼闊，文化多元一體，反映在籤譜上也是豐富多彩，既有同一性，也有差異性。籤譜除了在外在形式上千差萬別外，在內容方面存在許多不同，也在一定程度上反映了區域歷史文化的不同和社會的變遷。媽祖信仰產生於宋代，發展於元明清，多數媽祖廟都備有籤譜供善男信女占取，形成獨特的信俗活動。本文就媽祖籤譜作初步考釋，希冀有助於媽祖信俗研究的深入發展。

一、最早的媽祖籤譜

　　媽祖信仰中何時引入籤占，文獻沒有明確記載。目前見到的與媽祖信仰有關的籤占活動的文獻記載，最早的是在明代中期。高澄《天妃靈應記》載：

> 嘉靖乙酉季夏，余以府庠弟子員同友周應龍、王仲錦、高進小試於通州。試畢，暇日相與遊戲於天妃廟，見有跪而祈籤者。周曰：「吾將決吾儕中否？」俟其籤出桶中，遂紾其臂而奪之觀，乃第十六籤也。籤詩曰：「久困雞窗下，於今始一鳴。不過三月內，虎榜看聯名。」是秋，余等四人果僥倖。九月，往謝之，又祈籤以卜來春之事。其籤詩曰：「開花雖共日，結果自殊時。寄語乘桴客，危當爲汝持。」然不知所謂。歲己丑，余三人俱登進士，仲錦除知州，進除知縣，余除行人。獨應龍不第，乃以舉人選太

　　原通判，結果似殊矣。然後二句之意，猶不可曉。[1]

　　後來，在嘉靖十一年高澄出使琉球時，遇到颱風，逃過一劫，完成出使琉球的使命，他歸功於神明的庇佑，並認爲嘉靖五年所抽的籤詩後二句「寄語乘桴客，危當爲汝持」，就是兆示此次出使經歷，「籤詩後意，似乎爲余發也。」[2]

　　從上述記載可知，嘉靖五年（1525 年）的通州天妃廟備有籤譜，供善男信女占取，由於抽籤的人還不少，才引起高澄等人的注意，並加入到抽籤的行列。高澄等人的第一次抽籤得到靈應，當年九月去天妃廟酬謝天妃，又抽了一首籤詩，嘉靖十一年也都得到驗證。查對高澄等人所抽的籤詩，與後世湄洲媽祖廟使用的媽祖籤詩不同，顯然另有所自。

　　從籤占的發展史和媽祖信仰的發展史來看，媽祖廟備有籤譜供善男信女占取，肯定是在明代中期之前。明清時期，隨著媽祖信仰的發展和籤占的普及，各種版本的媽祖籤譜也被編造出來，現存最早的媽祖籤譜應該是《莆田媽祖天后靈籤》，該籤譜公佈於臺灣善書網，收入劉福鑄輯纂的《媽祖文獻史料彙刊》第三輯《經籤卷·籤詩編》。其序言：「此籤六十首，得于蒲田縣民之家。籤語淺白，決疑應驗如神，故印之以廣流傳。西樵山逸民羅炳志。」[3]

　　《莆田媽祖天后靈籤》編寫於何時，沒有明確記載，劉福鑄先生認定爲清代作品，並說：「此籤譜每首籤詩五言四句，然用詞不夠雅馴，亦多不押韻，顯系文化水準較低的下層文人之作。」[4]對於劉福鑄先生的觀點，有些地方值得商榷。

　　首先是《莆田媽祖天后靈籤》編寫時間。我認爲此籤譜雖然名爲《莆田媽祖天后靈籤》，但編寫時間應該在明代。理由是：籤詩中有歌頌明朝的詩句，如第七首：「帝子問神靈，永樂列太平。道藏清虛事，如意

---

[1]　蕭崇業：《使琉球錄》卷上《天妃靈異記》。褚人獲《堅瓠七集》卷一《天妃籤》也有類似的記載。

[2]　蕭崇業：《使琉球錄》卷上《天妃靈異記》。

[3]　文中的「蒲田」即「莆田」。

[4]　劉福鑄輯纂：《媽祖文獻史料彙刊》第三輯《經籤卷·籤詩編》，海風出版社，2011 年 9 月，第 426 頁。

吉祥呈。」這裡的「永樂列太平」顯然是對明朝永樂皇帝的頌揚，如果是清朝編寫的籤譜，恐怕會有所忌諱的。第十六首：「善業玄武稱，壇社入世平。只此家庭座，萬世作良醫。」這裡提到「玄武」（玄天上帝）信仰，我們知道，玄武信仰在永樂皇帝時才上升爲明朝保護神，影響巨大，清代時，玄武信仰受到清廷的壓制，走向衰微，因此，如果《莆田媽祖天后靈籤》編寫於清代，作者恐怕不敢如此大膽公開鼓吹玄武信仰的。另外，籤譜的名稱爲《莆田媽祖天后靈籤》，這是何時命名的，籤譜的收集者沒有說明。一般說來，籤譜的名稱往往與宮廟名稱或神靈名稱聯繫在一起，以「莆田」這樣大的行政區域命名籤譜，極爲罕見，大概是當代籤譜的收集者給予命名的，而不是編寫籤譜時的名稱。值得特別注意的是，雖然籤譜冠以「天后」封號，但籤詩中稱呼媽祖不用「天后」，而用「天妃」或「妃子」，如第九首：「板鳳遊天地，騎龍入四州。觀音白蓮座，天妃黃金台。」第五十五首：「船沉風大勁，楫壞帆亦拆，求妃子求符，鎮船又鎮宅。」我們知道，媽祖在康熙二十年才被敕封爲「天后」，顯然，此籤譜是在康熙二十年以前編寫的，結合第一條理由，我們推斷此籤譜編寫於明代的可能性極大。如果這個推斷成立，那麼，《莆田媽祖天后靈籤》恐怕就是目前見到的最早的媽祖籤譜了。

　　其次是編寫《莆田媽祖天后靈籤》的作者身份問題。劉福鑄先生認爲該籤譜的文字「不夠雅馴，亦多不押韻」，是「文化水準較低的下層文人之作」，我基本同意這一判斷。我要補充的是，籤譜中保存著大量與道教理論有關的籤詩，具有濃厚的道教文化色彩，如第四首：「鳳集鳳朝處，龜吐蛇髓精，丹池汞投鉛，煤心築基見。」第二十九首：「翻起五尺浪，吐納千春波。明君賢士有，賢臣事明君。」第五十二首：「鄉間有人行，高山天地穴。若常觀無有，妙竅同玄玄。」這些籤詩談的都是道教的內丹理論和內丹修煉方法等。又如第四十首：「道藏陳符籙，無師未可通。雖然夙根厚，亦拜兩口人。」第四十二首：「道法無書載，八百是葫蘆。兩口即此意，別有呂道人。」第五十六首：「懸掛桃木劍，鎮煞八面神。五龍五土作，四方四隅立。」這些籤詩談的是呂洞賓信仰和道教的各種法術。從這些籤詩的內容看，《莆田媽祖天后靈籤》的作

者恐怕還不僅僅是「文化水準較低的下層文人」，而是一名對道教頗有研究的下層文人，或者就是道士。

第三，關於《莆田媽祖天后靈籤》的籍貫問題。從籤詩的寫作技巧看，不但不押韻，而且也與莆仙方言的韻腳不合，顯然作者不是莆田人。但籤詩中多次提到福建的地名，如第二首「莆田入泉州」，第三十二首「莆田生貞潔」，第五十一首「貞女莆田縣」，說明作者對福建的地理比較熟悉，很有可能是福建人或者流寓福建的外省人。另外，籤譜中多次提到「籤語」、「籤言」而不用「籤詩」，如第四十一首「籤語幻又幻」，第五十首「王侯籤語降」，第五十三首「籤語世人行」，第四十八首「籤言多韻意」，這也許是作者所在地習慣的用法，對於探討作者籍貫是一條重要的線索，值得注意。

二、清代媽祖籤譜的主要類型

清代，媽祖得到迅速發展，成為中國沿海地區影響最大的海神。隨著媽祖廟的大量建造和媽祖信仰活動的頻繁開展，籤占也成為媽祖信仰不可或缺的重要組成部分，以媽祖、天后、天上聖母、天后聖母、天后元君或各地天后宮命名的籤譜大量湧現，主要有以下幾個類型：

1、《天后聖母籤譜》　100 首

此籤譜共 102 首，其中 100 首為正式籤詩，首籤為「千尺浮屠寶砌成，高峰頂上且停停。時人莫作尋常看，不是仙人誰解登。」末籤為「問利求名事總宜，守株待兔未為遲。片時若得西方便，到底還他遇貴人。」末了增加二首類似於後世「籤王」或「籤尾」的籤詩，稱「都魁」、「亞魁」。「都魁」籤為上吉，籤詩：「夜光明月勝非常，幸際昌期肯退藏。善價既能從美願，自然多譽顯昭彰。」「亞魁」籤也為上吉，籤詩是：「羨君天爵久能修，人爵應能副此求。獨聽瑤階臚唱罷，始聽姓字冠群流。」

現存的《天后聖母籤譜》刊刻於清道光年間，收入道光二十九年

（1849 年）的《天后聖跡全集》、同治四年（1865 年）的《天后聖母聖跡圖志全集》、光緒十四年（1882 年）《湄洲嶼志略》等文獻中。實際上此籤譜編成的時間要大大早於道光，翟昌文《粵行記事》卷一記載：

> 順治六年己丑四月，自泉州石井關訪高州告耀信。……十六日，天氣晴朗，收泊芷芋鎮，宿文昌閣，祭天妃。安海祈天妃籤兆，有「為君六月換清風」句。

翟昌文為江蘇人，永歷時為翰林院檢討，曾被清廷擒拿，後逃脫。順治六年，路過福建晉江縣的安海，到天妃宮抽籤。查《天后聖母籤譜》，翟昌文所抽的籤詩是該籤譜的第九首，全首籤詩是：「青山上下一株松，為棟為梁恐未中。且合廳前聽驅使，為君六月換清風。」從上述資料記載可以斷定，《天后聖母籤譜》出現的時間要早於順治六年，極有可能在明代就問世了。安海天妃宮建於萬曆二年（1574 年），所以，該宮廟使用《天后聖母靈籤籤譜》也不會早於這個時間。

從現存的資料判斷，《天后聖母籤譜》很可能是湄洲祖廟最早使用的籤譜，所以其流播甚廣。清康熙二十三年（1684 年）四月十七日，兩江總督于成龍突然病重，「遣人往天后宮卜之以籤。籤云：『過盡風波險浪災，此身方許脫塵埃。一聲霹靂生頭角，直上青雲跨九垓。』是明示以騎箕之兆也。至十八日，宴然而卒。守省將軍，聞訃單騎馳入署中，檢其篋中，惟白金三兩，製錢千余文及緞一匹，敝衣數事而已，此外一無所有。」[5] 查《天后聖母籤譜》，于成龍抽的是該籤譜的第三十一首：「過盡重山坦路來，此身今已脫塵埃。一聲霹靂生頭角，直上雲霄跨九垓。」個別文字不同，但屬於同一籤譜是確定無疑的，說明當時的南京天后宮也使用《天后聖母籤譜》。

無獨有偶，光緒十五年（1889 年）九月十五日，翁同龢乘船到上海。次日清晨：「虔禱天后宮卜籤，籤語不吉，第三句『夜靜月明天籟（籟）息』。余曰：『無風之兆也』」。[6] 查《天后聖母籤譜》，第二十四首

5　葉夢珠：《閱世篇》卷四。

6　翁同龢：《翁同龢日記》，中華書局，2006 年 12 月。

有此詩句，全詩是：「父分子別歸離夫，滿腹煎熬親也疏。深夜月明天籟息，那知繞樹有啼烏。」可見，那時的上海天后宮也使用此籤譜。

另外，由於《天后聖母籤譜》被收入《天后聖跡全集》、《天后聖母聖跡圖志全集》、《湄洲嶼志略》等文獻，說明此籤譜一度得到湄洲祖廟和媽祖信眾的認可，因此，一些媽祖宮廟也採用此籤譜如福建漳浦烏石天后宮、綏安慈後宮、澳門媽祖閣、香港老虎岩慈德社天后古廟等至今仍在使用此籤譜。臺灣北港朝天宮發現此籤譜的古老籤版，說明在清代朝天宮也曾經使用此籤譜。[7]清代廣東佛山近文堂和近代香港荃灣忠義堂分別以《天后元君靈籤》和《天后靈籤》刊印此籤譜，所以流傳較廣。

當然，與其他籤譜一樣，《天后聖母籤譜》在流傳的過程中也發生一些變化，主要有二點：一是在「都魁」、「亞魁」籤的基礎上，又增加了「頂魁」籤：「一點春來萬物新，千紅萬紫鬥芳菲。杏遲梅早何先後，結實花開自有時。」漳浦烏石天后宮籤譜還增加「油籤」：「來意不誠心，罰你忝油香。萬事既如意，財源大廣進。」二是增加一些擴展兆象和具體定性兆象。如澳門媽祖閣的籤譜增加了典故、五行和解曰，以第五十首爲例：

> 第五十　上籤　屬金
> 古人　蘇武脫難
> 平原秋兔正當肥，常勝將軍掛獵歸。
> 誰把帛書傳雁足，果然一箭中雙飛。
> 解曰　書傳雁足，一箭雙飛。
> 　　　若遇秋月，吉慶大利。

香港老虎岩慈德社天后古廟的籤譜更加詳盡，仍以第五十首爲例，該籤譜前半部分與澳門媽祖閣相同，在「解曰」之後，增加了蘇武的生平簡介和具體兆象的斷語，轉錄如下：

> 蘇武，漢代的一位忠臣也。武帝派他出使匈奴，被番王單於扣留，

7　參見姚文崎：《閩台媽祖古廟運籤的主要類型》，《臺灣研究集刊》2006 年第 3 期，第 72 頁。

威迫利誘，要他變節投降，蘇武不從，被放逐到北海牧羊。所牧者皆公羊也，番王下令，除非投降或公羊生子，才能獲釋放。日月如梭，蘇武飲雪吃草籽十九年，不食糧粟。番王不信詔見之，見蘇武鶴髮童顏，容光滿面，曰：神也！是人豈能十九年食雪與草而生？」送武回國，後或宣帝封爵為「關內侯」。

家宅：安。

自身：凡事忍耐，多做善業，功德作福，自有吉慶。

謀望：大器晚成，勿急功，秋後大利。

婚姻：少年且待之，青年找到好伴侶，秋後成雙對。

六甲：遲，秋後有好消息。

流年：本年運氣較好，宜把握時機，秋冬較易發展。

事學業：不要三心兩意，盡力而為之。

求財：財來自由方，無須刻意求。

健康：會得良醫，舊病可愈。

移居：有搬遷移民機會，往南方較北方為佳。

2、天上聖母杯珓辭

通過卜筊（俗稱卜杯）來占取籤詩的媽祖籤譜不止一種，名稱也不盡相同，權且稱之為「天上聖母杯珓辭」。此類的杯珓辭，來源比較複雜，有的是媽祖廟原有的，有的則是從其他宮廟借用的，很難做出明確判斷。主要有以下幾種：

（1）《天上聖母杯珓辭》27 首

此籤譜與《天后聖母籤譜》一道被收入《天后聖跡全集》、《天后聖母聖跡圖志全集》、《湄洲嶼志略》等文獻，其在媽祖信仰中的地位也與《天后聖母籤譜》相當，得到湄洲祖廟和媽祖信眾的認可。該籤譜以卜杯的方式占取，共二十七首，籤詩為五言四句，有上中下總體定性兆象。如：

第一杯　三聖　大吉
天賜麒麟兒，翩翩降玉墀。
君家久種德，特產壯門楣。

　　第二十七杯　陰聖陽　上吉
　　躬耕在南陽，先生名字香。
　　漢家興國祚，更喜福綿長。

　　該籤譜編寫於何時，沒有明確記載。從第二十七首的籤詩的內容
看，講的是諸葛亮興漢的故事，第二十三首：「欽差出陽關，歷遍萬重
山。此志雖無二，回朝髮已斑。」此籤詩講的是蘇武保持民族氣節的故
事，在大興文字獄的清朝，撰寫此類詩歌恐怕有所忌諱，所以，該籤譜
有可能要早於清代產生。此籤譜與《天后聖母籤譜》一樣，編寫於明代
的可能性較大，雖然與《天后聖母籤譜》一道被收入《天后聖跡全集》、
《天后聖母聖跡圖志全集》、《湄洲嶼志略》等文獻，但流傳不廣，至今
連湄洲祖廟也不用此籤譜了。

　　（2）《天上聖母杯籤》27 首

　　此籤譜安放於莆田湄洲祖廟的寢殿，籤詩為七言四句，有杯象、
上中下總體定性兆象和解曰，如：

　　第一枝　聖聖聖　中上
　　福如東海壽如山，君汝何須問中間。
　　榮華富貴天註定，太白貴人保平安。
　　解曰：功名至，福祿有，訟事安，生意興，婚姻好，胎望男，風
　　水吉，行人到，病人運深，小兒平安，老人小心。

　　第二十七枝　陰陽陰　下
　　昔日螳螂去捕蟬，誰知孔（黃）雀在身邊。
　　莫信世人直中取，須防其中人不仁。
　　解曰：功名無，福祿空，訟事凶，生意失，婚不可，胎細心，風
　　水下，行人難，病人親眷鬼，小兒前生父母。

　　此籤譜的母本為手抄本，封面上邊有自右向左橫寫「湄洲祖廟」字
樣，中間自上而下書寫「天上聖母杯籤」字樣。值得注意的是，此籤譜
未收入《天后聖跡全集》、《天后聖母聖跡圖志全集》、《湄洲嶼志略》等

文獻，說明在道光至同治年間湄洲祖廟尚未使用。至於湄洲祖廟何時使用此籤譜，不得而知，大概在民國時期甚至更遲。但此籤譜在民間流傳較廣，莆田賢良港天后祖祠、莆田荔城清風嶺天后宮、莆田荔城東山文峰宮、莆田東山祖祠、莆田涵江順濟廟、莆田黃石福安社、仙遊龍華德明堂、仙遊城關荔山社、惠安塗嶺烏石宮、惠安後龍清淨庵、惠安平山寺、南安金淘鎮尖山宮、永春湖洋湖橋殿、永春龍山岩、永春龍山宮、安溪鳳城東嶽宮、安溪官橋半嶺宮、晉江市安海草庵、石獅金沙庵、廈門天界寺醴泉洞、福州廣應白馬尊王廟、上杭中都雲霄閣、連城冠豸山靈芝庵、臺灣北極殿玄天上帝廟、臺灣澎湖北極殿等都使用《天上聖母杯籤》，其中多數宮廟不是供奉媽祖。種種跡象表明，莆田湄洲祖廟的寢殿所使用的《天上聖母杯籤》很可能是借用其他宮廟的籤譜。

（3）《天上聖母靈籤》27 首

此籤譜藏于福建仙遊縣度尾鎮潭邊村龍井宮，該宮建於南宋紹興七年（1137 年），清代雍正賜「神昭海表」匾，分別懸掛於各地有影響的媽祖廟，龍井宮也在此列，至今保留此匾，說明清代龍井宮在媽祖信仰中的地位。《天上聖母靈籤》在民國十七年（1928 年）被鑴刻在籤版上，首題：「龍井宮天上聖母靈籤圖。」末題：「民國戊辰拾柒年王春造。」

雖然籤版上明確記錄是民國十七年雕版，但籤譜出現的時間應該較早，劉福鑄先生認為此籤譜「出現時間應在清代」，[8]我同意這一判斷。

（4）《天后元君靈籤》23 首

此籤譜在清代曾被廣東佛山著名書坊「近文堂」刊刻，可見在當時的廣東等地，《天后元君靈籤》還是有較大影響的，否則「近文堂」是不會選擇此籤譜刊行於世的，反過來看，該籤譜在「近文堂」刊行後，其影響也必然擴大。

卜玦辭之類的籤譜，一般是二十七首，但不知何故，《天后元君靈籤》只有 23 首，少了 4 首。與仙游度尾龍井宮天上聖母靈籤相比，在籤詩之後增加了斷語，如：

---

[8]　劉福鑄輯纂：《媽祖文獻史料彙刊》第三輯《經籤卷·籤詩編》，海風出版社，2011 年 9月，第 511 頁。

第一杯　勝勝勝

千里遇知音，求財自稱心。

占龍待甘雨，失物眼前尋。

上上大吉

第二十三杯　陰陽勝

颶母未成急，驚危在眼前。

憂心非安妥，始終不安然。

大而不利

值得注意的是，《天后元君靈籤》中有九首籤詩與仙游龍井宮《天上聖母靈籤》相同，說明二者存在著某種聯繫。另外，汕頭放雞山天后廟杯籤 27 首的籤詩，絕大多數與《天后元君靈籤》相同，只不過排列的順序不同而已，進一步說明《天后元君靈籤》在當時是有一定影響的。[9]

（5）《天后靈珓注解》27 首

此籤譜藏於福建長汀汀州天后宮，2005 年由汀州天后宮理事會顧問毛述先「依照民俗史記，查閱多處寺廟珓（籤）文，進行校對修訂，依理編排，以古人典故爲題，作出『珓占』的吉凶之注解，專供汀州天后宮信士體會『卜珓』心靈感應之效，得以求福保安。」汀州天后宮的《天后靈珓注解》何時出現，不得而知，鄉老說從古代傳下來。該籤譜包含珓序、珓象、珓兆、珓題、珓詩、典故事例、求卜事項、備註等，以第一珓爲例：

珓序	1	珓象	陽陽陽	珓兆	下
珓題	呂布授計誅殺董卓				
珓詩	有勇無謀妄爲人，認賊作父害自身， 殘暴定會遭報應，兩敗俱傷無前程。				
典故	（東漢）董卓殘忍暴戾，獨斷獨行，殺人不眨眼，在長安自稱太師，搜刮民財，強取豪奪，尋歡作樂，民怨官恨。呂布武藝高強，有勇無謀，原是				

9　詳見劉福鑄輯纂：《媽祖文獻史料彙刊》第三輯《經籤卷‧籤詩編》，海風出版社，2011 年 9 月，第 502-512 頁、526-530 頁。

事例	並州刺史丁原部下，董卓用大量財物收買呂布，呂布殺死丁原投靠董卓，董卓認呂布爲義子，作隨身保鏢。司徒王允決心除掉董卓，利用呂布說話頂撞董卓，被董卓戟傷和呂布在鳳儀亭調戲董卓愛妾貂蟬，兩人結怨的機會，將打算殺掉董卓之事授計呂布。漢獻帝在未央宮召見大臣時，呂布心腹勇士戟刺董卓，將董卓刺死。但不久，董卓的部將李催、郭汜打進長安，殺死王允，趕跑呂布。			
求卜事項	根基	淺	婚姻	不合
	風水	平	孕育	驚
	家宅	不安	行人	至
	人緣	爭鬥	疾病	求醫
	功名	煩	失物	無
	錢財	守待	訴訟	宜和解
	交易	難	出外	不順
備註	不忠不孝之象，凡事尊規守矩也。			

　　顯然，此籤譜的「典故事例」是毛述先先生根據《三國演義》的故事情節增加進去的，目的不外是使籤詩更具有趣味性，也給解籤者提供素材。在提供給善男信女的籤條時，往往把「典故事例」的內容去掉，使籤條更加簡約。筆者 2012 年收集到的汀州天后宮的另外一套籤譜，也是二十七首，但籤詩的內容與《天后靈玟注解》完全不同，第一籤是：

天后宮

聖陽陰（孫臏刖足）

神靈鬼叫有誰知，七七災厄定下期。

不信先生囑咐語，含冤刖足痛傷悲。

下答：功名無　求財輕　六甲凶

風水無　病久纏　失物在

諸事不利　祈賴神佑可也

3、《天后聖母籤》100 首

　　原刻本稱《天后聖母百枝籤》，藏于福建莆田城內文峰天后宮，爲木刻版印製，每頁兩首籤詩，籤詩上方爲「天后聖母」字樣，下方右側爲籤序和「丙午年桃月」字樣、中間爲七言四句籤詩、左下方有「三韓弟子郭文鵬敬刊」字樣。關於該籤譜刊刻時間，劉福鑄先生認爲「丙午歲」必爲清代丙午年，而「丙午」歲在清代分別是乾隆五十一年（1786年）、道光二十六年（1846年）和光緒三十二年（1906年），劉福鑄先生認爲：「『天后聖母』之稱始於乾隆、嘉慶年間，至道光、咸豐年間，民間則習慣稱媽祖爲『天上聖母』。因此，本籤譜刻於乾隆五十一年（1786）的可能性大一些。另外，衡之刻本中使用有大量民間使用的簡體字，其中同音替代的民間簡體字明顯源於閩語，如『圭犬』實即『雞犬』的方言同音字，由此可證籤譜應刻於閩地，可能就是刻於莆仙當地。」[10]筆者基本同意上述觀點。

　　該籤譜共 100 首，第一首：「曉日瞳瞳萬象融，河清海晏慶年豐，生逢盛世真歡樂，好把心田答化工。」末首：「此籤一百最難逢，氣象巍巍實不同。識得謙沖持滿意，萬人頭上趁英雄。」此籤譜雖然流傳不廣，但值得注意的是一些古老的媽祖廟，如泉州天后宮、泉州法石美山天妃宮、台南大天后官、安平天后宮、朝興宮、溫陵廟、朝南宮、彰化鹿港天后宮、澎湖馬公天后宮、臺北關渡宮等仍然使用此籤譜。當然，此籤譜在流傳的過程中，不但有了不同稱呼，如泉州天后宮稱之《泉州天后宮靈籤》，臺灣鹿港天后宮稱之《湄洲天上聖母聖籤》或《鹿港湄洲天上聖母籤詩》、《天后聖母籤》等，澎湖天后宮稱之爲《澎湖媽祖靈籤》等，而且在籤解的專案和內容方面也因地域社會文化生活的差異方面而相應地發生一些變化，茲以泉州天后宮、鹿港天后宮、澎湖馬公天后宮的第一籤爲例，比較如下：

宮廟名	籤詩	占解（釋解）	詩解

---

[10]　劉福鑄輯纂：《媽祖文獻史料彙刊》第三輯《經籤卷·籤詩編》，海風出版社，2011 年 9 月，第 146 頁。

稱			
泉州天后宮	曉日瞳瞳萬象融， 河清海晏慶年豐， 生逢盛世真歡樂， 好把心田答化工。	功名：器宇清高，事事稱心； 生意：財源利路，萬事如意； 六甲：麟兒延降，裕後光明； 疾病：災患已除，福履綏之； 婚姻：夫妻偕老，福壽雙全； 出行：只在四方，無處不利； 丁口：家庭和樂，人口安寧； 求財：利路亨通，黃金滿瀛； 時運：貴人扶持，黃金滿貫。	
鹿港天后宮	曉日瞳瞳萬象融， 河清海晏慶年豐， 生逢盛世真歡樂， 好把心田答化工。	功名：水到渠成，扶搖直上； 行人：相逢知己，近在目前； 婚姻：天定良緣，夫榮子貴； 官司：貴人扶持，有理者勝； 丁口：喜信頻來，闔家吉慶； 生意：動作有利，一本萬利； 疾病：枯木逢春，欣欣向榮； 出行：順風揚帆，利有攸往； 失物：重尋有獲，只在東南； 田畜：田園多利，生息繁榮。	是大吉之靈籤。晨曦化成旭日東昇，汝之盛年已來到，亦即使河清海晏之時。凡事稱心如意，不必煩惱之運勢，甚至有不勞而成者。惟如有得到貴人來扶持時，更能加速效率無疑。君亦可趁此東風，前往蓬萊仙島，享有天倫之樂者。彼時已屆，可拭目以待，爾自有歡樂之盛世矣。
澎湖馬公天后宮	曉日瞳瞳萬象融， 河清海晏慶年豐， 生逢盛世真歡樂， 好把心田答化工。	功名：器宇清高，事事稱心； 六甲：麟兒延降，裕後光明； 婚姻：夫妻偕老，福壽雙全； 丁口：家庭和樂，人口安寧； 時運：貴人扶持，黃金滿貫； 耕作：田禾豐盛，五穀大收； 生意：財源利路，萬事如意； 疾病：災患已除，福履綏之； 出行：只在四方，無處不利； 求財：利路亨通，黃金滿贏； 失物：財帛守座，永無疏失； 官司：貴人扶持，萬事順適。	

　　顯然，《泉州天后宮靈籤》與《澎湖媽祖靈籤》基本相同（《泉州天后宮靈籤》在「占解」部分少了「耕作」、「失物」、「官司」項），二者

有著密切的淵源關係。鹿港《天后聖母籤》除了「占解」外，還有「詩解」，顯然是當代人增添上去的，反映了其保存傳統的同時，具有與時俱進的特點。

三、初步結論

民間信仰具有很強的包容性和實用功利性，對於任何有利於自身發展的宗教形式，都會毫不遲疑地大膽引入，爲己所用。早在宋代，民間信仰就引入籤占，以迎合善男信女的占卜需求。雖然一些民間信仰的宮廟也組織人員編寫本宮廟的籤譜，但更多的宮廟是借用其他宮廟乃至其他宗教的籤譜，因此，出現了同一個主神的宮廟使用的籤譜不盡相同，哪種籤譜受到善男信女的歡迎，就使用那一種，不受任何限制的奇特現象。有的宮廟甚至不惜放棄固有的籤譜，轉而使用其他的更受信眾歡迎的籤譜，其包容性和實用功利性的特點顯露無疑，媽祖籤占的歷史也印證了這一點。宋代之後，民間信仰成爲籤占活動的主力軍，有力地促進了籤占的發展，而籤占也給民間信仰注入了新的活力，反過來也推動了民間信仰的發展，二者的關係是相輔相成的。

籤占是媽祖信俗的重要組成部分，明清以來，幾乎所有的媽祖廟都備有籤譜，供善男信女占取，因此，媽祖的籤譜也呈現出多樣性的特點。至於某座媽祖廟選擇使用哪種籤譜，似乎帶有很大的隨意性，而實際上是與該媽祖廟所在地的社會歷史文化和生產生活密切相關，有其內在的關聯性。如湄洲媽祖廟等諸多媽祖廟最終選擇了觀音的《六十甲子靈籤》，除了《六十甲子靈籤》通俗易懂、具體兆象的項目多、上中籤比例較高等籤譜的本身優點外，還與該籤譜的內容具有大眾化的特點，能最大程度滿足前來頂禮膜拜的多數信眾訴求有密切關係。又如，泉州天后宮、泉州法石美山天妃宮、台南大天后官、安平天后宮、朝興宮、溫陵廟、朝南宮、彰化鹿港天后宮、澎湖馬公天后宮、臺北關渡宮等古老的媽祖廟選用《天后聖母籤》100首的籤譜，則與這些媽祖廟所在地多爲港口碼頭，航海業、商業比較發達有關，因爲該籤譜中涉及航海、商

業的籤詩所占比例較高（如《天后聖母籤譜》100 首籤詩中，只有四首
與航海經商直接相關。而《天后聖母籤》100 首籤詩中，有二十餘首與
航海經商相關），能更好地滿足航海者、商人等信眾的占卜訴求。

　　總之，籤譜是歷史的產物，包含著豐富的文化內涵和先民的智慧，
是俗文化的重要組成部分。媽祖籤譜的豐富內涵和籤占的傳說故事，既
反映了那個時代媽祖信眾的喜怒哀樂，也體現了所在地區的社會經濟文
化，從一個側面反映媽祖信仰的發展演變，應該予以高度重視。

　　（本文發表於《閩台文化研究》2013 年第 2 期第 43－52 頁）

藥籤與呂祖藥籤初探

一、信仰療法與藥籤

在中國上古社會，巫與醫合為一體，巫師兼有醫師的職能。《山海經·大荒西經》說：大荒山有「巫咸、巫即、巫盼、巫彭、巫姑、巫真、巫禮、巫抵、巫謝、巫羅十巫。」由於他們與神靈相通，所以「從此升降，百藥爰在。」《山海經·海內西經》也說巫彭、巫咸等巫師「皆操不死之藥」。由於上古社會醫學水準低下，巫術盛行，許多疾病無法醫治，更無法解釋其病因，誤以為疾病乃神差鬼使的結果，只好求助巫術。而巫覡一方面以各種巫術來驅趕病魔，另一方面利用所掌握簡單的醫療知識給人治病，從而使原始的醫療活動披上了一層神秘的外衣，造成巫與醫合而為一的局面。「醫」字又寫成「毉」，形象反映了上古社會醫與巫的密切關係。西周以後，醫與巫開始分離，出現了專門的醫生，在治病救人方面逐漸取代巫覡佔據主導地位。但巫覡從來沒有放棄為人治病的職能，逐漸形成了抬神尋藥、扶乩問藥、跳童覓藥、落地府、脫身、補運、貢王、乞符咒香灰等等形式多樣的信仰療法，在古代社會中頗具影響。隨著醫學的發達，信仰療法在民間的影響雖然逐漸縮小，但至今並未退出歷史舞臺。

藥籤屬於信仰療法中的一種，其形式與靈籤相類似，即假託神意編成若干藥方，把藥方逐一編號，再把編號分別抄在竹籤上（或把藥方直接寫在竹籤上），放置於宮廟的籤筒中，供善男信女占取。占取藥籤的方法與占取靈籤也相同，即由患者或患者的親人前往宮廟，虔誠地燒香禮拜和禱告一番後，捧起放置藥籤的籤筒，不停地搖動，直至從籤筒中掉出一枝。再通過卜筊確認從籤筒中掉出的竹籤即是神明所賜後，持竹籤到廟祝處索取藥方，根據藥方買藥給病人治病。

現存最早的藥籤是從中國傳入日本的《呂洞賓真人神方占》，此藥籤在安永八年被譯成日文流傳於日本民間寺廟中。安永八年是中國清代

乾隆四十四年，顯然，作為信仰療法的重要組成部分的藥籤在中國的出現時間要早於乾隆四十四年，但是最早出現在何時，難以考證。不過我們注意到，《正統道藏》收入八種靈籤，但沒有藥籤，據此，作出這樣的推測也許是合理的：即明代正統年間之前，藥籤這種信仰療法的形式要麼還沒有出現，要麼已經出現但影響不大，所以才沒有引起《正統道藏》編纂者的注意。

流傳於民間的藥籤或貫以某神明的名字，如呂祖藥籤、黃大仙藥籤、關帝藥籤、觀音藥籤、城隍藥籤、藥師佛藥籤等等，或貫以名醫名字，如華陀藥籤、保生大帝藥籤等等，或貫以宮廟名字，如天仙娘娘廟藥籤，南竹寺藥籤、西龍寺藥籤、碧雲寺藥籤、三平寺藥籤、帝君廟藥籤、碧陽宮藥籤、朝天宮藥籤等等。大多數藥籤直稱「仙方」或「神方」、「靈方」如呂祖仙方、博濟仙方、呂祖神方、觀音靈方，披上一層神聖的外衣。有的藥籤分「男科」、「女科」、「外科」、「目科」、「幼科」等不同科目，善男信女可根據性別或所患的疾病有針對性地占取。有的籤詩不分科，無論男女老少患何種疾病均可占取。

關於藥籤是如何產生的，民間多假託於神明飛鸞闡化，或名醫生前製作，使藥籤披上一層神聖的外衣，以吸引信徒。如在閩台頗有影響的保生大帝藥籤，保生大帝的信仰者認定是神醫吳真人生前製作的。實際上此藥籤絕對不可能出於吳真人之手，理由有二：一是在清末以前的文獻從來沒有記載藥籤乃吳真人所創，在吳真人去世後相當長的時間內，慈濟宮沒有安放藥籤的記載，南宋時的百姓到慈濟宮祈禱時，是喝所謂「聖泉」來治病的。二是流傳於民間的《保生大帝藥籤》中，有不少藥方是吳真人去世後二百多年後才出現的[1]。實際上，在藥籤的製作過程中，隱名埋姓的道士、江湖郎中和一些文人起著重要作用。直到 1945 年之後，仍有人在製作藥籤，洪調水《冰如隨筆集（四）》寫道：

> 光復以後，適余閱讀陳修園醫書，偶於《易氏醫案》篇中，發現「越鞠湯加減法」最符合藥籤神方，十年來臨床診治，試之亦見

---

[1]　參見林國平、彭文宇《福建民間信仰》，福建人民出版社，1993 年 12 月。

偉效。……乾隆乙酉年，西曆一七六五年，易氏已發表醫案十八則，曆然可考，折而言之，解毒不用犀羚，疏風瀉火，無過攻伐，而補益強心，燥熱不用。甚特色，以益氣而不助火，降火而無苦寒傷胃之弊。諸如解鬱止緊，清心利竅之品，雖島產生草，亦收備戴，配為百二十籤方，應蟻民祈乞[2]。

據說，保生大帝濟世仙方是一九五一年由林六善、杜爾瞻、李炳南等人據廟祝口述加工整理而成的。

見於各種文獻記載和中外學者及筆者從民間搜集到的藥籤共有四十四種，實際數量要遠遠多於此。

藥籤常見的形式有三種：

一、把藥名和用量嵌入詩中。浙江省慶元縣凌峰寺《南無消災延壽藥師佛藥籤》就屬於這個類型，如第十三首：

黨參和白術，茯苓連甘草，
再加幾粒棗，不必服它藥。

又如第一百首：

圓眼肉一兩，熟地十克半，
再加白茯苓，三味常常服。

將中藥名稱巧妙組合成藥名詩，至遲出現於六朝[3]，如梁簡文帝有藥名詩：「獨映合歡被，帷飄蘇合香，石墨聯書賦，鉛華試作妝。」等句[4]。必須指出，藥名詩是一種文字遊戲，而藥籤詩是一種信仰療法，

2　洪調水《冰如隨筆集（四）》，文載《南瀛文獻》第七卷，1961年12月

3　宋王懋說：「《西清詩話》云：藥名詩起自陳亞，非也。東漢已有離合體，至唐始著藥名之號，如張籍答鄱陽客詩云：『江臯歲暮相逢地，黃葉霜前半夏枝。子夜吟詩向松桂，心中萬里豈君知』是也。僕謂此說亦未深考，不知此體已著於六朝，非起於唐也。當時如王融、梁簡文帝、庚肩吾、沈約、竟陵王皆有，至唐而是體盛行，如盧受采權、張皮陸之徒多有之。吳曾《漫錄》謂藥名詩庚肩吾、沈約亦各有一者，非始於唐也。本朝如錢穆父、黃山谷之筆，亦多此作。」引自《野客叢書》卷十七，江蘇廣陵刻印社《筆記小說大觀》第九冊一九八三年四月，第八十頁。

4　轉引自清陸敬安《冷廬雜識》卷八《筆記小說大觀》第二十三冊，江蘇廣陵古籍刻印社出版，一九八四年三月，第三五九頁。

二者性質完全不同，但藥名詩在形式上與後世藥籤詩有著淵源關係，把藥名和用量嵌入詩中的藥籤很可能是最早出現的藥籤形式。

二、詩歌與藥方合而為一。以香港《黃大仙良方》「男科」為例，如第五十七首：

> 名醫歷盡不能療，事到無何轉意求，
> 幸得良辰今日遇，靈丹服下自消愁。
> 人中白　五分沖，知母　貳錢，生黨　錢半，糯根　四錢先煎，
> 杷葉　柒分，雲苓　錢半，煎飲。

又如第一百首：

> 莫謂數丹盡，心中反作憂，
> 良方一服下，病亦可全療。
> 生地　貳錢，生黨　錢半，
> 生軍　五分，生薑　壹斤，生蔥　壹條。

在這一類型的藥籤中，少數藥籤只有藥方而無詩歌，個別有詩歌而無藥方，還有的把藥名和用量嵌入詩中。仍以如黃大仙良方「男科」為例，只有藥方而無詩歌的，如第五十八首：

> 山甲　錢半，花粉　錢半，黃芩　貳錢，土銀花　貳錢，
> 連喬　錢半，枝子　貳錢，煎服，服者自知。

有詩歌而無藥方的，如第五十首：

> 粗言時亂說，神佛作兒嬉，
> 勸爾守心口，回家過自思。無方。

把藥名和用量嵌入詩中的，如第四十一首：

> 遠年端午艾，去歲午時茶，
> 午刻井花水，煎時日午斜。

三、有藥方而無籤詩。以台南興濟宮保生大帝藥籤小兒科為例，如

第三首：

　　當歸　沉香　木香　肉桂　川芎　各五分，丁香　二分，
　　共研末，薑湯調一錢服。

又如第五十首：

　　荊芥　八分，防風　七分，升麻　六分，牛旁　五分，
　　元參　五分，甘草　三分，水六分煎三分。

二、呂祖藥籤流傳

　　在現存數十種藥籤中，呂祖藥籤流傳於瀋陽、香港、福建、臺灣及日本等地，影響較大。實際上，呂祖藥籤的傳播範圍遠不止這些地區，如《清嘉錄》卷四記載，蘇州福濟觀，又名神仙廟，建於淳熙年間，中供呂洞賓，香案前安放男科、婦科、幼科、眼科、外科等五個籤筒，供人占取。來廟求籤問病者集雲集。舊時只要花七個銅鈿，買一副香燭，祭過呂祖之後，就可以占取。另據清末福建侯官人鐘大榮說；北京琉璃廠有座呂祖宮，宮內也安放有男科、婦科、幼科、眼科、外科等籤筒，供人占取。據說，琉璃廠呂祖宮的藥籤十分靈驗，「有禱輒應，入都者莫不知之。」[5]

　　在諸多的呂祖藥籤中，最具特色的是流傳於日本的《呂洞賓真人神方占》，和名揚中外的香港《呂祖仙方》，以及在福建頗有影響的《孚佑帝君藥籤》，分別簡介如下：

1、《呂洞賓真人神方占》

　　前面已經提到，《呂洞賓真人神方占》是目前所能見到的最早的藥籤，至遲於清代乾隆四十四年傳入日本。《呂洞賓真人神方占》不分科，共一百方。藥籤多是五言五句詩，也有四言四句詩等形式，將藥方嵌入

---

[5] 《孚佑帝君藥籤原序》，詳見【附錄一】

詩中。傳入日本後，除籤詩被注上片假名外，還增加注解。注解分兩部分，一部分對籤詩作簡要解釋，另一部分對籤詩中提到的藥物的名稱和性能作必要解釋。

2、《呂祖仙方》

《呂祖仙方》分男科、婦科、幼科、外科、眼科等五科，除眼科為五十三首外，其餘的均是一百首。藥籤由籤詩和藥方組成，籤詩也多是五言四句，也有四言四句。《呂祖仙方》最大的特色是對病因的描述，粗略統計，《呂祖仙方》中提到的病因超過百種，對於瞭解當時常見的疾病有一定的價值。

3、《孚佑帝君藥籤》

《孚佑帝君藥籤》分男科、婦科、幼科、外科、眼科等五科，均是一百首。藥籤的基本形式與上述《呂祖仙方》相同，由籤詩和藥方組成，籤詩也多是五言四句，也有四言四句，但籤詩的內容和具體藥方與《呂祖仙方》不同。由於藥籤流傳於民間，文獻記載極少，各種藥籤的來龍去脈知之甚少，而《孚佑帝君藥籤》卻來龍去脈清晰，為其最大特色。現存於福州烏山的《孚佑帝君》分成五本，封面為《圓通文尼真佛呂祖仙師科藥籤》，並有「戊辰年四月抄」字樣。實際上，此藥籤不是手抄，而是木刻本，女科藥籤後有一張原有的封面，據此可以斷定，《孚佑帝君藥籤》是原名，光緒乙未年版。男科藥籤後還附錄二篇序言和一篇跋，從《孚佑帝君藥籤原序》（見附錄一）可知，此藥籤原屬北京琉璃廠呂祖宮所有，清末，閩中舉人張維藩赴京考，因病求藥籤於呂祖宮，病癒後，為了報答活命之恩，經呂祖宮道士同意，張維藩將整藥籤帶回福州刊刻，廣為傳播。光緒戊寅年，侯官鐘大榮又重新刊刻於南京。光緒乙未年，侯官龔葆中等人經過不少周折再次刊刻於天津（見附錄二）。

藥籤的藥方是否符合藥理，其治療效果如何？筆者曾將藥籤的藥方請教過老中醫，被老中醫認定為基本符合藥理。筆者在田野調查時，被

調查者均異口同聲說藥籤十分靈驗。有關文獻也有記載，如近代著名的翻譯家林紓在《畏廬瑣記》中寫道：「余少時季父靜庵先生病臥，久不起，祖母陳太孺人命予禱於（醫官）大王之祠，得藥籤，按籤取藥服之，一劑立愈。」由於筆者對中醫學知之甚少，所以對此問題不敢妄加評論。

在呂祖藥籤中，還有一部分帶有強烈咒術色彩。《呂洞賓真人神方占》有七首，如第七十三首：

> 灶馬一尊，灶前拜懇，
> 如是三次，病患安寧。

《呂祖仙方》男科有四首，如第四十四首：

> 北方取柳木，南方取蘇木，
> 西方取桃木，東方取桑木，各貳錢煎服。

婦科有三首，如第七十首：

> 東方取青竹，床頭插一枝，
> 現任官員印，合佩鬼魔離。

幼科有十五首，有的還畫有符如第四十二首：

> 科場蠟燭，臨睡照之，
> 午前子後，法最相宜。

三、呂祖藥籤中教化籤詩

特別值得注意的是，藥籤並不完全是爲了治病而設的，它還包含倫理道德教化的社會功能。龔葆中在《孚佑帝君藥籤書後》（見附錄三）寫道：

> 方而曰仙，用藥自不拘於成格，不尚乎重劑，不貴乎珍品，不求其多味，降方濟世愈人之病者末也，寓勸懲警人心者本也。

呂祖藥籤中也有不少無藥方而宣揚教化的籤詩，宣揚的內容主要有

以下幾方面：

一、宣揚虔誠禮拜神佛，《呂洞賓真人神方占》第六首、第十五首、第十七首、第三十三首、第五十八首，《呂祖仙方》男科第四首、第二十一首、第八十首、第八十四首、婦科第十七首、第三十一首、第八十九首、外科第二十六首、第五十首、第六十七首、眼科第七首、第二十二首，《孚佑帝君藥籤》男科第二十五首均屬此類型。如《呂洞賓真人神方占》第六首：

> 便便笑語喧，來意心不虔，
> 爾已先獲罪，何必叩神前。

《呂祖仙方》第五十首：

> 心雜意不誠，求叩亦何靈，
> 回心省舊過，甚病或減輕。
> 誠潔再求。

《孚佑帝君藥籤》第二十五首：

> 一心無誠，豈可降靈，
> 爾心須爽，我便言明。
> 無藥再求再禱。

二、宣揚修省悔過，從善積德，《呂祖仙方》男科第六首、第二十二首、第三十五首、婦科第八首、第三十九首、第七十九首、第八十五首、第八十八首、眼科第四首、第五十二首、外科第八十一首、第一百首，如《呂祖仙方》眼科第四首：

> 目視好邪，心多不正，
> 急淨心田，求方乃應。
> 下朝再求。

男科第五首：

> 藥不用服，神不用求，

　　放下噁心，方可無憂。

　　婦科第八十五首：

　　病多反復，未遇良醫，
　　改惡從善，乃有生機。

　　三、宣揚忠孝，《孚佑帝君藥籤》男科第五十九首、第七十八首即屬此類型。如第五十九首：

　　日照寒潭萬點新，蒼天保爾又回春，
　　從今須有謀忠戒，休存渺渺暗欺人。

　　四、宣揚戒酒色、戒殺生，《呂祖仙方》男科第一首、外科第二十七首、第七十四首、幼科第三十五首，《孚佑帝君藥籤》男科第三首、外科第五首均屬此類型。如《呂祖仙方》男科第一首：

　　勿藥有喜，福壽綿長，
　　戒殺放生，自然安樂。

　　《孚佑帝君藥籤》男科第五首：

　　爾不修身欲問神，白雲黃芽不宜人，
　　須當戒去酒與色，朝朝可自保心身。

　　五、宣揚聽天由命，《呂祖仙方》第六十八首：

　　運限阻滯，多誦經文。暫停服藥，且待緣因。

　　有的藥籤雖然也附有藥方，但籤詩所宣傳的內容也屬於社會教化的範疇，以《呂祖仙方》為例：男科第七十一首宣揚的的是孝弟忠良必有神明保佑，詩曰：

　　一點虔誠，危中有救，
　　孝弟忠良，吉神護佑。

　　婦科第二十六首宣揚安於命運，詩曰：

　　夫榮子貴前生定，命運孤成怨什麼？
　　須當安分勤修省，事到如今沒奈何。

幼科第五十一首宣揚的是因果報應，詩曰：

　　前世因緣今世逢，後果前根本不空。
　　留餘後澤兒孫守，疾病災魔一掃風。

外科第八十八首宣揚禮拜神佛，詩曰：

　　平日不拜佛，臨危抱佛腳。
　　今知亦未遲，苦口是良藥。

眼科第四十一首宣揚修省悔過，詩曰：

　　內障實堪憂，良方何處求？
　　靜心勤悔過，功德可重修。

　　類似的例子很多，在研究藥籤時不能忽視其社會教化功能。這一點也反映了中國古代重視倫理道德教化的文化傳統滲透到社會的各個角落，潛移默化地影響著一代又一代人。

　　據有關文獻記載，呂洞賓成仙前是個文人，與醫藥並沒有什麼瓜葛，而後世百姓為什麼要把藥籤與呂祖聯繫在一起呢？道理很簡單，在百姓看來，神仙是無所不能的，至於治病救人更不在話下。所以，宋代以後，有關呂洞賓以種種化身為人治病的故事，在民間廣為流傳，僅《純陽帝君神化妙通記》就有「救滕中病第三十八化」、「賜藥黃覺第四十六化」、「賜藥馬氏第四十九化」、「救趙監院第六十二化」、「度曹三香第八十七化」、「藥救傳道人第八十九化」、「救劉氏病第九十三化」等傳說。《呂祖全書》記載的呂祖以種種化身為人治病的故事更多。藥籤打上在百姓中有較大影響的呂祖的印記，顯然有利於吸引善男信女占取，保證宮廟香火旺盛。

【附錄一】

孚佑帝君藥籤原序

都中琉璃廠呂祖宮藥籤，有禱輒應，入都者莫不知之。閩中張維藩孝廉以公車臥病，禱而愈，貧無以答神貺，願錄是籤以廣其傳。道士索值二百金，無以應。道士曰：「能於連卜十聖筊，當付汝，不汝靳也。」張齋戒哭禱而卜焉，已連得九聖筊。道士急止之，取籤付張。張存至閩，同人梓焉。今年春，大榮在寧咯血，服藥籤，不數劑而愈。因本張君之志，梓以廣其傳云。

光緒戊寅侯官鐘大榮盥手敬志

【附錄二】

孚佑帝君藥籤序

孚佑帝君藥籤最著靈應，曩張孝廉維藩本京都琉璃廠呂祖宮原刻，梓傳於閩。光緒壬午仲夏，胞弟拭中在浙寧閩捐厘局差次，得鐘太守大榮重梓於寧之本，郵寄上津，葆中隨商於住持劉信麒在元真觀孚佑帝君神座前，敬制各籤，以便閭閻求禱。奈未及製備，劉信麒適身故，其本張加清攜之他去。

迨甲午秋間，葆中心忽動悔當時之未制辦，致弗克早廣其傳，當訪查張家清所在。卻幸即遇其來津，向之索。對曰：「吾儕小人，貧無以糊口，遂虔誠自矢，遇有患日疾者，代焚香問告，照原方為治，悉輒應手不改。索人酬貲而亦未嘗缺食，蓋十年如一日焉。抄錄重刻所弗敢靳，乞原本仍見給勿遺。」葆中諾之。爰取於懷，見篇幅宛然如新，無少殘缺擦損處。於是，商諸同志僉曰：「完璧重歸，非神靈呵護不及此。私善舉於一人，不如公善舉於闔鎮。」遂共捐貲壹拾肆金以供剞劂氏之需，不數者葆中湊足之。惟是地處偏隅，繕寫不易得法家，刊刻亦難求良匠。不得已從權就原本翻刻，冀無改本來面目。幾於張家清一片虔誠，則殊呼負負矣。

工竣，因紀始末以為序，並列芳名於後：

職員桂作楨、黃士俊，貢生祝保康，監生胡春寅、祝昌俊，

武生劉長炳，軍功王本貴，文童尹釗卿、黃士浩、劉邦吉、黃緒茂、鄭得善、吳著書、吳作雲、住持揚祥林。

　　　　光緒乙未仲春侯官龔葆中盥手敬志於古商山官廨

【附錄三】

孚佑帝君藥籤書後

　　方而曰仙，用藥自不拘於成格，不尚乎重劑，不貴乎珍品，不求其多味，降方濟世愈人之病者末也，寓勸懲警人心者本也。自世人不察，所以疑信參半。疑者固非，信者亦未當也。疑者或譏其舍昭而求冥，背陽而入陰；或謗其沉溺不返，耽誤要病；或議以藥劑等分，如一二三等字刷印模糊，稍缺一筆，貽誤匪淺；或言制有藥籤求禱者，眾入廟燒香，男女混雜，有害民風。而不知皆非也，語不正乎！

　　困厄則呼天，疾病則呼父母。呼天必疾病，窮困之秋，其力弗克延醫，不能購藥於時，不求於冥冥，又何求耶？又誰為之拯耶？果有良醫，為力足以延之，藥貲雖貴，亦在所弗恤，人豈甘心舍昭昭而入冥冥耶？僻壤無醫無藥，與繁區之有醫與無醫同，且有醫不如無醫，倘亦譏其背陽耶？小疾本不應勞神，所患果系窮困之症，誠求無不立應。若積病反復，纏延已久，既虔誠矣，又賴持之以堅，不堅則今日禱於神明，明日仰於今，如是者屢，所謂耽誤者，神豈執其咎歟？神不治之症，而謂醫有仁術可收旦夕之功，豈其然乎？藥劑等分壹貳三等字，本不應刊刻從省，父（夫）日久刷印模糊其板，不得因此而逮輕視仙方也。婦女入廟行香，例禁甚嚴，為官紳莫脫之責任間或有之，必官紳皆弛其禁，官固耳目有所未周。凡廟皆有首士，首士即地方之紳也，如遇婦女之疾，首士悉令其父其夫其子代求，嚴禁住持不許婦女入廟。風俗且賴神道歸之於正，又何至男女混雜耶？故曰疑者非也！世間信神，遇疾輒禱，過焉即忘。更有昏昧者，或酬數日之經，或獻數出之戲，長齋禮佛，脂粉開筵，弦管通宵，優徐（伶）雜座，以致奸盜邪淫，弊端層出，此乃百神之所痛恨，所以速之死者，皆職是之故。孰因有感而應，踵步必謹，如在其上，如在其左右，

始終們（捫）其心，以期太和之氣萃於一身一家耶？故曰：信者亦有未當也。

　　仙方皆足以活人歟？驕縱淫佚，放僻邪侈，有所恃無忌矣，仙方不足以活人歟！鰥寡孤獨，貧寒困苦，誰博施而濟之，神而明之，存乎其人，細繹男科、目科、外科無方無藥各籤文，則知懲勸兼施，無非冀人改過遷善。至婦女有罪，罪在丈夫，與童子何知，知在長者，並得籤文言外之意焉。因序原刻，附陳管見，用以質之當代關心世道者，葆中敬（撰）。

（本文發表於《道韻》第 2 輯，1997 年 10 月第 238－262 頁）

閩台宮廟間的分靈、進香、巡遊
及其文化意義

　　臺灣的民間信仰非常興盛，素有「百米一宮，千米一廟」之說，金碧輝煌的廟宇隨處可見。資料顯示，90%以上的臺灣民眾信奉各種的宗教和不同的神靈。臺灣「內務部」1987 年 1 月的統計資料表明，在全台民間信仰 300 多種中，80%是由大陸（主要是福建）分靈過去的。臺灣的分靈廟在神誕或其他重要慶典期間，經常要前往福建祖廟進香乞火，邀請祖廟神靈赴分廟繞境巡遊，以此獲得來自祖廟神靈的超常「靈力」，進一步增強與祖廟的「血緣」聯繫。閩台寺廟間的分靈、進香、巡遊，成為閩台關係史上的重要內容，本文試就這一問題作初步探討，剖析其深層的文化底蘊，以期對中華民族的文化體認有所裨益。

一、分靈

　　閩台寺廟間的分靈主要包括「分身」、「分香」和「漂流」三種形式：閩人移民在從故鄉登船下海前，往往先到當地的神廟膜拜，繼而恭請一尊故鄉的神像上船，入台後，建廟供俸，此即「分身」；也有的移民只奉請故鄉神廟的香火袋或神符上船。抵台後加以禮拜，俗稱「分香」。另外，舊時福建宮廟流行「放瘟船」驅邪的習俗，有的瘟船會隨風漂流到臺灣沿岸，當臺灣民眾在水邊拾到自海峽西岸漂來的神像時，即誠惶誠恐地為其立廟，並加以頂禮膜拜，此即閩台寺廟分靈的「漂流」形式。

　　福建民間神靈向臺灣「分身」和「分香」的過程，貫穿於閩人向臺灣移民的始終。在早期移民中，為了戰勝臺灣海峽的巨大風浪及人台後面臨的險惡環境，閩人將家鄉的媽祖、保生大帝、清水祖師等神像或香火袋作為護身符帶人臺灣，建立各神靈在臺灣的開基廟。康熙以後，隨著移民臺灣浪潮的到來，閩人或從福建祖廟恭請神像、香灰，或直接從先前傳人臺灣的開基寺廟分靈，帶至他們新墾闢的土地奉祀。在開發臺灣過程中，福建諸神信仰沿著閩人移民的足跡，傳佈了整個臺灣。如臺

灣宜蘭縣礁溪奉祀關聖帝君的協天廟，是臺灣北部最大的關帝廟。協天廟分靈自福建銅山關帝廟，它的建立集中體現了閩人移民與寺廟分靈的密切聯繫。清嘉慶 9 年（1804），福建漳州平和縣人林應獅等人在渡台前，親赴銅山關帝廟奉迎關聖帝君神像分身，乘船經廈門過海，沿途順風直航，於臺灣北部登陸。林應獅率眾越草嶺人蘭陽平原，途經礁溪時，以此地背依五峰山，爲黃峰之靈穴，遂決定卜居於此。當時礁溪地方地僻人稀，移民常遭土著居民的騷擾與殘害，特別是移民水土不服，導致瘟疫猖撅，嚴重威脅著他們的正常生存。爲了克服當地的險惡環境，林應獅等人於同年建廟供奉關聖帝君，供移民們膜拜。自廟建後，礁溪全境移民安居樂業，開墾土地日見繁榮。由於協天廟背山面水，後倚秀麗的五峰旗，下臨浩瀚的太平洋，香火日漸鼎盛，香客遍及臺灣北部的新竹、桃園、臺北各縣。此後，協天廟作爲關帝在臺灣北部的開基廟，開始向其他地方分靈，「各地並且紛紛來本廟分靈，設堂置壇，以報聖恩」。[1]

在福建寺廟向臺灣的分靈過程中，逐漸形成了福建祖廟、臺灣開基廟、臺灣分靈廟的三層關係網絡，它們之間有著類似於血統上的密切承襲關係。以下以玄天上帝、開漳聖王、媽祖三位神靈爲例，列表說明三者間的「血緣」承襲：[2]

---

[1] 林衡道主編：《臺灣古跡全集》第一集，（台）戶外生活雜誌社，1980 年 5 月版，48 頁。
[2] 本表據臺灣省文獻委員會編：《臺灣省通志》卷二《人民志·宗教篇下》，309-320 頁有關資料製作。

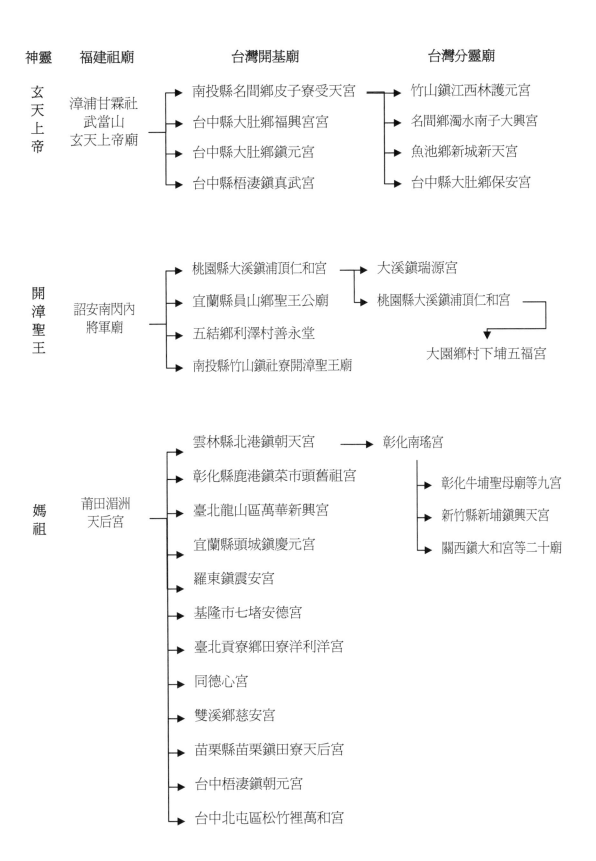

在臺灣，因漂流而建立的分靈廟也爲數不少，其中又以王爺廟數量最多，見於日據臺灣總督府社寺台帳所錄，就有以下 9 個廟宇：[3]

臺北縣萬里鄉重威宮三土爺；臺北縣金山鄉王谷公廟；

新竹縣香山鄉鹽水港靈興宮四王爺；新竹縣香山鄉鹽水港王爺宮；

新竹縣香山鄉鹽水港七夫人媽廟；桃園縣大園鄉貴文宮王爺；

彰化縣鹿港鎮新興李王爺宮；彰化縣鹿港鎮柴市頭永安宮薛王爺；

台中縣清水鎮大糠榔文興宮朱李池王爺；臺北縣萬里鄉重威宮三王爺。

福建諸神信仰以「分身」、「分香」及「漂流」的形式，隨著閩人移民開發臺灣的步伐，走向臺灣各地，擁有著數量眾多的分靈宮廟。據臺灣學者董芳苑等人調查，在臺灣擁有分靈廟數量最多的福建神靈大致如下：[4]

神靈	福建祖廟	在台分廟數量	在台開基廟或影響最大的宮廟
王爺	泉州富美宮等	677	台南鯤鯓王爺廟
媽祖	湄洲媽祖廟	800	北港朝天宮
觀音	晉江安海龍山寺	441	臺北艋舺龍山寺
關帝	泉州通淮關帝廟 東山銅陵關帝廟	193	臺北行天宮 宜蘭協天廟
保生大帝	龍海白礁慈濟宮 同安青礁慈濟宮	140	學甲慈濟宮
清水祖師	安溪清水岩	83	艋舺清水岩

二、進香

---

3 臺灣省文獻委員會編：《臺灣省通志》卷二《人民志·宗教篇下》，310 頁。

4 本表據臺灣學者董芳苑《臺灣民間宗教信仰》，長青文化事業股份有限公司，1970 年 10 月三版等有關資料製作。

　　福建諸神信仰在臺灣的開基廟及各地的分靈廟建立以後,即與福建的祖廟產生「血統」上的承襲關係。為保持和增強這種特殊的聯繫,各分廟每隔一定的時期都得上祖廟乞火,參加祖廟的祭典,以此證明自己是祖廟的「直系後裔」。這種宗教活動俗稱為「進香」。在臺灣歷史上,進香活動相當活躍和普遍,包括兩種情況:一、各分廟至在台開基祖廟進香乞火;二、由在台開基廟發起,聯合較有勢力和影響的分廟參加,組成赴閩進香團,到福建祖廟進香謁祖。此外,也有部分臺灣分靈廟繞開臺灣開基廟,自行組團赴福建祖廟進香。

(一)、日據以前臺灣分靈廟的進香狀況

　　從靖海侯施琅平定臺灣到 1895 年日本佔據臺灣之前,臺灣與祖國大陸緊密聯繫,有關文獻記載著臺灣分廟赴福建祖廟進香的情形。道光《彰化縣誌》曾載鹿港天后宮(舊祖宮)因交通之便,「歲往湄洲進香」[5]。為了維持和標榜「湄洲媽祖」在台開基廟的正統身份,鹿港天后宮特別注重到福建祖廟的進香活動,該宮尚存一隻「乾隆丁未年置」的銅制「嵋洲進香正爐」。大甲鎮瀾宮於乾隆間建廟後,也「定期返回湄洲謁祖。」[6]全台香火最為興旺的北港朝天宮在清代也時有湄洲進香之舉,1995 年刊行的《北港朝天宮志》附有道光己亥年(1839)北港媽媚洲進香香擔圖片,以及光緒六年(1880)湄洲進香的緣金收據。[7]吳瀛濤在《臺灣民俗》一書中還記載了清代北港朝天宮赴閩進香中發生的一件趣事。某年,北港媽循例回湄洲謁祖進香。當時,關於奉駕之船隻,信徒求卦請示媽祖,媽祖不選新船而挑了一隻老船。眾信徒以為神意不可逆,只得遵命,內心都惶恐不安。去程平安無事,回程遇到風暴,隨行的船隻慘遭滅頂,只有媽祖的船安然無事。此因隨行船隻都是新船,行駛較快,以致衝入颱風漩渦。而奉駕媽祖的舊船隻,行駛緩慢,倖免於

5　道光《彰化縣志》卷 5《祀典志》,台灣文獻叢刊第 156 種,154 頁。
6　黃文博:《台灣信仰傳奇》,台原出版社,1989 年 8 月,149 頁。
7　蔡相輝編撰:《北港朝天宮志》,財團法人北港朝天宮董事會印行,1995 年 1 月增刊初版,74 頁。

難。船靠港後,信徒走下奉駕媽祖的船隻,發現有一袋米正好塞住船底的破洞。這一傳說也證明北港朝天宮在清代保持有赴閩進香的傳統[8];新港奉天宮廟建後,也採取不定期赴閩進香。林德政主修的《新港奉天宮志》記錄了清代奉天宮赴閩進香的四次盛舉:「清朝雍正八年(1730),本宮赴大陸湄洲祖廟謁祖並進香,此後,在乾隆四十年(1775)、乾隆四十一年(1776)、嘉慶十七年(1812),本宮都曾組團到湄洲祖廟謁祖並進香。」[9]:

台南學甲慈濟宮是臺灣影響較大的宮廟。該廟興建於順治十八年(1661),翌年3月11日,臺灣各地的香團、神輿、民間藝陣、花燈藝閣,雲集這裡,舉行隆重的祭祀儀式,「然後依序繞境至頭前寮將軍溪畔,舉行上白礁謁祖祭拜儀式,恭送保生大帝晉謁白礁祖廟。」[10]

除少數分廟舉行較大規模的、定期的赴福建祖廟進香活動外,這一時期臺灣分廟到福建祖廟的進香,就總體來說,規模不大,且未形成定規,究其原因,主要有如下兩點:首先,大規模的跨海進香需要有雄厚的物質基礎,而「大約在1860年前後,臺灣從移民社會過渡到定居社會」[11],此前,尚處於「渡台─開發─轉型」的時期。絕大多數福建移民居無定所,經濟並不富裕,尚無力承擔經常性的長途進香所需的物資資助;其次,當時的造船、航海技術還遠遠達不到確保安全的程度,渡海進香充滿危險。客觀現實和理智告誡人們,渡海進香不宜經常進行。於是,更多的臺胞便採取了更為便捷而且安全的到在台開基廟進香的方式。

當時,在台分廟到在台開基祖廟的進香活動盛況空前。位於雲林縣的北港朝天宮,在不斷的發展中成為臺灣香火最盛的媽祖廟,堪稱全台媽祖廟的「總廟」。該天后宮擁有90多座分廟,每到農曆三月二十三日媽祖誕辰,各地分廟組織起龐大的進香隊伍,全副鑾駕,來此謁祖。進

---

[8] 吳瀛濤:《台灣民俗》,(台)眾文圖書公司出版,93頁。

[9] 林德政主修:《新港奉天宮志》,財團法人新港奉天宮董事會印行,1993年6月初版,342頁。

[10] 林衡道主編:《台灣古蹟全集》第三集,(台)戶外生活雜志社,1980年5月版,303頁。

[11] 陳孔立:《清代臺灣移民社會研究》,廈門大學出版社,1990年10月版,12頁。

香途中，再聯合沿途之廟宇，聲勢越加壯大，整個北港鑼鼓喧天，到處彌漫著香火煙霧。世居臺灣的福建晉江人施瓊芳（1815－1865）在《北港進香詞》中描述道：「……一路綠煙吹不斷，南人北去北人南。郡南地暖春衣早，一人城中氣候殊。莫怪濃陰連日釀，雨師風伯正清途。初聞神葷駐琳宮，山積黃降一炬空。不用袛園金佈施，僧囊已飽楮灰中……」[12]。每由於進香花費浩大，許多宮廟不僅動用本宮的公共財產，還呼籲信徒集體捐資，通過經濟實力的膨脹來壯大進香聲勢。如彰化南瑤宮，在一年一度的北港進香中，爲方便籌款，眾信徒立下大媽會合約，「每人出銀一元，存爲公銀……議交一人生放，逐年收利息以爲聖母壽誕之用。」[13]

（二）、日據時期的進香狀況

1895 年，中日馬關條約簽訂，臺灣淪爲日本殖民地。日本當局爲了加強對台的殖民統治，在台推行了「皇民化」運動和「寺廟升天」運動，妄圖以日本神道教和靖國神社來取代臺灣民間宗教信仰，以此來隔斷臺灣與祖國大陸的文化淵源關係。當時，許多民間宮廟被列入棄毀的名單，據《重修臺灣省通志》載，「因此被其廢棄之神像，有福德正神、開漳聖王、關聖帝君、三官大帝、天上聖母、五穀神農大帝、義民爺、玉皇大帝、保生大帝、三山國王、大眾爺、齋教龍華派開祖羅祖師等。其他祖公會，神明會等。泥塗之塑像用斧推破，木雕之神像則一部分送到臺北帝國大學土俗學教室保管，以作研究之資料。」[14]

閩台之間「血濃於水」的骨肉親情關係，是任何力量都無法切斷的。日本當局的殖民同化政策沒有達到預定目標，反而一定程度上激發了臺灣民眾眷念祖國之情思，到祖廟進香謁祖就是其曲折的表現方式之一。

台南學甲慈濟宮自廟建後，「上白礁」進香謁祖的傳統一直保留下來。日據臺灣以後，由於殖民者的百般阻撓，保生大帝信徒無法實現去

---

[12] 蔣維錟：《媽祖文獻資料》，福建人民出版社，1990 年 4 月版，328 頁。

[13] 蔣維錟：《媽祖文獻資料》，福建人民出版社，1990 年 4 月版，290 頁。

[14] 臺灣省文獻委員會編印：《重修臺灣省通志》卷三《住民志宗教篇》第二冊，1007 頁。

福建祖廟進香的願望，只好改在將軍溪畔設案供香，舉行面向大陸遙祝
叩拜的象徵性的「上白礁」儀式。這種新式的「上白礁」祭祀活動，年
年舉行，即使受到日本當局的嚴厲壓制，仍堅持不懈，從不間斷，規模
越來越大。為了寄託祖籍之思，臺灣信徒還在台南慈濟宮前豎立一塊石
碑，上面刻著「我台人士祖籍均系中國移來」。

臺灣民眾「拜媽祖，懷故國」的情思十分濃烈，每逢三月二十三日
媽祖誕辰，臺灣各地的媽祖進香團仍然堅持舉行到在台開基祖廟的進香
活動，仍然抬著媽祖的神像舉行「繞境宏法」的儀式。規模最大的是大
甲鎮瀾宮媽祖至北港朝天宮的進香活動，據說，此活動自清末開始，一
直持續下來，參加者數以萬計。而北港朝天宮的香火也越發鼎盛，據山
本曾太郎 1918 年《朝天宮媽祖雜感》一文的評價，「朝天宮不僅是該廳
管內的大寺廟，也是本島獨一的寺廟……在該廟的進香期（正月一日至
三月二十三日前後）香客絡繹不絕，據記載高達七十萬人。……本廟之
信徒大概算來為一百五十萬人，這一數字的確令人驚訝，竟占全島總人
口的三分之一強，……如此密集的香客昔時被稱為香燭腳，因為習慣上
他們必需徒步。……尤其令人驚訝的是燒金紙，每年隨其煙散霧消的金
額高達十五萬至二十萬元……在擁有信徒數量方面該廟居本島寺廟之
首，且在逐年增加」。[15]

日據時期，雖然面臨著殖民者的重重關卡，但到福建祖廟進香，仍
然是媽祖信徒心目中最大的願望。一些信徒想方設法，繞過了日本當局
的種種限制，組織香團取道香港或日本，到湄洲祖廟進香。據《臺灣日
日新報》記載，日據時期，臺灣媽祖廟到大陸進香至少有 9 次，列表如
下：[16]

臺灣分廟名	進香時間
基隆安慶宮	1911 年

---

[15] 山本曾太郎（1918）著·宋軍譯：《朝天宮媽祖雜感》，《民間宗教》第三輯，273-276 頁。

[16] 本表據王見川、李世偉《關於日據時期臺灣的媽祖信仰》一文中的「日據時期臺灣媽祖廟到
湄洲進（晉）香表」改制，文載《民間宗教》第三輯。

彰化鹿港媽祖廟	1916 年 12 月 18 日
新竹內天后宮	1917 年 7 月 1 日前
雲林西螺廳麥寮拱範宮	1919 年 4 月 4 日
嘉義樸仔腳配天宮	1920 年 2 月 22 日
嘉義溪北六興宮	1920 年 4 月 14 日（舊曆）
新竹天后宮	1921 年 4 月 2 日
臺上市萬春宮	1924 年 4 月 1 日（舊曆）
新竹北門外（金）長和宮	

進香時，臺灣信徒熱切希望能夠請回祖廟媽祖的分身神像，如 1911 年基隆慶安宮進香時請回黑面媽祖，1916 年彰化鹿港媽祖廟進香時請回湄洲正二媽，1924 年台中市萬春宮進香時請回湄洲六媽等。進香時能請回的媽祖神像被視為一大盛事，如基隆慶安宮請回黑面媽祖，其地位僅次於鹿港天后宮的媽祖分身。

（三）、1945 年後的進香盛況

1945 年日本戰敗，臺灣又回到了祖國的懷抱。臺灣民間信仰擺脫了日殖民政府「皇民化運動」與「寺廟升天」運動的陰影，各地寺廟或重建或新建，如雨後春筍般應運而興。如新竹縣香山天后宮在日據期間，聖母神像、香火爐被燒毀，宮裡的大銅鐘也因缺銅而被搶走。光復後，聖母神像、香火爐及大銅鐘都得以及時添置。1949 年國民黨政府退居臺灣後，兩岸之間又出現人為的阻隔。此後至改革開放之前，臺灣民眾一直無法實現到福建祖廟謁祖進香的願望，他們就將思鄉之情溶入到在台開基祖廟進香的活動中。

媽祖信徒到在台開基祖廟的進香活動中，以前往北港進香的兩支隊伍最具特色，「一是來回九天八夜的苗栗縣通霄鎮白沙屯拱天宮，一是來回八天七夜的台中縣大甲鎮瀾宮，她們大概是目前臺灣僅存的兩支長

途徒步的媽祖進香團。」[17]其中,又以大甲鎮瀾宮進香團最具影響力。大甲媽祖南下北港,每年都以蜿蜒數里的香陣,以一種排山倒海之勢,浩浩蕩蕩地縱穿了中部沿海四縣市十五鄉鎮五、六十座寺廟,數萬人跋涉了兩百多公里,日夜奔波,趕往北港進香。並且,在南下與北歸中,大甲媽祖遇莊繞莊、逢廟拜廟,在與沿途分廟的聯誼中,起到了重要的作用。

　　台南學甲慈濟宮舉行的「上白礁」謁祖祭典的規模也愈來愈大。1960年農曆三月初九至十一日,臺灣各地進香團自動聚來126隊民間藝陣及66頂神輿參加進香行列,排成10公里的長龍,繞境遊行3天,共走完96公里。1982年4月4日,參加盛典的竟達10萬人之眾。一廟牽動萬人心,十萬臺胞謁祖庭,可謂為閩台文化的一大奇蹟。

　　1980年代以後,隨著大陸改革開放的深入發展,兩岸間的三通呼聲日益高漲,許多媽祖信徒不顧當局的禁令,通過各種管道前往湄洲祖廟進香,形成了「官不通民通,民通以媽祖為先」的局面。據有關部門的不完全統計,從1983年湄洲祖廟寢殿修復後至1987年11月2日臺灣當局開放民眾赴大陸旅遊探親之前,到湄洲祖廟進香的臺胞有157批,562人,請回神像76尊。臺灣當局開放探親之後,「媽祖熱」立即席捲全島。此時雖有嚴令禁止直航大陸,但在信徒心目中,禁令遠不及媽祖來得神聖。他們以進香為名,公開組團,直航湄洲,最大規模時一次竟達2000人之眾,進香場面盛況空前。在1989年5月5日的宜蘭南方澳南天宮的進香中,200多人的進香團分乘19艘漁船,帶著5尊從湄洲廟「分靈」去的媽祖像,直航湄洲祖廟進香,並請回了38尊小型媽祖神像和2尊大型媽祖神像。據《聯合報》5月11日報導:當進香團歸途經至龜山嶼海面時,「素澳漁港內有60餘隻船前往迎駕,宜蘭縣及從全省各地趕到的成千上萬信徒,則人手一炷香,聚集在碼頭、堤防、高架橋上等候,擠得水泄不通。」船隊進港後,「兩尊大陸大媽祖神像有100多尊分靈的媽祖神像及來自全省各地陣頭前導,在蘇澳鎮和南方

---

[17] 黃文博:《台灣信仰傳奇》,台原出版社,1989年8月版,147頁。

澳漁港進行繞境，信徒人手一炷香隨後，隊伍長達約 3 公里，一時鞭炮
聲和陣頭鑼鼓聲響徹雲霄。沿途民眾也設案敬拜，港區熱鬧非凡。」據
統計，1987 年至 1997 年間來湄洲島觀光的臺胞達 91 萬人次，並迎請
祖廟數千尊媽祖分靈回臺灣供奉。

　　臺灣的保生大帝信徒和清水祖師信徒也不甘落後，他們緊跟著媽祖
信徒進香的步伐，踏上了福建故土。

　　臺灣的學甲慈濟宮、台中元保宮、臺北保安宮和高雄、基隆、屏東
等宮廟以及保生大帝廟宇聯誼會，紛紛組團到白礁祖宮、青礁慈濟宮謁
祖進香。1988 年 4 月 24 日，臺灣屏東縣進香團一行 71 人，手捧從臺
灣帶來的二尊真人雕像，前往白礁慈濟宮進香。進香團理事長陳先生代
表全體香客說，「臺灣鄉親稱大道公為大陸公，因為伊的祖先就是在大
陸。每年農曆三月，臺灣鄉親只能遙祀大陸大道公，這次能回來尋根謁
祖，大家都有說不出的高興。」[18]臨別前，許多香客還用瓶子裝滿了當
年吳真人製藥用的「龍泉井」水，以示飲水思源之意。

　　臺灣信徒到安溪清水岩祖廟拜謁進香的也越來越多。在臺灣當局宣
佈開放探親後的二三年內，到此謁祖尋根的就有臺北景美區會元洞清水
祖師廟，台中縣龍泉鄉龍泉岩進香團，淡水岩進香團等數十個團體。茲
將 1989 年臺灣信徒到安溪清水岩的主要進香活動錄於下表：[19]

時間	進香團體	負責人或人數	在祖廟的活動
3 月	臺北詹姓同鄉還祖團	四十多人	謁祖進香
4 月	白姓臺胞	四十多人	謁祖進香
5 月	臺北淡水清水岩	陳資燕	進香及迎請神像
	屈尺歧山岩	林錦文父子	進香及迎請神像
	台南麻豆清水岩	王乙謨	進香及迎請神像

---

[18] 《廈門日報》1988 年 4 月 28 日。

[19] 本表據安溪清水岩志編纂委員會編著《清水岩志》(泉州市文物管理委員會出版，1989 年秋)
　　78 頁有關資料製作。

11月	臺北泰山岩	林志峰等七人	進香及迎請神像
	臺北龍泉岩進香團	六十二人	進香及捐資
12月	臺北三峽祖師廟	幾十人	進香及捐資

據統計，至 1990 年底，有臺胞五萬多人次來清水岩朝拜，恭迎清水祖師神像近 300 尊去臺灣。1990 至 1993 年 9 月，以團體名義來安溪清水岩祖廟進香渴祖的臺灣分廟有 70 多個，3400 多人，至於零星來這裡朝拜的臺灣信徒不計其數。

三、繞境巡遊

繞境巡遊在臺灣寺廟間非常盛行。臺灣分廟在渴祖進香前後，大多盛情邀請福建祖廟或在台開基廟神靈繞境巡遊，借助祖廟神靈的超常「靈力」來爲當地攘災祈福，並借此儀式進一步增強與祖廟神靈的「血緣」聯繫。在歷史上，湄洲媽祖也曾數次巡遊臺灣，引起轟動。[20]但由於客觀條件限制，湄洲媽祖不能經常性巡遊臺灣，無法滿足臺灣民眾的願望。但他們有著強烈的「人同祖，神同緣」的祖籍之思、故土之念，邀請臺灣開基廟神靈赴分廟繞境巡遊，正反映了臺灣民眾的這種心態。

北港朝天宮是媽祖在臺灣最主要的開基祖廟，在全台各地擁有數目眾多的分靈宮廟，因此北港媽赴分靈廟的繞境巡遊活動特別隆重。清代，北港媽赴台南、嘉義兩地的巡曆儀式最令人矚目。清道、咸年間臺灣兵備道徐宗幹，曾於《斯未信齋文集》中論及北港媽前往台南府城繞境巡遊的盛大場面：

> 壬子三月二十三日為天后神誕。前期，台人循舊俗，迎嘉邑北港廟中神像至郡城廟供奉，並巡曆城廂內外而回。焚香迎送者，日千萬計。歷年或來或否，來則年豐民安。……十五日，同鎮軍謁廟，男婦蜂屯蟻聚，欲進門，非天后神轎夫執木板辟易之，不得

---

[20] 參見王見川、李世偉：《關於日據時期的媽祖信仰》，文載《民間宗教》第 3 輯，352-353 頁。

前。……祈報出於至誠，藉以贍小民之貿易者，亦未可張而不馳；且迎神期內從未滋事，故聽之……用朱書「我護善良，進香須做好人，求我不能饒你惡」云云簡明告諭，並大書「販運洋土，船破人亡」八字於殿前，乘其怵惕之心以道之。神道設教，或可格其一二耳。……舉國若狂，雖極惡之人，神前不敢為匪，即素犯者，此時亦無畏忌，以迎神莫之敢攖也。[21]

台南府城迎北港媽繞境巡遊的祭祀儀式也別開生面，據李獻璋的採訪記錄如下：

（台南）迎接的神轎，最先到著與媽祖接頭香者，北港媽祖給與接頭香燈（高約一尺之竹骨紙糊者）。每一迎接的神轎，與北港媽初接頭時，約須行三進三退之禮以表敬意，然後才一塊兒進入城內。北港媽祖進城之後，首先要抬至太子亭，由大天后宮備辦香花茶果，說聲「三媽升座」，把她請上桌來，受兩方董事人參香。過二十分鐘左右，再請三媽落轎，抬到藥王廟去，站著受當事人參香。然後才又抬回大天后宮升座、敬茶，並受信士禮拜。神轎出入，均須一一敲鐘擂鼓，不在話下。[22]

臺灣佳里金唐殿蕭壠香的繞境巡遊儀式也是人山人海、熱鬧非常。金唐殿採取的「巡遊模式」包括「出香——繞境——入廟」三項活動，即每天清晨六點，所有神轎、陣頭按編號順序由金唐殿出發；接著，迤邐數里的香陣，或步行或乘騎，從市區繞到市郊，再遠遊至鄉鎮村莊；繞境結束後，神轎與陣頭返回金唐殿「入廟」，隔天再由金唐殿雲集出發。繞境時，香陣所經之地的各戶人家，都在門前備辦香案四果、置放清水草料，以迎接神靈和犒賞「兵將軍馬」。信徒們還以角頭或莊角頭廟為單位，為所有刈香人員準備豐盛可口的點心和茶水。在香陣最後的金唐殿五頂王轎經過時，兩旁的善男信女們，紛紛虔誠下跪，焚香接駕。

21 徐宗幹：《斯未信齋雜錄‧壬癸後記》，轉引自蔡相輝：《臺灣的王爺與媽祖》，（臺北）台原出版社，1989 年 1 月版，168 頁，199 頁。

22 李獻璋：《媽祖之研究‧安平臺南之媽祖祭典》，轉引自蔡相輝：《臺灣的王爺與媽祖》，（臺北）台原出版社，1989 年 1 月版，207 頁。

香陣「拜廟」時，各角頭廟的眾執事人員全部盛裝持香接禮，跪地迎駕；角頭廟的乩童也起乩接禮，以表虔誠。「拜廟」結束時，由廟方贈送一塊一尺二寸的紅綢致謝留念。[23]

臺灣民眾內心裡對福建祖廟的深深眷戀之情也如春潮洶湧激蕩不息，他們熱切期盼著祖廟神靈的赴台巡遊。改革開放以後，隨著兩岸經濟、政治、文化交流的進一步活躍，臺灣媽祖信徒「拜媽祖、懷故鄉」的強烈感情再度昇華，彙聚為一股激流，推動著湄洲祖廟媽祖赴台巡遊時機的到來。1997 年 1 月 24 日，為滿足臺灣廣大信徒朝拜媽祖金身的強烈願望，湄洲媽祖廟應臺灣知名人士陳適庸先生的邀請，組成媽祖金身巡遊臺灣護駕團，飛赴臺灣，進行為期 102 天的巡遊。

媽祖金身起駕的前一天，來自臺灣各地的媽祖廟代表及媽祖信徒一百六十兒人組成的大陸「湄洲媽祖出遊迎駕團」由臺北啟程來湄洲，這些「善男信女懷著虔誠的信仰，有人捧著由家中請出的媽祖神靈，三炷香火隨行；有媽祖廟中請出廟中媽祖，坐在小小的鑾駕上，由專人捧在胸前，『用小媽祖去迎大媽祖，才不會失禮』，各種出自誠心的舉措，要為湄洲媽祖的首次遊台『做足面子』」。[24]起駕後，湄洲媽祖全程乘坐的富麗堂皇的鑾駕由一位企業家信徒捐資百萬元精心裝飾。臺灣最大的航空公司長榮航空公司專門派一駕波音 747 大客機到澳門迎接媽祖金身。專機降落臺北桃園機場後，媽祖金身在喧天的鼓樂鞭炮聲中徐徐抬下飛機，在長榮公司破天荒提供的波音飛機檢修中心巨型機棚內舉行熱鬧隆重的迎駕儀仗，主辦單位、臺灣各地媽祖宮接駕的儀仗、陣頭，長榮公司的董事長、總經理以及公司員工，接連上香獻供。此後，媽祖金身所到之處，車水馬龍，信徒們欣喜若狂，奔走相千，扶老攜幼，爭先恐後朝拜湄洲媽祖金身。如媽祖金身駐蹕樸子市配天宮的幾天裡，樸子市配天宮徹夜燈火通明，香火鼎盛，信徒們夜以繼日排隊焚香叩拜，有的驅車幾百公里從臺北、台中各地趕來朝拜，有的母親抱著兒子，有的

---

[23] 參見黃文博：《臺灣信仰傳奇》，（臺北）台原出版社，1989 年 8 月版，143-145 頁。

[24] 湄洲媽祖廟董事會、媽祖文化研究中心、莆台新聞交流協會編：《湄洲媽祖巡遊臺灣記》，149 頁。

奶奶牽著孫女，虔誠地三跪九叩，祈求媽祖保佑；有個信徒說，他連續朝拜了十幾次；有個老大娘知道我們從福建湄洲來，特地向我們索取名片，說今後一定要去湄洲島進香；有位患病的婦女還提著氧氣瓶前往朝拜，至爲感人。幾天來，樸子市大街小巷，人流如潮水般湧來。朝拜的信徒絡繹不絕，街道兩邊臨時搭蓋了許多小攤點，經售有關媽祖的系列紀念品，爲朝拜的信徒們提供了各種地方風味小吃。街上紅燈高掛，燈火通明，通宵達旦，生意興隆」。[25]

　在媽祖金身遊台的 102 天裡，媽祖金身共駐蹕 34 座媽祖分靈宮廟，朝拜媽祖的臺灣信眾達 1000 萬人次，占臺灣省總人口的二分之一，引起一股令人歎爲觀止的「媽祖熱」！臺灣的媽祖分靈宮廟眾多，又都希望湄洲媽祖前往駐蹕，於是大家爭相邀請，甚至出現半路搶駕的現象。那些請到媽祖金身駐蹕的宮廟，當媽祖要移駕到下一站時，又依依眷戀，難捨難分。在嘉義，當媽祖鑾駕要離開宮廟時，董事長拉住鑾駕不放手，失聲哭著說：「湄洲媽祖千年來一回，不知何時能再來！」

四、分靈、進香和巡遊的文化意義

　閩台寺廟間的分靈、進香和巡遊活動有著深刻的文化內涵，它體現著傳統文化的根與葉、源與流的密切關係，體現著閩台區域文化的歷史同一性和不可分割性。

　首先，我們從臺灣信徒進香和繞境的兩種儀式——刈香與掬火，來分析兩地分靈與進香的原形。刈香與掬火，在福建通稱爲進香；在臺灣，則有乞求香火之意。按儀式來分，個人叫刈香，神與神之間就叫掬火或掬大火。刈香掬火的目的在於借此儀式獲得來自祖廟神靈的靈力，尋得聖靈不息的延續。在大甲媽祖至北港的進香中，這種儀式的具體做法是：法師先以金紙引朝天宮長明燈的火於「萬年香火爐」，誦念「北斗經」文後，將寫有大甲信徒姓名的疏文及金箔紙焚化於爐中，此謂之「頭

---

[25] 湄洲媽祖廟董事會、媽祖文化研究中心、莆台新聞交流協會編：《湄洲媽祖巡遊臺灣記》，51 頁。

爐火」。等到卜定的割火時辰一到，法師便以小杓將「萬年香火爐」內
燃燒中的香灰及香紙連鏟三杓，舀至大甲進香團的「神火筒」內，並將
供奉於神案的二尊大甲媽祖神像及彙集捆紮的會旗和靈符，一一經過香
爐上空，由一排人高舉雙手接引傳至廟外，待「神火筒」安入香擔，即
快跑離宮，一路添加檀香粉末，使之不熄滅。[26]

　　誠如臺灣中研院張珣教授認爲的那樣，神明間的刈香掬火儀式，極
有可能是中國家族祭祖儀式的轉型。[27]閩台廟宇間的分香與中國家族祭
祀中的「分灶火」儀式如出一撤。在「分灶火」中，通常長子繼承父親
的老灶，其餘諸子則從舊灶中取一些熱炭到自己家的新灶，表示「薪傳
不絕」，因此分灶常被認爲是分家的第一步，有了灶，即象徵一個家的
成立。諸子分家後，爲了融絡感情，在每隔一段時間，諸子就得上祖墳
祭拜，或至祖屋、長子家中團聚，以示血統上的嫡襲關係，或作爲一種
加強因時間而沖淡的聯繫紐帶的手段。臺灣各分廟也正如此，經過分靈
程式，與祖廟確立一種類似「父子」關係，而進香活動就像諸子歸祭祖
墳、赴祖屋或長子家中團聚一樣，起到一種加強血統聯繫的功效。《臺
灣民俗大觀》作者也指出：「『割火』儀式，乃進香團八天的行程中最重
要的一刻。北港媽祖將聖火傳與『大甲媽』帶回，寓意著神威的交流，
顯示中國傳統所重視的倫理觀念和血緣關係綿延不斷。」[28]

　　繞境巡遊儀式的原形則來自古代中國中央政府巡狩四邊的舉措。古
代中國的帝王爲了顯示自己的權威，或爲了掌握轄內四境的情況，每每
發動盛大的儀駕，親身赴各地巡視，或派遣大員代天巡狩，視察地方的
詳細情形。通過中央巡狩四邊的舉措，中央政府或帝王本人的權威得到
進一步的確認，同時，巡狩活動也加強了各地與中央的密切聯繫。而且，
受到中央巡狩的地方也每以此來提高本地區的重要性，突出本地區與中
央的直屬關係。閩台寺廟間的繞境巡遊儀式與古代中國「中央巡狩四邊」

[26] 朱天順：《清代以後媽祖信仰傳播的主要歷史條件》，文載肖一平主編：《媽祖研究資料彙
　　編》，福建人民出版社，1987 年 8 月版，62-63 頁。
[27] 參見張珣：《進香、割火與朝聖宗教意義之分析》，《人類與文化》，總第 22 期，1986 年。
[28] 淩志四主編《臺灣民俗大觀》，第三冊，大威出版社，1985 年 3 月，199 頁。

的舉措有著驚人的相似性。臺灣南鯤鯓王爺廟的繞境巡遊儀式集中體現了兩者的密切關係。南鯤鯓廟的繞境巡遊在臺灣被稱為「南巡北狩」，它是臺灣王爺最重要的神職之一。自康熙二十二年（1683年）「神明降壇，示諭出巡」後，南鯤鯓廟的五府千歲即集體行動或單槍匹馬四出巡遊。南鯤鯓王爺「代天巡狩」有三種類型。一是臨時巡狩，時間不定，範圍大致在嘉南、高屏、澎湖一帶。二是歲時巡狩，即五王爺定期出巡麻豆、台南、鹽水三地。如三月末日巡狩麻豆，由「麻豆至南鯤鯓迎請李、池、吳三王爺，先至麻豆海埔裡駐駕一夜，翌日再由保安宮迎回麻豆繞境兩天，之後駐駕於保安宮，直到四月廿五日始送回南鯤鯓廟」。[29]三是癸亥巡狩，每六十年巡狩一次，這在南鯤鯓廟開府後的三百餘年內共舉行六次。至於大陸祖廟金身巡遊臺灣分廟，更是大一統觀念在宗教信仰上的曲折反映。

　　其次，我們從閩台寺廟間分靈關係的三層網路模式來剖析分靈、進香、巡遊這一現象的文化底蘊。福建神靈向臺灣的分靈過程中，形成了福建祖廟、臺灣開基廟、臺灣分靈廟的三層關係網絡，如果把福建祖廟、臺灣開基廟、臺灣分靈廟的三層關係網絡比做一棵根深枝繁葉茂的參天大樹的話，那麼可以圖示如下：

　　從上圖可以看出，無論是臺灣開基廟（枝），還是臺灣分靈廟（葉），都是從福建祖廟（根）派生出來的，無論「枝」與「葉」如何的繁榮茂盛，都離不開「根」的滋養。實際上，臺灣文化的其它形式又何嘗不是如此，臺灣文化的「根」紮在博大精深的中華文化的沃土裡，源於奔騰不息的五千年華夏文明的長河中，這是任何人也無法改變的歷史事實！因此，無論在歷史上還是現實中，臺灣信徒都承認福建祖廟的不可替代地位，克服重重困難、衝破道道阻關，千里迢迢回福建祖廟謁祖進香，

[29] 黃文博：《臺灣信仰傳奇》，（臺北）台原出版社，1989年8月版，105頁。

這是對自己所信仰的宗教聖地的朝聖，也是對宗教信仰「根源」的追尋，傾注著臺灣同胞濃烈的宗教感情。

至於臺灣分廟前往臺灣開基廟的進香活動，是臺灣信徒受多方面因素制約，無法赴閩進香渴祖的條件下，創造出來的一種用來表達他們的宗教情感的變通形式。如臺灣學者黃文博先生在《臺灣信仰傳奇》一書中寫道：大甲媽祖於清雍正間分靈於湄洲島朝天閣，在「乾隆年間建廟後，定期返回湄洲渴祖，但後來時局動亂，台海兩隔，無法再到唐山，只好變通調整前往建有『聖父母殿』的北港朝天宮，向『聖父母』行渴祖之禮」。[30]《臺灣民俗大觀》一書也認為：「根據民間傳說，大甲媽祖以前並不到北港進香，而是乘船到福建湄洲媽祖廟渴祖，後因日本佔領臺灣，禁止船隻與對岸聯絡，大甲媽祖便沒有再往湄洲進香而改往北港朝天宮進香，蓋朝天宮曾到過媚洲媽祖廟渴祖進香『合火』，就等於接引了湄洲祖廟香火一樣。」[31]至今在大甲媽祖廟中，仍保存一塊書有「湄洲渴祖進香」的開路牌。顯然，臺灣大甲媽祖在日據時期改往北港朝天宮進香，是在日本殖民統治下不得已採取的變通形式。應該說，只要客觀條件許可，臺灣宗教信徒還是更樂意回福建祖廟進香渴祖的。1980年以來臺灣信徒絡繹不絕到福建祖廟進香渴祖，再次證明瞭福建祖廟廟在臺灣信徒心目中不可替代的重要她位。

閩台寺廟間分靈、進香、巡遊的儀式活動還體現了中國傳統文化中支流對主流文化的維護與體認。臺灣分靈廟紛紛以赴福建祖廟進香為榮，以請得福建祖廟的分身神像來標榜自身的正統地位，並借此來吸引信徒、擴大香火。北港朝天宮能成為臺灣影響最大的媽祖廟，與其擁有康熙間湄洲島朝天閣樹壁和尚攜來的媽祖分身有著密不可分的關係。1987年10月大甲鎮瀾宮赴湄洲進香，請回湄洲媽祖分身神像，並與12月9日在宮裡舉行「湄洲進香回鑾三獻禮」的盛大祭典，「儀式莊嚴隆重，全省各有關廟宇人員及各界首長、民意代表及來賓應邀觀禮」。[32]由

[30] 黃文博：《臺灣信仰傳奇》，（臺北）台原出版社，1989年8月版，149頁。

[31] 淩志四主編《臺灣民俗大觀》，第三冊，大威出版社，1985年3月，190頁。

[32] 郭金潤主編：《大甲媽祖進香》，（台）台中縣文化中心印行，1988年6月版，99頁。

於大甲鎮瀾宮請回湄洲媽祖，使該宮的權威性與香火都有了增長，也使該宮有望成為臺灣媽祖新的信仰中心。自 1950 年代以來，臺灣民間信仰一直在誰是正牌媽祖媽祖廟爭論不休，實際上是中國傳統文化中的「正統」思想在宗教信仰上的反映，歸根結底，媽祖的祖廟在福建湄洲恐怕是所有媽祖信仰者都願意接受的。

　　第三，我們從臺灣信徒的進香心態來進一步觀察閩台文化的歷史認同關係。臺灣是個移民社會，臺灣民眾的根都在大陸。幾百年來，祖籍之思、故土之念，無時無刻不縈繞在他們心頭，而謁祖進香，即是他們抒發自己真摯的家鄉情、故土愛的途徑之一。在臺灣，鄉土神備受推崇，臺灣民眾特別看重從祖籍傳來的神靈，稱之為「桑梓神」，定期捧神像回福建祖廟進香謁祖。在因人為因素而阻隔海峽兩岸交往的歷史條件下，人們無法回故鄉探親，就自然轉向神的世界，尋找精神寄託，中華民族的向心力往往通過民間信仰的進香謁祖活動曲折地折射出來。如甲午戰爭之後，各地神廟衝破種種關卡，千方百計回大陸祖廟進香謁祖，以表達閩台祖脈一體、根在大陸的民族感情。若實在無法成行，則往往要舉行儀式，面向大陸遙祭，通過民間信仰來寄託著臺灣同胞對故土的深深眷戀之情。臺灣學甲慈濟宮在日據時期，每年三月十一日要在將軍溪畔舉行「上白礁」的隆重祭典，各地與之有關的寺廟派出進香團齊集將軍溪畔，設案供香，遙祭大陸祖廟。有的民眾還在台南慈濟宮豎立刻有「我台人士祖籍均系中國移來」字樣的石碑，表現了臺灣同胞對祖國的熱愛之情。1949 年之後，「上白礁」活動又重新在臺灣開展，並逐漸成為當地的習俗，規模也越來越大，參與祭祀活動的人數超過十萬人，曲折地表達了臺灣同胞情系故土的情懷，正如學甲慈濟宮的對聯所表達的那樣：「氣壯乎天，萬眾同參學甲地；血濃於水，千秋不忘白礁鄉。」《臺灣民俗大觀》作者認為：上白礁謁祖祭典「三百多年來未曾間斷，不僅強調出民族精神團結的重要，也表現了中華兒女不忘本的優良傳統。」[33]1987 年 10 月 25 日，臺灣同胞集資在頭前寮將軍溪畔建成一座

---

[33] 淩志四主編《臺灣民俗大觀》，第四冊，大威出版社，1985 年 3 月，107 頁。

高大的「鄭王爺軍民登陸暨上白礁謁祖紀念碑」，並刻有一段銘文：「三百餘年來，學甲地方及臺灣各地信徒，爲遙拜大陸福建白礁宮——保生大帝祖廟，及追念大陸祖先，代代相傳於每年農曆三月十一日舉行宏揚民族精神之上白礁謁祖祭典而名聞遐邇。願吾人共同勖勉，使中華民族更發揚光大，千年萬世永垂天壤之間。」可以看出，銘文字裡行間凝聚著的臺胞忠貞不渝的愛國情思，寄託著臺灣同胞對故土的深深眷戀之情，在客觀上發揮著維繫閩台血濃於水的骨肉之情的橋樑和紐帶的社會作用。

　　最後，從閩台分香與進香的精神內核來看，它追求的是「群體主義」。在移民社會，神緣往往是與地緣交織在一起發展的。在移民過程中，自然環境的惡劣，生活的艱辛，使移民們形成一種群體精神，團結在他們共同信奉的神靈周圍。在以後的進香活動中，他們又將整體協作的精神溶入進去。他們組團赴閩進香，也可以視爲是尋找群體精神的最高寄託。如臺灣的媽祖，由於其分香於不同的祖廟而被賦予不同的稱呼：來自莆田的稱湄洲媽，來自泉州的稱溫陵媽，來自同安的稱銀同媽。但是，不管她被賦予何種名稱，作爲媽祖信徒，到莆田湄洲祖廟進香是共同的，也是最大的願望。這裡面就深刻反映出「不同地方，同一群體」的真實面目，而「群體主義」的進一步昇華，就有可能趨向於閩台文化的認同和國家、民族的認同。

　　（本文發表於《世界宗教研究》2002 年第 3 期，第 131－144 頁，與范正義合作）

福建祖廟金身巡遊臺灣的文化現象探析

自 1995 年福建省東山縣銅陵關帝廟的關帝金身首次赴台巡遊之後，特別是 1997 年湄州媽祖金身巡遊臺灣引起極大反響之後，其他宮廟紛起效仿，福建祖廟金身巡遊臺灣的熱潮應運而生，成為兩岸宗教文化交流的一種重要形式。對於福建祖廟金身巡遊臺灣的文化現象，其文化原型是什麼？內在的動力機制又是怎樣？是誰在幕後導演這出推動兩岸關係向前發展的歷史大劇？福建祖廟金身巡遊臺灣對未來兩岸關係的發展有哪些啟示？本文擬以湄洲媽祖金身巡遊臺灣、金門為例，試就這些問題做初步探討。

一、閩台神緣的新形式：福建祖廟金身巡遊臺灣活動的興起

上世紀八十年代以後，隨著兩岸關係的逐漸解凍，越來越多的臺灣信眾有機會前往福建祖廟進香謁祖。然而，由於真正的「三通」尚未實現，加上臺灣海峽的阻隔，大多數臺灣信眾仍然無法實現到福建祖廟朝聖的夢想，因此，恭請福建祖廟金身赴台巡遊以滿足臺灣信眾朝聖夢想的巡遊活動應運而生，成為閩台神緣的新形式。

1995 年 1 月，應臺灣基隆市普化警善堂的邀請，東山縣銅陵關帝廟的關帝金身乘坐「豐源號」漁船，從東山直航基隆港。關帝金身先參加普化警善堂主辦的「太上黃籙護國祈安七朝清醮大典」，然後巡遊臺灣各大關帝廟。此次巡遊，歷時半年多，轟動了整個臺灣島。由於當時大陸民眾赴台的手續比較難辦，東山關帝廟未能組成護駕團隨金身到臺灣訪問，是這次巡遊活動的一大遺憾。但是，這次活動開創了福建宮廟金身巡遊臺灣的先例，起到了投石問路的重要作用。

1997 年 1 月，應臺灣知名人士陳適庸先生以及臺灣中華海峽道教交流協會和台南大天后宮的邀請，湄洲祖廟的媽祖金身乘飛機赴台巡遊。此次巡遊歷時 102 天，媽祖金身出遊臺灣 19 個縣市，駐蹕台南市

大天后宮、嘉義縣樸子配天宮等 31 座宮廟，前來朝拜的臺灣信眾達 1000
萬人次，在臺灣掀起了一股令人歎爲觀止的「媽祖熱」。值得指出的是，
這次巡遊活動中，除了媽祖金身，湄洲祖廟還組織了約 50 名成員組成
的護駕團，分三批赴台。護駕團成員拜會了 50 多座的臺灣媽祖宮廟，
與臺灣的媽祖信眾進行了面對面的交流，使這次的巡遊活動真正達到了
兩岸民眾雙向互動的效果。

　　2002 年 5 月，應金門縣天后宮媽祖會的邀請，湄洲媽祖金身乘坐
「太武輪」直航金門。在金門縣 11 座媽祖宮廟以及臺灣本島的大甲鎮
瀾宮、北港朝天宮、新港奉天宮、台南石龜溪天后宮等宮廟組成的儀仗
隊伍的簇擁下，湄洲媽祖金身在金門展開了爲期五天的巡遊活動，受到
當地媽祖信眾的熱烈歡迎。這次巡遊，是繼 1997 年媽祖金身巡遊臺灣
以來兩岸媽祖文化交流的又一盛事，「是湄洲媽祖金身首次以海上直航
方式出巡，首次在金門接受信眾朝聖，並開創湄洲島與金門、烏丘之間
50 多年來的首次雙向客運直航」，[1]意義十分重大。

　　東山關帝廟和湄洲媽祖廟首開風氣後，福建祖廟金身巡遊臺灣的活
動日益盛行，形成一股熱潮。據筆者的不完全統計，上世紀九十年代以
來，泉州法石真武廟、南靖縣和溪慈濟行宮、安溪縣玉湖殿、泉州天后
宮、雲霄縣威惠廟、漳州古武廟、漳州官園威惠廟、廈門青礁慈濟宮、
福州晉安區閩王紀念館、南安市鳳山寺、古田縣臨水宮、泉州通淮關岳
廟、東山縣銅陵鎮北極殿、安溪縣大坪集應廟、武平縣均慶寺、平和縣
阪仔心田宮、漳浦縣林太師廟、漳州下沙齊天宮、安溪縣清水岩、龍海
市白礁慈濟宮等近 30 座福建宮廟，其奉祀的金身神像都曾先後出巡臺
灣本島或澎湖、金門、馬祖，成爲閩台神緣的一種新形式。

二、古代帝王巡狩四方：福建祖廟金身巡遊 臺灣活動的文化原型

---

[1] 劉永玉、劉景輝：《湄洲媽祖金身首航巡安金門》，《湄洲日報》海外版，2002 年 5 月 13
　　日第一版。

　　巡狩是古代帝王離開國都巡視四方的舉措，其目的有三：

　　首先，確認領土範圍。《尚書》有舜帝巡狩四嶽的記載：「歲二月，東巡守。至於岱宗。柴；望秩於山川。……五月南巡守，至於南嶽，如岱禮。八月西巡守，至於西嶽，如初。十有一月朔巡守，至於北嶽，如西禮」。[2]四岳的山體景觀雄偉，又分佈於王畿的四個不同方向，後來就成為王朝國家的疆域座標與國土象徵。所以，帝王巡狩並祭告四嶽的舉措，就成為中央王朝宣告國土疆界的一種重要的象徵手段。

　　其次，表明中央王朝的正統性與合法性。《荀子》曰：「『欲近四旁，莫如中央』。故王者必居於天下之中」。[3]居於天下之中，有利於統領四方，可見，中央相對於四方而言具有絕對的正統性與合法性。帝王巡狩四方，就是帝王在「中央正統意識」的支配下試圖「統攝四方」的一種舉措。四方接受中央王朝的巡狩，也就等於承認與接受中央王朝的正統性和合法性。

　　第三，加強中央王朝對距離國都較遠的四方的控制。古代巡狩往往「表現為中原王朝對距離中原較遠部族的省視。這些部族雖然在中原王朝的掌控之中，但對中原王朝若即若離、甚至時叛時服，於是王者為了扭轉統治上力不從心的狀態，採用了親自遠狩的方式維護政治秩序」。[4]

　　宗教世界是現實世界的曲折反映。上述古代帝王巡狩的三方面目的，在福建祖廟金身巡遊臺灣的活動中也得到充分的體現。茲以湄洲媽祖金身巡遊臺灣活動為例，試作說明。

　　首先，湄洲媽祖金身巡遊臺灣帶有明顯的確認信仰領地的意味。國有國界，神有神界，每個神明都擁有自己的信仰領地，閩台民間在神明誕辰時，都要抬出金身，巡視村落社區的四至疆界，加以確認。顯而易見，民眾抬神巡境的行為是模仿古代帝王巡狩制度的產物。擴而大之，閩台區域中有數千座媽祖宮廟，這數千座媽祖宮廟奉祀的金身都有屬於自己的信仰領地。但從理論上說，天下的媽祖都是直接或間接從湄州祖

[2]　陳戌國：《尚書校注》，岳麓書社 2004 年版，第 8 頁。
[3]　張覺校注：《荀子校注》，岳麓書社 2006 年版，第 346 頁。
[4]　李凱：《帝辛十祀征夷方與商王巡狩史實》，《中國歷史文物》2009 年第 6 期，第 44 頁。

廟分靈出去的，都是湄州祖廟媽祖的分身。所以，湄洲媽祖金身就成爲了天下媽祖的總代表。全天下所有媽祖金身名下的領地，從某種意義上說也是湄洲祖廟媽祖金身的信仰領地的延伸。因此，湄洲媽祖金身通過巡遊臺灣來確認信仰領地，既符合邏輯，也暗合古代帝王巡狩制度。

其次，湄洲媽祖金身巡遊臺灣，是湄洲祖廟的正統性與合法性的表達途徑之一，有利於湄洲祖廟地位的鞏固。自古以來，湄洲媽祖廟的祖廟地位得到絕大多數的媽祖信眾的認可，但也不是毫無爭議。例如，與湄洲一水之隔的莆田賢良港，就宣稱是媽祖的誕生地和升天地，泉州天后宮則自認是媽祖信仰的「閩南始發祥」之地。祖廟爭議的存在，使得湄州媽祖金身巡遊臺灣的活動有了消彌祖廟紛爭、強化祖廟地位的現實意義。湄洲媽祖金身巡遊臺灣的消息傳出後，「臺灣一百多家媽祖宮廟爭相表示要接駕」，[5]湄洲媽祖金身巡遊臺灣時，前來朝拜媽祖金身的信眾達到 1000 萬人次，證明瞭湄洲媽祖廟在臺灣信眾中確實擁有巨大影響力，進一步強化了湄洲媽祖廟不可撼動的祖廟地位。

第三，湄州媽祖金身巡遊臺灣，加強了湄洲祖廟與臺灣分靈宮廟和信眾的聯繫，特別是加強與那些沒有到過祖廟的臺灣分靈宮廟和信眾的聯繫，起到了類似於古代帝王巡狩所帶來的對四方的控制作用。1997年湄洲媽祖金身巡遊臺灣，許多信眾在朝拜媽祖金身後，表示「今後一定要去湄洲島進香」。[6]可見，巡遊活動有力地推動了臺灣民眾前去湄州進香謁祖的熱潮。此外，媽祖金身巡遊臺灣的活動使得部分「台獨」分子炮製的臺灣媽祖已經本土化、和大陸祖廟沒有關係的論調不攻自破，臺灣媽祖信眾與湄洲祖廟的關係得到了加固。[7]

以上三方面，有力證明了福建祖廟金身巡遊臺灣的文化原型出自古

5　湄洲媽祖廟董事會、媽祖文化研究中心、莆台新聞交流協會編：《湄洲媽祖巡遊臺灣記》，1998 年印行，第 34 頁。

6　《湄洲媽祖巡遊臺灣記》，第 51 頁。

7　媽祖金身巡台期間，臺灣建國黨在新聞發佈會上散發一份《聲明》，說媽祖早已本土化，與湄洲媽祖沒有必然的聯繫，湄洲媽祖來台是來搞統戰、是來斂財。建國黨的論調，激起了臺灣廣大媽祖信眾的憤怒，當場就有信眾站起來喊：「建國黨有沒有人來？有膽量站出來讓大家看看？」結果沒人敢站出來。後來，建國黨的負責人自打嘴巴，解釋說這個事件與建國党無關，媽祖信仰是普遍信仰，應該得到尊重。見《湄洲媽祖巡遊臺灣記》，第 85 頁。

代帝王巡狩制度。不過，古代帝王巡狩的舉措，往往伴隨著中央王朝加強對四方的控制的主觀願望出現，而在當代的福建祖廟巡遊臺灣的活動中，大部分的巡遊活動則是由臺灣的分靈宮廟和信眾主動邀請並積極促成的。所以，古代帝王巡狩制度僅僅是福建祖廟金身巡遊臺灣的文化原型，它無法完全解釋當代的巡遊現象。事實上，臺灣的分靈宮廟和信眾之所以熱衷於邀請福建祖廟金身巡遊臺灣，還涉及宮廟彼此之間的關係網所帶來的社會資本的生產問題。

三、廟際關係網與社會資本的生產：福建祖廟金身巡遊活動的動力機制

出於研究的方便，我們將宮廟與宮廟之間通過交往而結成的關係網稱為廟際關係網。按照林南的觀點，關係網是一種社會資本，是「行動者在行動中獲取和使用的嵌入在社會網路中的資源」。[8]由於社會資本是從投資關係網的行為中獲取的，關係網的多少，個人在關係網中的位置，決定了行動者能夠獲取的社會資本的多少。黃光國指出，「個人的社會關係網愈大，其中有權有勢的人愈多，他在別人心目中的權力形象也愈大」。[9]

在福建祖廟金身巡遊臺灣的活動中，福建祖廟、臺灣主辦宮廟以及駐蹕宮廟等三種不同類型的宮廟共同建構起廟際關係網，並在廟際關係網中獲取相應的社會資本。當然，由於三種類型的宮廟在關係網中所處的位置不同，它們獲得社會資本的途徑也有所區別。

（一）福建祖廟與廟際關係網中的社會資本生產

福建祖廟金身巡遊臺灣，是福建祖廟發展和臺灣信眾之間的雙嚮往

8　林南：《社會資本：關於社會結構與行動的理論》，世紀出版集團上海人民出版社 2005 年版，第 24 頁。
9　黃光國等：《人情與面子─中國人的權力遊戲》，中國人民大學出版社 2010 年版，第 22 頁。

來關係的一種重要形式。這種「禮尚往來」的行為，使雙方之間的「弱聯繫」轉變為「強聯繫」，從而增進了雙方之間的情感，擴大了福建祖廟的聲望，帶來了臺灣信眾進香謁祖的熱潮。

上世紀八十年代以後，隨著兩岸關係的漸趨緩和，臺灣信眾源源不斷地來到福建湄洲祖廟進香謁祖。但是，進香謁祖僅是臺灣信眾和湄洲祖廟之間發生聯繫的一種單向形式。中國社會講究「禮尚往來」，「往而不來，非禮也；來而不往，亦非禮也」。由於缺乏雙向互動，進香謁祖帶來的單向聯繫僅停留在「弱聯繫」的層面，作用有限。通過湄洲祖廟金身到臺灣巡遊的「禮尚往來」的形式，原先的單向聯繫轉變為雙向互動，湄洲祖廟與臺灣信眾之間的關係從「弱聯繫」轉變為「強聯繫」。按照一些社會學者的看法，「強聯繫」是一種「情感網路」。湄洲祖廟金身巡遊臺灣、金門帶來的「強聯繫」，也是通過加深雙方之間的情感聯繫而達成的。

在湄洲媽祖金身巡遊臺灣、金門帶來的兩岸信眾面對面的交流中，雙方之間的感情迅速升溫。例如，湄洲媽祖金身巡遊臺灣，每當金身要進入駐蹕宮廟時，熱情的信眾們爭先恐後地擁上前來撫摸鑾駕，常常造成一兩百米的路程，鑾轎要走上一兩個小時的擁堵效應。媽祖金身駐蹕某一宮廟時，附近的信眾扶老攜幼蜂擁而來，癱瘓或行動不便的老人則由子女扶著進宮朝拜，甚至還有患病的信徒提著氧氣瓶前來朝拜。信眾的虔誠，至為感人。到了媽祖金身移駕下一個駐蹕宮廟時，又會看到當地信眾和媽祖金身難捨難分的情景，最感人的場面出現在嘉義。當媽祖金身鑾駕被南投的信徒抬走時，嘉義城隍廟天后宮董事長蔡金煉先生拉住鑾駕，不肯鬆手，他哭著說：「湄洲媽祖千年來一回，不知何時能夠再來嘉義！」[10]由上可見，湄洲媽祖金身巡遊臺灣帶來了兩岸信眾面對面的交流，使得臺灣信眾和湄洲媽祖之間的關係一下子親近了許多。雙方之間的情感聯繫的加強，使得巡遊帶來的廟際關係網呈現出「情感網路」的明顯特徵。

---

[10]　《湄洲媽祖巡遊臺灣記》，第91頁。

「情感網路」的形成，是湄洲祖廟在廟際關係網中實現社會資本生產的關鍵所在。社會學研究認為，「一個人若能夠在情感網路中擁有好結構位置，代表這個人與團體中較多人建立情感支援的關係，這類關係可以帶來的資源是影響力。……一個員工被愈多人視為情感依賴的物件，他對他人的影響力也越大，動員能力就越強」。[11]在巡遊帶來的廟際關係網中，湄洲祖廟無疑居於中心位置，所有的情感關係都是因著湄洲祖廟而產生。由於湄洲祖廟被臺灣媽祖宮廟視為情感依賴對象，它就很自然地在關係網中構建起自身的影響力與動員能力。所以，我們很清楚地看到，巡遊活動大大提高了湄洲祖廟在臺灣的知名度與影響力。巡遊活動結束後，到湄洲媽祖廟謁祖進香、文化交流、旅遊觀光的臺灣信眾大幅度增長，湄洲祖廟的香火愈趨鼎盛。

（二）臺灣主辦宮廟與廟際關係網中的社會資本生產

從臺灣的主辦宮廟來看，它主要是通過在巡遊活動中搶佔廟際關係網中的有利位置，來實現自身的社會資本的生產的。

首先，在巡遊活動中，主辦宮廟通過充當湄洲祖廟與臺灣駐蹕宮廟之間的橋樑，起到了在「結構洞」上搭橋的作用，從而為自身帶來社會資本。

伯特（Ronald Butt）認為，在社會網路中，某些個體之間存在無直接聯繫或關係間斷的現象，這就是結構洞。而將無直接聯繫的兩者連接起來的第三者擁有資訊優勢和控制優勢，因此，組織和組織中的個人都要爭取佔據結構洞中的第三者位置。[12]湄洲祖廟要實現巡遊臺灣全島的目的，就必須得到全島各地的媽祖宮廟的支持。但是，由於台海兩隔，湄洲祖廟和臺灣全島各地媽祖宮廟之間的直接聯繫存在著諸多困難。這就導致了湄洲祖廟與臺灣各地的媽祖宮廟之間的聯繫出現結構洞。在此背景下，臺灣的主辦宮廟由於與湄洲祖廟有著密切聯繫，同時又與臺灣

---

[11] 羅家德：《社會網分析講義》，社會科學文獻出版社 2010 年第 2 版，第 20-21 頁。

[12] 參見羅奈爾得·伯特：《結構洞—競爭的社會結構》，世紀出版集團格致出版社 2008 年版，第 47 頁。

各地的媽祖宮廟有著廣泛的關係網，成功扮演了在結構洞上搭橋的第三者的角色。例如，1997 年湄洲媽祖金身巡遊臺灣的活動中，台南大天后宮等主辦宮廟是整個巡遊方案的策劃者與積極推動者，湄洲媽祖金身在臺灣各地的駐蹕宮廟，也是由台南大天后宮等主辦單位挑選與安排的。在這個策劃、推動與實施巡遊計畫的過程中，台南大天后宮等主辦宮廟擁有資訊優勢和控制優勢，從而在廟際關係網中佔據有利位置。

　　台南大天后宮等主辦宮廟在安排臺灣各地的駐蹕宮廟時，優先選擇原來就與自身有著「交陪」關係的宮廟，鞏固與加深與它們的感情。也就是說，湄洲媽祖金身巡遊臺灣，有利於主辦宮廟將原來就有「交陪」關係的宮廟納入到一個「強聯繫」的「情感網路」中。在這個情感網路中，主辦宮廟由於擁有資訊優勢和控制優勢而增強了自身的影響力。至於其他的一些原來交往不多的宮廟，主辦宮廟則採取「挾天子以令諸侯」的辦法，借助湄洲祖廟的聲名來使之樂於承擔接待任務。翟學偉指出，「有一種權威在根本上是在社會關係網路中獲得的，而非在社會角色和地位上獲得的，它要力圖展現的是中國人在多重關係網絡中的一種相對（關係優越的）位置而可能得到的權威」。[13]主辦宮廟在社會角色和地位上並不具有絕對的優勢，但是，主辦宮廟作為湄洲祖廟在臺灣的代理人而分沾了湄洲祖廟的權威，提升了自身的影響力。可見，在「挾天子以令諸侯」的過程中，主辦宮廟之所以能夠建立起凌駕於其他宮廟的權威性，其原因就在於它在廟際關係網中處於接近網路中心（湄洲祖廟）的位置而得以分享網路中心的影響力。

　　其次，主辦宮廟以湄洲媽祖金身巡遊臺灣為號召，吸收臺灣各地的宮廟加入，構建起一個目標導向型的廟際關係網。目標導向型的關係網傾向於產生「核心—邊緣」的層級化結構，主辦宮廟通過在層級化的關係網中佔據核心位置，建構起自身的權威形象。

　　社會學研究認為，在某一共同目標引導下出現的關係網具有官僚特徵，「有一個或一群領導者負責為這一組織制定目標，並招募成員。以

---

[13] 翟學偉：《中國社會中的日常權威—關係與權力的歷史社會學研究》，社會科學文獻出版社 2004 年版，第 148 頁。

『平等主義』之名避免網路層級化的努力註定要失敗，就是因爲在這類網路的演進過程中，整個網路會圍繞著以目標爲牽引的領導者而漸漸合成一體。因此，這樣的網路很可能表現出一種『核心－邊緣』結構」。[14]巡遊帶來的廟際關係網也是如此，主辦宮廟在湄洲媽祖金身巡遊臺灣的口號下，招募臺灣各地的媽祖宮廟加入成爲成員，形成一個目標導向型的廟際關係網。在疏通兩岸關係、選擇駐蹕宮廟、安排活動日程等事項上，主辦宮廟凸顯出自身作爲決策者與管理者的領導角色，從而將自身從眾多的網路成員中區分出來，廟際關係網由此產生「核心－邊緣」的層級化特徵。

　　當前，兩岸關係遠未達到暢通無阻的程度，湄洲祖廟金身要到臺灣巡遊，需要疏通許多關節，才能順利成行。疏通兩岸關係的工作，當然不是一般宮廟能夠勝任的。主辦宮廟通過完成這種一般宮廟難以完成的工作，很自然地在信仰圈中樹立起「神通廣大」的形象。主辦宮廟形象的提升，使得廟際關係網不可避免地產生層級化，「核心－邊緣」的特徵趨於明顯。例如，1997 年湄洲媽祖金身巡遊臺灣，是在祖廟護駕團隨同的情況下的赴台宗教交流，這在當時還是第一次，難度很大。但是，在主辦宮廟台南大天后宮、中華海峽道教交流協會以及陳適庸先生的積極運作下，媽祖金身不僅順利成行，而且其乘坐的飛機還是由臺灣長榮航空公司特別提供的一架波音 747．400 豪華客機。飛機抵達臺北桃園機場後，媽祖金身是經由「總統」專用的維修機棚免檢通道出機場的。[15]媽祖金身享受「總統」座機待遇，其他的宮廟和信眾不得不折服於主辦宮廟超強的社會活動能力。主辦宮廟因此而穩固了它在廟際關係網中的核心地位。

　　值得注意的是，在這個目標導向型的廟際關係網中，主辦宮廟還通過種種特權的專享，進一步將自身從普通的駐蹕宮廟中區分出來，關係網的層級化特徵愈趨明顯。例如，1997 年湄洲媽祖金身巡遊臺灣時，

---

[14] 馬汀・奇達夫、蔡文彬：《社會網路與組織》，中國人民大學出版社 2007 年版，第 108-109 頁。

[15] 《湄洲媽祖巡遊臺灣記》，第 46 頁。

台南大天后宮作為主辦宮廟，享有第一個接駕和最後一個送駕的特權。1997 年 1 月 24 日媽祖金身飛抵臺北桃園機場後，不是就近駐蹕臺北的媽祖宮廟，而是在 3 輛聖火車和各種車隊的護駕下，沿著高速公路直趨三百公里外的台南大天后宮。5 月 2 日駐蹕最後一個宮廟臺北松山慈佑宮後，媽祖金身再次折回台南大天后宮。5 月 5 日，台南大天后宮護送媽祖金身到高雄機場，並在機場舉行隆重的送駕儀式。台南大天后宮擁有頭尾兩次的接待特權，樹立了它在所有的駐蹕宮廟中與眾不同的形象。2002 年湄洲媽祖金身巡遊金門時，作為主辦宮廟的金門縣天后宮也享有特權。2002 年 5 月 8 日，湄洲媽祖金身抵達金門料羅灣後，在金門「縣長」、「立委」等「政要」的護衛下，於金門天后宮安座。5 月 9 日，金門大小「政要」齊集金門天后宮，舉行隆重的祭典儀式。儀式結束後，媽祖金身從金門天后宮出發，巡遊大小金門。按照活動的安排，接下來湄洲媽祖金身都是從金門天后宮起駕出發，巡遊金門各地，傍晚時再回到金門天后宮駐駕。在巡遊隊伍順序中，儀仗之外，金門縣天后宮的媽祖金身走在最前面，其次才是湄洲媽祖金身以及其他宮廟的媽祖金身。而且，金門縣天后宮的二媽祖和三媽祖金身也參與巡遊，排在隊伍的最後面。[16]這些特權的專享，凸顯了金門縣天后宮在整個巡遊活動中的領導地位。

從上面的分析可以看出，通過在結構洞上搭橋，主辦宮廟成功扮演了湄洲祖廟在臺灣的代理人的角色，使自身在關係網中處於擁有資訊優勢和控制優勢的第三者的有利地位；通過構建目標導向型關係網，主辦宮廟將自身從普通駐蹕宮廟的群體中區分出來，樹立起自身在關係網中的核心位置。這兩種方式，都有利於提高主辦宮廟的聲望。眾所周知，在當前愈趨激烈的香火競爭中，一個宮廟要脫穎而出，就要提高聲望，以吸引更多香客和遊客的到來。因此，聲望的提升，無疑是主辦宮廟在關係網中實現社會資本生產的主要方式。

（三）普通駐蹕宮廟與廟際關係網中的社會資本生產

---

16 《壬午年媽祖巡安金門活動手冊》，周金琰提供，第 14-17 頁。

　　從臺灣的駐蹕宮廟來看，它們在廟際關係網中儘管只是普通成員，但是，通過接待湄洲媽祖金身，它們與網路中心（湄洲祖廟）的距離被大幅度拉近，它們也因此得以分沾網路中心的權威，並表現出相對於關係網外的宮廟的優越性。

　　1997 年 1 月 25－29 日，在湄洲媽祖金身駐蹕嘉義縣樸子市配天宮的三天中，共有 30 萬信徒湧入配天宮朝拜媽祖金身。樸子市的人口只有 8 萬，可見 30 萬的朝拜信徒中的絕大多數都是從樸子以外的四面八方蜂擁而來的。湄洲媽祖金身沒來之前，配天宮只是樸子市的一座地方性的宮廟，信徒局限於朴子市，對外影響有限。因此，我們可以推測，如果沒有湄洲媽祖金身的入駐，30 萬信徒中的絕大多數，很可能永遠都不會和配天宮發生聯繫。但是，湄洲媽祖金身入駐後，情況有了巨大的變化，鄰近地區的信徒克服種種困難，紛紛趕到配天宮來朝拜湄洲媽祖金身。[17]由此可見，配天宮在接待湄洲媽祖金身的過程中，分沾了湄洲媽祖的權威，提升了自身的聲望，並因此而成為周圍媽祖信眾朝聖的中心。1 月 26 日配天宮舉辦迎駕祭典，當地「縣長」、「市長」、「國策顧問」等政要彙聚一堂。祭典結束後，由省「議員」陳明文點燃聖火，「然後由聖火隊開始繞行附近樸子、太保、東石、布袋等一百零八莊，到所經村莊的廟宇點燈」。組織聖火隊到附近村廟點燈，用意是將配天宮承接到的湄洲媽祖的靈力分散給周圍的宮廟。通過靈力的轉接儀式，配天宮很自然地表現出相對於關係網外的宮廟（當地一百零八莊的宮廟）的優越性，並因此而建構起當地信仰中心的地位。

　　駐蹕宮廟通過接待湄洲媽祖金身，提高了自身的聲望。聲望提升後，前來朝拜的信徒大幅度增長，從而給駐蹕宮廟帶來更多的經濟收入。這是駐蹕宮廟利用廟際關係網來實現社會資本生產的主要途徑。例如，在湄洲媽祖金身駐蹕配天宮的三天裡，配天宮的廟方抓住時機，在湄洲媽祖金身前搭建七星平安橋，信徒走一次要 100 元台幣。此外，「還有各色各樣精緻的紀念品，擺滿長長一條街」。總之，正如《湄洲日報》

---

[17] 有的患病的信徒甚至還提著氧氣瓶到配天宮朝拜。

隨團記者評論的那樣，通過接待湄洲媽祖金身，配天宮不僅「出了大風頭，也有可觀的收入」。[18]

四、文化行為背後的政治、經濟因素
——福建祖廟金身巡遊活動的幕後導演

在當前的兩岸形勢下，不論是兩岸之間的何種文化行為，都不可避免地要受到政治、經濟因素的影響。福建祖廟金身巡遊臺灣的活動也是如此，它的頻繁舉辦，離不開政治、經濟因素的推波助瀾。

（一）政治、經濟因素對福建祖廟的影響

上世紀八十年代後，在閩台民間宗教文化交流日趨活躍的大背景下，我國政府適時推出了「由神引人，以民促官」，推動兩岸關係良性發展的政策。如前所述，福建祖廟金身巡遊臺灣活動是閩台民間模擬和改造古代帝王巡狩制度的產物，它有利於在重複巡狩傳統的基礎上，凸顯以福建祖廟為中心的大一統意識。因此，福建祖廟金身巡遊臺灣的活動很明顯地帶有以宗教文化交流來推動兩岸關係發展的政治色彩，並因此而得到了中國政府的大力支持。

1997 年湄洲媽祖金身巡遊臺灣的活動，很好地詮釋了以宗教文化交流來帶動兩岸關係發展的政治意義。媽祖金身巡台期間，每到一地，「當地的『縣、市長』、『民意代表』和各界知名人士都爭當主祭官或陪祭官，大部發表熱情友善的講話，盛讚這次媽祖巡台活動」。臺灣島中南部是「台獨」勢力最集中的地方，這次媽祖金身巡台，約有百分之七八十的時間是在這些地方巡遊的。在駐蹕這些地方的宮廟時，護駕團有機會接觸當地的大小「政要」，「他們涵蓋了國民黨、新黨、民進黨及無黨籍各界人士。這些人在與護駕團私下接觸中，態度都較友善」。[19]臺灣

---

[18] 《湄洲媽祖巡遊臺灣記》，第 87、89、153 頁。
[19] 《湄洲媽祖巡遊臺灣記》，第 75、85 頁。

一些黨派人士的「台獨」傾向是很明顯的，但是，他們對媽祖的信仰卻相當虔誠。湄洲媽祖金身巡台時，他們在媽祖信仰的號召下，將政見分歧擱置一旁，很虔誠地趕來祭拜媽祖金身，並對大陸來的護駕團成員表現出友好態度，這說明，共同的媽祖信仰，可以達到化解歧見、廣泛團結臺灣民眾的目的。

再者，福建祖廟是信仰發源地，是所有臺灣分靈宮廟的淵源所自，祖廟金身巡遊臺灣，臺灣信眾在強烈感受到他們的信仰根在大陸的同時，很自然地萌生出他們的根也在大陸的意識。2002 年湄洲媽祖金身巡遊金門時，一位金門教師在接受採訪時指出：「我們組織學生朝拜媽祖，是為了讓他們瞭解中華傳統文化，接受媽祖文化的教育，讓他們認識我們的根在大陸。」[20] 金門「立委」吳成典在祭典祝文中，也指出「樂三通而一統，臻兩岸於大同」。[21] 信仰文化的認同，有可能導致更高層次的民族認同和國家認同。

福建祖廟金身巡台活動的背後也有經濟因素的推動。福建祖廟所在地的地方政府希望利用金身巡台來打造旅遊品牌，發掘新的商機，推動地方經濟的發展。

上世紀八十年代以後，隨著越來越多的臺灣信徒前來湄洲祖廟進香謁祖，莆田地方政府意識到，莆田的發展必須依託於媽祖信仰的橋樑作用，吸引更多的臺胞、僑胞到莆田來觀光旅遊和投資興業。1997 年湄洲媽祖金身近 50 人的護駕團在護送媽祖金身之餘，還帶有尋找商機、吸引臺胞投資的意圖。護駕團中的莆田主要領導同志，借金身巡台的機會，率團看望了在莆田涵江和仙遊投資開工廠的台商，向他們表示親切的問候。與此同時，護駕團考察了臺灣的港口和工農業生產建設情況，並向臺胞介紹了莆田的投資環境。對於金身巡台帶來的經濟效應，《湄洲日報》是這樣報導的：「這次巡遊活動，進一步提高了莆田的知名度。通過廣泛接觸交談，臺胞們進一步瞭解到莆田市、湄洲港灣的開發建設，進一步瞭解到湄洲島作為國家級旅遊度假區的情況。不少臺灣同胞

---

20 劉永玉：《湄洲媽祖金身巡安金門紀實》，《台聲》2002 年第 7 期，第 7 頁。
21 參見《壬午年媽祖巡安金門活動手冊‧祝文》，周金琰提供。

表示要來莆田考察，在朝拜媽祖的同時，願意投資辦企業。在巡遊活動中，護駕團成員還考察了臺灣的一些主要港口及工業開發區、農業生產等，爲進一步增進兩岸經貿、文化等交流打下了良好的基礎」。[22]

（二）政治、經濟因素對臺灣宮廟的影響

在上世紀九十年代以後兩岸關係逐漸緩和但禁區仍然存在的情況下，宗教文化交流活動的頻繁舉辦，可以造成兩岸已經交通的既成事實。而既成事實的出現，常常能夠衝破政治上的禁區，開拓出兩岸交流的新局面。當然，政治意圖又是與經濟目的交叉滲透的。政治禁區的打破，兩岸合作交流的擴大，能夠給臺灣宮廟及其所在地帶來經濟上的益處。2002 年湄洲媽祖金身巡遊金門，就是一個典型例子。

金門距離廈門只有 5.18 海浬，1949 年後一直是戰爭最前線，經濟發展受到阻礙。上世紀八十年代以後，兩岸關係迎來新的局面，金門也從原來的戰爭最前線一變而爲兩岸交流合作的排頭兵。臺灣當局於 2001年 1 月 1 日開通「小三通」，同意金門戶籍的民眾以及在大陸經商的臺灣本島民眾，可以經金門直航廈門後，給金門的發展帶來更大的期望。金門民眾希望借助「小三通」，將金門打造成爲兩岸往來的中轉地，並借機將本地的旅遊資源推介出去。但是，由於限制很多，「小三通」實際不通。因此，2002 年 5 月舉行的湄洲媽祖金身直航金門的巡遊活動，實際上就是金門「縣政府」借助「宗教先行」造成兩岸交通的既成事實來衝破政治禁區，讓「小三通」真正「通」起來而採取的一個措施。

2002 年 5 月 7 日，「太武」輪滿載金門信眾，直航湄洲，這是 1949年後兩地直航的第一次。而 5 月 8 日湄洲媽祖金身直航金門，也是湄洲島 3000 噸級對台客運碼頭自 1996 年建成以來的第一次對台直航。可見，這次湄洲媽祖金身巡遊金門，開闢了兩地的直航線路，意義非常重大。金門「縣長」李炷烽在接受記者採訪時指出，他「爲湄洲金門航線已開闢感到欣慰，希望將來臺灣所有信徒、香客也可以到金門來，由金

---

[22] 《湄洲媽祖巡遊臺灣記》，第 68-69 頁。

門『直轉』湄洲，成爲兩岸宗教一條快速便捷通道」。[23]一旦臺灣的媽祖信眾經由金門的「小三通」再直航湄洲進香的話，金門將從這種宗教中轉中極大地獲益。與此同時，金門「縣政府」也「期盼藉此（巡遊活動）展現金門地區的文化內涵與民情風俗，吸引觀光人潮，」[24]以「刺激當地消費、拉動經濟增長」。[25]

如果說在大陸祖廟金身巡遊臺灣的活動中，大陸方面考慮更多的是政治因素，其次才是經濟因素和宗教信仰因素的話，那麼，對於臺灣而言，考慮更多的恐怕是經濟因素，爾後才是政治因素和宗教信仰因素。

五、結論

任何新事物的產生，都是諸多因素共同促成的。作爲閩台神緣新形式的福建祖廟金身巡遊臺灣的文化現象的出現，也並非偶然，它是在兩岸特定的時代背景下，政治、經濟、文化、廟際關係網等諸多因素相互作用的結果。一方面，福建祖廟金身巡遊臺灣的文化原型爲古代帝王巡狩制度，它體現的大一統價值觀暗合中國和平統一大業的奮鬥目標，有利於兩岸關係的發展，因此，得到中國政府有關部門的大力支持，一路開綠燈；而臺灣當局包括不同政黨對福建祖廟金身巡遊臺灣的政治意涵也心知肚明，但礙於臺灣宗教信仰的巨大能量，出於未來選票的考量，雖有所顧忌，但也不便阻攔，反而順水推舟，加以利用。一些政治人物還積極參與，希冀能從中撈取政治資本，或者希望通過舉辦這樣的活動，來帶動地方經濟發展。另一方面，福建祖廟和臺灣宮廟充分利用兩岸政治的微妙關係，在不同的內在動力驅動下，主動出擊，透過金身巡遊活動構建新的廟際關係網，以實現提高廟宇聲望、吸引更多信眾、獲取更多經濟利益的目的。總之，福建祖廟金身巡遊臺灣的活動是宗教與

---

[23] 《湄洲媽祖金身首次金門巡安》，《金門日報》2002 年 5 月 9 日，第一版「焦點新聞」。

[24] 《壬午年媽祖巡安金門活動訂八至十二日熱鬧登場》，《金門日報》2002 年 5 月 3 日，第一版「焦點新聞」。

[25] 鄧麗娟：《喜見福建「金門游」的開通》，《兩岸關係》2005 年第 1 期，第 69 頁。

社會互動的產物，彰顯了政治、經濟因素在當代的文化行為中所扮演的重要角色，兩岸不同的利益集團均從中獲取各自想要的東西，產生了難得的合作共贏的結果。未來兩岸關係的發展，從福建祖廟金身巡遊臺灣熱中也許可以得到某些有益的啟示。我們相信，隨著兩岸關係的發展，福建祖廟巡遊臺灣熱還將升溫，成為新的宗教民俗活動，繼續在兩岸關係中發揮重要作用。

　　（本文發表於《東南學術》2013 年第 3 期，第 191－199 頁，與范止義合作。）

閩台媽祖信仰交流對臺灣當局的兩岸政策的影響

　　媽祖是臺灣民間信仰中最受尊崇的神祇，以它為主神的廟宇，全台多達一千三百餘間。自古以來，閩台媽祖信仰交往密切。1987 年臺灣解嚴以後，兩岸宗教交流活動日趨頻繁，其中媽祖信仰是推動兩岸宗教交流活動特別活躍的一支，形成兩岸宗教交流活動中的「媽祖模式」。據統計，到莆田市朝拜媽祖的臺胞在 1987 為 596 人次，至 1988 年一躍達為 3.56 萬人次，到去年約有 8 萬人次，合計自 1986 年至 2004 年共有臺胞 127.8 萬人次左右到湄洲朝拜媽祖。[1]閩台媽祖信仰的交流對臺灣當局的兩岸政策產生一定的影響，本文就此問題進行深入的分析和解讀。

一、媽祖信仰在兩岸關係中的角色扮演

　　首先必須回顧媽祖信仰在兩岸關係中具有代表性的幾個事件。

（一）1987 年大甲鎮瀾宮組團到湄洲進香

　　1987 年正值媽祖升天 1000 周年紀念，大陸湄洲媽祖向臺灣各大媽祖廟發出邀請，由於當時臺灣剛剛解嚴，臺灣當局的政策還未開放，各大媽祖廟雖然都躍躍欲試卻也不敢貿然行事。惟獨台中縣大甲鎮瀾宮董事們，富有遠見，覺得此事值得嘗試，於是在 1987 年 10 月 25 日至 11 月 7 日，由十七名董事取道日本、上海、福州、泉州到湄洲進香。[2]此時，臺灣當局還未頒佈《現階段宗教團體派員赴大陸地區從事宗教交流活動作業規定》，廟方的進香活動可謂走在臺灣當局大陸宗教政策前頭，打開兩岸宗教交流首頁，堪稱一大「創舉」。隨後，臺灣各媽祖廟

---

1. 上述資料由莆田市宗教局提供。
2. 張珣：《媽祖信仰在兩岸宗教交流中表現的特色》，刊於《兩岸宗教現況與展望》，學生書局，1992 年，頁284。

紛紛到大陸進香，所帶來的影響不可低估。

（二）1989 年蘇澳南天宮「直航」福建湄洲進香

　　1989 年距離臺灣當局解嚴不到兩年時間，當局雖然放寬兩岸宗教交流活動，但又沒有相關的法規可依，兩岸宗教交流動向仍然是迷霧一團。然而，兩岸交流是不可阻擋的歷史潮流，是民心所向，大勢所趨。1989 年 5 月 5 日，蘇澳（南方澳）南天宮的 225 人的進香團分乘 19 艘漁船，帶著 5 尊從湄洲廟「分靈」去的媽祖像，突破當局禁令，「直航」大陸湄洲島進香。5 月 9 日，請回了 38 尊小型媽祖神像和 2 尊大型媽祖神像。據《聯合報》5 月 11 日報導：當進香團歸途經至龜山嶼海面時，「蘇澳漁港內有 60 餘隻船前往迎駕，宜蘭縣及從全省各地趕到的成千上萬信徒，則人手一炷香，聚集在碼頭、堤防、高架橋上等候，擠得水泄不通。」船隊進港後，「兩尊大陸大媽祖神像有 100 多尊分靈的媽祖神像及來自全省各地陣頭前導，在蘇澳鎮和南方澳漁港進行繞境，信徒人手一炷香隨後，隊伍長達約 3 公里，一時鞭炮聲和陣頭鑼鼓聲響徹雲霄。沿途民眾也設案敬拜，港區熱鬧非凡。」而在接神駕時，不僅有當地縣議會議長羅國雄和省議員遊錫堃來擔任神轎的抬轎人，連當地的民意代表也全部到場。[3]蘇澳南天宮的「直航大陸」事件，觸犯了臺灣當局的所謂「三不政策」（即不通航、不通商、不通郵），最後以反《國安法》、《動員戡亂時期船舶管制辦法》判處南天宮廟管理委員會主任委員林源吉四個月徒刑，緩刑三年，二十名船長二至四個月徒刑，緩刑三年。進香團之所以與臺灣當局發生衝突，其實與解嚴初期，臺灣當局在兩岸宗教交流活動上既不能查禁，又無法正式同意的曖昧態度有很大關聯。當局以《國安法》處置進香團負責人，原就不妥當，實際上是一種政治權利的放任，也表明當時臺灣當局在兩岸宗教交流問題上並無適當法源可作為處理依據。此事件發生後，臺灣當局加緊對相關政策的制定，1990 年 10 月，「內政部」頒佈了《現階段宗教團體派員赴大陸地

3　瞿海源：《臺灣宗教變遷的社會政治分析》，圖書公司 1997 年版，頁 158。

區從事宗教活動作業規定》，開始放鬆臺灣同胞到大陸進香謁祖的限制。[4]

（三）湄洲媽祖金身巡遊臺灣

1990 年代以後，隨著兩岸經濟、政治、文化交流的進一步活躍，臺灣媽祖信徒「拜媽祖、懷故鄉」的強烈感情再度昇華，彙聚爲一股激流，推動著湄洲祖廟媽祖赴台巡遊時機的到來。1997 年 1 月 24 日，爲滿足臺灣廣大信徒朝拜媽祖金身的強烈願望，湄洲媽祖廟應臺灣知名人士陳適庸先生的邀請，組成媽祖金身巡遊臺灣護駕團，飛赴臺灣，進行爲期 102 天的巡遊。在媽祖金身遊台的 102 天裡，媽祖金身共駐蹕 34 座媽祖分靈宮廟，巡遊 19 個縣、市，行程萬里，朝拜媽祖的臺灣信眾達 1000 萬人次，占臺灣省總人口的二分之一，出現「萬人空巷」、「全城沸騰」、「十里長街迎媽祖」、「火樹銀花不夜」的令人歎爲觀止的「媽祖熱」！ 此次活動，臺灣媒體將其稱爲「世紀之行」，被評爲當年十大新聞之最[5]。

（四）1999－2000 年大甲鎮瀾宮挑動「宗教直航」議題

1999 至 2000 年以大甲鎮瀾宮爲首的媽祖信徒，更有意突破臺灣當局的兩岸不許通航的禁令，大力推動兩岸「媽祖直航」。此活動是在 1999 年上半年開始的，3 月 24 日，當時身兼台中縣大甲鎮瀾宮董事長的台中縣議會長顏清標、台中縣立委郭榮政、邱太三、陳傑儒、楊瓊櫻及台中縣副縣長劉世芳昨日爲宗教直航問題，連袂前往「交通部」拜會林豐正。林豐正推託兩岸直航是大陸政策問題，關鍵不在於「交通部」，而是由「陸委會」主導。於是台中縣政府及民意代表決定另外再拜會陸委會主任蘇起。同年 12 月 24 日，台中市鑫金開發公司受台中縣大甲鎮鎮

---

[4] 葉永文：《臺灣政教關係》，風雲論壇 2000 年版，頁 276-277。

[5] 詳見湄洲媽祖廟董事會、媽祖文化研究中心、莆台新聞交流協會編：《湄洲媽祖巡遊臺灣記》，1998 年，4 月。

瀾宮委託，向台中港務局提出申請，擬以包船方式租用外籍客輪在明年四月至九月從台中港經第三地，轉赴大陸湄洲天后宮媽祖廟進香，「交通部」獲行政院首肯之後，「再函覆台中港務局，原則同意接受鑫金公司申請。」[6]雙方就此達成妥協意見。

到了 2000 年初臺灣「總統」大選，民進黨在選舉前後迫於各界要求改善兩岸關係的強大壓力，曾經不斷開出「將全力推動、促成兩岸三通」、「實現宗教直航」等等支票。2000 年 5 月 23 日，大甲鎮鎮瀾宮才再度挑動「直航」議題，向陸委會提出申請「宗教直航」。顏清標提出，進香路線共有三個方案，甲案是由台中港到大陸莆田上岸，再轉車到湄洲島；乙案是經金門到大陸廈門，再轉車到湄洲島；丙案是經馬公到廈門上岸，再轉車到湄洲島。鎮瀾宮希望民進黨當局能夠同意鎮瀾宮的宗教直航方案，「希望能透過宗教直航培養雙方（兩岸）互信關係，進行具有建設性的對話及協商。」[7]

6 月 6 日，呂秀蓮在記者招待會上公開反對「宗教直航」，強調「臺灣安全應該高於一切」，並指責信眾在借「神的旨意」壓迫政府。「6 月 12 日上午，陸委會主委蔡英文在行政院和三黨一派立委，達成『宗教通航』共識。『小三通』提前於半年後實施，並考慮優先試辦經由金門的宗教通航。」但對於眾所關切的宗教直航問題，陸委會卻表示「最快也要到明年初才有可能成行」。[8]如此一來，大甲鎮瀾宮想要在 7 月 16 日「直航」湄洲是不可能的了。而鎮瀾宮又認為媽祖定下的進香時間不能改，那麼如果要走海路，只能彎靠第三地，但這是下策。於是，鎮瀾宮在為「宗教直航」奔波一年多後，一切仍回到原點。2000 年 7 月 16 日零時大甲鎮瀾宮進香團搭飛機經香港到大陸湄洲島。雖然大甲鎮瀾宮挑起的「宗教直航」的議題胎死腹中，但卻縮短了「小三通」的規劃時程。

---

[6]　《宗教直航政院采折衷案》，《聯合報》，1999 年 12 月 24 日，第 13 版。

[7]　《鎮瀾宮申請七月宗教直航》，《聯合報》，2000 年 5 月 24 日。

[8]　《顏清標：都是對著我來》，《新臺灣新聞週刊》，2000 年 6 月 18 日。

（五）兩岸「宗教直航」及其後續效應

　　2001 年 1 月 2 日上午 7 點 30 分，載有五百多名馬祖進香客的台馬輪徐徐駛出馬祖福澳港，於 11 點 30 分平安抵達福州馬尾港，完成兩岸分隔五十二年來首次「宗教直航」之旅的首站行程。同年 4 月 16 日，宜蘭縣 6 艘漁船載 45 名宗教界人士抵達福建湄洲島朝拜媽祖。7 月 16 日台中縣大甲鎮瀾宮董事長顏清標率信眾「直航」湄洲島，為爭取「宗教直航」多方奔波甚至不惜和當局抗衡的大甲鎮瀾宮，「宗教直航」的夙願最終得以實現。2002 年 5 月 7 日至 12 日湄洲媽祖巡安金門，行經之處萬人空巷，信徒頂禮膜拜。這次「直航」活動乃是由金門縣天后宮媽祖會主辦，金門地區各媽祖廟及金門縣政府、各鄉鎮公所協辦。[9]這次活動為兩岸宗教交流打開一扇「大門」，也將金、廈小三通航線延伸至遠離金門九十二里外的湄洲島。這是「湄洲媽」有史以來首度跨海巡安金門，同時也是兩岸「小三通」之後，金門的交通船隻第一次直航湄洲。[10]而據《中央日報》5 月 9 日第五版報導：福建省台辦負責人對湄洲媽祖金身巡安金門，總結為創下了五十多年來兩岸交往史上的「四個第一」，「即第一次以海上直航方式出巡；第一次到金門接受信眾朝拜；第一次啟動湄洲島三千噸客運碼頭；第一次實現了湄洲島與金門、烏丘之間的客運通航。」[11]

　　2002 年 7 月 23 日上午 10 時，「超級星」號客輪搭載 233 人媽祖信徒直航泉州天后宮進香。澎湖縣長賴峰偉表示：「澎湖先民大都來自泉州及漳州，澎湖與泉州之間原本就有海上貿易航路，這條『海上絲路』中斷多年後因為宗教直航再度復航，是兩岸交流史上一大步，也是善意的一步，他呼籲政府盡速規劃澎湖取代港澳成為兩岸三通中繼站。」[12]澎湖縣長賴峰偉與泉州市對台辦處副主任丁家全會面後，均表示：「宗教直航後雙方將努力貨運直航，後續則爭取台商經由澎湖轉運，……對於

9　《宗教直航後可帶動澎湖整體經濟產業發展》，《金門日報》，2002 年 5 月 3 日。
10　《二媽恭迎湄洲媽金門巡安》，《中國時報》，2002 年 5 月 8 日，第 21 版。
11　《湄洲媽祖直航金門巡安》，《中央日報》，2002 年 5 月 9 日，第 5 版。
12　臺灣聯合新聞網 2002 年 7 月 23 日。網址：http:www.geocities.com/hkrpsoc/news/723.htm。

澎湖、泉州兩地經濟繁榮都會有說明，所以意義匪淺。」[13]澎湖縣政府網站還特意以《新竹市長學習澎湖宗教直航經驗》爲題，登出：「兩岸直航交流後續效應，持續發燒！澎湖與泉州海峽兩岸首次宗教直航日前國民黨在台中市舉辦的地方行政首長推動政務協調會中，引發熱烈討論。……民黨中央政策會副主任林鈺祥指出，澎湖宗教直航模式相當難得」[14]

二、關於媽祖信仰在兩岸關係中角色扮演的分析與解讀

從以上幾個事件上看，媽祖信仰在兩岸交流問題上表現出極大的熱情和勇氣，並且在很多問題上始終走在臺灣當局大陸政策前頭，敢於對臺灣當局施加壓力，一定程度上加速「宗教直航」和兩岸交流的步伐，也凸顯民間信仰團體自主性的提升。

那麼，爲什麼這一時期臺灣媽祖信仰敢於積極表達自己的訴求呢？我們認爲，關鍵的動因是媽祖信仰的背後擁有龐大的政治和經濟實力。

解嚴以後臺灣媽祖信仰發展十分迅速，並且形成幾座大的媽祖廟，它們與地方政治的關係可以大致分成兩類：一類是政治領袖兼任媽祖廟負責人，例如大甲鎮瀾宮董事長是「立法委員」顏清標，北港朝天宮董事長由「立委」曾蔡美佐擔任，彰化南瑤宮由彰化市長溫國銘擔任，安平天后宮由高雄市議員張省吾擔任，而蘇澳南天宮的主任委員林源吉本人則是蘇澳漁會的會長；另一類則爲非政治領袖擔任負責人，像新港奉天宮、鹿港天后宮、台南大天后宮等等皆是屬於這一類型。[15]稍加比較，我們就可以發現介入兩岸交流事務中比較積極，衝突比較厲害的媽祖廟，如大甲鎮瀾宮、蘇澳南天宮都是屬於政治領袖兼廟宇負責人的類型。

---

[13] 《大紀元時報》2002 年 7 月 25。網址 http://www.epochtimes.com/b5/2/7/25/n204330.htm。

[14] 網址：www.phhg.gov.tw/chinese/news/9108/0806.htm

[15] 參見張家麟：《政教關係與兩岸宗教交流——以兩岸媽祖信仰爲焦點》，中國網 2002 年 7 月 26 日，網址：http://www.china.org.cn/chinese/zhuanti/179096.htm。（下同）

　　解嚴以後民間宮廟尤其是一些大廟，由於各種因素共同作用，經濟實力日趨雄厚，信徒人數也在增長，擁有豐沛的經濟和人脈資源，在選舉中是一大可以依賴的基礎，成爲政治人物熱衷進駐的地方，於是有上述一類型媽祖信仰爲政治領袖人物兼任媽祖信仰負責人現象的出現，要麼就是廟方的負責人與地方政治人物有交情有往來。以大甲鎮瀾宮爲例，第三、四、五屆的董事長是由商人出身的王金爐擔任，王金爐被劃入台中縣黑派勢力，「但與紅、黑、第三勢力均有往來，甚至和民進黨政治人物也有交情。」王金爐曾經想挾鎮瀾宮實力和影響力參選「國代」，但結果不敵落馬。[16]在王金爐之後，台中縣紅、黑兩派勢力爲董事長參選人問題爭執，「原定人選是台中縣黑派立委郭榮振，不過同是紅派的立委卻對人選有意見，在爭執過程中，有人提議要找顏清標。」[17]顏清標本是臺灣本省縱貫線海派的大哥，卻也是當時台中縣議會會長，曾經擔任省議員。雖然他隸屬黑派，卻在鎮瀾宮董事長人選問題上成爲紅、黑兩派都同意的人選。[18]加上他議員的身份，顏清標成爲臺灣中部政壇炙手可熱的風雲人物。大甲鎮瀾宮敢於向當局施壓，挑動「宗教直航」議題，就是與其裹挾台中政壇這股強勢力量，加上大甲鎮瀾宮影響力作爲後盾有很大關聯。1999 年 2 月顏清標搭機到大陸商討彎靠第三地直航事宜返回臺灣後，針對臺灣「行政院」陸委會副主委林中斌說他前往協商不具代表性一事，提出反擊稱「如果林中斌只重視立委，他將會邀請十多名立委向林中斌討教。」底氣之足，氣勢之大躍然紙上。在民進黨上臺執政之後，2000 年 4 月 17 日，臺灣中部 13 位各黨籍「立委」連袂說是去看「陸委會主委」蔡英文，實際上是在向當局施壓希望儘早實現「宗教直航」，免了彎靠第三地的不必要的麻煩。蔡英文迫於壓力最終也只能表示會儘量解決。顏清標的「宗教直航」也獲得在野「立

[16]《一道厚厚的黑影籠罩大甲的媽祖婆》，《新新聞週報》，1996 年 11 月 17 日－11 月 23 日，頁 68。

[17]《顏清標祭出媽祖牌四大天王乖乖列隊》，《新新聞週報》，1999 年 4 月 22 日－4 月 28 日，頁 11。

[18]《顏清標祭出媽祖牌四大天王乖乖列隊》，《新新聞週報》，1999 年 4 月 22 日－4 月 28 日，頁 12。

委」及地方縣政府和縣議會的支持，其中還包括國民黨黨團書記長林建榮、朱立倫及澎湖縣縣長賴峰偉、議長蘇昆雄和金門縣議長陳水木的支持。顏清標所領導的大甲鎮瀾宮媽祖信仰在其政治動作之下，形同一新興壓力團體，對當局產生強大影響力。[19]甚至，在執政的民進黨新當局在「宗教直航」議題上出爾反爾，延遲直航議程，且「副總統」呂秀蓮在記者招待會上公開反對「宗教直航」，指責鎮瀾宮以神意壓迫政府時，仍有不少立委對於「專案特許──宗教直航」表示同情和支持，並聲言如果「專案特許──宗教直航」在立法院通過，而陸委會不予執行，不排除提出對政府不信任案。

南天宮在 1989 年敢於觸犯臺灣當局「三不政策」（不通航、不通郵、不通商），直航大陸湄洲進香，恐怕也是與地方政治勢力的支持不無關係。南天宮主任林源吉本人是蘇澳漁會會長，在一方也算是個頭面人物。而當時到出海湄洲進香時隨行的有兩位宜蘭縣縣議員及幾位鎮民代表。更複雜的是，進香回來時除了成千信眾擁在港邊，還有宜蘭縣議會議長羅國雄和省議員遊錫堃，擔任神轎的抬轎人。「東窗事發」後，當局對南天宮負責人判刑，不僅沒有民意代表公開反對或批評此事，相反還有幾位「立法委員」、「國大代表」及省議員公開發表談話支援漁船直航大陸進香，甚至向行政部門提出質詢，來伸援進香活動。事件發展的整個過程，始終都有地方的重要政治人物的參與。

2002 年澎湖「宗教直航」最終能夠成行，與澎湖政府一年多的積極推動也有很大的關係。澎湖縣長賴峰偉就是當年支持顏清標「宗教直航」的重要地方政治人物之一。在 4 月份「陸委會」想延遲澎湖到泉州「直航」日期時，馬上成了澎湖縣議會議員抨擊當局的焦點。

以上種種跡象都表明，解嚴以後臺灣媽祖信仰逐漸敢於挑戰當局權威或推動當局各項政策實行，而且在這過程中已經不簡單是媽祖廟方與當局抗衡的問題，而是演化成地方廟宇與地方政治勢力相互結合，對抗臺灣當局，影響當局高層決策的。而其背後似乎還隱藏著地方利益與臺

---

[19]　張家麟：《政教關係與兩岸宗教交流──以兩岸媽祖信仰為焦點》，中國網 2002 年 7 月 26 日，網路版。

灣當局利益的衝突。地方政治人物與廟方構成互利團體，兩岸宗教交流進一步開放對他們而言有利無害，正如澎湖縣長賴峰偉所表示直航「對於澎湖、泉州兩地經濟繁榮都會有說明，但對於臺灣當局而言，「三通」與「直航」議題是在兩岸問題上談判的「籌碼」。

至於為什麼媽祖信仰與地方結合的這股勢力作為民間信仰的代表，能夠在解嚴之後從影響地方事務發展到影響臺灣當局高層政策呢？筆者認為主要基於以下幾點原因：

首先，解嚴後，臺灣政治體制發生重大變革，一黨專制結束，多黨政治開啟，對各方面的管制逐漸放鬆，乃使宗教團體和力量敢於發出自己的聲音。

其次，解嚴前「中央/國民黨、地方/地方」派系的雙元結構圖像，在維持了國民黨四十多年長期的威權統治後，終於逐漸被打破。在 80 年代後期，「經由反對運動的興起與挑戰、國民黨統治策略的改變，地方派系乃得以突破雙元結構的限制而進入『中央』，藉由『中央』政治機器以政滾利的運作，地方派系問題乃完成其政治現身。」[20]民間宮廟也得以借助這股潮流，表達自己的訴求。

再次，是選舉的因素，臺灣高層選舉需要地方派系固牢「椿腳」或「拔椿」，而發生在一般寺廟裡的，透過相同信仰所產生的信任關係，轉化為政治上的支持，又是地方政治動員中重要的一環。因此當代臺灣地方派系的運作與地方廟宇的運作有著相當密切的關係，成為臺灣當局高層次選舉必須依賴的基層力量。

三、結論

1、臺灣媽祖信仰在兩岸交流問題上表現出極大的熱情，並且在很多問題上始終走在臺灣當局大陸政策前頭，在影響兩岸宗教交流走向問題上扮演關鍵性的角色。以媽祖信眾為代表的臺灣同胞在兩岸宗教交流

---

[20] 陳晉煦：《神轎—試析「林合成」的宗教與政治》，網路版。

中所表現出來的熱情，再度證明海峽兩岸人民「血脈相連，神緣相通」，臺灣當局的禁令是逆歷史潮流的，無法阻擋臺灣人民與大陸交往的意願。臺灣媽祖信仰在推動兩岸宗教交流進一步發展尤其是「宗教直航」議題上，敢於表達自身利益和訴求，甚至不惜與當局高層發生衝突，所表現出的勇氣，是中華民族向心力的曲折體現，值得贊許。

2、在臺灣選舉體制下，無論是地方選舉還是高層選舉，寺院宮廟的票源十分重要，不同政黨都將高度重視。臺灣媽祖信眾眾多，解嚴後部分媽祖廟與地方政治勢力相結合，形成一股新興強勢力量，已經從解嚴前的影響地方事務發展到影響「中央」高層決策，甚至敢於與當局抗衡，並取得一定成效。在未來爲維護雙方共同利益的前提下，這股力量仍將持續扮演對臺灣當局施加壓力的角色，其對未來臺灣政局和兩岸關係仍將產生深遠影響。

3、我們也不能誇大媽祖信仰對臺灣當局的兩岸政策的影響力，在中國，自古以來就是政權高於神權，宗教信仰所起的作用往往是在政治的體制下進行的，受到很大的限制。在當局「臺灣安全應該高於一切」的論調下，兩岸走向主導權仍在當局手中，民間信仰團體的自主仍然只是「有限」的自主。

（本文發表於林曉東主編《媽祖文化與華人華僑文集》，中國文史出版社，2008年11月，第325－336頁，與莊婉婷合作）

閩台民間信俗的文化內涵與現代價值

自古以來，閩台民間信仰特別發達，林立的宮廟、成百上千的神靈、頻繁的宗教活動、眾多的信徒構成閩台民間信仰的基本內容。在閩台民間信仰中，一些信仰活動由於歷史的長期積澱，逐漸與民俗活動緊密結合起來，成爲區域社會或某個社區、某些鄉族多數成員參與的、具有濃厚民俗色彩的民間信俗。這些民間信俗具有很強的草根性，雖然長期以來被官方視爲「封建迷信」加以壓制甚至禁止，但至今仍在閩台民間廣爲流傳。對於歷史悠久、影響廣泛、具有頑強生命力的閩台民間信俗，我們有必要站在文化發展戰略的高度重新審視，深入挖掘其文化內涵和現代價值，並賦予新的文化意義。

一、生育信俗

生育信仰是人類最古老的信仰之一。在遠古社會，由於人類不瞭解生育的秘密，把人類的繁衍往往歸功神靈的贈賜，塑造了生育神，如地母崇拜、高禖信仰，都是中國比較古老的生育神。進入封建社會後，由於受到「不孝有三，無後爲大」的影響，百姓更加注重傳宗接代，爲了滿足善男信女的需要，創造了諸如觀音、碧霞元君、王母娘娘、張仙等具有全國性影響的生育神靈。

閩臺地區在宋代之後，受以朱熹爲代表的閩學的深刻影響，重男輕女之風濃烈，《五雜組》卷 15 記載：「大凡吾郡人尚鬼而好巫，章醮無虛日。至於婦女祈嗣保胎，及子長成，祈賽以百數，其所禱諸神亦皆里嫗村禖之屬。」因此，閩臺地區生育崇拜特別發達，除了上述全國性影響的生育神之外，還塑造七娘媽、臨水夫人等區域性生育神，並且形成具有閩台地方特色的生育信俗。其中影響最大的臨水夫人陳靖姑信仰，千百年來臨水夫人一直被閩台民間奉爲婦女兒童的保護神，並形成了一些與婦女、兒童密切相關的生育信俗，諸如祈子、保胎、助長、洗三旦、

收驚、過關、行粲鬥禮、糊杉亭等，[1]對閩台婦女兒童均產生重要的影響。

臨水夫人信仰中生育信俗，是特定歷史階段的產物，反映了時人的生育觀，其中也包含著一些科學的因素，茲以祈子、過關為例。

首先是祈子信俗。

在中國封建社會中，多子多福、五世同堂一直是老百姓所追求的目標，婦女更是以生兒育女、傳宗接代為自己的首要職責。而當時的醫藥衛生非常落後，婦女們如果遇上久婚不育，便面臨著遭到夫家唾棄的危險（「七出」之一），為了能夠早生貴子，她們熱切期望有一位無所不能的神仙能在冥冥之中幫助她們，臨水夫人的授子職能正是適應廣大婦女的這種需要而出現的。

古田臨水宮前有一座百花橋，橋下溪澗紅白花爭奇鬥豔，相傳每一朵花都是一個嬰兒，白花為男孩，紅花為女孩。婦女無子者，可於正月十五日陳靖姑生日前去廟中祭祀，向臨水夫人請願，然後採一朵供在香案的花回家去，俗謂「請花」。許多臨水夫人廟內的主神前有插滿紅、白花的一花瓶，象徵百花橋下的紅、白花，供善男信女「請花」。志稱：「元宵前，家家祭祖，相傳是日為塔亭臨水奶誕辰。女子出嫁數年未曾生育者，多有入廟求嗣。禱祝畢，取其神前花瓶內一枝花歸，謂之請花。」[2]據福州塔亭祖廟的主持介紹，「請花」者需帶三個煮熟的蛋和一束花到宮廟禮拜，然後剪下兩朵花（多數人是請白花），插在煮熟的蛋上捧回家，放在床中間，蓋上被子。到晚上，將花移放在枕頭兩邊，夫妻合房後，將花供奉在花瓶內，夫妻各吃一個蛋。「如果請花」仍然不孕，少數久婚未孕的婦女就會偷走臨水夫人穿的一隻鞋回家供奉，俗稱「請鞋」。如果還是不孕，有的人情急之下，會偷偷割下一小塊臨水夫人穿的衣袍回家供奉。無論是哪種形式，如果獲應後，須帶上祭品到臨水夫人廟還願，請花者還兩枝花，請鞋者還一雙小鞋，割衣袍者要償還一套嶄新的衣袍。

---

[1]　詳見拙著《閩台民間信仰源流》，福建人民出版社，2003 年，111-121 頁。
[2]　《藤山志》卷 9《禮俗志》。

　　在生育科學已經普及的今天，祈子信俗似乎顯得愚昧可笑，但是，我們必須從歷史的眼光來看待這一信俗。在古代甚至現代的某些鄉村村，有些人缺乏生育方面的知識，導致長期不育。她們到臨水宮求子，廟祝會根據情況傳授有關生育知識，或者糾正錯誤的性愛行為，使之可能很快懷孕。有的廟祝會詢問祈子者的月經期，告訴求子者什麼時候不能同房，什麼日期同房，這些都包含有生育科學知識的，因此，懷孕的概率就會高些。有些夫妻的生理方面沒有問題，但心理上有問題，如害怕、緊張等，因而影響懷孕。到臨水宮祈求臨水夫人後，經過廟祝的開導，心理上問題解決了，就比較容易懷孕。另外有的臨水宮的廟祝還會提供治療不孕的秘方，有時確實能收到治療的效果。這一些，都是隱藏在神秘的宗教信仰外衣之下的，需要深入挖掘，才能有所發現。

　　其次是過關信俗。

　　舊時醫療衛生落後，嬰兒死亡率高，有人做過統計：「在中國封建社會，因為無避孕知識和措施，一般婦女一生中可能生八胎至十胎，但嬰兒真正能夠成人者僅有三胎多不到四胎。也就是說，在中國封建社會裡，出生率一般在 35～40 ‰，而死亡率在 25～30 ‰，人口自然增長率為 10 ‰左右。根據這個估計，每一個人成活以至成年將有 2.5 個人夭折死去（袁祖亮，1994）。尤其嬰幼兒大量夭折更是不計其數。」[3]面對如此殘酷的現實，父母特別是母親們除了精心哺育子女外，往往把對子女健康成長的期盼寄託在神靈的庇佑上，祈求心愛的子女能在神靈的庇佑下，闖過成長過程中必定要遇到的種種「難關」，健康成長，因此，從陳靖姑信仰衍生出來的「請奶過關」儀式，成為嬰幼兒的成長儀禮，備受閩、台百姓的重視。

　　《陳靖姑信仰及其傳說的研究》在介紹「請奶過關」時寫到：「人家生了孩子，到了『滿月』、『四個月』、『周歲』時，必須舉行一種祭禳儀式，叫『請奶過關』。請道士或巫師誦經祈禱。俗謂小孩命中會逢著許多關煞，如『天狗關』、『將軍箭關』等，如過不去就會夭折，故請陳

3　參見劉嵐：《對「古代中國人壽命與人均糧食佔有量」的質疑》，《人口研究》2002 年第 2 期，第 71 頁。

夫人護衛兒童渡過各種難關。」[4]《臺灣中南部之萬能解厄神——大奶菩薩陳靖姑》一文則提及「幼童在十六歲未成年之前，稱爲『花園內』，需要細心照料：是生命最幼稚脆弱的階段……爲維護成長的平安與順利，恐懼身體的患病或夭折，擔心魂魄的拘囿或迷惑，習慣在滿月或四個月或周歲時嬰孩親長就到本鄉或鄰鄉的寺廟或神壇去祈禱請求『捾絭』」。[5] 從現有的文獻資料和田野調查來看，「請奶過關」儀式，流傳廣泛，不僅漢族有，畬族也有。[6]

　　嬰幼兒成長過程中，要遇到多少「難關」？從相關資料看，常見的有「二十六關」和「三十六關」兩種。《閭山文化插圖》小冊子，以圖文結合的形式介紹了二十六個小兒關煞，分別是：

> 閻王關、天吊關、四季關、和尚關、金鎖關、落井關、深水關、五鬼關、百日關、白虎關、湯火關、天狗關、浴盆關、四柱關、雷公關、短命關、斷橋關、千日關、將軍關、鐵蛇關、雞飛關、鬼門關、夜啼關、水火關、下情關、急腳關。[7]

　　「過關」的程式有造樓、栽花、請神（靖姑）、請婆（36 婆神，俗傳是臨水夫人的助手，臨水夫人經常派她們出外拯救兒童）、加魂、剪花、破胎、過關門、落房、送婆、送神等。舊時古田，每個小孩在一、三、六、九諸歲生日均要請師公作法過關。《福州地方誌》也記：「以竹支架，用紙糊作城門形，由道士穿『娘奶』法衣，口吹號角，引護小孩過關，意爲如此小孩便易成長，一直到十六歲爲止。」[8]

　　從「過關」的程式看，確實有濃厚的「迷信」色彩，甚至連清代著名的算命先生也認爲：「其餘關殺多端，盡皆謬妄，欲以何等惑人，則

---

[4]　葉大兵、葉麗婭：《陳靖姑信仰及其傳說的研究》，林瑤棋主編：《婦孺保護神——臨水夫人（上）》，臺灣省各姓淵源研究學會，1999 年 5 月，第 38 頁。

[5]　簡齊儒：《臺灣中南部之萬能解厄神—大奶菩薩陳靖姑》，林瑤棋主編：《婦孺保護神——臨水夫人（下）》，臺灣省各姓淵源研究學會，1999 年 5 月，第 147-148 頁。

[6]　福建省地方誌編纂委員會編：《福建省志・民俗志》，方志出版社，1997 年，第 193 頁。

[7]　參見林國平、潘文芳：《「請奶過關」關名及其文化意義探析》，2011 年《中國民間信仰學術研討會論文集》（溫州），第 54-64 頁。

[8]　《福州地方誌》第十一章《社會習俗・迷信活動》。

造何等神殺，必宜一切掃除，以絕將來之謬」。[9]實際上，問題並沒有如此簡單。「過關」信俗至遲在明代就形成，前後延續數百年而不衰，近年來，福州塔亭祖廟每年為 200 人左右舉行「過關」儀式，至於在家中舉行「過關」儀式更多。因此，其中必有「合理」因素，否則不可能有如此頑強的生命力。從生命習俗的視角看，過關信俗中的「二十六關」或「三十六關」所列舉的「關煞」，都是小孩從出生到十六歲的成長過程中最容易遇到的生命危險，也是最需要注意防備的「難關」。針對時人文化知識水準普遍低下、育兒知識匱乏的實際情況，「請奶過關」的作者以神秘的「關煞」形式來普及育養知識，用宗教信仰來告誡民眾在育兒中應特別注意的事項。我們在調查中注意到，在閩台民間的過關儀式中，較常見的「關煞」是落井關、深水關、湯火關、天狗關、浴盆關、雷公關、百日關、千日關、鐵蛇關、水火關、閻王關等，而最常見的是深水關、湯火關和鐵蛇關，顯然是與閩台的自然地理環境（多水多蛇）和嬰孩成長過程中所面臨的生命的主要威脅（喜歡玩水、玩火，落水溺死是閩台兒童乃至少年夭折的主要威脅）相契合，著重提醒為人父母者應使小兒遠離水火和毒蛇之害。所以，就這一點來說，過關信俗是有其合理的因素，只不過這些合理的因素被「迷信」的色彩所掩蓋，一般人難以發現罷了。

二、信仰療法

　　信仰療法又稱宗教療法，是指以宗教信仰為前提、以畫符念咒、驅魔降妖等為幌子，以心理暗示和心理治療為主，結合藥物的治療方法。在中國民間，信仰療法的花樣很多，諸如端公看魂、看香頭、送祟、換童子、下神、取仙藥、拘魂、過陰、掃堂驅邪、破關、送撞客等等均屬此類。

　　秦漢以前，福建是閩越族聚居地，其文化特徵是「信鬼神，重淫祀」，

9　京圖原著、劉伯溫著、任鐵樵注、鄭同點校：《子平精粹・2 秘授滴天髓闡微》卷三《六親論》，華齡出版社，2010 年 1 月，第 257 頁。

巫術特別發達。西漢初年,閩越國滅亡後,中原漢族開始陸續南遷入閩,入閩後,氣候濕熱,難以適應,加上瘟疫經常流行,醫療設施落後,專職醫生鳳毛麟角,因此,一旦生病,多求助於巫覡,逐漸形成了「病者好巫」的風氣。明中期以後,大批福建人陸續遷居臺灣。當時臺灣尚未開發,到處是密林雜草,加上地處亞熱帶海島,高溫潮濕,病菌易於繁殖,瘟疫蔓延,嚴重地威脅移民的生命,《海上見聞錄》卷二記載:「初至,水土不服,疫癘大作,病者十之八九,死者甚多。」福建本土尚鬼和信巫不信醫的陋習也很快地在臺灣紮下根來,志稱:「俗信巫鬼,病者乞藥於神,……亦皆漳、泉舊俗」。[10]

在閩台民間,常見的信仰療法有偶像治病、抬神尋藥、扶鸞問藥、跳神覓藥、落地府、脫身、補運、收驚、乞符籙香灰、送瘟船等。[11]自古以來,這些信仰療法備受文人士大夫的詬病,甚至企圖依靠行政力量來改變這一陋習,如宋代蔡襄、陳淳,明代馮夢龍等就先後在莆田、福州、安溪、壽寧等地下令禁止巫覡治病。清代周瑚在《諭俗令》中曾諄諄教導百姓:「有疾痛,用針砭,莫好鬼,事禳禱。」清末泉州吳增在《泉俗激刺篇》中對巫覡驅邪治病的欺騙性作了深刻地揭露,認為「百無一實」,並發出「安得西門豹,投之濁流死無赦」的怒吼。宋象之在《閩中吟》對巫覡驅邪治病也進行了鞭撻,詩云:「南人素尚鬼,閩中久成俗。遂使狐鬼祠,多於編氓屋。醵錢輒報賽,老幼紛徵逐。牛鬼與蛇神,時亦為禍福。往往降巫身,能為人詛祝。猙獰紅帕首,騰擲亦垂足。曰暘暘忽雨,曰病病者篤。東鄰有窮叟,杖藜方向哭。自云十歲兒,神怒偶然觸。臥病已經旬,靈巫幸見恤。欲得神明歡,須鬻九百粟。所恨粟難得,自分成煢獨。有客聞此言,氣憤雙眉蹙。笞巫毀其神,病者起食粥。」

誠然,信仰療法是鬼神迷信和醫療衛生落後相結合的產物,其淵源可以追溯到原始社會。隨著生產力的發展和醫學、醫療衛生的進步,信仰療法的陣地逐漸被壓縮,逐漸被大眾所唾棄也是必然的。但是,我們

---

[10] 嘉慶《續修臺灣縣誌》卷1《地志‧風俗》。

[11] 詳見拙著《閩台民間信仰源流》,福建人民出版社,2003年,第281-305頁。

不能全盤否定信仰療法曾經發揮過的社會歷史作用，在上古社會，醫巫不分，「醫」的繁體字又寫成「毉」，形象地說明當時的巫掌握著簡單的醫學知識，從某種意義上說，信仰療法催生了中醫學。秦漢之後，醫巫分開，中醫學獨立發展，但巫沒有放棄爲人驅邪治病的職能，他們掌握著一些秘方、單方、偏方，結合宗教信仰心理的疏導，在特定的歷史條件下能夠滿足某些群體的需要，因此能長期延續下來。茲以在閩台民間廣爲流傳的藥籤爲例：

所謂藥籤，類似於靈籤（又稱卜事籤、運籤、籤詩、籤枝、神籤、聖籤等），爲竹制長條，上方標有號碼，由數十支或數百支組成一套，放入籤筒內。占卜者與抽靈籤一樣，須點香禱告，再搖晃籤筒，待其中一支從籤筒中跳出後，便持此籤擲筊，若得「聖筊」，占卜便認定此籤乃神明所賜，根據籤上的號碼，與廟祝或巫覡查對記錄。與靈籤不同的是，藥籤明確記載由若干藥物組成的藥方，而不是模棱兩可的籤詩。占卜者均深信藥籤上的藥方是靈丹妙藥，能起死回生，按藥籤上所記載的藥方配製給病人治療。

藥籤自產生後，不斷遭到文人學士的詬病，甚至公權力也參與到禁止藥籤的行列中。國民政府定都南京前後，一度推行移風易俗，先後頒佈了「禁蓄辮髮條例」、「禁止婦女纏足條例」、「禁止蓄婢令」和「嚴禁藥籤方乩方案」等，出現了大規模的破壞寺廟活動和破除迷信的高潮。一些地方政府下令禁止藥籤，如民國 20 年（1931 年），福建省政府曾下令嚴禁藥籤。[12]1997 年 6 月臺灣衛生局下令禁止宮廟提供藥籤給信徒治病，絕大多數宮廟把藥籤筒收藏起來，除非當地熟人，或者是非常執著要藥籤的，才提供此項服務，所以，抽藥籤的人越來越少了。[13]隨後，香港政府也下令禁止藥籤，像黃大仙廟這樣的大廟也掛出公告，停止占取藥籤服務。至於大陸，藥籤也只是在福建省特別是閩南地區較爲流行，其他地方已經難得一見。在政治和醫學的雙重夾擊下，藥籤的影響

---

[12] 《一起專署通令轄縣收毀各神院寺藥籤》，《新長樂》第三號，民國 20 年 10 月 20 日。

[13] 蔡欣茹：《黃財龍·游金生先生訪談錄——尾塹保安宮保生大帝醫療佚事》，《宜蘭文獻雜誌》第 37 頁，1999 年 1 月，第 91 頁。

迅速縮小，估計在不久的將來，將退出歷史舞臺。

近年來，筆者在從事靈籤的研究時，在閩台收集到了 100 多種藥籤，《長泰縣新志》記載：「病不求醫，事不酌理，生死禍福托諸神，內宮、南門嶽廟、外武廟等處均有悃書藥籤。愚矣！男女趨之若鶩。」[14]臺灣地區的藥籤也不少，日本學者吉元昭治在臺灣收集 12 種藥籤，他認爲，「在臺灣，藥籤的分佈以南部最多。」[15]宋錦秀女士也在臺灣收集十餘種藥籤。[16]

在閩台民間流傳較廣的有保生大帝藥籤、媽祖藥籤、三平祖師藥籤、開漳聖王藥籤、清水祖師藥籤、大眾爺藥籤、太史公藥籤、華佗藥籤、呂祖藥籤等等，其中保生大帝藥籤影響最大。藥籤上的藥方，絕大多數是一些清火、滋補、強肝之類的處方，使用的草藥常見的有甘草、茯苓、熟地、當歸、陳皮、牛七、淮山、砂仁、肉桂、人參等等，絕不用劇烈藥方，以單方、驗方、草藥爲主，藥量較輕，病人服用後，即使不對症，治不好病，也不會傷害身體。爲了避免吃錯藥，廟祝們想出許多辦法來補救，一方面把藥籤分爲大人科、小兒科、婦科、眼科、外科等，另一方面有些藥籤明確注明什麼病該吃什麼藥。臺灣有些藥籤簿由廟祝保管，求籤者得了籤號後，交給廟祝，由廟祝將藥籤上的藥方抄給求籤者，甚至指定到某家藥房抓藥。也有的廟宇把藥籤簿直接放在中藥鋪中，病家抽取籤號後，憑籤號直接到那家中藥鋪抓藥。還有的宮廟在廟內設有中藥鋪，爲占卜藥籤者服務。無論是管藥籤的廟祝還是開中藥鋪的老闆，都深諳藥性，兼通藥理，他們在抄寫藥方或配藥時會有意識地詢問病情，並及時調整藥方、藥量，盡可能做到對症下藥，因此一般不會出太大的差錯。而俗信藥籤是在神明的恩准下求得的，患者自然對藥方產生信任感，有時還真能「藥到病除」。

對於藥籤之類的信仰療法，我們也應該客觀地看待它，使用藥籤，

---

14 民國《長泰縣新志》卷四《地理・風土・風俗》。

15 吉元昭治著、陳昱審訂：《臺灣寺廟藥籤研究》，武陵出版有限公司 1993 年版，第 117-118 頁。

16 宋錦秀：《臺灣寺廟藥籤彙編：宜蘭醫藥神的系統》，《宜蘭文獻雜誌》1999 年第 37 期，第 8-9 頁。

如果不能對症下藥，無疑會延誤治療時間，使病情加重，甚至死亡，這種事例應該時有發生，但也不能一棍子打死它，用政治的力量加以強行禁止。筆者以為，只有用歷史的眼光審視信仰療法，才能正確認識其價值所在。首先，信仰療法是一定歷史階段的產物。其次，信仰療法曾經為貧困人群看病提供便利；第三，信仰藥籤為絕症患者提供最後的希望，儘管這種希望虛無縹緲，但對絕症患者也是一種慰藉。第四，信仰療法中保存著許多民間驗方、偏方、秘方等，這些民間驗方、偏方、秘方，醫藥典中多不收入，其中不乏具有較高價值的東西，可以成為中醫藥學的重要補充。因此，在信仰療法消失之前，應該組織力量，廣泛收集資料，加以保存和挖掘。第五，信仰療法還保留著不少社會史的資料。

三、普度

普度原是佛教的術語，意為廣施法力，使眾生遍得解脫。西漢末東漢初，佛教傳入中國後，目連救母的故事隨著佛教在中國的發展而迅速在民間傳播開來。由於目連救母的傳說故事與中國的祖先崇拜不謀而合，所以經南朝梁武帝的宣導，以目連救母故事為中心的佛教盂蘭盆節與中國的以祭祀祖先為主要活動內容的中元節合而為一，並逐漸擴展到普度眾生，祭祀孤魂野鬼。

福建各地都有普度活動，其中以閩南地區的普度最有特色。《泉州府志》稱：「中元祀先，寺院作盂蘭會，俗名普度。南國風俗，中元是夜，家戶各具齋供，羅於門外或垌衢，祝祀傷亡野鬼。」閩南地區的普度分為「公普」和「私普」，公普即中元祭，各村落以所在寺廟為中心舉行隆重祭典，寺院要燈篙、放水燈、設祭壇孤棚、誦經釋懺，普度孤魂野鬼。胡樸安在《中華全國風俗志》中記載民國初福建普度時說：「每歲七月中元，無論城鄉各集，必舉行一次。其經費則沿門募集，雖至貧者，亦必想盡辦法，籌款以應命。……當舉行普度時，搭一極大之彩台，台中列桌無數，陳設古董玲瓏，及種種稀奇之物，雖碗箸燈爐，亦必援求古物之有價值者，其他可知矣。本集神道高坐其上，長爺、矮爺，偶

坐於下，於是僧尼念經，道流禮懺，鐘鼓韃韃，震耳欲聾。又有浮浪子弟，吹彈絲竹，搏拊金鼓。……鄰近男婦，攜其子女，盡室來觀。鬧熱之情形，有不可以言語形容者」。私普是以家庭為單位的祭祀活動，祭祀日期各村不同，一般從七月初一開始至七月三十日結束，延續一個月。七月初一俗稱「開鬼門」，即冥府鬼門大開，孤魂野鬼湧向人間覓食，故是日下午各家各戶都在自家門口排上祭品，焚燒紙錢，從而揭開了普度的序幕。七月三十日俗稱「關鬼門」，即從初一起遊蕩在陽間的孤魂鬼酒足飯飽後於七月三十返回冥府，各家各戶又要祭拜一番，從而拉下了普度的帷幕。據說在很早以前，閩南各地普度是在同一天（即七月十五）進行，由於這一天村村都抬出神明巡遊，他們狹路相逢，互不相讓，常常發生糾紛甚至宗族械鬥。為了避免村落間的爭鬥，在鄉紳的調解下，議定按村落輪流普度，逐漸形成一種習俗。

臺灣的普度從閩南直接傳去，主要活動與閩南大同小異，諸如關於普度的來歷，從七月初一至七月三十日按街衢巷輪流延請僧道登壇施食、各寺廟皆齋醮祭拜等等與閩南相同，但也有一些地方特色，最具特色的是「搶孤」和「放水燈」活動，規模之大、儀式之隆重、參加的民眾之多都超過閩南。

普度雖然是一種迷信色彩濃厚的活動，有的縣市從七月初一開始按村落輪流普度，一直到十月底才結束，村落間竟尚奢侈、酗酒滋事，既鋪張浪費你，又耽誤農活，有時還引起械鬥，造成社會動盪不安，其負面作用顯而易見。但也有一些正面作用：一方面，百姓舉行建醮普度的主要目的是濟生度死，即救濟人間之苦，拔度一切罪魂，祈福禳災，體現了人類的博愛情懷。如果能夠把這種博愛情懷從鬼神世界推而廣之到現實世界，大家互相幫助，人人都獻出一點愛，世界自然就更加美好。關鍵在於引導，而不是禁止。另外，普度活動也使百姓償還了心願，帶來心靈的安寧，同時也給文化生活單調的農村帶來歡樂，在一定程度上促進人際關係的和諧。

四、迎神賽會

　　閩台民間所崇奉的神靈數以千計，每逢神誕日或其他祭祀日，常常舉行盛大的遊神賽會活動。福建境內的迎神賽會至遲在宋代已蔚然成風，時人陳淳曾指出：「南人好尚淫祀，而此邦（漳州府）尤甚。……逐廟各有迎神之禮，隨月迭爲迎神之會」。[17]漳州相對于福建其他府縣而言開發較遲，迎神賽會尚且如此，其他州縣可想而知。宋代以後，福建各地的迎神賽會的規模越來越大，越來越頻繁。《廈門志》稱：「滿地叢祠，迎神賽會，一年之交，且居其半。有所謂王醮者，窮其奢華，震鏞炫耀，游山遊海，舉國若狂。」[18]清末，各地規模盛大的迎神賽會活動還驚動了地方官府，曾多次下令禁止，但收效甚微，各地迎神賽會照日舉行，特別是在一二月和七八月間達到高潮，城鄉各地皆抬神出巡，成爲一大奇觀。

　　臺灣地區的迎神賽會的規模不亞於閩南，如「台南郡城，好尚鬼神。遇有神誕期，斂費浪用。當賽會之時，往往招攜妓女，裝扮雜劇，鬥豔爭妍，迎春大典也。而府、縣各書差，亦或招妓裝劇，騎而前驅，殊屬不成事體」。別是王爺出巡，其規模超過閩南，志稱「建醮請王，饗祀極其豐盛。或一莊一會，或數十莊一會。有一年舉行一次者，有三、五年舉行一次者，有十二年舉行一次者，擇吉日而行之，爲費不少」。[19]

　　關於迎神賽會，文人士大夫也多有微詞，主要圍繞著兩點展開：一是迎神賽會浪費錢財，遊神活動不成體統；二是迎神賽會時若兩神出遊相遇於途，遊神隊伍各不相讓，經常引起械鬥。乾隆三十二年地方官府曾專門發佈《禁迎神賽會》禁令：「查閩省向有迎神賽會惡習，本部院自幼親泛澎台外海，還經八閩地方，每見誕妄之徒，或逢神誕，或遇令節，必呼朋引伴，旗鼓喧鬧；或抬駕闖神，或迎賽土鬼。……且若與他處迎神相遇，則又彼此爭途，稍有不讓，群起互毆，反置神駕於道旁，

17　道光《重纂福建通志》卷五六《風俗》。
18　道光《廈門志》卷十五《風俗志》。
19　《台南見聞錄》卷下《風俗》。

每致滋生事端，身蹈刑法，是求福而反得禍者，……故輒擾害地方，……
合行明白示禁」。[20] 同治十年（1871 年），官府又發佈《嚴禁迎神賽會》：
「照得迎神賽會，久幹禁令，有司失察，並予處分。良以民間各有本業，
要在務民之義，鬼神則敬而遠之可也。閩省俗尚虛誣，崇信神鬼，刁徒
惡棍藉賽會之名，為染指之計，甚有潤殿塔骨等項，不經名目。疊次諭
禁，未盡斂跡。他如神廟之夜戲，道旁之淫祠，門條之詭異，治病之荒
謬，有降童以惑眾，亦魑魅而殺人。婦女入廟燒香，青年尤乖禮法，民
人結會遊戲，醜態更駭聽聞。種種頹風，必應力挽。除出示禁止，並通
飭內地九府二州，暨福防廳，閩縣、侯官一體查辦外，合併劄司，即便
會同藩司，通飭遵辦毋違」。[21]

　　文人士大夫的指責並非空穴來風，遊神賽會確實有此弊端，但應該
看到，上述弊端並非遊神賽會的主流，而是支流。從物質生產的角度看，
遊神賽會不是再生產活動，自然就是浪費了。但從精神生產的角度看，
遊神賽會能滿足善男信女的精神需求，能夠凝聚社區力量，能夠強化宗
教信仰觀念，恐怕就不能簡單地以浪費錢財而加以否定了。至於遊神賽
會不成體統，是從封建禮教的角度做出的價值判斷，也就不值得一駁
了。關於迎神賽會引起械鬥，歷史上確實發生過，規模最大的是莆田烏
白旗之爭，《閩雜記》載：「興化烏白旗之始，起於仙遊洋寨村與溪裡村
械鬥。洋寨村有張大帝廟，村人執廟中黑旗領鬥獲勝；溪裡村有天后廟，
村人遂執廟中白旗領鬥亦勝。由是二村械鬥，常分執黑白旗，各近小村
附之，漸及德化、大田、莆田、南安等處，一旗皆萬餘人。烏旗尤強，
其俗呼黑為烏，故曰烏旗」。[22]但並不多見。實際上，械鬥的深層原因是
爭奪生存和發展空間，遊神賽會只是一種導火線而已。任何事物都有正
反兩方面，迎神賽會經常成為維繫社會秩序的重要力量。如民國 32 年，
泉州鼠疫大發，遍及郊區鄰縣，死亡無數，全城陷於一片恐怖之中。當
時的政府無能為力，任瘟疫蔓延。後來，泉州通淮關帝廟出面，以關帝

[20] 《臺灣理蕃古文書》，見《中國方志叢書》第 62 號，成文出版社 1983 年版，第 129 頁。
[21] 《臺灣理蕃古文書》，見《中國方志叢書》第 62 號，成文出版社 1983 年版 135 頁。
[22] 施鴻保：《閩雜記》卷七《烏白旗》。

巡狩全城、鎮妖驅邪為由，巡狩前一個月出示通告，要求城內外民眾齋戒沐浴，全市大掃除，清泥溝，洗廁所，拆雞塒，除障礙。巡狩時千家萬戶擺設香案，熏燒貢木、檀香。巡狩後，果真疫情大減。泉州通淮關帝廟在制止瘟疫的蔓延上，起到很好的組織作用。又如 1924 年，晉江縣前港 18 個村莊與後港 20 餘個村莊因風水爭端發生大規模械鬥，波及近百個村莊，損失慘重。後來延請石獅城隍巡視雙方地界，督令雙方拆除各自的防禦公事，消弭了這場已持續半年多的大規模械鬥。[23]20 世紀 30 年代，晉江的邯江蓮埭村的蔡氏和林氏械鬥、祥芝東埔與伍堡械鬥，也均延請城隍巡境得以平息。[24]

我們認為，遊神賽會是閩台百姓生活的重要組成部分，其形式是集體狂歡，其核心價值是族群認同，其社會作用是維護正常的社會秩序，因此，不能像封建王朝的某些官員那樣，因迎神賽會有某些弊端就簡單粗暴地予以禁止，以為這樣就萬事大吉了。其實，信俗活動靠行政命令是無法消除了，無數的歷史經驗證明瞭這一點。近年來，閩台民間迎神賽會重新興起，如福建湄洲媽祖文化節、泉州通淮關帝文化節、東山關帝文化節、廈門青礁慈濟文化節等辦的轟轟烈烈，臺灣的大甲鎮瀾宮的八天七夜遊神繞境、新港奉天宮九天八夜的遊神繞境活動，更是規模空前，參加的善男信女多達數十萬。這些活動，均說明迎神賽會受到兩岸百姓的熱捧，尤其頑強的生命力。

五、進香謁祖

臺灣民間的宗教信仰非常興盛，素有「百米一宮，千米一廟」的之說，無論城鄉，到處可見金碧輝煌、巍峨聳立的寺廟。資料顯示，90%以上的臺灣民眾信奉各種的宗教和不同的神靈，而在這眾多的寺廟與神靈裡，傳自福建的占了 80%。據臺灣「內務部」1987 年 1 月的統計資料表明，全台民間信仰的宮廟在神誕或其他重要日子裡，常常按慣例要

---

23 施伯箴：《前後港大規模械鬥概況》，《晉江文史資料》第二輯，第 138 頁。
24 李天賜：《石獅城隍信仰的探討》，《福建道教》2000 年第 4 期，第 26 頁。

赴福建祖廟進香乞火，或邀請祖廟神靈到分廟繞境巡遊，以此獲得來自祖廟神靈的超常「靈力」，進一步增強與祖廟的「血緣」聯繫。歷史上，閩台宮廟間的分靈、進香與巡遊活動因自然環境、經濟狀況、政治背景等因素而時有起伏，但臺灣民眾的進香謁祖熱情卻恆久不衰，他們排除種種艱難險阻，千方百計赴福建謁祖進香，以能捧回祖廟神靈的分身神像，或能邀請祖廟神靈赴台繞境巡遊，爲無上的榮耀和幸福。在因客觀條件限制而無法取得與福建祖廟聯繫的情況下，採取變通形式，由各神靈在臺灣的開基廟暫時充當第二層祖廟的角色，直接向各地分靈，建立分廟；而這些分廟也採取前往在台開基廟進香、請開基廟神靈繞境巡遊的形式。但只要客觀條件許可，在台開基廟就要到福建祖廟進香謁祖。閩台宮廟間的分靈、進香、巡遊，成爲閩台關係史上重要內容。[25]

　　20 世紀 80 年代以後，隨著大陸改革開放的深入發展，兩岸間的「三通」呼聲日益高漲，許多媽祖信徒不顧當局的禁令，通過各種管道前往湄洲祖廟進香，形成了「官不通民通，民通以媽祖爲先」的局面。據有關部門的不完全統計，從 1983 年湄洲祖廟寢殿修復後至 1987 年 11 月 2 日臺灣當局開放民眾赴大陸旅遊探親之前，到湄洲祖廟進香的臺胞有 157 批，562 人，請回神像 76 尊。臺灣當局開放探親之後，「媽祖熱」立即席捲全島。此時雖有嚴令禁止直航祖國大陸，但在信徒心目中，禁令遠不及媽祖來得神聖。他們以進香爲名，公開組團，直航湄洲，最大規模時一次竟達 2000 人之眾，進香場面盛況空前。在 1989 年 5 月 5 日的宜蘭南方澳南天宮的進香中，200 多人的進香團分乘 19 艘漁船，帶著 5 尊從湄洲廟「分靈」去的媽祖像，直航湄洲祖廟進香，並請回了 38 尊小型媽祖神像和 2 尊大型媽祖神像。據《聯合報》1989 年 5 月 11 日報導：當進香團歸途經龜山嶼海面時，「素澳漁港內有 60 餘隻船前往迎駕，宜蘭縣及從全省各地趕到的成千上萬信徒，則人手一炷香，聚集在碼頭、堤防、高架橋上等候，擠得水泄不通。」船隊進港後，「兩尊大陸大媽祖神像由 100 多尊分靈的媽祖神像及來自全省各地陣頭前

---

[25] 參見林國平、范正義：《閩台宮廟間的分靈、進香巡遊及其文化意義》，《世界宗教研究》2002 年第 3 期。

導，在蘇澳鎮和南方澳漁港進行繞境，信徒人手一炷香隨後，隊伍長達約 3 公里，一時鞭炮聲和陣頭鑼鼓聲響徹雲霄。沿途民眾也設案敬拜，港區熱鬧非凡。20 世紀 90 年代後，臺灣信徒到湄洲進香的更是絡繹不絕，據不完全統計，1987 年至 2002 年，臺灣直航湄洲進香的船隻有 1400 多隻，信徒 50000 多人次；1984 年至 2000 年，到湄洲進香的臺灣媽祖廟共有 1275 座次；1986－2004 年臺灣同胞到湄洲進香人數達 1278000 人次。

在媽祖信仰的帶動下，臺灣的諸多的傳自福建的神明，在善男信女的簇擁下，紛紛踏上了福建故土，到祖廟進香謁祖，形成一股熱潮，至今方興未艾。

值得一提的是，1997 年 1 月 24 日，為滿足臺灣廣大信徒朝拜媽祖金身的強烈願望，湄洲媽祖廟應臺灣知名人士陳適庸先生的邀請，組成媽祖金身巡遊臺灣護駕團，飛赴臺灣，進行為期 102 天的巡遊，共駐蹕 34 座媽祖分靈宮廟，朝拜媽祖的臺灣信眾達 1000 萬人次。此後，福建祖廟金身巡遊臺灣的活動日益盛行，形成一股熱潮。據筆者的不完全統計，上世紀九十年代以來，泉州法石真武廟、南靖縣和溪慈濟行宮、安溪縣玉湖殿、泉州天后宮、雲霄縣威惠廟、漳州古武廟、漳州官園威惠廟、廈門青礁慈濟宮、福州晉安區閩王紀念館、南安市鳳山寺、古田縣臨水宮、泉州通淮關嶽廟、東山縣銅陵鎮北極殿、安溪縣大坪集應廟、武平縣均慶寺、平和縣阪仔心田宮、漳浦縣林太師廟、漳州下沙齊天宮、安溪縣清水岩、龍海市白礁慈濟宮等近 30 座福建宮廟，其奉祀的金身神像都曾先後出巡臺灣本島或澎湖、金門、馬祖，成為閩台神緣的一種新形式。[26]

對於方興未艾的閩台宮廟間的進香謁祖信俗，臺灣一些人不以為然，認為臺灣的媽祖已經「落地生根」，臺灣開基廟已成為臺灣分靈廟的「真正祖廟」，沒必要再到湄洲祖廟進香。這種言論既是對歷史事實的肆意歪曲，也是對臺灣同胞宗教感情的嚴重褻瀆！我們知道，臺灣絕

---

[26] 參見林國平、方正義：《福建祖廟金身巡遊臺灣的文化現象探析——以湄州媽祖金身巡遊臺灣、金門為例》，《東南學術》2013 年第 3 期。

大多數神靈是從大陸福建等地傳去的，它的「根」在大陸，在福建，媽祖信仰也不例外，根本不存在已經「落地生根」之說。臺灣的開基廟並不能說是什麼「真正祖廟」，它相對於福建祖廟而言，只能是「分靈廟」。無論從歷史上還是現實中，臺灣信徒都承認福建祖廟的不可替代的地位，克服種種困難，衝破道道難關，千里迢迢回福建祖廟謁祖進香，這是對自己所信仰的宗教聖地的朝聖，也是對宗教信仰「根源」的追尋，傾注著臺灣同胞濃烈的宗教感情，任何人都應該予以尊重，而不能出於不可告人的政治目的，橫加干涉。

　　閩台宮廟間的進香謁祖信俗具有深刻的文化內涵，它體現著傳統文化的根與葉、源與流的密切關係，體現著閩台區域文化的歷史同一性和不可分割性。從閩台進香謁祖的精神內核來看，它追求的是「群體主義」，而「群體主義」的進一步昇華，就有可能趨向於閩台文化的認同和民族、國家的認同。

六、結論

　　從理論上說，文化有雅文化和俗文化之分，有大傳統和小傳統之別，但在實際生活中，雅文化和俗文化。大傳統和小傳統往往水乳交融，難分難解。與高居廟堂的雅文化和居高臨下的大傳統相比，閩台民間信俗雖然沒有系統的理論體系，也得不到官方的宣導和扶植，只能自發地在民間流傳，散發著濃郁鄉土氣息，具有粗陋、原生態的特徵，但其內核則體現了雅文化的精神，反映大傳統的氣質。閩台民間信俗是歷史的產物，是閩台人民共同創造的精神財富，儘管其中不乏迷信色彩、糟粕成分，但體現了古人的價值觀，蘊含著先人的智慧，反映了古人的喜怒哀樂，還包含一些科學因素，是古人甚至部分今人的生活方式，我們應該予以充分尊重，並敬畏之、珍惜之。在此基礎上，深入挖掘其文化內涵和現代價值，並賦予新的文化意義。2010 年 10 月，作為中華民族文化認同的標誌之一的「媽祖信俗」被列入人類非物質文化遺產名錄，也從一個側面說明閩台民間信俗是一種活態的文化傳統，在維護家庭和

睦、社會和諧、兩岸和平發展是能發揮其獨特的作用。

（本文發表於《福州大學學報》2014 年第 1 期，第 11－17 頁，與陳靜合作）

臺灣民間信仰的現狀與發展趨勢

日據以後，臺灣開始緩步從農耕社會邁向工商社會。1945 年臺灣光復後，加速了這一轉型的進程。經過幾十年的發展，臺灣進入現代化社會。民間信仰作爲臺灣社會的一個有機組成部分，在這一社會轉型過程中也無可避免地受到了波及，發生了或隱或顯的諸多變化。一方面，社會的變遷推動了民間信仰的演變；另一方面，爲了適應新的社會環境，民間信仰也主動地發展出一些新的形式，自覺契合時代的節拍。有關當代臺灣民間信仰的發展趨勢問題，引發了一些臺灣學者的重視。[1]不少學者直接把研究的重點放在當代臺灣民間信仰日趨濃厚的功利色彩上，對民間信仰與「大家樂」、「六合彩」相結合而引起的宗教倫理的淪喪、「要賺錢、起大廟」等現象，進行了嚴厲的駁斥。事實上，現代社會變遷對民間信仰的影響，並不完全表現爲上述的負面作用，它所帶來的民間信仰的進一步世俗化，增強了參與社會教化、回饋社會的入世精神等等。本文重點論述在劇烈社會變遷的時代背景下，臺灣民間信仰的現狀與發展趨勢。

一、祭祀圈的普遍收縮

有關祭祀圈的理論，由日本學者岡田謙開提出，臺灣學者林美容總其成。根據林美容的定義，一種神明祭祀要發展成祭祀圈，必須滿足下列指標中的一個或一個以上：（1）建廟或修廟居民共同出資；（2）有收丁錢或募捐；（3）有頭家爐主；（4）有演公戲；（5）有神明巡境；（6）有共同的祭祀活動。而其中「最足以表示祭祀圈的應該是收集祭祀費用

---

[1]　相關研究主要有：李亦園：《臺灣民間信仰的發展趨勢》，臺灣省政府民政廳編《民間信仰與社會研討會論文集》，南投：省政府民政廳，1982 年；余光弘：《臺灣地區民間宗教的發展：寺廟調查資料之分析》，《中央研究院民族學研究所集刊》第 53 期，1983 年；姚麗香：《臺灣地區光復後宗教變遷之探討》，臺灣大學社會學研究所碩士論文，1984 年；宋光宇：《臺灣民間信仰的發展趨勢》，《漢學研究》，第 3 輯第 1 期，1985 年；瞿海源：《臺灣宗教變遷的社會政治分析》，桂冠圖書股份有限公司，1997 年。等等。

（多半用作戲金）的範圍，最普遍的方式是收丁錢，稱作『題丁』或『檢丁錢』，即按域內每戶男丁數來收錢」。[2]這說明，收丁錢是祭祀圈得以形成的一個重要標誌，如果收丁錢的方式發生變化，祭祀圈也會因之發生變化。

隨著時代的進步與社會的變遷，在旅遊風潮的襲擊下，許多原爲統轄某一祭祀圈的地方公廟，紛紛向觀光性大廟轉化，香火錢的收入也隨著旅遊人潮的湧入而直線上升，無須再向轄內信徒收取丁錢；另一方面，社會的發展也使得人口的流動更爲活躍，各地人口的外移與遷入頻繁，原有的收丁錢方式也就難以維持。與這樣的背景相契合，臺灣的不少寺廟由原來的收丁錢方式演變爲信徒的自由樂捐，[3]最典型的例子是台中縣大甲鎮瀾宮的北港（新港）進香。1974 年以前，大甲鎮瀾宮的北港進香活動採取爐主負責制，由爐主向大甲媽祖祭祀圈內的大甲、外埔、后里、大安四鄉鎮信徒勸募進香經費。1974 年，有關單位覺得大甲媽祖的進香活動規模過大，並誤以爲是爐主勸募進香經費、招來眾多的隨香信徒造成的，故在該年的進香前，「邀請大甲、外埔、后里、大安等四鄉鎮長、鎮瀾宮有關人員及地方人士在大甲警分局召開協調會，希望以後進香不要再勸募進香經費，以免進香規模太龐大」。[4]經與會人員的討論，決定從 1975 年起，廢除爐主進香制，改由鎮瀾宮管委會主持進香事宜，也就是說，「廢除丁口錢制度而改以樂捐方式募款」。[5]其他由收丁錢改爲信徒自由樂捐的寺廟也比比皆是。如高雄縣路竹鄉天后宮，每年農曆的元月十五元霄、三月二十三媽祖生、七月十五普度、九

---

[2]　林美容：《由祭祀圈來看草屯鎮的地方組織》，《中央研究院民族學研究所集刊》，第62期，1986 年，62 頁。

[3]　林美容認爲：「往昔祭祀費用常以丁口錢來維持，……由於收丁錢費事，收丁錢的習俗已漸由信徒自由樂捐油香錢的方式取代。」（林美容：《媽祖信仰與地方社區——高雄縣媽祖廟的分析》，文載財團法人北港朝天宮董事會、臺灣省文獻委員會編：《媽祖信仰國際學術研討會論文集》，1996 年 9 月，100 頁。）僅以「費事」爲理由來解釋該現象，似乎過於武斷。

[4]　郭金潤：《大甲媽祖進香》，台中縣文化中心出版，1988 年 6 月，42 頁。

[5]　張珣：《分香與進香——媽祖信仰與人群的整合》，《思與言》，第 33 卷第 4 期，1995 年，91 頁。

月九天公生，「均是演歌仔戲二至三天，由於香火很盛，作戲不需收丁錢」。[6]另外如鹿港牛墟頭景靈宮王爺的「暗訪」活動，「其他各角頭廟過去曾以收『丁口錢』的方式籌措經費，由爐主到角頭內各戶人家按男丁人數收錢。目前經濟顯著改善，暗訪所需的經費多半由幾家大商號或工廠支持」。[7]

　　社會變遷導致各地公廟機能的轉變，與地方開發歷史緊密關聯的公廟逐漸失去其社區中心的地位。特別是眾多地方公廟籌措油香收入的方式由收丁錢向信徒自由樂捐的演變，使得一些舊有公廟的祭祀圈日漸萎縮，甚至出現解體的現象。彰化社頭鄉枋橋頭的天門宮，該宮 1962 年重修時勒石稱：「本天門宮媽祖廟，昔由武東西堡七十二莊眾姓弟子，奠基于此奉祠」。[8]許嘉明根據該宮 1963 年建醮記錄簿，辨識出七十二莊是由八個不同的聚落群所組成，「由每個聚落單位雕刻一尊各不相同的媽祖，供奉在天門宮，凡有喜慶則恭請回去奉祀」。[9]而據林美容在 1980 年代末期的觀察，「天門宮現有的祭祀範圍只在半路厝（員林鎮大明里）、新厝、潘（以上新厝村）、紅瓦厝、湳底、山霸（以上湳底村）、張厝莊（張厝村）、橋頭（橋頭村）等八角頭內，即舊稱所謂的枋橋頭，……可見天門宮七十二莊的組織已經消失」。[10]另如大肚鄉頂街村主祀媽祖的萬興宮，其原有的祭祀範圍包括大肚鄉、龍井鄉、沙鹿鎮、大雅鄉及台中市的五十三莊，而現在萬興宮每年的三次例祭，「皆由頂街居民分四角頭祭祀，以廟為界，分南北兩邊，每邊各二角」，祭祀圈嚴重縮小。[11]

6　臺灣廟宇文化大系（二）《天上聖母卷》，自立晚報社文化出版部，1994 年 5 月，161 頁。

7　顏芳姿：《鹿港的王爺與暗訪初探》，文載余光弘編：《鹿港假期人類學田野工作教室論文集》，中央研究院民族學研究所，1993 年 6 月，90 頁。

8　轉引自許嘉明：《彰化平原福佬客的地域組織》，《中央研究院民族學研究所集刊》，第 36 期，1973 年，175 頁。

9　許嘉明：《彰化平原福佬客的地域組織》，《中央研究院民族學研究所集刊》，第 36 期，1973 年，181 頁。

10　林美容：《臺灣區域性宗教組織的社會文化基礎》，《東方宗教研究》，第 2 期，1991 年，348 頁。

11　林美容：《臺灣區域性宗教組織的社會文化基礎》，《東方宗教研究》，第 2 期，1991 年，349 頁。

彰化北投埔莊林仔頭紫微宮帝爺的祭祀圈，原包括山腳、林仔腳、中莊仔、阿法莊仔、山腳步下莊仔五個角頭，「現山腳下莊仔與阿法莊已不參與，收丁錢的範圍僅在山腳、中莊仔、林仔頭之內」。[12]與祭祀圈縮小現象相表裡，一些公廟的祭祀活動也受到了影響。彰化永靖的武西堡為陳、邱、詹、劉、張等客家五大姓開闢，為了維持同姓間的聯繫，他們聯合同姓居民輪流在永安宮王爺生日時，集資演戲酬神，稱為「單姓戲」或「字姓戲」。「字姓戲」活動受二戰影響而一度停止，光復後曾有恢復，但沒幾年即因主其事者感到麻煩而停辦。其後又因地方鋪路及「輸人不輸陣」等原因而又再度恢復，但地方人士總有不勝其煩的感覺，後經與陳姓頭人協商後終告停止。[13]臺北奉祀保生大帝的大龍峒保安宮，自成立後即有「字姓戲」的舉辦，由張姓為始，以吳姓殿后，共有十五姓的同安移民參加，自農曆 3 月 5 日至 3 月 28 日輪流演戲，將居住在大龍峒附近的同安移民聯結成一個緊密的地緣組織。這幾年來，由於社會變遷與人口的快速流動，「字姓戲」暫停，「因十四姓之人口外移，以後可能找外地戲團演之」。[14]鹿港北頭漁村各角頭廟也因祭祀圈的變異而影響了祭祀活動的正常進行，「昔日漁村的宗教活動，到了今日，迎神賽會已流於形式，以往頗具特色的七月大普度，也淪為統一的模式；各角頭廟擲筊爐主、頭家的情形也不似以往踴躍，甚至選上爐主、頭家的人也有不願擔任的現象」。[15]

社會流動的加強，形成了農村向城市遷移的單向人口流動，許多農村青年轉向城市尋找更好的發展機會。同時，各地寺廟祭祀圈的普遍收縮，也造成寺廟慶典時人手的缺乏。上述兩因素對當代臺灣民間信仰產

[12] 林美容：《由祭祀圈來看草屯鎮的地方組織》，《中央研究院民族學研究所集刊》，第 62 期，1986 年，88 頁。

[13] 許嘉明：《彰化平原福佬客的地域組織》，《中央研究院民族學研究所集刊》，第 36 期，1973 年，178 頁。

[14] 王見川、李世偉：《日本據台以來大龍峒保安宮概況》，《臺北文獻》直字第 135 期，2001 年，78 頁。

[15] 顏秀玲：《北頭漁村漁民生活方式的變遷》，余光弘編：《鹿港假期人類學田野工作教室論文集》，中央研究院民族學研究所，1993 年 6 月，76 頁。

生影響的最突出表現，是傳統藝陣表演的子弟團的沒落與民藝表演人才的斷層，與之形成互補，職業性藝陣團體開始大批湧現，更令人訝異的是電子琴花車的猖獗活動。傳統的神明遊行，均採取步行的方式，含有借助遊行途中的苦行來贖罪的目的，特別是在瘟莊巡境時，步行遊神被視爲是最有力的祈安辟邪方式。現在由於人手的不足與子弟團的沒落，無論是進香、繞境，還是其他的神明慶典，絕大多數都已採取了以車代步的形式。以 1987 年農曆 9 月初 9 媽祖成道千年紀念日的大繞境爲例，「清一色都是以車代步，人、轎、陣頭，統統上了車，……沿省公路路線環島弘法，爲期二十六天的北港朝天宮；走遍『東石郡』七鄉鎭一百零三村落，爲期十七天的樸子配天宮；和行經嘉南兩縣五鄉鎭五十四莊裡，爲期五天的後壁下茄苳泰安宮等等，即都是車隊遊行」。[16]此外，各地神明繞境的蜈蚣閣，也基本上由人力肩扛改爲裝輪推動，有的甚至還使用引擎牽引，澎湖島上的蜈蚣閣即爲一例。職業性藝陣團體的出現原非壞事，但其松松垮垮的紀律和粗糙的表演，以及電子琴花車令人「銷魂蝕骨」的豔舞演出，使神明慶典的宗教意味全失，令有識之士搖頭。今天的八家將陣頭，其「成員多半是紋身者，開面後常見抽煙、嚼檳榔，甚至講粗話者，成群結隊看電子琴花車裸舞表演者，出巡繞境也常見嬉戲開玩笑者……」，[17]與他們扮演的神將角色，格格不入。「扮仙戲」是傳統祭祀慶典裡的重要節目，其難易之分明顯，如「天官賜福」一出，需要數十人的配合演出，而「三仙會」一出，則無論搬演、唱腔、做工，都簡單易行。職業劇團表演時，通常都只是例行公事，以「三仙戲」來取代「八仙戲」、「天官賜福」等戲出，「僅應雇主要求或信徒額外出資酬謝，才排出『八仙』」。[18]

　　上述現象也引起了許多寺廟的重視，在自覺抵制電子琴花車等淫穢陣頭的同時，積極把迎神賽會等神明慶典當作民藝表演、觀光節目來辦

[16] 黃文博：《臺灣風土傳奇》，台原出版社，1989 年，121 頁。

[17] 黃文博：《臺灣信仰傳奇》，台原出版社，1991 年，241 頁。

[18] 黃美英：《神聖與世俗的交融──宗教活動中的戲曲和陣頭遊藝》，李亦園、莊英章主編：《「民間宗教儀式之檢討」研討會論文集》，中國民族學會，1985 年，87 頁。

理，藉以發揚傳統民俗文化。在 1985 年政府全力圍剿電子琴花車裸舞時，一些宗教團體起而回應，如學甲慈濟宮把電子琴花車列為最不受歡迎的陣頭，在該年度的「上白礁」謁祖祭典裡，已不見花車的蹤跡，「間有隨進香團前來者，亦皆在執事老大的勸導下而草草收場」。更令信徒震憾的是，1986 年「媽祖生」時，「北港媽祖即透過苗栗通霄鎮拱天宮的乩童，傳達了『我不喜歡看脫衣舞』的口諭，使得朝天宮不得不廣加宣導，免得媽祖生氣」。[19]在發揚民俗民藝方面，不少寺廟也邁出了關鍵的一步。如屏東縣東港東隆宮三年一科的「王船醮」，被列為當地重要的觀光節目之一，1991 年屏東縣政府還特別委託民俗專家李豐楙先生，對辛未年之「平安祭典」作一完整而詳實的記錄。[20]位於蘭陽平原的草湖玉尊宮，以祭典儀範的標準化而聞名全台，曾於 1986 年舉辦「玉皇上帝祭儀示範觀摩會」，1987 年又「應邀為媽祖、王爺、玄天上帝等廟團分別在台南鹿耳門聖母廟、麻豆代天府、新竹龍台宮辦理示範祭儀，對於改善各地廟宇祭儀、端正禮俗有相當的影響力」。[21]臺北大龍峒保安宮舉辦的聖誕慶典則於 1994 年被文建會納入全國文藝季，並訂名為「保生文化節」。文化節的活動內容除了原有的繞境踩街、過火等表演外，「還將失傳已久的放火獅技藝予以重現，並增加了攝影比賽、古跡藝術導覽、中醫義診、藥材展、中醫講座、兒童繪畫比賽等單位」。[22]此外，原來旨在驚嚇惡鬼以求平安的「搶孤」儀式，也在一些寺廟的努力下演變為民藝性的「爬竿比賽」，給予優勝者以一定的獎勵。台南縣麻豆代天府甚至別出心裁地接連舉辦了兩次「五王杯搶旗比賽」，以配合台南縣的觀光節。[23]

　　祭祀圈的收縮，引起各地公廟下屬信徒人數的下降。人口流動的頻繁，也增加各公廟對移入人口與遷出人口信仰把握上的困難。有鑑於

---

[19] 黃文博：《臺灣信仰傳奇》，台原出版社，1991 年，251-252 頁。

[20] 臺灣廟宇文化大系（四）《五府王爺卷》，自立晚報社文化出版部，1994 年，77 頁。

[21] 《草湖玉尊宮簡介》，草湖玉尊宮管理委員會出版，2001 年，37 頁。

[22] 廖武治：《大龍峒保安宮宗教建築藝術導覽》，財團法人臺北保安宮出版，2000 年 10 月再版，44 頁。

[23] 參見黃文博：《臺灣信仰傳奇》，台原出版社，1991 年，219 頁。

此，許多寺廟作出了相應舉措，同時對遷入人口與移出人口進行信仰上的爭取。寺廟對遷入人口的信仰「安撫」，主要是利用寺廟主神「蔭外方」的說法來進行的。如台中縣大雅鄉永興宮的信徒，都認爲該宮的媽祖神比較照顧外地人，流傳有「大雅四媽蔭外方」的說法，「當外地人到大雅來發展，向『大雅四媽』祈求庇蔭，生意一向興隆，因此，很多外地人到大雅後就落地生根，從此不需再飄泊」。[24]外地人受媽祖庇護而定居大雅，增加了永興宮的信徒，部分地挽回了該宮祭祀圈收縮的頹勢。彰化南瑤宮也有「彰化媽應外方」的說法流傳。南瑤宮沒有顯赫的廟史以資吸引信徒，只能利用該宮媽祖特別照顧外鄉的說法來爭取外地信徒，從現在該宮下屬十個「會媽會」成員的分佈地域來看，這種說法不無道理。[25]寺廟對遷出人口的信仰爭取，一是通過吸引旅外人士參與原鄉寺廟的修建、祭祀等公共事宜，增強他們的原鄉認同；二是直接從原鄉寺廟分靈至旅居地，通過祖、分廟廟際網路的開創來加強彼此間的聯繫。金門劉澳村奎山宮，主奉保生大帝、池王爺，據該宮 1985 年的《劉澳奎山宮重建志》稱，由於重建經費無著，派遣「王火藩、劉金福、劉偉武君，偕同遠赴台澎，勸鄉親捐建金，蒙熱烈響應，慷慨解囊，共襄善行，募台幣九十餘萬元」。[26]金門西園村聖義宮 1985 年重建時，也是在遷出人口的大力襄助下才得以順利完成的，當時由「各甲委員聚謀獻議，策畫經年，再蒙海外鄉僑，旅台鄉人，熱烈捐輸，共襄盛舉，於乙丑年底鳩工庀材，擇日動工興建」。[27]遷出人口在原鄉寺廟修建或祭祀活動時的大筆捐獻，塑造了對原鄉寺廟的一種「有份感」，從而加強了與原鄉寺廟的聯繫。由原鄉寺廟直接分靈至旅居地，是各地寺廟爭取遷出人口信仰情結的主要做法。根據宋光宇先生 1992 年對高雄市神壇設立原因的初步調查與分析，發現在總數 268 個新成立的神壇中，有 126 個是因分香而產生的。而這種分香，最常見的就是遷居高雄的移民從原

---

[24] 臺灣廟宇文化大系（二）《天上聖母卷》，自立晚報社文化出版部，1994 年 5 月，79 頁。
[25] 臺灣廟宇文化大系（二）《天上聖母卷》，自立晚報社文化出版部，1994 年 5 月，110 頁。
[26] 楊天厚、林麗寬：《金門寺廟楹聯碑文》，稻田出版有限公司，1998 年，150 頁。
[27] 楊天厚、林麗寬：《金門寺廟楹聯碑文》，稻田出版有限公司，1998 年，163 頁。

鄉寺廟分靈香火而來。[28]分靈原鄉寺廟香火的現象在各地都極為普遍，如台南縣北門三寮灣東隆宮因神靈顯赫、香火旺盛，「旅外信眾感德之餘，為就近奉祀祈求，乃先後分靈至臺北、高雄、鳳山、五甲、中和等地，興建宮廟，以為崇祀」。[29]花蓮市代天府的建立也是原鄉寺廟與遷出人口加強聯繫的結果。原來旅居花蓮的台南鄉親，「深感一年幾度進香之舉，仍不能表彰對神靈之敬仰之意」，於是聚集信徒，討論分靈建廟之事，在獲得信徒的熱烈響應後，「隨即派人前往台南南鯤鯓代天府，進行分靈塑身事宜，並立祠崇奉」。[30]台中大甲鎮瀾宮與大甲移民間的整合關係，也生動地說明瞭原鄉寺廟如何爭取遷出人口信仰的過程。大甲自光復後即不斷向外移民，這些移民幾乎每年都返回鎮瀾宮進香以求平安。如居住在基隆中山區和平里仙洞附近的大甲移民，每年都組團往大甲進香，並主動參加鎮瀾宮往北港的進香活動。1958 年 5 月仙洞地區移民迎回鎮瀾宮「六媽」，靈驗異常，遂決定分靈「六媽」於仙洞地區供奉，後於 1967 年整地建廟，命名為「聖安宮」。以大甲移民為主的聖安宮信徒，對原鄉鎮瀾宮的慶典活動極為熱心，曾於 1993、1994、1995年連續三年搶得大甲新港進香的三香，從而使大甲移民與鎮瀾宮的關係得到有力的整合。正如張絢觀察到的：「這樣的往外移的分香及回返的進香，一開一合，一種外移與回歸的不斷互動，一再肯定大甲鎮民與移民的關係，肯定移民與鎮瀾宮的關係」。[31]

二、私壇、陰廟的大量湧現

私壇和陰廟的大量湧現是與當代臺灣民間信仰日趨嚴重的功利性緊密聯繫的。李亦園先生指出：「現代工業化趨勢出現之後，宗教的社

---

[28] 參見宋光宇：《神壇的形成——高雄市神壇調查資料的初步分析》，漢學研究中心編輯：《寺廟與民間文化研討會論文集》，行政院文化建設委員會，1995 年，102-108 頁。

[29] 臺灣廟宇文化大系（四）《五府王爺卷》，自立晚報社文化出版部，1994 年，50 頁。

[30] 臺灣廟宇文化大系（四）《五府王爺卷》，自立晚報社文化出版部，1994 年，78 頁。

[31] 張絢：《分香與進香——媽祖信仰與人群的整合》，《思與言》，第 33 卷第 4 期，1995 年，93 頁。

會意義逐漸為個人意義所取代，而個人所需求的無非現實的種種問題之解答與滿足，這也就是功利主義趨勢的軔始」。[32]李亦園先生所指出的民間信仰與功利主義的緊密結合在臺灣是不爭的事實。在現代社會裡，人們已不需要像農耕社會那樣，必須結成群體來共同對付嚴酷的生存競爭，人們更關心的往往是如何獲得個人的更大發展，也就是個人需求得到滿足的問題。這樣，原來作為社區中心以凝聚群體力量的地方公廟，也就逐漸失去其往日的意義。而由私人設立、私人主持的神壇，往往成為解決個人種種物質與心理問題的場所。例如，彰化縣和新竹市有兩個童乩，他們把村廟裡的神重塑了一尊金身，遷回家中拜祀，作為為信徒舉行儀式的依據。新竹的那個乩童因「生意」太好了，還在住家附近另建神壇，並且掛上與原來村廟相同名稱的匾額。這樣，各種私壇應這種普遍性的社會需求而大量湧現。據李亦園 1983 年對新竹市一次全面性的宗教調查發現，在該地共有的 296 座廟宇中，私壇有 59 座，僅次於土地廟的數量，可見其數量之多。[33]1992 年宋光宇在高雄市對寺廟神壇所作的調查更為詳細，我們將他的調查結果整理於下表：[34]

時　　　間	設立的神壇數
1946—1955	25
1956—1965	32
1966—1975	74
1976—1985	85
1986—1991	69

　　從上表可以發現，時代愈晚近，新設立的神壇數量也就越大，表明神壇的發展隨著社會變遷的加速而急劇膨脹。

---

[32] 李亦園：《田野圖像——我的人類學研究生涯》，山東畫報出版社，1999 年，265 頁。

[33] 參見李亦園：《田野圖像——我的人類學研究生涯》，265-266 頁。李亦園調查時把所有寺廟分為香火廟、土地廟、陰廟、佛寺齋堂、神壇五類。

[34] 參見宋光宇：《神壇的形成——高雄市神壇調查資料的初步分析》，97-100 頁。表中的神壇，按宋光宇的看法，「基本上是指那近三十年來才出現、又未能完成合法登記手續的寺廟」。

　　陰廟的大量湧現則與「大家樂」、「六合彩」等全民性賭博關係密切。陰廟大多為居民為無主屍骨搭蓋的小香火祠，即俗稱的「好兄弟」，也有稱為「萬應公」或「有應公」的。各地陰廟拜祀的儘管只是些「無名小鬼」，神格很低，但據說相當「靈驗」，常常是「有求必應」。而一些神格較高的神明，如玉皇上帝，民間信徒反倒認為它高高在上而無法實現直接的人神交流。1984 年底，「大家樂」開始依附於愛國獎券流行於臺灣中部，但不到半年的時間便席捲中南部地區，不久後又蔓延成全台性與全民性的賭博活動，據說最盛時，在開獎的當天下午，「台中、嘉義、台南、高雄等地區的電話因賭徒打電話下注或報信使得線路滿載而停話」，各地的陰廟、私壇，甚至是荒郊野墓，「在開獎的前一夜，往往通宵燈火通明，賭徒們燒香膜拜，擲筊求籤，扶鸞降乩，沙盤解字……用盡了各種方法，希望求得『天機』，一舉贏得巨額獎金」。[35] 1988 年「大家樂」因愛國獎券的停止發行而壽終正寢，依附於香港彩券的「六合彩」取而代之，繼續使得賭徒為之瘋狂，甚而發生夜臥荒塚以求「有應公」開示明牌的荒唐之事。一旦陰廟開示的明牌獲得大獎，成為暴發戶的賭徒即認為是「有應公」顯靈，不僅到陰廟大肆燒香燃燭，以示酬神，有的甚至將陰廟重新翻蓋成金碧輝煌的大廟。要是開示的明牌無驗，輸了錢的賭徒會一怒之下，折斷這些神明的胳膊大腿，任意丟棄於路邊河裡。

　　前面談到，社會變遷似乎導致宗教的社會意義被個人意義取代，使得以滿足個人需要和解決個人問題為目的的私壇與陰廟大量湧現。然而，令人困惑的一個現像是，不少的私壇與陰廟卻潛含著向香火廟即公廟演化的趨勢。李亦園在新竹市調查時，對香火廟、私壇、陰廟的定義規定了數個不同的指標，發現絕大多數的私壇與陰廟都在不同程度上擁有屬於香火廟的一至數個指標，表明這些私壇與陰廟確實處於向香火廟的轉化過程中。[36] 林美容在大肚鄉大東村調查時，也發現該村主祀金聖公的一座陰廟，竟然是該村的公廟，「每年清明節金聖公壽誕，居民在

<hr>

[35] 劉還月：《庸俗社會，功利信仰——從樸實的信仰到暴發戶式的頭城搶孤》，漢學研究中心編輯：《寺廟與民間文化研討會論文集》，行政院文化建設委員會，1995 年，775-776 頁。

[36] 參見李亦園：《田野圖像——我的人類學研究生涯》，286-312 頁。

廟前卜龜、卜餅，香火極盛」。[37]主神有生日，正是李亦園給香火廟所下的指標之一，說明金聖公廟為該村的公廟應不容置疑。另外，鹿港鎮的合港公廟威靈廟，也是由清代祭祀無祀鬼魂的「厲壇」發展而來。[38]上述現象似乎形成一個自相矛盾的怪圈：公廟代表的社會意義被以神壇、陰廟等代表的個人意義取代，而因應個人意義大量出現的神壇與陰廟卻又自覺地向代表社會意義的公廟演化。其實，只要我們往深層想，這一怪圈並不難理解，它的出現有其合理性。信徒在私壇、陰廟裡請求神明開示明牌而使用的擲筊求籤、扶鸞降乩、沙盤解字等手段，實質上是信徒力圖駕馭私壇、陰廟低級神靈的超常靈力以滿足個人需求或解決個人問題的功利行為，它與傳統巫術的精神類似，應視為一種巫術行為，而不應以他們燒香活動的地點為判斷的標準而視為宗教行為。信徒對私壇、陰廟神明的隨意處置，如斷手斷腳，任意拋棄，也說明這是一種巫術行為，信徒心中並沒有把陰廟神明當成一種神聖存在。另外，我們還可以從宗教社會意義的層面上來理解這一怪圈。著名社會學家涂爾幹（Emile Durkheim）在《宗教生活的基本形式》中指出：「社會只有在個體意識中並通過個體意識才能存在」，「宗教力只是群體在群體成員中所激起的情感」。[39]也就是說，宗教就是一種群體意識的反映或是一種集體情感的表達。每個信徒作為群體中的一員，必然選擇一個與他關係最密切的寺廟，以實現其內在情感的定位。群體作為眾多個體的集合，把所有成員的意識彙聚為一種集體情感，並把這一集體情感投射於某一對象物，以供成員的膜拜。這一對象物即為人們活動的宗教場所，主要是寺廟。在臺灣的拓墾初期，由於生存競爭的嚴酷，寺廟不僅是移民表達集體情感的物件，它還因現實的需要而同時擁有社區自治等實際運作上的多種功能，許多地方公廟即被當作社區的中心來對待。隨著農耕社會向工商社會的變遷，地方公廟擁有的多種功能逐漸被政府機關、會黨團體

---

[37] 林美容：《人類學與臺灣》，稻鄉出版社，1992 年 9 月再版，97 頁。

[38] 林聖智：《鹿港的道士與威靈廟普渡科儀調查報告》，余光弘編：《鹿港假期人類學田野工作教室論文集》，中央研究院民族學研究所，1993 年 6 月，116-117 頁。

[39] 涂爾幹：《宗教生活的基本形式》，上海人民出版社，1999 年，280 頁，300 頁。

等集體性組織取代，寺廟越來越向其原有的面目——集體情感投射的對象物靠近。寺廟的這種變化，再加上人們對巫術行為與宗教行為的混淆，就難免產生這樣的假像，好像寺廟所原來擁有的社會意義不斷被個人意義取代。私壇與陰廟自覺地朝公廟的演進，表明巫術活動場所只能滿足信徒臨時性與私人性的需要，它只有不斷地爭取群體成員的認同，才能更大限度地調動集體情感這一重要的社會資源，才能在涉及群體性的問題時，發揮更大的作用。在臺灣，私壇與陰廟向公廟的演進，也是其爭取合法性的手段，只有獲得政府的合法登記，才能擺脫隨時被取締的危機。

三、寺廟的企業式管理與回饋意識的增強

　　臺灣寺廟的管理也在社會變遷的影響下發生相應的變化。在移民開發臺灣的初期，許多寺廟都只是移民為祭祀的方便而搭建的小寮，因而也就談不上什麼管理意識。當荒榛逐漸變為沃野，移民積聚了一定的人力、物力時，小寮便被翻建成土牆木屋，這時有許多寺廟開始延聘僧道住持。等到聚落變成市鎮時，不少奉祀神明的土牆木屋又被改建為巍峨壯觀的大廟，儘管寺廟的所有權仍屬於社區公有，但延聘僧道住持的做法蔚為風尚。而這時期的祭祀活動一般採取爐主負責制。日據後，隨著農耕社會向工商社會的逐步邁進，許多地方公廟遣散僧道，採取管理人負責制，同時，負責祭祀的爐主負責制仍然盛行。光復後，工商經濟的發展，刺激寺廟由管理人負責制和爐主負責制向管理委員會的體制演進，由祭祀圈內的各角頭推舉人選組成管委會，共同負責寺廟的管理事務。如台中大甲鎮瀾宮在 1968 年改組為管委會，「以大甲、大安、外埔、後裡四鄉鎮的鄉鎮長、鄉鎮民代表及村裡長為信徒代表」。[40]此後不久，寺廟的管理又進一步與企業管理體制接軌，演變為財團法人負責制，各地寺廟紛紛成立「董事會」，直接領導寺廟的管理事務。如大甲鎮瀾宮

---

[40] 郭金潤：《大甲媽祖進香》，台中縣文化中心出版，1988 年 6 月，9 頁。

在 1978 年由管理委員會制度改組爲財團法人制，成立董事會，並訂立
「財團法人大甲鎮瀾宮捐助章程」和「辦事細則」。[41]其他如雲林縣北港
朝天宮、臺北大龍峒保安宮等大批寺廟也相應改組爲財團法人負責制。

　　管理層出現許多商界人士是寺廟採取企業式經營管理的一個重要
表現。台南學甲慈濟宮已故董事長、臺灣全國保生大帝廟宇聯誼會創始
人周大圍先生，是商界人士介入寺廟管理的一個典型。周大圍是一位從
艱困環境中歷練出來的成功者，「因爲他的堅忍奮發，使他成爲臺灣地
區一位傑出的農漁牧經營泰斗，曾蒙蔣故總統經國先生兩度蒞臨鼓勵，
前省主席任內的謝東閔先生、前行政院政務委員任內的李總統登輝先生
前後蒞臨參觀褒獎」。[42]可見在加入學甲慈濟宮管理層之前，周大圍先生
是一位經營相當成功且有著豐富管理經驗的企業家。臺灣全國保生大帝
廟宇聯誼會的第二屆會長、台中元保宮管委會主任委員賴煥樟先生，也
是一位極爲成功的創業者。他自日本近畿大學取得法學學士學位，「先
後創設玉力日本服帶工廠、元扶企業股份有限公司、元保實業股份有限
公司」，[43]同時是三家大公司的總裁，其所積累的經營管理知識，自然會
在其日後擔任的元保宮管委會主任職位上有所反映。存在這種情形的其
他寺廟也不鮮見，如嘉義市天后宮的副董事長由知名企業家邱永善、謝
俊達擔任。[44]台南縣西港鄉慶安宮也於 1964 年由享譽全台的南寶樹脂公
司董事長黃圓接任會長。[45]

　　由於眾多知名企業家加盟寺廟的經營管理，臺灣各地的寺廟呈現出
生機勃勃的景象。如學甲慈濟宮在周大圍的主持下，把「上白礁」謁祖
祭典的活動推陳出新、面向全台，並連續舉辦全國首創的三屆「古農村
民俗展」，同時還創辦臺灣全國保生大帝廟宇聯誼會，帶團頻頻活動於
兩岸之間，不斷擴大學甲慈濟宮知名度。大甲鎮瀾宮董監事團體在 70

[41] 郭金潤：《大甲媽祖進香》，台中縣文化中心出版，1988 年 6 月，10 頁。

[42] 莊秋情：《懷大德仰仁風》，《真人》，第 5 期，1994 年，3 頁。

[43] 台中市元保宮管理委員會：《全國保生大帝廟宇聯誼會會長賴煥樟先生出殯奠禮哀榮錄》，
《真人》，第 11 期，2000 年，7—8 頁。

[44] 臺灣廟宇文化大系（二）《天上聖母卷》，自立晚報社文化出版部，1994 年 5 月，131 頁。

[45] 臺灣廟宇文化大系（二）《天上聖母卷》，自立晚報社文化出版部，1994 年 5 月，144 頁。

年代後也開始以現代企業化經營方式來推展廟務,「透過報章雜誌大眾傳媒介紹大甲媽祖靈跡,宣揚大甲往北港進香活動,爭取全省媽祖信徒參與」。[46]西港慶安宮在企業家黃圓接任會長後,寺廟管理有了極大起色,先是粉飾廟貌,增塑東嶽大帝、地藏菩薩、十殿閻羅以供信徒祈安植福、消災解厄之需,同時增建禹門亭(鯉魚亭)一座,以符該廟風水學上的「鯉魚聖地」之說。1971 年,黃圓又把慶安宮拆除重建,舉凡木材雕堵、神龕均安裝金箔,贏得「金大廟」的美譽。[47]

　　寺廟投身回饋社會的活動有著悠久的歷史。我國歷史上香火興旺的寺廟,大多都有舉辦義渡、賑災、救濟貧困等慈善性的活動。今天,日益與企業式經營管理接軌的臺灣寺廟,也逐漸增大對社會的回饋。首先是因應政府的要求,根據臺灣省政府發佈的《監督寺廟條例》第十條的規定,「寺廟應按其財產情形興辦公益或慈善事業」。[48]另一方面則是出於自身利益的考慮,按照現代企業的經營法則,通過廣告來擴大知名度,是產品佔領市場的關鍵。寺廟擴大公益與慈善事業的舉辦,在回饋社會的同時,也起到一種廣告的作用,因為只有香火旺盛的寺廟才有可能舉辦這類活動,而香火旺盛的原因往往是神明的靈驗,這對信徒而言,不失為一種有力的誘惑。

　　臺灣學者瞿海源根據臺灣省民政廳編列發行的各年度臺灣省宗教團體人士熱心公益績優表揚大會資料,發現歷年來各宗教團體用於興辦公益福利事業的金額有逐年上升的趨勢。根據瞿海源得到的資料,1977年全台參與公益事業的寺廟數為 1,136 座,總金額為 60,396,661 元,該年受到政府表揚的寺廟數為 44 座。到 1987 年,全台參與公益事業的寺廟數增為 1,270 座,總金額也飆升至 1,102,383,779 元,同年受到政府表揚的寺廟數也上升到 302 座。據此,瞿海源得出結論,在政府「表揚標

[46] 張珣:《分香與進香——媽祖信仰與人群的整合》,《思與言》,第 33 卷第 4 期,1995 年,91 頁。

[47] 臺灣廟宇文化大系(二)《天上聖母卷》,自立晚報社文化出版部,1994 年 5 月,144 頁。

[48] 《監督寺廟條例》,載宋光宇:《神壇的形成——高雄市神壇調查資料的初步分析》之《附錄四》,漢學研究中心編輯:《寺廟與民間文化研討會論文集》,行政院文化建設委員會,1995 年,125 頁。

準逐年提高的情形下，各寺廟興辦公益事業之優異而受表揚者仍年有增加，顯見宗教團體回饋社會經濟方面的量是肯定的」。[49]

寺廟通過舉辦公益慈善來回饋社會的活動有著多種形式。臺北大龍峒保安宮依據主祀神保生大帝的醫神職能，「成立醫療補助基金專戶，對因經濟困難無法負擔醫療費用的民眾作補助」，同時也不定期地延聘專業合格的中醫師，為民眾進行義診。保安宮還辦理冬令救濟，發送白米與救濟金給低收入家庭，設立獎、助學金，嘉勉品學兼優和清寒的學生。在文化社教方面，保安宮也不落人後，1992 年成立附設圖書館，開辦書法、粉彩、國畫、插花、油畫、國樂等研習班，成立保安宮國樂團，開設歌仔戲班、河洛漢詩及英語會話班等多元化的學習課程。[50]另如宜蘭草湖玉尊宮，經常舉辦國樂演奏會、民族舞蹈表演、南北管演奏、舞獅、老人才藝演出等活動，保存與發揚了地方文化。玉尊宮還將每年建宮奠基紀念日義賣手工藝展示品所得，「全部捐給參加慶典活動學校，做為獎學金」。[51]高雄市楠梓區仁壽宮與大甲鎮瀾宮參與社會公益時還特別注重對體育性活動的獎助，經常舉辦青少年各類球類比賽。寺廟參與公益與慈善事業，其形式雖多種多樣，但大多都與重視教育、全民健身、保護傳統、救濟貧困等時代呼聲相契合，在適應社會變遷潮流的同時，擴大自身的知名度。

（本文發表於呂良弼《海峽兩岸五緣論》，方志出版社，2003 年11 月 ，第 300－318 頁，與范正義合作）

---

[49] 瞿海源：《臺灣宗教變遷的社會政治分析》，桂冠圖書股份有限公司，1997 年，197 頁。

[50] 參見廖武治：《大龍峒保安宮宗教建築藝術導覽》，財團法人臺北保安宮出版，2000 年 10 月再版，42-46 頁。

[51] 《草湖玉尊宮簡介》，草湖玉尊宮管理委員會出版，2001 年，37 頁。

後記

　　過去有許多朋友和學生經常問我爲什麼研究民間宗教信仰？而且是在那麼早就進入這一當時少人問津甚至是禁區的研究領域？其實，我進入民間宗教信仰研究領域，純粹是誤打誤撞，甚至是命運使然。

　　1982 年 9 月，我開始攻讀碩士學位，導師是劉蕙孫先生。先生是《老殘遊記》作者劉鶚的孫子，學識淵博，在我就讀的福建師範大學素有「活字典」之美稱，據說任何問題求教於他，都會給你指點一二，絕對不會讓你失望而歸的。我雖然在讀本科的時候，也曾選修先生的中國文化史課程，但只是坐在課堂的遠處聆聽，不敢造次前去請教。考上先生的研究生，自然覺得很幸運，暗下決心要在中國文化史研究上有所成就。

　　記得開學後不久，和兩位同門師兄弟一起去拜見先生，第一次與導師見面。我們抱著緊張又激動的心情來到先生家，先生逐一詢問情況。當先生知道我的老家是莆田縣，便問我會不會說莆仙方言。得到我的肯定答覆後，先生指了指右側書架的高處，叫我把那套《林子三教正宗統論》拿下來。我急忙搬來凳子，小心翼翼地把多達三十六冊的《林子三教正宗統論》拿下來，恭恭敬敬地放在先生的面前。只聽到劉先生不緊不慢地說道：「這套書的作者林兆恩，是明代莆田人，他把儒道佛三教融爲一體，創立了三一教。聽說太谷學派受林兆恩的影響而創立的，我很想對林兆恩與三一教作一番研究，由於瑣事纏身，《林子三教正宗統論》借了又還，還了又借，一直未能遂願。你是莆田人，會說莆仙方言，便於實地調查研究，那你就來研究林兆恩與三一教，幫助我了卻多年未了的心願吧！」聽了先生的話，我一下子傻了眼，什麼林兆恩與三一教、什麼太谷學派，我聞所未聞。還有儒道佛三教，我是一教不通，現在要我研究融合三教的三一教，豈不是要了我的命！？但師命不可違，況且是初次見面，怎敢說個「不」字！只好誠惶誠恐地把《林子三教正宗統論》抱回家，就這樣莫名其妙地踏上民間宗教信仰研究之路。

　　從 1982 年涉足中國民間宗教信仰至今，已經三十多年了，真是彈

指一揮間。期間，發表一百多篇論文，出版十多部著作（含合著、主編），從研究對象來劃分，大致可以分為三部分：

一、林兆恩與三一教的研究。著作有《林兆恩與三一教》（福建人民出版社，1992 年），論文約二十篇，諸如《論三一教的形成和演變——兼與馬西沙、韓秉芳先生商榷》（《世界宗教研究》1987 年第 2 期）、《論林兆恩的三教合一思想》（《中國哲學史研究》1988 年第 3 期）、《三一教與道教的關係》（《宗教學研究》1988 年第 4 期）、《福建三一教現狀的調查研究》（日本《中國研究月報》1993 年 3 月）、《當代三一教的復興與轉型》（臺灣《宗教哲學》第 48 期，2009 年 6 月）、《論三一教的興衰嬗變》（當代中國宗教研究精選叢書 馬西沙主編《民間宗教卷》民族出版社 2008 年 1 月）、《民間宗教的復興與當代中國社會——以福建為研究中心》（《世界宗教研究》2009 年第 4 期）等。

二、閩台文化研究。著作有《福建民間信仰》（合著，福建人民出版社，1993 年初版，2001 年再版）、《福建省志‧民俗志》（主編，方志出版社，1997 年）、《閩台區域文化研究》（主編，中國社會科學出版社，2000 年）、《閩台民間信仰源流》（福建人民出版社 2003 年初版，2005年再版，2013 年由人民出版社修訂重版）、《閩台宮廟壁畫》（合著，九州出版社，2003 年）、《福建移民史》（主編，方志出版社，2005 年）《當代臺灣宗教信仰與政治關係》（主編，福建人民出版社，2006 年 6 月）、《文化臺灣：中華文化在臺灣》（主編，九州出版社 2007 年）等。發表論文近百篇，主要論文收錄此次出版的論文集中。

三、籤占文化研究。著作有《籤占與中國社會文化》（人民出版社，2014 年），論文有十餘篇，諸如《〈道藏〉中的籤譜考釋》（《福建論壇》2005 年 12 期）、《靈籤淵源考》（《東南學術》2006 年第 2 期）、《論靈籤的產生和演變》（《世界宗教研究》 2006 年第 4 期）、《籤譜在海外的傳播和影響》（《海交史研究》2006 年第 1 期）、《靈籤兆象之研究》（《民俗研究》2006 年第 4 期）、《佛教的世俗化與籤占的發展》（《宗教學研究》 2014 年第 1 期）、《籤占長盛不衰的原因與特別「靈驗」的奧秘》

（《福建論壇》2014 年第 8 期）等。

　　當接到蘭臺出版社《臺灣歷史研究名家論文集》的約稿時，我誠惶誠恐，猶豫不決多時。不敢應允的主要原因是被叢書的名稱嚇倒了，一來我絕對不是「名家」，二來我也不是研究臺灣歷史的專家，既名不副實，又對不上號。後來考慮再三，還是恭敬不如從命，理由有三：一是叢書名稱《臺灣歷史研究名家論文集》中的「名家」可視為出版社的推銷廣告，在當今社會中，廣告無處不在，出版業也不例外。二是叢書中其他作者都是臺灣歷史研究的名家，我濫竽充數，作為名家們的襯托，也許有其存在價值的。三是借此機會對自己的閩台民間宗教信仰研究做一次梳理，選擇一些相對好一些的論文結集出版，方便有興趣的讀者查閱，也是一件好事。

　　此次收錄的 20 篇論文除了第一、二篇為宗教信仰理論方面的探討外，其餘的都是筆者在閩台民間宗教信仰方面的部分研究成果（其中有 6 篇是與學生合作撰寫的），對於所收錄的論文，有的是二十多年前撰寫的，難免顯得幼稚，有的論文雖然是近年發表的，但也未必就很成熟，為了尊重歷史，除了極個別明顯錯誤外，一般不做改動。不過有些重複的地方，予以刪除。另外，為了排版方便，刪除一些圖片。至於與學生合作發表的論文，有錯誤的地方自然由老師我來承擔。

　　雖然我年近花甲，但學無止境，希望能得到同行專家、學界同人的批評指正，我將十分珍惜大家的寶貴意見，繼續前行。

　　　　　　　　　　　　　　　　　　林國平　於 2015 年元旦

國家圖書館出版品預行編目資料

林國平臺灣史研究名家論集/林國平　著者.-- 初版. -
臺北市：蘭臺, 2016.7
面；　公分
ISBN 978-986-5633-33-2　（精裝）
1.臺灣史　2.文集
733.2107　　　　　　　　　　　　　　　　105009073

林國平臺灣史研究名家論集

著　　者：林國平
主　　編：卓克華
編　　輯：高雅婷
封面設計：塗宇樵
出　版　者：蘭臺出版社
發　　行：蘭臺出版社
地　　址：台北市中正區重慶南路 1 段 121 號 8 樓之 14
電　　話：(02)2331-1675 或(02)2331-1691
傳　　真：(02)2382-6225
E—MAIL：books5w@yahoo.com.tw 或 books5w@gmail.com
網路書店：http://bookstv.com.tw/、http://store.pchome.com.tw/yesbooks/、
　　　　　http://www.5w.com.tw、華文網路書店、三民書局

經　　銷：成信文化事業有限公司
電　　話：(02)2219-2080　　　　傳　真：(02)2219-2180
地　　址：台北市中正區重慶南路 1 段 121 號 5 樓之 11 室
劃撥戶名：蘭臺出版社　帳號：18995335
網路書店：博客來網路書店 http://www.books.com.tw
香港代理：香港聯合零售有限公司
地　　址：香港新界大蒲汀麗路 36 號中華商務印刷大樓
　　　　　C&C Building, 36,Ting, Lai, Road, Tai,Po, New,Territories
電　　話：(852)2150-2100　　　　傳真：(852)2356-0735
總 經 銷：廈門外圖集團有限公司
地　　址：廈門市湖裡區悅華路 8 號 4 樓
電　　話：(592)2230177　　　　傳　真：(592)-5365089
出版日期：2016 年 7 月初版
定　　價：新臺幣 2000 元整　　（全套新台幣 28000 元正，不零售）
ISBN：978-986-5633-33-2